PENSÉES ORIENTALE ET OCCIDENTALE :
INFLUENCES ET COMPLÉMENTARITÉ

PENSÉES ORIENTALE ET OCCIDENTALE : INFLUENCES ET COMPLÉMENTARITÉ

Études réunies par
Katarzyna Dybeł
Anna Klimkiewicz
Monika Świda

CRACOVIE 2012

Ouvrage publié avec le concours de l'Institut de Philologie Romane
de l'Université Jagellonne de Cracovie

Critique: prof. dr hab. Stanisław Widłak

Rédaction scientifique: Katarzyna Dybeł,
Anna Klimkiewicz, Monika Świda

Consultation linguistique: Marie Dehout, Pascale Dumont,
Jean-Pierre Darcel, Mario Marino, Danilo Rosso, Serafina Santoliquido

Couverture: Tomasz Gawłowski, Piotr Białecki

En couverture: Willem et Johannes Blaeu, Theatrum orbis terrarum sive atlas novus in quo tabulae et descriptiones omnium regionum editae a Giuljel. et Joanne Blaeu, Volume I, Amsterdam, 1640-[1645] (fonds de la Bibliothèque Jagellonne de Cracovie)

Correction: Monika Łojewska-Ciępka

Mise en page:
Anatta.pl

ISBN 978-83-7638-185-5

KSIĘGARNIA AKADEMICKA
ul. św. Anny 6, 31-008 Kraków
tel./faks: 012 431-27-43, 012 663-11-67
e-mail: akademicka@akademicka.pl
Księgarnia internetowa:
www.akademicka.pl

SOMMAIRE

AVANT-PROPOS

La pensée ne connaît pas de frontières. La sagesse ne se laisse enfermer ni dans le temps, ni dans l'espace. L'Esprit souffle où il veut.

Entre l'Orient où le soleil se lève et l'Occident où le soleil se couche, le chemin est long. L'éloignement géographique n'exclut cependant pas le rapprochement qui se traduit par les affinités de la pensée, aussi bien dans le passé que dans le présent : il y existe bien des chemins qui se croisent et qui se prêtent, ce faisant, à découvrir, à observer et à commenter.

Le volume que nous présentons au lecteur – *Pensées orientale et occidentale : influences et complémentarité* – est le fruit de diverses recherches d'universitaires polonais, canariens, marocains et tunisiens, qui ont uni leurs efforts pour poursuivre ensemble ces chemins fascinants de l'esprit. Il en résulte une recherche interdisciplinaire, qui dévoile des points communs entre deux cultures certes éloignées l'une de l'autre, mais en même temps proches par leur quête de la vérité et de ce qui, dans l'homme, s'ouvre à l'Infini, à l'Autre et à soi-même. Fidèles à cet esprit d'ouverture, les contributions de ce recueil ont été rédigées dans plusieurs langues romanes – français, italien, espagnol, portugais – et selon des méthodologies volontairement différentes. Elles s'inscrivent dans des domaines multiples: langues et littératures, philosophie et théologie, histoire, arts plastiques, musique et éducation. Le terme *oriental* y est compris comme renvoyant à l'Orient arabe ; quant à son pendant *occidental*, il est compris dans son acception d'Occident roman.

Au terme de ce voyage intellectuel, nous tenons à exprimer notre reconnaissance aux Autorités de l'Université Jagellonne et à celles de l'Université La Laguna de Ténérife, de l'Université Mohammed V de Rabat et de l'Université de Gabès (toutes trois liées à l'Institut de Philologie Romane de l'Université Jagellonne de Cracovie par des accords de coopération) pour avoir permis – par leur bienveillance et leur disponibilité – la réalisation du présent volume qui, nous l'espérons tous, en fera naître d'autres.

Katarzyna Dybeł, Anna Klimkiewicz, Monika Świda

Maciej Abramowicz
Université de Varsovie

L'AMOUR, L'ESPACE ET L'AXIOLOGIE EN OCCIDENT MÉDIÉVAL

L'essor spectaculaire de la poésie érotique dans le monde occidental est une nouveauté introduite au Moyen Age dit classique (Xe-XIIIe siècles), tandis que l'Orient en connaît une longue tradition remontant à l'époque des Omayades. L'amour uzrite connaît sa continuation en Al-Andalus et trouve son expression la plus achevée dans lé *Collier de la colombe* d'Ibn Hazm[1]. La proximité géographique des foyers de la poésie troubadouresque qui véhicule cette conception particulière d'amour qu'est la *Fin Amors* dans l'Occitanie médiévale, et des centres andalous de culture arabe fait s'interroger sur les affinités entre la peinture du sentiment dans les deux cultures. La question est d'autant plus justifiée que, parmi les théories de l'origine de la *Fin Amor* et de ses prolongements en France du Nord, celle des influences arabes occupe, à juste titre, une place importante. En effet, en dehors des ressemblances formelles (la strophe zadjalesque), plusieurs aspects sociaux, physiques et physiologiques de l'imaginaire amoureux, tels le rôle des délateurs (*lauzangiers*) ou le mal d'aimer, présentent des analogies frappantes. Il n'en reste pas moins que les codes culturels différents dans lesquels s'inscrit la thématique érotique invitent à une étude approfondie de la représentation de l'amour en Occident médiéval en relation avec sa conceptualisation orientale.

[1] Ibn Hazm, *Le Collier du Pigeon, ou de l'amour et des amants*, trad. L. Bercher, Alger 1949.

Il faut constater d'emblée que, malgré toutes ces analogies, la conceptualisation de l'amour dans le monde occidental de l'époque médiévale est en grande partie différente de celle de l'Orient. Sans entrer dans les détails de ses représentations dans la poésie troubadouresque, il faut insister sur ses caractéristiques fondamentales. Il s'agit donc d'un amour obligatoirement hétérosexuel entraînant un accomplissement ou, au moins, la promesse d'un accomplissement sexuel. Le sentiment est projeté sur le fond social dont il devient indissociable. L'amour est exclusif au monde aristocratique et se situe dans l'axiologie propre au groupe chevaleresque, même s'il existe des différences de statut inhérentes à la nature hiérarchique de cette catégorie sociale. Dans le roman de Chrétien de Troyes *Erec et Enide*[2], il y a une inégalité de statut entre le couple de protagonistes – Erec est fils de roi, tandis que celle dont il tombe amoureux, Enide, est fille d'un vavasseur. Elle se situe donc à un niveau social inférieur, tout en appartenant à la même classe. Le fait d'être amoureux, de posséder la dame de son cœur, fait partie des obligations des chevaliers de sorte que le contraire suscite des critiques et des suspicions qui provoquent le discrédit du chevalier et l'exposent à différentes accusations, qui revêtent, dans plusieurs œuvres de l'époque, la forme du motif de la femme de Putiphar (lai de *Lanval*[3], *La Châteleine de Vergi*[4], etc.).

Dans toute littérature traditionnelle relevant de l'esthétique de l'identité[5], et celle du Moyen Age en est une, la configuration spatiale ne sert pas de simple décor, de fond neutre sur lequel se déroule l'intrigue, mais elle fait partie d'un complexe participant à la construction du sens de l'œuvre. Elle entre dans un réseau tissant l'isotopie sémantique, vecteur de l'unité de la représentation. Surtout, elle est indissociable de la représentation de la temporalité

---

2 Toutes les mentions des œuvres de Chrétien de Troyes renvoient à l'édition : Chrétien de Troyes, *Romans*, Paris 1994.

3 Toutes les mentions des lais renvoient à l'édition : *Les lais anonymes des XII*e *et XIII*e *siècles*, éd. P.M. O'Hara Tobin, Genève 1976.

4 *La Châtelaine de Vergy*, trad. R. Stuip, Paris 1985.

5 Cf. I. Lotman, *La structure du texte artistique*, trad. A. Fournier et al., Paris 1973, pp. 189-190.

formant le chronotope, compris comme union inséparable du temps et de l'espace propre au type donné de l'histoire racontée. Comme tel, il se distingue par son caractère axiologique[6].

L'importance du chronotope est particulière dans la littérature narrative, puisque les séquences événementielles qui constituent l'intrigue exigent impérativement un cadre spatio-temporel. La thématique érotique, quant à elle, est surtout manifeste dans la littérature courtoise en vogue au Nord de la France où le modèle du sentiment créé par les troubadours s'insère dans un cadre narratif. A l'époque en question, elle se manifeste avant tout dans le grand genre romanesque, mais aussi dans des genres « mineurs » qui lui sont apparentés par la forme (l'octosyllabe à rimes plates) et par la thématique érotique (lais, contes, etc).

Cette nature du sentiment détermine le chronotope dont les deux composantes manifestent une solidarité, même si leur importance est variable. Le temps, lui, se manifeste sous la forme d'évocations ponctuelles du retour du printemps et est entièrement soumis aux péripéties que vivent les personnages. L'évocation de la belle saison prend la forme de la reverdie, énumération plus ou moins longue des symptômes du printemps : arbres fleuris, chant des oiseaux, verdure des prés. Quant aux événements dont l'enchaînement compose l'intrigue, le temps est presque totalement dépourvu de mesure externe, son écoulement est mesuré en fonction des actes des héros, ce qui s'exprime le mieux dans la haute fréquence des phrases narratives construites selon le schéma : *tant + verbe de mouvement* (p. ex. *chevaucher*) *que + verbe* (*arriver*). Le début de l'aventure se produit au moment ponctuel du temps cyclique, désigné par l'évocation d'une fête chrétienne : la Pentecôte, la Saint-Jean. Il s'agit d'un temps fort, celui des assemblées, des festivités de cour, mais sur lequel ne se greffe aucun rite religieux. C'est le moment du début de l'histoire d'amour, mais aussi du début de la quête du chevalier liée étroitement, elle aussi, à l'amour.

---

6 Cf. M. Bachtin, *Dialog, język, literatura*, trad. W. Grajewski et al., Warszawa 1983, pp. 310-317.

Dans le cas de la poésie narrative du Moyen Age français, cette quête n'a pas le caractère mystique que l'on observe souvent dans la poésie orientale, ce qui valorise son aspect spatial au sens narratif du terme. Les manifestations de l'espace sont soumises aux mêmes règles que celles du temps, mais elles sont plus complexes et plus diversifiées. De manière générale, dans la littérature courtoise, l'espace est représenté sous forme de deux variantes opposées. D'une part, il y a l'espace civilisé, celui du château, du manoir, de la demeure, ayant un caractère positif : lieu du début de l'aventure et de la reconnaissance de la réussite. D'autre part – l'espace sauvage, celui de la nature (forêt, lande), hostile, où le héros affronte des dangers redoutables et où il livre un nombre infini de combats. La réduction de l'appartenance sociale des protagonistes à la seule noblesse entraîne la quasi-absence des autres types d'espace, surtout de l'espace urbain, malgré la croissance de son importance dans la réalité extra-littéraire.

La cour joue un rôle fondamental dans les histoires d'amour. Elle est le lieu de rassemblement de la société aristocratique, propice à la rencontre amoureuse, du fait que les deux amoureux font partie du même univers social. L'exemple prototypique de cet espace du début de l'amour est celui de la cour mythifiée du roi Arthur où se produit p. ex. la rencontre de Cligès et de Soredamor. Mentionnons, par extension en quelque sorte, d'autres exemples tirés des romans de Chrétien de Troyes : Yvain tombe amoureux de Laudine dans le château de celle-ci, Erec s'éprend de la belle Enide dans le modeste manoir du père de sa future épouse. Dans tous les cas, l'amour est voué à se transformer en une union durable et socialement sanctionnée. C'est dans l'espace de la cour que la pulsion sexuelle est maîtrisée et rentre dans le cadre social représenté par la cérémonie du mariage célébrée à la cour et accompagnée d'autres signes de reconnaisance, p. ex. l'octroi d'un fief, et souvent la dot de la dame épousée. Et même si le mariage ne signifie pas obligatoirement la fin de l'histoire et sert de rebondissement pour de nouvelles aventures (p. ex. dans les romans d'*Erec*, et d'*Yvain* de Chrétien de Troyes), le chevalier ayant besoin de se perfectionner toute sa vie, la nécessité d'un encadrement civilisé du sentiment amoureux est évidente.

Cette *happy end* ne peut se faire que suite à des efforts, au « travail », qui consiste en la participation à de nombreuses aventures qui présupposent la traversée de l'autre catérogie d'espace présent dans la littérature courtoise : l'espace naturel, dangereux, où le héros vit de dures épreuves ; sa traversée permet au chevalier de faire preuve de sa vaillance, de se connaître et de justifier sa place dans la société. Il va sans dire que la traversée de l'espace hostile est synonyme de déplacement sur l'échelle axiologique : un plus grand nombre d'épreuves surmontées signifie une plus longue distance à parcourir et témoigne à son tour d'une plus grande valeur du héros, faisant croître ses qualités, telles que la résistance physique, la disponibilité, la concentration intérieure.

Toute modification du type d'intrigue amoureuse implique obligatoirement un changement de ses acteurs et de la configuration spatiale de la diégèse. L'espace ouvert, le cadre naturel, comme décor de la rencontre amoureuse est présent dans les lais anonymes qui racontent les amours d'un chevalier mortel et d'une fée, un être de l'Autre Monde ou, plus rarement, d'une mortelle de haut rang social qui tombe amoureuse d'un chevalier faé. L'apparition du personnage faé ne transforme pas radicalement le monde représenté, modélisé sur le monde féodal et qui s'en distingue seulement par la beauté et l'abondance. Elle ne change pas non plus la nature de l'amour dont l'accomplissement sexuel est un élément incontournable. La rencontre amoureuse implique la traversée de l'espace dont les étapes sont rigoureusement définies : la forêt, la lande et le passage d'une frontière humide – rivière ou gué. Dans ce cas, la quête apparaît à l'état pur, comme un déplacement en ligne droite, menant à l'aboutissement positif qu'est la rencontre et l'accomplissement de l'amour qui se déroulent dans un cadre naturel (lai de *Désiré*). Ainsi, l'histoire d'amour s'inscrit dans l'espace de l'Autre Monde. Les signes de son étrangeté sont rares et ponctuels : le temps y passe de manière différente que dans la réalité – les trois jours que Guingamor croit passer dans le royaume de sa bien-aimée s'avèrent être, au retour du protagoniste dans le monde féodal, un laps de trois cents ans. La communication entre le monde féerique et le monde d'ici-bas est assurée par un animal fantastique (cerf, biche de couleur blanche ou ayant d'autres qualités exceptionnelles, tel le don de la parole) qui sert de guide au protagoniste de la quête.

Il faut noter toutefois que les amours des êtres venus de deux mondes différents trouvent leur accomplissement dans un cadre naturel qui suit de très près le moment de la rencontre de l'autre côté de la frontière humide. Toutefois, la durée de ces amours est limitée. En règle générale, leur fin correspond à la transgression de l'interdit de taire la relation. Une fois amoureux de la fée, le chevalier ne retrouve plus sa place dans l'espace de la cour féodale et après l'échec de sa tentative de vivre comme avant, il rejoint la dame dans son royaume de l'Autre Monde. Il arrive pourtant que le chevalier regagne la cour – l'espace civilisé – en compagnie de sa fée bien-aimée qui manifeste des signes de conformité sociale et accomplit des rites chrétiens (lai de *Désiré*). Cependant, la transformation de cette aventure amoureuse en union durable n'est possible qu'à la suite de l'installation définitive de l'humain dans le royaume de l'être faé. En réalité, le bonheur dans le pays de la fée suggère la mort du héros pour le monde féodal (lais de *Graelant* et de *Guingamor*) et le motif de l'eau qui se renferme sur la tête du héros qui traverse la frontière humide en est un emblème éloquent. C'est seulement dans l'Autre Monde que la crise féodale peut être définitivement surmontée.

L'Autre Monde est en quelque sorte une inversion idéalisée du monde féodal qui garantit le succès de l'entreprise amoureuse. Mais le cadre naturel est aussi intimément lié à la thématique érotique. Comme il en a déjà été question, le décor naturel peut servir de lieu de l'accomplissement charnel de l'amour, lieu où se déroule l'acte sexuel. En dehors de l'exemple cité des amours entre les êtres originaires de deux mondes différents, il faut mentionner l'espace du *locus amœnus* représenté par le jardin ou le verger[7]. C'est un espace

7 Cf. E.R. Curtius, *La littérature européenne et le Moyen Age latin*, trad. J. Bréjoux, Paris 1956, pp. 240-244.

hybride qui mélange des éléments naturels – plein air, plantes, et culturels – l'intervention humaine dans la nature. A titre d'exemple, on peut mentionner le jardin entourant la tour que le maître Jean a construit comme abri pour Cligès et Fénice, ou le verger dans lequel le chevalier faé engendre Tydorel. L'amour qui trouve son accomplissement dans cet espace n'est qu'une étape passagère, l'union durable ne se réalisera qu'ailleurs.

A côté de l'espace semi-civilisé, celui du jardin, apparaît également celui de la route. Il est évoqué sous forme de mentions d'éléments naturels ponctuels, déconcrétisés, du type : « en chemin », « sous une ente », « près d'un buisson », etc. L'espace de la route, actualisé dans le genre de la pastourelle en vogue dans le pays d'oïl, favorise un autre type d'amour, une aventure érotique qui brave l'ordre social, celui entre un chevalier en voyage et une bergère inscrite dans le cadre naturel évoqué. Mais contrairement au cas précédent, la rencontre amoureuse se réduit à une relation sexuelle furtive, souvent forcée et dépourvue de toute conséquence.

Cette brève revue des situations où l'amour se manifeste dans la littérature de la France médiévale montre le caractère relativement homogène de la peinture du sentiment. Un trait se dégage de manière systématique, notamment la nature charnelle qui implique l'accomplissement sexuel. Même si la satisfaction sexuelle est décalée, voire si elle n'a pas lieu comme dans le cas de l'amour lointain de Jaufré Rudel, elle demeure l'objet de rêves et d'attente.

En revanche, dans le *Collier de la Colombe* d'Ibn Hazm, point d'aboutissement d'une longue tradition poétique, l'amour sensuel n'est pas le but en soi, mais mène vers le véritable amour, l'amour platonique. De plus, Ibn Hazm chante les mérites de la chasteté – l'impossibilité de dépasser le désir menant à la dégradation de l'amour. En ultime instance, le sentiment unit deux âmes prédestinées à se rencontrer et à se fondre l'une dans l'autre afin de constituer une seule entité, d'où l'idée de la syntonie, tout à fait absente de l'érotique occidentale. Il en va de même pour la mort, une autre issue de l'amour rentrant dans le paradigme dressé par l'auteur du *Collier de la Colombe* qui, dans la littérature du Moyen Age français, se manifeste uniquement comme un topos rhétorique dans les plaintes de l'amant[8].

La particularité de la peinture du sentiment amoureux dans l'œuvre d'Ibn Hazm se fonde sur la proximité des considérations sur le sentiment et de la réflexion théologique musulmane dont des exposés parsèment le *Collier de la Colombe*. L'amour chanté par les troubadours et leurs continuateurs occidentaux a sa propre éthique profane, détachée de la morale chrétienne. Même l'extase quasi-religieuse de Lancelot devant la reine Guenièvere dans la célèbre scène de la rencontre nocture des amants du roman du *Chevalier de la charrette* finit par un acte sexuel mentionné dans un vocabulaire qui, sans être explicite, ne laisse aucun doute quant à l'aboutissement de la rencontre. La conceptualisation de l'amour, jeu de l'imagination dans la tradition orientale, ne se détache pas des pratiques sociales en Occident. En France, il faudra attendre le XVIe siècle pour que la conception de l'amour comme expérience métaphysique apparaisse à côté de la poésie érotique.

La corrélation étroite entre le sentiment amoureux, ses protagonistes et le cadre spatio-temporel dans lequel il se manifeste constitue une autre particularité de la peinture de l'amour tel qu'il est représenté dans la poésie française de l'époque médiévale. Le sentiment amoureux est toujours perçu et conceptualisé sur fond social. Le déroulement de la quête amoureuse, l'espace dans lequel se fait la rencontre et s'accomplit l'acte sexuel est toujours fonction de la position et du rôle social assignés aux amants. Ainsi, la pulsion sexuelle doit être domestiquée conformément aux paramètres de la civilisation chevaleresque, elle doit rentrer dans le cadre féodal. Elle ne peut être socialement acceptée que dès qu'elle réunit des amants appartenant tous les deux à l'élite noble et prend la forme du mariage comme dans les romans de Chrétien de Troyes. Ailleurs, elle n'est qu'une simple satisfaction du désir sans conséquences s'il s'agit de personnages appartenant aux mondes sociaux différents, comme dans le cas

---

[8] Cf. R. Arié, *Ibn Hazm et l'amour courtois*, « Revue de l'Occident musulman et la Méditerranée », n° 40, 1985, pp. 75-89.

des pastourelles. Même l'amour d'une fée, dépassant en beauté et en richesse les femmes mortelles, exige un espace approprié. Contrairement à l'attitude de l'amoureux qui, dans la poésie arabe, sous l'emprise de l'amour abandonne la communauté et erre dans le désert, celui de la poésie médiévale occidentale cherche à intégrer son sentiment dans l'axiologie en vigueur dans sa classe sociale.

Cette représentation de l'amour témoigne d'un affermissement, au XIIe siècle, de la classe chevaleresque des *bellatores* en tant que groupe social distinct, chargée de la mission d'assurer la sécurité des autres (*oratores* et *laboratores*). Non seulement elle se fixe son destin et précise les moyens de l'atteindre, mais aussi elle érige un idéal humain, individuel qui ne se détache jamais des idéaux collectifs. Cela correspond à la naissance de la culture de la noblesse guerrière dont la littérature en langue vernaculaire constitue en même temps le reflet et l'instrument de propagande. Et même si certains clercs participent à sa divulgation, la seule place accordée à la pulsion sexuelle et la quasi-absence de la religion dans la diégèse des romans et contes en affermissent l'altérité par rapport à la culture cléricale.

Cet idéal humain doit obligatoirement tenir compte de l'émotivité dont l'amour, sentiment individuel par excellence, fait partie intégrante. Il doit être conforme au destin collectif de la classe et les actions qu'il inspire ne peuvent pas aller à l'encontre du système axiologique, de la morale en vigueur dans la collectivité. Tout au contraire, les actes inspirés par l'amour sont censés affermir la particularité du statut de celui qui en est auteur. La différentiation sociale des personnages des amoureux selon la nature des liaisons qu'ils vivent contribue à poser un univers rassurant et homogène où chaque chose occupe une place assignée. Les amours des chevaliers sont donc appelés à réaliser le destin collectif de la classe au même titre que le maniement des armes. Ibn Hazm, en revanche, cite de nombreux exemples d'histoires d'amour des aristocrates cordouans qui s'éprennet de femmes de condition servile. L'amour est donc vécu en dehors du cadre social et prend une dimension mystique.

Summary

Representations of love in troubadour poetry and in the poetry that succeeded it in medieval Northern France betray many affinities with the Arab-Muslim poetic treatment of erotic liasons (given supreme expression in Ibn Hazm's *The Ring of the Dove*). However, a comparative study of the two traditions reveals also fundamental differences between the Western and the Eastern conceptualizations of love. In the Western tradition, love implies sexual fulfillment and is inextricable from its social context. Only the noble-born can be united in a lasting union, while in all other cases only temporary affairs are possible. In Western literary works (romances and tales) this presupposition is communicated by locating every love story in some rigorously defined space. By contrast, in the Eastern tradition love transcends social limitations and is treated as a mystical experience.

Lahcen Amargui
Université Mohammed V-Agdal de Rabat

L'ORIENT AUJOURD'HUI

L'Orient a toujours été considéré comme un monde mystérieux qui relève de conceptions mythiques et exotiques. Nous allons essayer de montrer qu'avec les événements actuels, ces conceptions sont en train de changer et que nous assistons de plus en plus à une décomposition et à une reconstruction de cette perception. Notre analyse se fonde essentiellement sur les lectures que font les médias des bouleversements qui sont en train de toucher et de remodeler le monde arabo-musulman. Ce remodelage ira-t-il dans le sens des aspirations des peuples à la démocratie et à la justice sociale ou accouchera-t-il de nouvelles formes d'oppressions ?

1. La notion d'Orient : repères géographiques, historiques et culturels

Nous utilisons le terme de « notion » parce que nous pensons, comme nous allons le préciser, que l'Orient a toujours été un espace vague et difficile à cerner, que ce soit sur le plan géographique ou culturel. L'Orient suscite encore dans les esprits des fantasmes qui ont des origines séculaires. Géographiquement, il correspond à une vaste zone allant du Maroc à la Perse, en passant par le Moyen Orient. Le Maroc, par exemple, bien qu'il soit situé géographiquement à l'Ouest (l'Occident musulman), est assimilé culturellement à l'Orient. L'appellation « Orient » ne correspond donc pas à un espace bien délimité, mais plutôt à une aire culturelle caractérisée par un certain nombre de données historiques, religieuses (Islam) et culturelles.

En occident, la tradition orientaliste s'est développée au Moyen Age, avec les voyages en Terre Sainte, pour effectuer des pèlerinages. Les pays dits du « Levant » commencent à susciter la curiosité des occidentaux ; ceci va s'amplifier avec la traduction des *Mille et une nuits* par Galland (1704-1717). L'intérêt pour l'Orient est mis à l'ordre du jour et les perceptions fantastiques et exotiques se développent (*Lettres persanes* de Montesquieu, 1721). Les voyages en Orient sont à la mode et l'exotisme alimente les littératures en Occident, particulièrement avec le romantisme (Lamartine, Flaubert, Nerval, Gautier, etc.). La peinture de Delacroix va apporter également sa touche à la construction de cet édifice mystérieux et envoûtant. Cette vision de l'Orient développée par l'Occident va faire l'objet de remises en questions aujourd'hui. Ainsi Edward Saïd pense que l'orientalisme est une fiction créée, développée et entretenue par le colonialisme aux différentes étapes de ses conquêtes[1]. C'est une vision qui entretient l'idée que l'Orient est lié essentiellement au despotisme et à l'érotisme. Elle est encore enracinée dans les esprits, suscite des fantasmes et alimente des imaginaires en Occident. C'est pour cette raison qu'on peut considérer que cette perception/conception véhicule un ensemble non négligeable de lieux communs et de stéréotypes qu'on rencontre généralement dans les œuvres littéraires et les médias grand public.

Aujourd'hui encore les médias continuent de nourrir ce mythe de l'Orient. Les descriptions des villes s'inspirent toujours du mythe de l'Orient éternel. Ainsi, Marion TOURS dans un article du magazine « Le Point », intitulé : *48 heures à Beyrouth* compare la magie d'un music-hall à celle des *Mille et une nuits* :

> 22 heures, dans le centre-ville, Michel Elefteriades apparaît sur la scène du Music-Hall, comme un mage des *Mille et une nuits*. Comme chaque soir, son cabaret-night-club offre une programmation hétéroclite où se côtoient, dans une allégresse communicative, ténors

[1] Cf. E. Saïd, *L'orientalisme*, trad. C. Malamoud, Paris 1980.

d'opéra, groupes latinos, jazz band, chanteurs locaux et formations tsiganes. Etourdissant et réjouissant[2].

Dans le même magazine, Laurence OGIELA parle de Tanger la mythique en ces termes :

> La nuit tombée, la baie s'éclaire, le chant du muezzin s'élève et la ville retrouve son aura romanesque. Comme au temps ou Paul BOWLES et Joseph KESSEL traînaient à la librairie française des Colonnes. Comme au temps où MATISSE, fasciné, peignait sa « vue sur la baie de Tanger »[3].

L'Orient est aussi le lieu des contradictions les plus flagrantes. Ainsi, « Le Nouvel Observateur », dans un dossier récent consacré à Marrakech et à sa célèbre place Jamâa El Fna (la place des trépassés) montre comment la ville de Marrakech reste un symbôle mystérieux, vivant de l'Orient, où se mélange modernisme et tradition, vice et piété. Elle est représentative du nouvel Orient musulman[4].

Cependant, les changements actuels qu'on décrit sous différentes appellations (printemps arabe, révolte arabe, renouveau du monde arabe, etc.) introduisent des éléments nouveaux et bouleversent complètement l'idée qu'on se fait d'habitude de l'Orient.

2. Printemps arabe : renouveau ou continuité de la « Nahda »

Beaucoup d'observateurs se sont demandés si le printemps arabe n'est pas la continuité ou la reprise du processus de la « Nahda », interrompu par la colonisation. En effet, il faudrait rappeler que la « Nahda » est un mouvement intellectuel réformateur qui a traversé la pensée arabe à la fin du XIX° siècle et qui trouve ses racines dans les contacts avec l'Europe. Les pays les plus concernés sont l'Egypte,

2 « Le Point », n° 1986, 2010, p. 87.

3 « Le Point », n° 1982, 2010.

4 « Le Nouvel Observateur », n° 2437, 2011, pp. 42-49.

la Syrie et la Tunisie. Cette réforme selon Benjamin Stora[5] a vu son élan stoppé par la conquête coloniale ; le printemps arabe ne fait que reprendre le cours de l'histoire interrompue. Il parle de « rattrapage » et « d'entrée dans un monde déjà constitué ». Il insiste également sur le fait que l'Orient est méconnu parce que depuis 1970 : « les recherches ou réflexions autour de la question d'orient [...] se font rares ». Pour lui, depuis cette époque, l'Orient est souvent vu à travers « le seul prisme de l'actualité et des conflits ». Quand on pense à l'Orient, on pense au conflit israélo-arabe, à l'invasion de l'Irak et de l'Afghanistan. La perception de l'Orient est, par conséquent, devenue totalement négative : c'est la région du terrorisme, des régimes dictatoriaux et de la régression des droits humains.

Aujourd'hui, on ne peut s'empêcher de voir dans l'esprit des révolutions arabes actuelles la résurgence des idéaux prônés autrefois par la « Nahda ». Les premières interrogations qui ont donné naissance au mouvement d'idées qui porte ce nom datent de 1798, quand les musulmans d'Egypte regardent avec étonnement les vaisseaux de la flotte française de Napoléon Bonaparte débarquer dans les ports égyptiens. Les intellectuels de l'époque sont sous le choc et commencent à se poser des questions du genre : « Pourquoi les musulmans sont-ils restés arriérés, alors que d'autres se sont développés ? » C'est à ce moment-là que les idées de la « Nahda » commencent à se mettre en place. Nous allons citer les auteurs les plus influents de ce mouvement.

Le réformateur syrien Abderrahmane Al Kawakibi (1848-1903) était considéré comme un grand visionnaire. Il a stigmatisé avec force le despotisme qu'il rend responsable de tous les maux des sociétés arabes parce qu'il favorise l'immobilisme qui est l'anti-progrès par excellence. AL KAWAKIBI a écrit deux livres : *La mère des villages* et *La nature du despotisme* dans lesquels il prônait un projet moderne de renaissance du monde arabo-musulman, projet dans lequel l'islam serait nettoyé du dogmatisme, du sectarisme et du charlatanisme. Pour lui, seul Dieu unit les musulmans ; il n'y a pas de place pour

[5] Cf. B. Stora, *Le 89 arabe*, conversation avec Edwy Plenel, Paris 2011.

le sunnisme, le chiisme, le chaféisme et le hanafisme. Il est l'un des premiers penseurs arabes à avoir posé la problématique de la relation entre l'islam et l'arabité et le despotisme et le sous-développement. Selon lui, il ne pourrait y avoir d'état moderne et de progrès sans justice sociale, sans constitution et sans état de droit.

En Egypte, la voix de Mohammed Abdou (1849-1905) se fait entendre. Il avait compris le danger que représentait la conquête coloniale et le risque que l'identité historique des pays conquis disparaisse. Pour contrecarrer ce danger, il appelle les musulmans à recourir à la raison qui est l'arme du « vrai vainqueur ». Comme Al Kawakibi, Mohammed Abdou préconise le retour à l'islam, mais un islam dépouillé des dogmes et des doctrines qui sont sources de conflits et de luttes fratricides.

En Egypte également, Kacem Amine (1863-1908) s'est intéressé à un problème d'une modernité indéniable : le problème de la liberté de la femme arabe et musulmane. Il a proposé un ensemble de mesures pour rendre la femme apte à jouer un rôle efficace et décisif à côté de l'homme dans la renaissance et le progrès du monde arabo-musulman. Dans cette optique, il a écrit deux livres qui résument l'essentiel de sa pensée : *La libération de la femme* et *La nouvelle femme.*

Il faudrait aussi citer parmi ces réformateurs Kheir Eddine Ettounsi qui avait occupé des postes de responsabilité dans le cabinet du Bey Ahmed de Tunis de 1837 à 1855. Ces responsabilités lui ont permis d'avoir des contacts avec l'Europe et de s'inspirer des idées des réformistes européens.

Au vu des événements actuels dans les pays arabes, on peut se poser une question tout à fait légitime : Peut-on considérer que les révoltes arabes se reconnaissent dans les idées de la « Nahda » ? Il est évident que l'esprit des révolutions arabes actuelles rejoint, ne serait-ce qu'en partie, les idéaux de la « Nahda » malgré les spécificités de chaque pays. En effet, beaucoup de choses sont combinées dans le printemps arabe : renouveau de la pensée arabe (intégration des conceptions modernes de la démocratie et des droits de l'homme), renouveau de l'islam et du rapport à la laïcité, usage des technologies de la communication (ordinateurs, téléphones portables, internet, réseaux sociaux).

Certains auteurs vont même jusqu'à établir un parallèle entre le printemps arabe et mai 68. Ainsi, pour le sociologue allemand Heinz Bude :

> La situation est exactement la même, à une différence près : le mouvement de 1968 était né d'une utopie ; en 2011, les précurseurs du renouveau ont la conviction que tout va désespérément de travers depuis leur venue au monde[6].

Autrement dit, les révoltes arabes peuvent être perçues comme un sursaut contre cette fatalité tant décriée par les penseurs de la « Nahda ». Cependant, il ne faudrait pas oublier le rôle joué par plusieurs événements dans la concrétisation de ces révoltes.

3. Printemps arabe : révélateur de l'Occident et de l'Orient

Il semble que les médias ont été complètement déroutés par les événements du printemps arabe. Les analyses proposées sont le plus souvent contradictoires. Elles vont de celles qui sont très optimistes, qui pensent que c'est un événement considérable qui va favoriser la démocratisation et la modernisation du monde arabe, à celles qui sont très pessimistes et qui considèrent que c'est une avancée indéniable de l'obscurantisme des islamistes et des djihadistes qui tiennent un discours en apparence modéré (démocratie et respect des urnes) et qui développent en parallèle des milices armées pour prendre le pouvoir par la force. Pour toutes ces raisons, l'Orient est perçu comme une menace. Dans les sphères des organisations internationales, on invoque de plus en plus le droit humanitaire pour que les puissances occidentales s'octroient le droit d'ingérence dans les

---

[6] H. Bude, *Cette jeunesse qui veut un avenir*, « Courrier international », n° 1089, 2011, pp. 17-18, repris de « Die Zeit », traduit de l'allemand.

crises pour raisons humanitaires. De même, la mission civilisatrice héritée du colonialisme est invoquée sous un autre vocable : la démocratisation. L'Irak et l'Afghanistan en ont fait les frais avec l'intervention des Etats-Unis sous la présidence de Bush.

Les appels de plus en plus pressants à la préservation des églises orientales d'Egypte, du Liban et de l'Irak, prétendument menacées (à tort ou à raison) par les islamistes viennent accentuer cette fracture entre l'Orient et l'Occident. Les chrétiens d'Orient ont été maintenus dans des îlots où l'identité religieuse a été excessive par rapport à l'identité nationale ou culturelle. Avec le printemps arabe, ils commencent à réaliser qu'il leur faut sortir de cette coquille qui les a maintenus dans l'immobilité depuis très longtemps. Mona Akram Ebeid, universitaire et ancienne députée égyptienne copte, souligne ce changement majeur chez les chrétiens d'Orient et particulièrement chez les coptes :

> Les coptes d'aujourd'hui ne sont plus ceux d'avant la révolution. D'une part, tous ont compris qu'ils doivent sortir des remparts où l'église les a tenus enfermés depuis quarante ans. D'autre part, grâce à la révolution, ils sont parvenus à dépasser l'affirmation de leur seule identité égyptienne. C'est la première fois de leur histoire[7].

Le printemps arabe est donc en train de façonner de nouvelles identités qui émergent d'une opinion arabe élaborée par de nouveaux médias et par de nouvelles préoccupations politiques et sociales. Ce renouveau du monde arabe s'explique par la volonté des peuples de renégocier les accords que l'Occident leur a imposés. L'attaque, par exemple, du pipeline reliant le Sinaï à Israël, à plusieurs reprises, l'occupation de l'ambassade israélienne au Caire et la remise en question de l'embargo sur la bande de Gaza en sont les manifestations les plus patentes.

Le printemps arabe a également balayé un certain nombre de préjugés. Il a infligé un démenti sévère à ceux qui prétendent que le monde arabe est insensible au progrès et à la modernité. Dans un

---

[7] Propos recueillis par M. D u t e i l, « Le Point », n° 2027, 2011, p. 27.

article publié par le magazine « Le Point », intitulé : *Internet sème la parole démocratique*, Marie Benilde montre comment la combinaison des réseaux sociaux avec les télévisions satellitaires et surtout la plus influente d'entre elles (Al Jazeera) ont « semé la parole démocratique au vent de l'histoire »[8]. Les jeunes du printemps arabe ont montré au monde comment exploiter les médias électroniques et les réseaux sociaux pour introduire des changements dans la société. D'autres peuples n'attendront pas pour suivre leur exemple (les indignés grecs, espagnols, américains et israéliens). Le printemps arabe a révélé un monde arabe qui se réveille, qui aspire à la démocratie et au changement, mais il a aussi révélé un Occident arrogant et dominateur. Le 11 septembre a été le départ de la contestation de l'hégémonie occidentale sur la politique et l'économie mondiales dans tous ses aspects et ses conséquences (mainmise sur les richesses des pays pauvres, soutien massif aux dictatures, conflit avec l'islam, crise financière et économique mondiales).

Le 11 septembre a ouvert au monde arabe la voie à la revendication de la liberté et au respect des droits de l'homme, alors que ce même événement a poussé l'Occident à renier en partie ces mêmes droits et à les bafouer (prisons d'Abou Gharib, Guantanamo, prisons secrètes de la CIA où l'on torture à travers le monde, surveillance vidéo et électronique, tracasseries aux aéroports, écoutes téléphoniques, violation de la vie privée, etc.). Corinne LESNE titre un article dans le monde : « tempête sur les libertés américaines » ; elle montre comment le 11 septembre a fait régresser les libertés publiques et a instauré le secret sur les informations et sur certaines pratiques comme les écoutes et la violation du courrier : « Le FBI peut lire vos courriels, vos relevés de banque, voir quels sites vous consultez, savoir si vous louez une voiture »[9]. Cette régression des libertés et des droits humains va toucher tout le monde et surtout les américains de confession musulmane comme le souligne Sylvain CAPEL dans un article du « Monde », intitulé : *Le malaise des musulmans*

---

8 « Le Monde Diplomatique » (manière de voir), n° 117, 2011, pp. 39-40.

9 « Le Monde », n° 20726, 2011, p. 18.

d'Amérique; il montre comment les événements du 11 septembre ont contribué à l'enracinement de deux idées :

1. L'allégeance des musulmans à la patrie américaine est trompeuse ou illusoire parce qu'impossible.
2. L'ambition des musulmans est dominatrice avec la volonté cachée d'imposer à tous la loi musulmane, la charia[10].

Peut-on envisager aujourd'hui une réconciliation du monde arabe avec l'Occident après tout le poids que représentent ces soupçons ? Reed BRODY, conseiller de Human Rights Watch pense que le monde occidental doit « octroyer des réparations pour les mauvais traitements des prisonniers musulmans et traduire en justice ceux qui les ont autorisés »[11]. C'est seulement à ce prix qu'il peut envisager une « politique de réconciliation globale » selon son expression.

Aujourd'hui, la perception de l'Orient reste encore ambivalente comme le montrent les événements. La perception mythique subsiste encore, celle de l'Orient de l'exotisme, de la luxure et du vice. Mais une perception plus récente véhiculée par les événements récents commence à se dessiner et à prendre place ; celle où les faits remplacent les mythes et les légendes. Le monde des dictatures et de la misère commence peut-être à s'écrouler. La question qui se pose est : quelle est la configuration qui va lui succéder ? Assisterons-nous à des transformations notables qui vont dans le sens du progrès de l'humanité ou alors verrons-nous d'autres formes de régression qui vont consolider l'idée que l'histoire n'avance pas, qu'elle ne fait que se répéter et que le progrès n'est qu'une illusion ?

Summary

The Orient has for a long time fascinated people because it carried a number of myths and stereotypes found very widely distributed by literary and media.

---

[10] *Ibidem*, p. 19.

[11] *Ibidem*, p. 22.

Today, this image is changing completely by the events of Arab Spring. We wonder if this movement is the continuity of the „Nahda" (renaissance) began in the nineteenth century and interrupted by colonialism or a radical change caused by the aspiration of the Arab masses to a better future where despotism will be eradicated. This change will go there in the sense of human progress or will we see the emergence of other forms of regression that will reinforce the view that history is not moving, it only gets repeat and that progress is an illusion.

Zakaria Boudhim
Université Mohammed V-Agdal de Rabat

DANTE E L'ISLAM
L'*EPISTOLA DEL PERDONO* E LA *COMMEDIA*

In questo articolo ci proponiamo di dimostrare che Palacios si è sbagliato quando ha considerato *Rissalat al-ghufran* (*Epistola del perdono*) del poeta siriano Abu al-Ala' al-Ma'arri, opera in prosa rimata, di carattere puramente letterario, che narra il viaggio fittizio fatto da un vivo nell'aldilà, la fonte escatologia islamica principale, probabilmente, consultata da Dante. Presenteremo le prove dell'infondatezza della tesi dell'influenza dell'*Epistola* sulla *Commedia* esaminando le prove presentate da Palacios. Il nostro articolo è diviso in tre parti. Nella prima parte confutiamo, mediante un'indagine storica, l'idea che sostiene che l'*Epistola* sia giunta a Dante inseguendo le tracce dell'*Epistola del perdono* da quando fu scritta fino al giorno in cui Palacios la strumentalizzò per rinforzare la sua tesi. Nella seconda discutiamo le somiglianze più significative sulle quali Palacios costruì le sue pretese per dimostrare che si tratta, a nostro avviso, di una lettura e comprensione erronea del corpus arabo. Nella terza facciamo un paragone tra l'inferno e il paradiso di Ma'arri e quelli di Dante per mettere in rilievo l'ampia differenza tra le concezioni dei due poeti riguardanti il mondo dell'oltretomba.

I. Limitatezza della tesi dell'influenza storica dell'*Epistola* sulla *Commedia*

Ma'arri scrisse l'*Epistola del perdono* nell'anno 1033 d.C[1] . Da questa data fino al 1362 (Dante morì nel 1321), solamente due storici arabi, timidamente, menzionarono il titolo dell'*Epistola*. Il primo, al-Qifti, la descrisse brevemente, dicendo che essa è un'opera d'eresia, ma piena di letteratura[2]. Il secondo, Sibt bnu al-Giusi, ne citò due versi per manifestare il genio linguistico dell'autore[3]. Dopo questa data, l'*Epistola* e Ma'arri entrarono nel mondo dell'oblio e riapparvero solo nel 1638, quando Fabricius tradusse il poema di Ma'arri in latino. Nel 1855 Brockstal pubblicò la biografia di Ma'arri, sottolineando che il suo pensiero costituisce un'unità filosofica molto interessante. Nel 1877, di Ma'arri parlò von Kremer, concentrando il suo interesse sulla filosofia e sulla religiosità del poeta. Nel 1897, durante la conferenza degli orientalisti a Parigi, di Ma'arri parlò Abedrrahim Ahmed[4] che disse di essere in possesso di un manoscritto dell'*Epistola del perdono* e dichiarò che essa assomiglia alla *Divina Commedia* di Dante.

Nel 1899, Reynold A. Nicholson[5] pubblicò una descrizione dell'*Epistola*. Un anno dopo ne presentò il riassunto e la traduzione della prima parte in inglese, sottolineando che la sua difficoltà linguistica non concede una traduzione integrale. Tredici anni più tardi, Nicholson riassunse la seconda parte e definì l'opera una critica sarcastica dell'escatologia islamica. Nel 1910, Ignác Goldziher ribadì che l'*Epistola* è un preannuncio della *Commedia*, diventando così

---

1 A. Al-Ma'arri, *Rissalat al-ghufran* [Epistola del perdono], a cura di A. Abdur--Rahman, Cairo 1967.

2 I.S. Ghali, *Rissalat al-ghufran wa al·Comidia al-ilahia*, Damasco 1988, p. 11.

3 *Ibidem*.

4 *Ibidem*.

5 A. Al-Ma'arri, *Rissalat al-ghufran*, a cura di A. Abdur-Rahman, *op. cit.*, pp. 94-104.

il primo europeo a sollevare la questione dell'influsso dell'*Epistola* sulla *Commedia*[6].

Si osserva da questa rassegna che prima della morte di Dante l'*Epistola del perdono* era assolutamente sconosciuta agli arabi stessi. Quindi, se gli arabi non la conoscevano, tranne qualche eccezione, risulta molto difficile ammettere che essa potesse arrivare in Italia, Spagna o Francia : paesi che ebbero contatti diretti ed indiretti con la cultura arabo-islamica. A ciò si aggiungono le difficoltà linguistiche e strutturali dell'*Epistola* che la rendono inaccessibile ai non addetti, tanto più che Ma'arri, in quanto pensatore libero, dichiara sempre di adottare la tecnica della dissimulazione e della cautela nelle sue opere per scampare alla censura e all'ira dell'ortodossia islamica.

Taha Hussein, studioso egiziano che dedicò molti anni allo studio di Ma'arri, sottolinea la trascuratezza dell'opera nella sua epoca e ribadisce la sua difficoltà linguistica :

> Non sembra strano che un'opera come l'*Epistola del perdono* si pubblica all'epoca di al Ma'arri e non provoca né revocazione nell'opinione, né dubbi nella credenza, e nemmeno un movimento letterario ? La gente la ricevette come una semplice opera di valore linguistico e grammaticale, e piena di tecniche [linguistiche e letterarie] che a quella gente piacevano.
>
> Non conosco in tutta la letteratura araba nessuna opera che è al pari dell'*Epistola* così difficile, impenetrabile e ambigua[7].

Non solo gli arabi, ma anche gli arabisti riconoscono l'inaccessibilità dell'opera. Francesco Gabrieli afferma : „l'Asin rispondeva prospettando la possibilità che Dante stesso sapesse qualcosa di arabo, ma ben più di qualcosa, lo sappiamo noi arabisti, ci vuole per capire le cabale di un Abu'l'Ala"[8] .

---

6 *Ibidem*, p. 164.

7 T. Hussein, *Prefazione* a *Rissalt al-Ghufran*, Cairo 1915, p. 5.

8 F. Gabrieli, *Dante e l'Islam*, „Letture Classensi", n° 3, 1970, pp. 37 e seg.

Noi siamo convinti che dell'*Epistola del perdono* Dante non sapeva nulla, essa non gli era mai arrivata né direttamente come opera, né indirettamente come idea e né la storia ci fornisce le prove per dire il contrario, né i testi stessi, come si vedrà, dimostrano una vera e propria somiglianza.

II. Esame delle somiglianze fra dettagli dell'*Epistola* e della *Commedia*

1. Struttura dell'ingresso dell'inferno

Palacios considera che l'ingresso dell'inferno di Dante è simile nella sua struttura a quello dantesco, solo che l'inferno di Ma'arri, invece di essere una fossa, si presenta come un cratere infuocato in cima. Palacios così lo capisce :

> Prosegue poi il cammino, e nella regione più remota del paradiso, già ai confini dell'inferno, incontra ancora due poeti preislamici : il satirico Hutay'a [...] e la poetessa Al-Hansa', che recita le sue funebri strofe ai piedi di un altissimo vulcano, circondato di fiamme che a mo' d'infuocato vessillo si agitano sulla sua sommità. Quella è l'entrata dell'inferno[9].

Il lettore di questo articolo sarà molto sorpreso quando saprà che il brano riportato da Palacios è decisamente lontano da quello che troviamo in tutte le edizioni dell'*Epistola*. Osserviamo :

> Prosegue il cammino ed incontra una donna nella parte più remota del paradiso ai confini con l'inferno e le chiede : Chi sei ? Ella risponde : Sono Al-Hansa' as-Sulamiah, ho voluto vedere mio fratello Sahr, ho guardato e l'ho visto come l'alta montagna e il fuoco infiamma la sua testa, ed egli mi dice : in me si è verificata la

[9] M.A. Palacios, *Dante e l'Islam*, trad. R. Rossi Testa, Y. Tawfik, Parma 1994, p. 111.

tua profezia/ asserzione, intende il mio verso : „Sahr è in vero un faro che orienta le guide/ Come se fosse una bandiera con il fuoco in cima"[10] .

Non si parla di nessun vulcano o monte infuocato. L'altissimo vulcano di cui parla Palacios è in realtà Sahr, il fratello della poetessa Al-Hansa'. Sahr in arabo significa „la rocca". D'altronde tutti gli arabi associano sempre il nome di Al-Hansa' al nome del fratello Sahr che fu per lei il simbolo del coraggio e della generosità. Nella tradizione araba il Generoso accende sempre il fuco di notte per far orientare i viaggiatori verso la sua dimora, per dargli da mangiare e farli riposare.

Palacios, sebbene conoscesse l'arabo, non solo cadde vittima della traduzione letterale, ma fu anche vittima dell'ossessione di voler e dover confermare che Dante è in debito alla cultura islamica, non per glorificare gli arabi, ma per glorificare la Spagna che è patria del mistico mursiano Ibn Arabi, il cui capitolo intitolato *L'alchimia della felicità* insieme al *Libro della scala* di Maometto costituiscono l'origine della *Divina Commedia*, secondo Palacios.

2. L'incontro con Adamo

Palacios manifesta il suo dubbio sull'originalità dell'episodio dell'incontro di Dante con Adamo, e soprattutto sulla discussione fra i due sulla questione della lingua. Leggiamo nel suo libro :

> Un altro episodio che ugualmente suggerisce evidenti analogie è l'incontro di Adamo nel ritorno del viaggiatore musulmano dall'inferno al paradiso : si ricordi che il tema principale del suo colloquio col padre degli uomini è quello della lingua originale parlata da costui. Orbene, anche Dante incontra Adamo nella ottava sfera celeste, e uno dei temi, forse il principale, del suo dialogo col nostro padre

---

[10] A. Al-Ma'arri, *Rissalat al-ghufran*, trad. Z. Boudhim, [in :] *Al-Ma'arri Dante : dall'imitazione al confronto*, tesi di D.E.S., Rabat 1998, p. 173.

comune è parimenti della lingua nella quale si espresse durante la sua permanenza nel paradiso terrestre[11].

A nostro avviso Palacios ha dimenticato che Dante non fu solamente un uomo di letteratura, ma fu per eccellenza un uomo di lingua. Basti ricordare il suo famoso *De vulgari eloquentia* in cui pose le basi della lingua italiana di cui è fondatore. E prima del *De vulgari eloquentia* si impegnò con i letterati del gruppo del *Dolce stil novo* per ingentilire il volgare italiano ed innalzarlo a dignità di lingua letteraria.

3. Le fiere fra l'*Epistola* e la *Commedia*

Dante era appena al principio della salita sul colle illuminato, quando, bruscamente gli apparvero successivamente una lonza, un leone e una lupa, sbarrandogli il cammino :

> Ed ecco, quasi al cominciar de l'erta,
> una lonza leggiera e presta molto,
> che di pel maculato era coverta ;
> e non mi si partia d'innanzi al volto,
> ansi m'impediva tanto il mio cammino,
> che i feci per ritornar più volte volto. [...]
>
> la vista che m'apparve d'un leone.
> Questo parea che contra me venisse [...]
>
> Ed una lupa, che di tutte brame sembiava
> carca ne la sua magrezza,
> e molte genti fé già viver grame[12].

Queste tre fiere, come ben si sa, hanno un forte valore allegorico, fondamentale per la costruzione della *Commedia.* Esse, secondo la maggioranza dei commentatori, raffigurano le disposizioni viziose

---

11 M.A. Palacios, *op. cit.*, p. 113.

12 D. Alighieri, *La Divina Commedia*, a cura di E. Pasquini, A. Quaglio, Milano 1992, canto 1°, pp. 25-26.

che sbarrano il passo alle anime, impedendo loro di giungere alla verità e al bene. Se Dante non fosse stato ostacolato dalle fiere e non avesse preso la via suggeritagli da Virgilio, l'*Inferno*, il *Purgatorio* e il *Paradiso* non avrebbero mai visto la luce.

Il protagonista dell'*Epistola* incontra, anche lui, nel paradiso due di queste fiere : un leone ed un lupo, ma esse sono prive di ogni senso allegorico, e non sono funzionali per la costruzione dell'opera, come in Dante. Si può immaginare l'*Epistola* senza l'episodio dell'incontro con le fiere, senza perciò rovinare il senso e la costruzione dell'opera.

Prima di dire se c'è veramente qualche somiglianza fra le fiere delle due opere, esaminiamo i passi riportati da Palacios e confrontiamoli con una traduzione fatta conformemente all'ultima edizione dell'*Epistola*, per sottolineare l'errore commesso da Palacios. Egli dice : „Un leone feroce il cui aspetto rivela un'insaziabile voracità gli sbarra il passo. Mentre il viaggiatore resta fermo e riflette di fronte al pericolo, ecco che la fiera per ispirazione di Dio gli rivolge la parola", e poi aggiunge : „Scampato a quel pericolo, il viaggiatore prosegue il suo cammino quando un lupo affamato gli si fa incontro"[13].

Invece nell'*Epistola* troviamo :

> [...] il viandante [...] vede un leone che divora grandi quantità di mucche senza mai saziarsi. Riflette su questo fatto e dice tra sé : come mai nella vita terrena al leone bastava una debole pecora ? Prima di fare la sua riflessione, Dio permise al leone di parlare e togliere la curiosità al viandante : o servo di Dio, non vedi tu che all'uomo nel paradiso, gli si presentano tutti i buoni tipi di cibo paradisiaco, così egli può mangiare quanto e quando vuole, così anch'io divoro quel che Dio vuole per me, la mia preda non soffre, anzi essa gode quanto io godo divorandola con la volontà di Dio. Sai tu chi sono, o gentile viaggiatore ? Io sono il leone della Qassira. Ho meritato il paradiso per la buona opera che compì nella prima vita[14].

---

13 M.A. Palacios, *op. cit.*, p. 113.

14 A. Al-Ma'arri, *Rissalat al-ghufran*, trad. Z. Boudhim, *op. cit.*, p. 170.

> [...] passa davanti ad un lupo che consuma un gregge di gazzelle l'una dopo l'altra [...]. Egli capisce subito che le sua storia è simile a quella del leone appena lasciato, e senza troppe riflessioni gli chiede : raccontami la tua storia, o servo di Dio [intende il Lupo] ! L'animale risponde : io sono il lupo che ha parlato con AI-Aslami all'epoca del profeta Mohammad, sia benedetto[15].

È palese la differenza tra i brani di Palacios e il testo di Ma'arri. Un'analisi lessicale chiarisce che Ma'arri non usa termini che esprimono la ferocia, l'ostacolo, la paura, la minaccia, la violenza e la fuga. Prevalgono invece espressioni che alludono al dialogo pacifico, la voglia di capire e dissipare la curiosità del viandante.

Ci chiediamo come mai Palacios, un grande arabista, commette un errore del genere ? Forse egli ha basato la sua tesi sulla traduzione di Nicholson che non è priva di imperfezioni, come segnala Aisha Abdur-Rahman[16]. Siamo sicuri che non ha letto in arabo la versione credibile, altrimenti non sarebbe caduto in un errore così grave. Spinto dalla convinzione che Dante abbia, in qualche modo, consultato l'escatologia islamica, Asin si è appoggiato su quella comprensione che serve molto alla sua tesi e che mette in questione l'originalità della *Divina Commedia*.

III. Differenza fra l'aldilà dell'*Epistola del perdono* e quello della *Divina Commedia*

1. L'inferno dell'*Epistola del perdono* vs l'inferno della *Commedia*

Benché l'inferno dell'*Epistola* porti lo stampo della tradizione islamica, sembra diverso da tutti gli inferni delle altre culture. Esso ha

---

[15] *Ibidem*, p. 173.

[16] A. Al-Ma'arri, *Rissalat al-ghufran*, a cura di A. Abdur-Rahman, *op. cit.*, p. 104.

un carattere troppo umano. Infatti, diversamente dalla descrizione, molto esagerata, monotona e prolissa del paradiso, Ma'arri descrive con grande parsimonia l'inferno, le pene e i dolori dei suoi abitanti. Se si esclude la preoccupazione e lo sgomento del Giorno dell'Adunanza, si nota che le pene sono poco sconvolgenti rispetto alla *Commedia*. La più drammatica scena dovrebbe essere quella di Iblis, il „Lucifero islamico". Ma invece di vederlo soggetto alla più dura pena che si possa immaginare, „Iblis è lì che si agita nelle catene e gli uncini di ferro tenuti dai demoni giustizieri lo picchiano"[17]. La pena non gli impedisce di rivolgere al protagonista delle domande maligne e provocanti, ed è la prova che egli, benché sia un dannato, non soffre come dovrebbe.

L'inferno dell'*Epistola* è unico nella sua semplicità e nella sua indulgenza, esso dista moltissimo da tutti gli altri inferni descritti in tutte le escatologie. In esso non ci sono serpenti, scorpioni giganti, demoni che puniscono con zelo e creatività. L'inferno ma'arriano sembra un purgatorio rispetto a quello dantesco, in cui molte volte il pellegrino perde conoscenza per l'orrore e lo spavento di quello che vede. A parte Iblis e i demoni incaricati di controllare i dannati, tutti gli abitanti dell'inferno sono dei poeti, letterati e linguisti. È, dunque, un inferno di élite.

La prima differenza che ci risulta evidente quando tentiamo di vedere l'inferno di Ma'arri rispetto alla città dolente di Dante è, appunto, il carattere doloroso che questo ultimo veste. Mentre Ma'arri rifiuta di farci entrare nel suo inferno e decide di farcelo visitare da lontano : „lo sceicco si sporge per guardare l'inferno"[18] senza mettervi piede, Dante prepara sé stesso e il lettore all'orrore che li aspetta nel regno dei dannati. E prima di parlare di questi e di descrivere i loro castighi, ci fornisce un'ampia descrizione dell'ambiente infernale, dove regnano il buio, la disperazione e le lacrime :

---

[17] Idem, *Rissalat al-ghufran*, trad. Z. Boudhim, *op. cit.*, p. 173.

[18] *Ibidem*.

sempre in quell' aura sanza tempo tinta[19],
[...]
Lasciate ogni speranza, voi ch 'entrate[20].
[...]
Quivi sospiri, pianti e alti guai
Risonavan per l'aere sanza stelle,
pel' ch 'io al comincia e lagrimai[21].

E non solo questo : lo sgomento e l'orrore della scena infernale fanno crollare Dante più volte :

Finito questo, la buia campagna
tremà si forte, che de lo spavento
la mente di sudore ancor mi bagna.
La terra lagrimosa diede vento,
che balenoo una luce vermiglia
la qual mi vinse ciascun sentimento ;
e caddi come l'uom cui sonno piglia[22].

Il primo dannato che il viandante musulmano vede nell'inferno è Iblis che chiede al poeta di soddisfare una sua curiosità : „Il vino vi fu vietato nella prima vita, e adesso vi è lecito berlo ; i beati fanno coi garzoni immortali quel che facevano gli abitanti delle città maledette ?"[23]. Con questa maligna domanda, Iblis dimostra che non si è pentito della sua malvagità, e la sua vivacità fa di lui, tuttora, anche dopo la morte, il grande rivale di Dio.

Osserviamo che Ma'arri non segue le norme stabilite dal Corano e dalla tradizione che, identificando Iblis con il male eterno, e vedendo in lui il primo nemico di Dio, lo collocano sempre nella parte più bassa dell'inferno. Nell'*Epistola*, invece, Iblis sta ai confini che separano l'inferno dal paradiso e non si distingue dagli

---

19 D. Alighieri, *La Divina Commedia, op. cit.*, canto 3°, v. 29.
20 *Ibidem*, v. 9.
21 *Ibidem*, vv. 21-24.
22 *Ibidem*, vv. 130-137.
23 A. Al-Ma'arri, *Rissalat al-ghufran*, trad. Z. Boudhim, *op. cit.*, p. 171.

altri dannati come se tutti loro, egli compreso, fossero uguali; anzi, notiamo che Ma'arri sottomette a più aspri castighi altri uomini anziché Iblis.

Questo nuovo atteggiamento nei confronti di Iblis deriva dalla concezione ma'arriana del male, e l'equivoco si dissipa subito quando leggiamo in altre opere di Ma'arri che discolpa, indirettamente, lblis e riferisce i mali alla natura malvagia dell'uomo. La colpa non è né dell'uomo né di Iblis, ma è colpa di Dio che ha deciso della sorte dell'uomo e l'ha condannato al peccato. Leggiamo questi versi scelti dalle *Luzumiat* :

Scorrono i tempi ma gli uomini sempre
sono affascinati
dal male molto prima di Abele e di Caina[24]

Dio non vuole che il nostro mondo
sia dritto.
non cercare, dunque, di raddrizzare
gli uomini[25]

Lodato sii, o Dio, tu creasti il mondo
quanto vorremmo non avessi benedetto
i suoi mali[26].

Iblis è, quindi, quasi innocente, perciò merita la sua posizione in mezzo agli uomini. Egli, come i figli d'Adamo, sembra essere vittima della sua sorte già prescritta nella volontà di Dio.

A questa figura intelligente, loquace e tuttora rivale di Dio, e sulla cui materia e forma fisica non sappiamo nulla, si contrappone il Lucifero dantesco : gigante, silenzioso e con gli occhi piangenti. Siamo di fronte a due figure totalmente diverse. Infatti, Iblis non s'arrende, non perde la sua intelligenza, Lucifero, invece, è inintelligente ed è,

---

24 Idem, *Al-Luzumiat aw luzumù ma a yalzam* [L'obbligazione del non obbligatorio] Beirut 1891, vol. 1, p. 99.

25 *Ibidem*, p. 165.

26 *Ibidem*, p. 167.

come rileva De Sanctis : „immane carname vuoto di intelligenza : non è altra vita che materiale né altra poesia che quella della materia, il gigantesco, il quantitativo, carne ammassata a carne. [...] Lucifero è la poesia della materia"[27].

Il silenzio di Lucifero paragonato alla loquacità e vivacità di Iblis ci fa riflettere sulla concezione del male, il peccato e le loro origini nei due poeti. Dante da cristiano considera Lucifero l'antitesi della Trinità, fonte di ogni male e perciò lo isola da tutti gli altri dannati. Ma'arri, la cui critica delle religioni, in particolare quella islamica, suscita grandi dubbi sulla sua religiosità e fa di lui una figura di „eretico", discolpa Iblis e si rifiuta di considerarlo l'origine del male.

2. Il paradiso dell'*Epistola vs* il paradiso della *Commedia*

Il paradiso ma'arriano non è un calco fedele dello standard islamico, Ma'arri ha svuotato con grande genio il paradiso coranico dalla sua essenza e lo ha riempito con la sua esperienza personale, in quanto animo libero capace di andare oltre i limiti tracciati dalla religione. Il risultato è stato un eden unico che s'innalza come un monumento solitario nel deserto delle narrazioni escatologiche che non riescono a liberarsi dall'egemonia del testo dal quale tutti traggono le loro immaginazioni, ossia la vicenda dell'ascensione di Maometto e la descrizione fornita dal Corano.

Innanzitutto Ma'arri non determina nessuna struttura architettonica del suo paradiso, ma seguendo i movimenti del protagonista dell'*Epistola* nella sua celeste passeggiata riusciamo a tracciare le linee generali di questo regno. Esso è una pianura larga con due estremità, la porta del Paradiso ne costituisce la prima, e il confine con l'inferno ne rappresenta la seconda. Questa pianura è divisa in tre zone a guisa di strisce, la cui bellezza e prosperità diminuiscono

---

27 F. De Sanctis, *Lezioni e saggi su Dante*, a cura di S. Romagnoli, Torino 1955, p. 680.

man mano che ci si allontana dall'ingresso, e ci si dirige verso l'inferno.

Il paradiso di Ma'arri è uno spazio vivo : pieno di movimento, di sentimenti umani, di reazioni psicologiche. In esso l'autore vuole una specie di „salotto letterario" dove si discutono questioni di ordine letterario, grammaticale e linguistico, dove si organizzano convivi e feste, si invitano commensali, è uno spazio per cantare e ballare.

Questo movimento, caratterizzante il paradiso dell'*Epistola*, spesso si amplifica è diventa un vero chiasso, e le belle voci si trasformano in sgradevoli urli. In esso tutto è possibile, persino una rissa violenta come quella che successe fra i due poeti maggiori della Jahiliah[28] ammessi nel paradiso. È un luogo dove dominano ancora le reazioni psicologiche degli abitanti ; si sente la nostalgia, si soffre per l'attesa, ci si rimprovera, ci si preoccupa. L'incitamento, l'irritazione, il furore, il litigio, la provocazione e soprattutto la delusione sono caratteristiche dei beati che popolano l'Eden di Ma'arri.

Questo paradiso è di un materialismo esagerato, il piacere sensuale ne costituisce la spina dorsale : si beve, si mangia, si macina il grano e si mungono gli animali per avere il latte, benché il cibo sia abbondante ; e tutto si fa conformemente a quello che si faceva nella vita terrena. In esso prevale l'amore carnale, si desiderano le donne per la loro bellezza.

Siamo, dunque, in un paradiso che non ha niente di particolare se non l'abbondanza del cibo e delle Huri. Esaminando questo paradiso alla luce di quello dantesco del quale Salvatore Battaglia dice : „Il paradiso non si può rappresentare, è ineffabile. È possibile intuirlo nel colmo della fede. Come mistica aspirazione, ma la sua realtà è sovrasensibile, esclude la comprensione e la raffigurazione"[29], ci troviamo costretti ad ammettere che questo rozzo paradiso ma'arriano, nella sua materia, beninteso, dista molto dalla cantica della „luce [...]

[28] Termine arabo che indica l'epoca storicamente situata poco prima dell'Islam, significa letteralmente l'ignoranza.

[29] S. Battaglia, *Esemplarità e antagonismo nel pensiero di Dante*, Napoli 1967, pp. 44-46.

moto musica, e coro, ordine e armonia"[30], e alimenta maggiormente il dubbio sulla possibilità che sia un probabile modello di quello dantesco.

Conclusione

Se Palacios è riuscito con tanta fortuna a stabilire una serie impressionante di somiglianze tra la *Divina Commedia*, il *Libro della scala* di Maometto e la mistica di Ibn Arabi, che mettono in dubbio l'originalità della *Divina Commedia*, ha sbagliato quando ha esteso la sfera delle fonti implicandovi anche *Rissalt al-ghufran* di Ma'arri. Da una parte mancano prove valide per dire che essa poté arrivare a Dante, dall'altra il confronto fra il libro di Palacios e i brani dell'*Epistola* svela, in vari luoghi, l'incapacità di comprensione del corpus arabo, che rende senza valore le somiglianze sulle quali egli costruisce la sua tesi.

Summary

In this article we try to demonstrate the fragility of the thesis of the spanish arabist Miguel Asin Palacios, who claims that Dante Alighieri was inspired, among other arab-islamic sources, from *Rissalat al-ghufran* (the Epistle of forgiveness), work of the syrian poet Abu al-Ala' al-Ma'arri.

Palacios builds his thesis on a series of resemblances between the Epistle of forgiveness and Divine Comedy, and expresses his doubt about the originality of the latter.

To refute the thesis of Palacios, we first demonstrate, through a historical study, the lack of proof that confirms that the Epistle of forgiveness has arrived, directly or indirectly, to Dante. Then when show that the similarities between the two texts are the result of *miunderstanding* which led to results inconsistent with what is in the arabic corpus.

30 *Ibidem.*

We prove, finally, by comparing the design of the two poets of the other world, that it is diametrically opposed, and that they converge only in the abstract idea of the trip of a living person in the other life ; which is universal and known before the two cultures : the christian and islamic one.

El Mostafa Chadli
Université Mohammed V-Agdal de Rabat

LE DESTIN FABULEUX DE LA FABLE ORIENTALE DE L'INDE À LA MÉDITERRANÉE : UN IMAGINAIRE EN MOUVEMENT

Il y eut d'abord une race d'hommes justes,
celle que l'on appelle la race d'or.
Une autre, dit-on, lui succéda, celle d'argent.
Et parmi les races nous tenons le troisième rang,
nous les hommes de la race de fer.
Du temps de la race d'or, les animaux possédaient
aussi un langage articulé,
connaissaient les paroles que nous échangeons,
et tenaient assemblée au milieu des forêts.
Le pin parlait, tout comme les feuilles du laurier.
Le poisson dans les flots s'entretenait avec son ami le marin,
les moineaux se faisaient comprendre du paysan.
Et la terre produisait toutes choses sans rien demander en échange,
les mortels et les dieux vivaient en compagnons.

(Babrius[1], poète grec du IIIe siècle
qui mit en vers les fables d'Esope)

---

1 *Dits de Babrius* ou *Babrii Fabulae* (1844). Lors de leur première publication, les fables de Babrius comprenaient exactement deux cents pièces qui tenaient, s'il faut en croire Avianus et les informations du Codex A, en deux livres et non en dix comme le prétend la biographie, jugée peu fiable, consacrée à Babrius

Fables, fabliaux, exempla, apologues, paraboles et contes d'animaux ont peuplé et nourri l'imaginaire des hommes, depuis les premiers temps de l'humanité, véhiculés par les traditions orales et les cultures populaires avant d'être consignés par écrit par les scribes, les littérateurs et les collecteurs de l'oralité puis développés par les nouveaux modes de l'écriture (romans, nouvelles, contes philosophiques, fables versifiées, etc.) et des arts (dessin, B.D, peinture, film, etc.).

A partir de ce fonds fabuleux qui a largement façonné l'Orient arabo-musulman et l'Occident gréco-latin, notamment à travers des textes majeurs, tels que les *Mille et Une nuits*, le *Roman de Renart*, la *Chanson de Roland* ou les fables orientales, il s'agit de s'interroger sur ces imaginaires croisés et en mouvement des différents peuples et cultures qui y ont participé, de part et d'autre, et à des degrés divers et qui ont contribué – et contribuent encore – à façonner la vision du monde et de l'Orient et de l'Occident dans un chassé-croisé d'images et de clichés, abondamment nourris, du reste, par les littératures des deux pôles, antagonistes et rivaux.

Pour ce faire, nous avons choisi, de ces diverses traditions orales et cultures patrimoniales, les fables orientales du lettré arabo-persan, 'Abd Allah ibn al-Muqaffa, vaste compilation de textes, traduits en persan et en arabe, sous le patronyme de *Kalila wa Dimna*, et qui se ressourcent dans la grande tradition de l'Inde séculaire, avec les paraboles de Pantchatantra[2], consignés en sanscrit et attribués,

---

dans la *Souda*. De ces deux cents fables, cent quarante-trois nous ont été plus ou moins conservées dans leur forme métrique originale, notamment pour cent vingt-trois d'entre elles grâce à la contribution du Codex A, découvert sur le Mont Athos en 1843. Les autres, cinquante-sept en tout, ont survécu sous forme de paraphrases que nous connaissons à travers la Recension dite *Bodléienne*, retrouvée au début du XIXe siècle.

2 Le *Pantcha-tantra*, a été traduit en grande partie en persan par un lettré, au VIe siècle après J.C., du nom de Burzouyéh et c'est cette traduction, selon la croyance commune, qui a formé l'ossature narrative du livre persan de *Calila wa Dimna*. Elle a servi, ensuite, pour les traductions postérieures dans les langues les plus connues de l'Orient, puis d'Europe. C'est ainsi que *Calila wa Dimna* a été traduite, en arabe, par 'Abd Allâh ibn al-Muqaffa, au VIIIe siècle, en grec au

a posteriori, à des sages indiens de l'époque, comme Vishnuite ou Bilpay, avant de finir leur trajectoire dans le monde grec, avec Esope, et latin, avec Phèdre, puis français avec La Fontaine.

De cette longue sédimentation et multiples traversées, les fables ont subi nombre de transformations et d'emprunts des diverses cultures visitées et ont largement influencé le regard porté sur soi--même et sur l'autre pour s'ancrer, durablement, dans l'imaginaire collectif de l'humanité.

Nous essaierons de mettre au jour, comme le ferait un archéologue, ces strates de l'imaginaire oriental en œuvre dans la fable qui nous est parvenue et qui porte en elle les signes indélébiles de sa genèse et de ses métamorphoses.

1. Des origines des fables

Pour revenir aux origines de la fable, les grecs disposaient de deux termes, qui se recoupent, sémantiquement parlant : Fable /μύθος/ et Histoire /γραφήση/ qui s'interpellent mutuellement et se définissent par un jeu de miroir. La fable est une histoire, puisant dans le mythe, l'apologue ou l'allégorie pour esquisser une sagesse ou une vérité générale, alors que l'Histoire est du côté de la vérité, de la fable dite vraie, mais de la fable tout de même. La frontière est si ténue. Pour s'en convaincre, il suffit de réexaminer les différentes réécritures de l'histoire des peuples et des nations et passer à la loupe tout ce qui est oublié ou occulté, voire dénaturé.

Théon d'Alexandrie, rhéteur aux IIe et IIIe siècles, en donne une belle définition. Pour lui, la fable ne serait rien d'autre qu'une « histoire fictive représentant une image de la vérité ». L'Histoire est aussi une histoire réelle illustrant, pour sa part, une image de la vérité.

XIe siècle, en hébreu, par Rabbi Joël, au XIIe siècle et en latin au XIIIe siècle chrétien. Voir à ce propos l'excellente érudition d'Antoine-Isaac Silvestre de Sassy (1816).

Habituellement, donc, la Fable se présente sous une structure simple, mettant en rapport deux êtres, habituellement des animaux, mais pas toujours.

Il est fréquent que l'un soit de plus noble ou forte stature et que l'autre ne veuille lui prétendre ce rang alors à son profit et parfois à ses propres dépends. A partir de cela s'articule une scénette où il sera aisé de prendre son parti et d'en tirer une leçon ou un enseignement simple, ainsi illustrés par la fameuse « morale ». On connaît aussi la *Fable politique*, capable de se moquer des élites sans les nommer, ou la *Fable théâtrale* prenant l'allure d'un petit conte ou d'une dramaturgie d'effets et de suspenses.

Enfin, la Fable tend parfois vers l'énigme, quand ses acteurs sont déjà connus, sa teneur prenant ainsi plus d'intérêt que sa morale. Elle tend parfois au *Conte* quand la narration, son suspens et ses effets priment sur les personnages ou l'enseignement. Toutefois il n'y a pas réellement de « règles » établies, en ce qui concerne les Fables, mais plutôt des « références » qui sont bien sûr le style des anciens Fabulistes, dont la majorité est restée méconnue ou oubliée, car il fut un temps où l'on consignait par écrit les veillées ou les réunions de plaisir, agrémentées de récits.

2. La problématique des genres

Question ardue et non résolue, malgré les nombreuses hypothèses qui en ont été formulés par des historiens et des folkloristes comparatistes. En voici les plus saillantes :

– Hypothèse astro-météorologique. D'après les frères J. et W. Grimm, M. Müller, J. de Hahn, A. Lefèvre, ainsi que A. de Gubernatis, les récits merveilleux que nous connaissons, voire même les contes moraux, sont tous d'origine indo-européenne. Ils sont des réminiscences ou des transformations d'anciens mythes, d'anciens adages, d'anciens proverbes qui se sont d'abord produits sur le plus haut plateau de l'Asie centrale (région de Bactriane), d'où sont descendus les Hindous, les Perses, les Grecs, les Romains et la plupart des sociétés européennes. En se déplaçant, les diverses tribus ont emporté dans les divers pays qu'elles ont occupés ces résidus de leur mythologie, ce qui explique les analogies que présentent tous les contes chez tous ces peuples.

– Hypothèse indianiste de la transmission des contes, par voie d'emprunts. Pour demeurer fidèle à son principe, la théorie mythique avait dû supposer que toutes les ressemblances qui existent entre les nombreux contes populaires se limitaient aux peuples, dont la langue appartient à la famille indo-européenne. Mais depuis qu'on possède des contes tartares de la Sibérie méridionale, des contes syriaques, des contes kabyles, des contes zanzibariens, des contes zoulous, des contes cambodgiens, annamites, birmans, etc., et qu'on a constaté qu'ils étaient identiques au fond aux contes indo-européens, il a bien fallu reconnaître que tous ces peuples n'avaient pu emporter de l'Inde les germes de leur religion et par suite les contes qui en dérivent.

La théorie de la transmission des contes, par voie directe ou indirecte, accrédite la thèse historique et semble plus proche de la réalité que la théorie météorologique. Elle est, cependant, un peu trop exclusive. Il n'est point suffisamment prouvé que tous les contes populaires soient originaires de l'Inde, car si l'on admet la communication de peuple à peuple, il se peut faire que plus d'un conte ait remonté d'Europe et du nord de l'Afrique en Asie au lieu d'en venir. À un moment où les peuples les plus éloignés ont échangé, durant la période préhistorique, des objets de troc et de biens de toutes sortes, n'ont-ils pas pu échanger, aussi, des mythes, des fables et des contes ?

D'autre part, les mythes sont controversés quand ils ne sont pas rejetés, trop hâtivement, faute de documents attestant la fiabilité des corpus et celle du mode de transmission. Aussi des ethnologues, comme E. Cosquin, ont-ils tendance à dénier, systématiquement, les prédispositions psychologiques universelles ou communes qui peuvent prétendre que tous les humains soient amenés à expliquer les phénomènes météorologiques qui les frappent, ou d'autres phénomènes qui interviennent dans leur existence de manière analogue et à concevoir, derechef, le merveilleux comme une explication, plausible et rassurante, du monde.

– Hypothèse anthropologique. Elle constitue une nouvelle réaction contre les théories précédentes. En effet, le système anthropologique, dont le principal représentant n'est autre que l'érudit anglais A. Lang, suppose que les contes populaires sont l'incarnation d'idées communes à tous les peuples primitifs. Ainsi s'expliqueraient les conceptions étranges et les mœurs inhumaines qui reviennent constamment dans ces récits. Celles-ci ne seraient que des survivances des croyances et des us des premiers humains. L'origine des contes remonterait, par suite, à l'époque paléolithique, pour le moins à la période néolithique, caractérisée surtout par la prééminence des pratiques religieuses. Les esprits primitifs, disaient les tenants de cette approche, se contentent d'explications très simples. Les peuplades primitives assistaient tous les jours à des transformations surprenantes : un arbre sort d'une graine, une grenouille d'un têtard, un papillon d'une chrysalide. Aussi, leur semblerait-il, tout aussi naturel, de voir une plante sortir d'un œuf d'oiseau ou toute autre chose merveilleuse, rapportée par la tradition orale.

– Hypothèse de l'interprétation historique. Dans la Grèce ancienne, il est rapporté qu'Evhémère[3], poète grec, interprétait les légendes et les mythes par l'histoire et croyait démontrer que tous les héros de la mythologie grecque, tous les dieux n'étaient que des humains agrandis, exagérés par l'imagination populaire. Quelques historiens des religions amateurs se livrent encore aujourd'hui à une lecture évhémériste de certains mythes que l'on trouve dans la Bible : le Déluge constituerait, selon eux, une référence à une inondation colossale, l'étoile des rois Mages se référerait au passage d'une comète, ou à une conjonction planétaire, etc. Cette projection, par trop rationnalisante, avait été appliquée, également, aux contes. C'est ainsi que le baron C.A. Walckenaër, érudit et naturaliste français du XVIIIe siècle notamment, prétendait que les ogres n'étaient autres

[3] Évhémère (en grec ancien Εὐήμερος), né aux alentours de 316 av. J.C., est un mythographe grec de la cour du roi Cassandre et auteur d'un roman de voyage fantastique l'*Écriture sacrée*. Son roman est à l'origine de la théorie dite de l'évhémérisme. Il est considéré comme l'un des premiers théoriciens de l'athéisme systématique.

que les Hongres ou Hongrois qui, au Moyen Age, commirent en Europe d'épouvantables ravages, et que le conte de Barbe-Bleue s'était formé, d'après l'histoire du maréchal de Rais (ou de Raiz), pendu à Nantes en 1440. De même, le savant scandinave Sven Nilsson (1838)[4] a voulu voir des Lapons dans les elfes et autres nains des légendes et mythes septentrionaux.

– Anatole France (1909)[5], écrivain français, quant à lui, croit à la transmission des contes, qui est un fait ; mais, en ce qui concerne leur origine première, il se contente d'une hypothèse extrêmement simple et naturelle :

> Il faut penser que les combinaisons de l'esprit humain à son enfance sont partout les mêmes, que les mêmes spectacles ont produit les mêmes impressions dans toutes les têtes primitives, et que les hommes, également sujets à la faim, à l'amour et à la peur, ayant tous le ciel sur leur tête et la Terre sous leurs pieds, ont tous, pour se rendre compte de la nature et de la destinée, imaginé les mêmes petits drames. Les contes de nourrice n'étaient pas moins à leur origine qu'une représentation de la vie et des choses, propre à satisfaire des êtres très naïfs. Cette représentation se fit probablement d'une manière peu différente dans le cerveau des hommes blancs, dans celui des hommes jaunes et dans celui des hommes noirs[6].

– La psychanalyse et le structuralisme, ces deux grandes vagues qui ont déferlé sur toutes les sciences de l'humain, au cours du XXe siècle, ne pouvaient pas manquer d'avoir leur mot à dire, à propos des contes. Freud (1918), dans l'*Homme aux loups*, met en lumière la manière dont le conte s'adresse à l'inconscient, comment il lui parle et comment aussi il peut créer, chez l'enfant, un traumatisme.

---

4 S. Nilsson, *Les habitants primitifs du Nord scandinave* (1838-1843). Dans cet ouvrage, Sven Nilsson décrit quatre étapes de la transition de la culture : Phase 1 : Chasse et pêche ; Phase 2 : Pastoralisme ; Phase 3 : Agriculture ; Phase 4 : Civilisation.

5 A. France, *Les sept femmes de la Barbe-Bleue et Autres contes merveilleux*, Paris 1909.

6 http ://www.cosmovisions.com/textConte01.htm.

A l'inverse, Bruno Bettelheim (1976), dans *The Uses of Enchantement* (*Psychanalyse des contes de Fées*), reconnaît dans le conte un moyen pour l'enfant de dépasser sa peur, de grandir en libérant ses émotions, mais aussi en donnant les éléments qui lui permettront d'avoir prise sur le monde des adultes. Quel que soit le point de vue, pour la psychanalyse, le conte est avant tout une parole vivante, une parole qui n'est ni gratuite ni innocente, mais agissante et sournoise. Le conte est donc un langage (ou un métalangage), admettront aussi les structuralistes, lesquels au lieu de s'intéresser à sa signification et à sa symbolique, ils vont plutôt se préoccuper de sa grammaire, de sa syntaxe et de sa morphologie. Dans un ouvrage précurseur, Vladimir Propp[7] va commencer par identifier dans le conte une trame formelle unique : tous les contes étudiés par l'auteur peuvent se décomposer en éléments susceptibles de s'inscrire dans une séquence immuable, formée de trente-et-une fonctions seulement, organisés dans le même ordre, même si dans un conte donné toutes ne sont pas présentes à la fois.

3. La spécificité des textes

– Les apologues de Bidpaï, brahmane indien, selon la légende populaire, sont les plus anciens que l'on connaisse dans ce genre. Le nom de Bidpaï est assez connu, grâce à La Fontaine. Bidpaï est, vraisemblablement, le nom d'un philosophe indien, auquel les Persans et les Arabes ont attribué un recueil d'apologues, intitulé par eux, *Calila et Dimna*, recueil très célèbre en Orient, et qui a été traduit en latin, dès le XIIIe siècle de notre ère. L'invention de l'apologue est difficilement datable, car il se perd dans les limbes des temps anciens. L'idée de transmettre un précepte utile ou une sentence vitale, sous le voile de l'allégorie, et de rendre plus sensible une vérité morale en l'appuyant sur une fiction ingénieuse, se retrouve chez tous les peuples

[7] В. Пропп, *Морфология сказки* [Morfologija skazki], Лениндрад 1928 (trad. fr. *Morphologie du Conte*, trad. M. Derrida, Paris 1970).

de l'Antiquité ; mais c'est en Orient, et peut-être particulièrement dans l'Inde antique, qu'il faut chercher non pas l'origine, improbable, mais les premières prémisses de cette « invention » narrative.

– En tout état de cause, Bidpaï reste celui qui fit connaître dans tout l'Orient, et plus tard en Occident, ce genre de fables mettant en scène des animaux pour parler aux humains. En effet, dans un pays où parmi les croyances se trouve le dogme de la métempsychose, où l'on attribue aux animaux une âme semblable à celle de l'homme, il était naturel de leur prêter, dans le même mouvement, les idées, les passions et le langage de l'espèce humaine.

– Les recueils d'apologues et de sentences morales étaient plus recherchés au Moyen Age qu'ils ne le sont aujourd'hui, et les nombreuses imitations des livres de Bidpaï furent nombreuses.

Il faudrait reconnaître que les Indiens jouissent dans ce genre de littérature d'une excellente qualité esthétique. En effet, au lieu d'être un récit isolé, l'apologue est un traité complet de politique et de morale, doté d'une forme dramatique. Aussi dans les livres indiens anciens, une fiction principale encadre-t-elle plusieurs fables ou contes, débités par les premiers personnages que les situations installent dans ces récits ; ces fables sont en prose et semées de vers sentencieux, empruntés aux légendes héroïques ou sacrées et aux drames dans leurs poésies.

– Le livre de *Kalîla wa Dimna* dérive d'un ouvrage de la littérature indienne populaire, les *Panchatantra* ou cinq livres. Compilation de paraboles écrites en sanscrit, l'ouvrage fut initialement attribué à un brahmane vishnuite kashmiri du IVe siècle, puis à un sage indien nommé Bidpaï ou Pilpay. Le livre fut traduit en arabe au VIIIe siècle par le savant persan 'Abd Allâh ibn al-Muqaffa[8], à partir d'une version en pehlevi disparue, réalisée par le physicien Burzoe pour le roi sassanide Khosrow Anûshirwân (r. 531-579). La popularité de cet ouvrage fut immense et donna lieu à de nombreuses traductions. Au début du XIIe siècle, Abû al-Ma'ali Nasr Allâh Munshi rédige une

---

8 Abû Muhammad, *Abd Allâh Ibn Ruzbih Ibn Daduway dit al-Muqaffa*, 714-759.

version en persan pour Bahrâm Shâh de Ghazni[9]. On en connaît, également, une version en grec et une en hébreu du début du XIIe siècle, dont les illustrations présentent des similitudes importantes avec les modèles arabes et qui servit, certainement, de base à la version latine de Jean de Capoue (1236-1278), source des versions européennes. Une version en prose du texte de Ibn al-Muqaffa en inspira une versifiée au XIVe siècle, en partie traduite en français en 1644 par Gibert Gaulmin[10].

Rapporté en Europe par des savants ou des ambassadeurs sous forme de manuscrits arabes ou persans, cet ouvrage était présent dans les grandes bibliothèques du XVIIe siècle, comme la Bibliothèque royale ou encore la bibliothèque Colbertine. Jean de la Fontaine s'inspira de ces fables populaires, qui lui fournirent une réserve importante d'histoire qu'il rendit « nouvelles par quelques traits qui en relevassent le goût »[11]. Il ne conserve cependant pas la forme du texte indien, lui préférant celle de la fable ésopique[12]. Les fables de Bidpaï ne sont pas la seule source de l'auteur, mais ce dernier s'en réclame dans sa préface, allant même jusqu'à assimiler Pilpay avec Ésope (une de ses sources principales), sous le nom du sage Locman[13].

– Le Livre de *Kalîla wa Dimna* appartient au genre littéraire du miroir des princes, destiné à l'éducation morale et politique de personnages de haut rang. Les contes sont regroupés en chapitres qui forment un tout cohérent, grâce à une structure narrative qui fait intervenir le dialogue. Chaque chapitre s'ouvre par une question du souverain indien Dablishim au conseiller, philosophe et légendaire

---

9 Souverain Ghaznévide qui a régné, vraisemblablement, entre les années 1152-1160.

10 *Livre des Lumières ou la Conduite du roi, composé par le sage Pilpay, indien*, trad. D. Sahid d'Ispahan, Paris 1644.

11 J. de la Fontaine, Préface des Fables choisies mises en vers, 1668, Pléiade I, p. 7

12 La fable ésopique est constituée d'une compilation de textes indépendants les uns des autres, alors que la fable indienne présente un récit continu.

13 Le sage Locman, dont Tanneguy Le Fèvre traduit en 1673 quarante et une fables.

auteur Bilpaï, sur les conséquences d'un comportement, ensuite expliqué par une histoire dont les protagonistes sont des animaux et les personnages principaux deux chacals, nommés Kalîla et Dimna. Chaque histoire s'achève par une leçon de morale. Outre le caractère plaisant des histoires, ce sont la langue et les dialogues vifs et spirituels qui font le charme et la force de cet ouvrage qui aurait influencé un grand nombre d'œuvres majeures de la littérature orientale, comme le *Masnavi* de Rumi, les *Mille et une nuits*, le *Shâhnâme* de Firdusi ou la *Khamseh* de Nezâmi.

Le texte de *Kalîla wa Dimna* est l'un des premiers à être illustrés dans le monde arabe. Il semble que la première version de l'ouvrage en pehlevi comportait déjà des illustrations. Dans le même temps, l'Inde et l'Asie centrale voyaient fleurir des peintures pariétales du cycle du *Panchatantra*[14]. L'une des plus anciennes copies arabes de *Kalîla wa Dimna* est datée de 1220, réalisée dans les ateliers syriens et conservée à la Bibliothèque Nationale de France (BNF). Cet ouvrage qui comprend 98 peintures (dont 7 ajoutées plus tardivement) appartient à la période dite classique. Ses peintures sont empruntes d'un certain hiératisme ; organisées le long d'un axe vertical, les scènes présentent des éléments stylistiques qui évoquent les manuscrits byzantins contemporains, comme le *De Materia Medica* de Dioscoride[15]. Bien que de parson contenu et sa qualité, cet ouvrage fut destiné à un personnage important, le frontispice très endommagé présente une scène de trône, dont le prince reste anonyme, aucun nom de souverain n'étant mentionné dans cette copie.

– Le *naqâli* est une forme traditionnelle de conte persan. Le *naqâl* se traduit par narrateur, conteur ou encore transmetteur de traditions. Comme toute forme de tradition orale, le *naqâli* remonte à des temps anciens. Le *naqâl*, tel un passeur, contait les histoires du pays, les guerres, la bravoure des rois, des héros de l'empire ou encore leurs aventures amoureuses. Le *naqâl*, non seulement informait le peuple,

---

[14] Le cycle des peintures de Panjikent en Soghdiane, daté des VIIe et VIIIe siècles, illustre les thèmes du Panchatantra et des fables d'Esope. Il constitue certainement un prototype qui influence les peintures postérieures arabes et persanes.

[15] Texte conservé à Istanbul, Sainte-Sophie, n° 3704, XIIIe siècle.

mais encore divertissait son auditoire par l'ampleur spectaculaire que prenait son jeu et la beauté lyrique du vers.

A l'aide d'une dague, il se référait aux scènes peintes, aux personnages dessinés qu'il incarnait aussitôt. Les principales œuvres contées par un *naqâl* restent *Le Livre des Rois* de Ferdowsi et *Le Pavillon des Sept Princesses* de Nézami. L'art du *naqâl* exige une maîtrise de l'œuvre épique, une maîtrise de la langue, du chant et bien entendu du jeu. C'est après de longues années d'apprentissage, aux côtés d'un maître, que l'apprenti-*naqâl* acquiert la reconnaissance du « Morchid », de son maître.

Aujourd'hui, avec l'arrivée d'autres arts et d'autres moyens de divertissement les *naqâl* ne connaissent pas le même succès. Si ce spectacle s'inspire du *naqâli*, il s'en éloigne à bien des égards. Il n'y a pas d'apprentissage traditionnel de l'art du *naqâli* de maître à disciple. Le contexte culturel est ici différent : autre continent, autre espace, autre temps. Reste immuable l'adresse d'une histoire à un public.

– Loqman[16], Lokman, Lukman ou Locman, grand fabuliste oriental, mena une vie mystique et mystérieuse. Ses fables furent publiées par Epernius, en arabe et en latin, en 1615. Il est l'auteur d'un grand nombre d'apologues qui ont fini par jouir d'une grande célébrité dans tout l'Orient. La réputation de Loqman s'est répandue jusqu'en Europe.

Aujourd'hui, les Orientaux, lorsqu'ils veulent parler d'une personne sage et prudente, citent Loqman par un de ses proverbes, dits *Amthals* en arabe ou sentences.

D'après des sources occidentales, nombreuses sont les ressemblances entre Ésope et Loqman dans ses fables écrites en arabe, et celles écrites par le fabuliste grec. Loqman aurait écrit les originaux de nombre de fables célèbres et de plusieurs autres, plus ou moins, connues dont : « Le Buisson », une fable dédaignée par Jean de La Fontaine, mais qu'A.H. de La Motte reprit à son compte[17].

---

[16] Textes en arabe de Ali-Tchelebi ibn-Salih (?-1543).

[17] Fables très ressemblantes, rassemblées dans un recueil intitulé, *Fables nouvelles* (1719), avec celles de Jean de La Fontaine : *Un cerf, L'Homme et la Mort, la Tortue et le Lièvre puis l'Enfant.*

4. Fables et art

Dans le domaine de l'art et de la création artistique, la fable demeure, à n'en pas douter, un trésor patrimonial universel qui n'a pas fini d'étonner et de nous donner des œuvres d'une très belle facture. *Le Pavillon rouge*[18] en est une belle illustration : le spectacle est ici, tout à la fois, musical et chorégraphique. Les paroles, les corps, le mouvement, le rythme et la musique interagissent ensemble, dans une synergie remarquable, au fil du spectacle pour dessiner l'espace, créer le climat d'une scène, marquer le type et les caractéristiques des personnages, provoquer les émotions et raconter, à l'unisson, la même histoire. Le spectacle s'inspire, en fait, des formes orales traditionnelles de l'Iran, à savoir le *Naqâli*, nom qu'emprunte la forme traditionnelle du conteur persan et le *Zourkhané*, littéralement « maison de l'effort » où au rythme de la percussion (*zarb*) et d'une voix qui chante l'éloge des héros, des hommes se livrent à différents exercices physiques.

La narration est effectuée essentiellement en français. Des vers chantés en persan viennent ponctuer la fin de chaque tableau. La musique de la langue et du vers favorise l'invitation au voyage et l'immersion dans l'ailleurs.

Le texte du *Pavillon Rouge*[19] est une libre adaptation à partir du texte original de *Haft Peykar* et des deux traductions en langue française. Il s'agit de la traduction d'Isabelle de Gastines (2000)[20] et de celle de Michael Barry (2000)[21].

---

18 *Le Pavillon Rouge.* Le récit de la Princesse des Slaves, d'après *Le Pavillon des Sept Princesses de Nézami de Gandjeh.* Mise en scène de Guilda Chahverdi (2007).

19 Dans l'œuvre de Nézami, le Roi Bahrâm offre aux sept princesses qu'il épouse un pavillon. Chacune est originaire d'une région. La couleur de chaque pavillon correspond à un climat, une planète et à un jour de la semaine. Chaque soir de la semaine le Roi Bahrâm rend visite à l'une des princesses et entre dans un des pavillons. Le Pavillon Rouge est celui de la princesse Slave, il correspond à celui du mardi et a pour planète Mars. Le roi Bahrâm est né lui-même sous le signe de Mars et le rouge est sa couleur.

20 *Les Sept Portraits*, Paris 2000.

21 *Le Pavillon* des *sept princesses*, Paris 2000.

5. Structure de la fable

A partir du XIXe siècle, la fable perdra progressivement son aura et ne sera guère plus pratiquée en littérature ; elle devient juste un outil didactique et pédagogique. En Russie, toutefois, I. Krylov (1844) en fera son genre de prédilection[22].

La fable classique repose sur une structure double. Dès le titre, on trouve une opposition entre deux personnages dont les positions subjectives sont dissemblables : l'un est placé en position « haute » et l'autre en position « basse ». Grâce à un événement narratif imprévu, celui qui était en position « haute » se retrouve en position « basse » et vice-versa. Ce schéma est désigné par C. Vandendorpe[23] (1999) comme un « double renversement ». Schéma, qui se retrouve dans des dizaines de fables, souvent les plus populaires, permet de canaliser la compréhension et de véhiculer une moralité claire.

Les Anciens, à l'instar d'Aristote, estimaient que la fable, avec les caractères stylistiques et l'élocution de ses personnages, voire leur singularité, le tableau de mœurs qu'elle offre, constitue un des éléments essentiels de la tragédie, laquelle s'accompagne de chant, de chorégraphie et de spectacle. La fable tragique, rappelons-le, est structurée par l'enchaînement des actions et des faits exposés, formant la narration et débouchant sur un dénouement tragique. Elle est, de ce fait, transposable en scénario et en langage cinématographique.

La fable est, somme toute, une énigme qui s'accompagne toujours de sa résolution. Même si la fable n'a plus la popularité qu'elle avait eue dans le passé, le schéma narratif, qui en fait la force, se retrouve dans le fait divers et dans la légende urbaine.

Ainsi, le modèle « philosophique » de la fable, devenu instrument pédagogique, date, en fait, de la période grecque des *Présocratiques*.

---

22 I.A. Krylov, *Fables*, trad. C. Parfait, Paris 1867.

23 C. Vandendorpe, *Du papyrus a l'hypertexte : essai sur les mutations du texte et de la lecture*, Montréal–Paris 1999.

Ce moyen didactique a continué à évoluer jusqu'au XIXe siècle avec, le plus souvent, des « mises au goût du jour ». Les besoins moralistes et pédagogiques alternatifs, rappelons-le, ont été à la source de créations originales, particulièrement aux XIIe et XVe siècles.

Conclusion

Une *mythologie de la Fable* ? L'idée n'est pas saugrenue, car la mythologie est l'essence même des fables et qui explique pourquoi leur contenu est toujours entre le mensonge et la vérité, le réel et l'imaginaire. Les fables proviennent d'une tradition orale, supportée par un imaginaire où le merveilleux et l'extraordinaire jouent un rôle déterminant dans les constructions identitaires et façonnent l'Histoire du monde et des êtres, à coup de légendes, de métaphores, de sagas et de paraboles.

La fable entrait ainsi dans la littérature académique. Ce type de récit, devenu si propre à distraire la bonne société, à faire frissonner les salons, relevait en fait d'une tradition orale connue depuis des temps immémoriaux, et qui révélait soudain tant de caractères qu'on aurait crus jusqu'alors propres seulement aux contes et aux mythes. Les fables, comme les contes, apparaissaient en particulier porteur de significations cachées qui invitaient à ce qu'on en cherche la clé.

Désormais, on comprenait aussi que les fables, même certaines des plus connues, avaient déjà voyagé aussi sous forme de textes transcrits, depuis très longtemps, pointant vers des origines souvent lointaines, tel ce recueil de contes venus de l'Inde, le *Pantchatantra*, qui était devenu pour les médiévaux le *Kalila et Dimna*, ou une des inspirations probables du *Roman de Renart* ou encore ce très vieux conte des *Deux frères*, que le XIXe siècle mettra au jour en Égypte, et dont on s'apercevra que lui aussi a été connu, sous diverses autres versions, dans l'*Iliade*, et dans la *Bible*, par exemple.

La fable aujourd'hui n'a rien perdu de son mordant, comme satire sociale ni de son actualité, comme apologue édifiant. On peut donner des exemples :

- *Les casseurs de pierre*, fable attribuée au poète Ch. Péguy[24], est assez édifiante ;
- *Rhinocéros*, pièce théâtrale d'E. Ionesco (1959), en quatre tableaux et trois actes, peut être lue comme une fable moderne ;
- *Les chats et le Rat*, une fable de J. Anouilh (1961) ;
- *L'Alchimiste* de P. Coello (1995) ;
- *La prophétie des Andes* de J. Redfield (1997) ;
- *La cinquième montagne* de P. Coello (1999) ;
- *La fourmi et l'éléphant* de D. Blanc (2007) ;
- *Why café* de D. Blanc (2009) ;
- *Le safari de la vie* de D. Blanc (2009) ;
- *La sagesse du guerrier pacifique* de D. Millman (2011).

Parallèlement aux récits de fable, les films de fiction ont judicieusement exploité ce filon narratif, avec la mise en scène d'histoires, puisant leur sève de la source « sacrée » des fables ou s'apparentant à celles-ci, tant par la thématique que par la structure[25].

L'opéra, également, n'est pas en reste, sans parler de toutes sortes de chorégraphies s'inspirant du modèle narratif des fables, du contenu ou des personnages connus[26].

Tout bien considéré, force est de constater que les fables démontrent tout le potentiel onirique et fictionnel dont ils recèlent, depuis leur lointaine ascendance jusqu'à l'époque contemporaine et qu'ils préservent encore aujourd'hui.

---

[24] Fable attribuée au poète et écrivain Charles Péguy par B. Cyrulnik (2004) dans *Parler d'amour au bord du gouffre*, Paris 2004. Elle est non attestée par les associations Charles Péguy.

[25] Nous en mentionnons quelques-uns, à titre d'exemple : *Hiroshima mon amour*, film d'A. Resnais (1959), *Le grand bleu*, film de L. Besson (1988), *Paris, Texas*, film de W. Wenders (1984). Palme d'or au festival de Cannes de 1984, *Forrest Gump* de R. Zemeckis (1994), *L'étrange histoire de Benjamin Buton* de D. Fischer (2008).

[26] Citons, entre autres, quelques pièces dramaturgiques, compte tenu de leur succès ou de leur notoriété : *La fable des abeilles* de B. Mandeville (1705), *Romulus et Rémi, une fable à l'opéra* de C. Norac (1994), *La fable du fils substitué : L'étrange Monsieur Pirandello* d'A. Héliot (2009) au TNP de Villeurbanne, *Le rossignol et autres fables d'I. Stravinsky à l'opéra* de C. Fillion et P. Beau (2010).

Summary

Fables, exempla, apologues, and stories of animals populated and nourished the imagination of the men, since the first time of the humanity, transported by oral traditions and popular cultures before being written recorded by the copyists, the men of letters and the collectors of the orality then presses by new modes of the writing (novels, philosophical stories, modern fables) and arts (drawings, B.D, painting, film, etc). it is a question of wondering about this crossed imagination and in movement of the different people and cultures which participated in it, on both sides, and in varying degrees and that contributed - and still contribute - to manufacture the vision of the world and the East and Occident in a continual coming and going of pictures and plates, copiously nourished, besides, by the literatures of both poles, opposing and rival.

Natalia Czopek
Université Jagellonne de Cracovie

ALGUMAS OBSERVAÇÕES SOBRE A INFLUÊNCIA DO PORTUGUÊS SOBRE O SUAÍLI

A história de uma língua constitui um longo e interminável processo no qual a língua se transforma encarando as mais variadas circunstâncias linguísticas, históricas, sociológicas e políticas. É pela linguagem que os seres humanos contactam entre si, tem a possibilidade de conhecer o mundo que o rodeia e de penetrar nos mundos das realidades invisíveis : o dos seus sentimentos, pensamentos e da imaginação.

A palavra *suaíli*, ou originariamente *kiswahili*, relaciona-se etimologicamente com o termo árabe *sawāhil*, o plural da palavra *sāhel* 'fronteira' ou 'litoral' – uma região costeira que presenciou a afluência de viajantes árabes[1]. Uma das línguas bantas de maior alcance comunicacional, é falada por oitenta milhões de pessoas no mundo, incluindo Uganda, a República Democrática do Congo, as áreas urbanas do Burundi e de Ruanda, o sul da Somália até ao norte de Moçambique, (ao longo do litoral de África Oriental), a Zâmbia e o sul da Etiópia, além dos países que a têm como língua oficial ou nacional, isto é, o Quénia e a Tanzânia. Existem também algumas comunidades de falantes de suaíli em Madagáscar e nas ilhas Comores[2]. Na

---

[1] Cf. Ibn Battuta, *Osobliwości miast i dziwy podróży*, [in :] R. Ohly et al., *Język suahili*, Warszawa 1998, p. 5.

[2] N. Pawlak, *Języki afrykańskie*, Warszawa 2010, p. 36.

maior parte dos países mencionados, o suaíli desempenha a função de língua veicular ou a chamada *language for special purpose*[3]. Como resultado do contacto dos povos dessa área com comerciantes e navegadores de língua árabe durante alguns séculos, o suaíli tem cerca de um quarto das palavras originadas do árabe. Outras influências foram por exemplo a língua persa, alemão, inglês e idiomas da Índia. O suaíli foi escrito com caracteres árabes até 1885, quando a escrita árabe foi substituída pelo alfabeto latino, através de missionários cristãos e de administradores coloniais. A escrita suaíli com caracteres árabes faz parte das tradições literárias mais antigas da língua árabe. Como provas desta situação linguística excepcional, podemos mencionar aqui um dos mais antigos documentos em suaíli, o poema épico *Utendi wa Tambuka* („A História de Tambuka") de 1728 ou dois manuscritos analisados por Rzewuski[4] : *Antigos eventos relacionados com a tribo Shirazi* (uma crónica dos sultãos de Tungi) e *Documento genealógico dos povos Matungi* (onde se descreve a anexação portuguesa e o fim do sultanato). Na África Oriental, a escrita árabe continuou a ser especialmente apreciada no sultanato de Zanzibar[5].

As influências da língua portuguesa sobre o suaíli estão, obviamente, relacionadas com a história da costa oriental africana e começaram precisamente na altura dos primeiros contactos com a costa e as ilhas onde se falava o suaíli, isto é, na altura da viagem de Vasco da Gama a Moçambique, em Março de 1498, logo a Mombaça, a 7 de Abril, e a seguir a Melinde. Os portugueses depararam com um comércio muito bem desenvolvido entre os portos da África Oriental, os países árabes e a Índia ; com uma população árabe rica e com navios carregados de ouro, prata, pérolas, gengibre, pimenta e cravo[6]. Aí surgiram reacções hostis à presença portuguesa, tendo tais

---

[3] R. Ohly et al., *op. cit.*, p. 5.

[4] E. Rzewuski, *Origins of the Tungi sultanate (Northern Mozambique) in the light of local traditions*, [on-line], http ://www.orient.uw.edu.pl/webkjika/images/stories/Testimonies/19_ rzewuski.pdf

[5] *Języki Azji i Afryki w komunikacji międzykulturowej*, red. N. Pawlak, Warszawa 2008, p. 78.

[6] M. Małowist, *Konkwistadorzy portugalscy*, Warszawa 1976, p. 197.

manifestações assinalado o momento em que as autoridades locais se aperceberam que estavam perante cristãos e tendo resultado em várias lutas contra os muçulmanos[7]. Surpreendentemente, na sua viagem de volta, em 1499, Vasco da Gama conseguiu estabelecer relações amigáveis com os governantes de Zanzibar. No entanto, a chegada de Vasco da Gama marcou o início da dominação portuguesa e do enfraquecimento da civilização suaíli, paradoxalmente superior à portuguesa em muitos aspectos[8].

Em 1500, Cabral chegou a Quíloa, forçando os governantes a estabelecerem contactos comerciais com Portugal e violando, ao mesmo tempo, todas as regras dos acordos em voga, o que originou mais conflitos com os muçulmanos[9]. Na segunda viagem, em 1502, com uma frota de vinte navios, Vasco da Gama atacou os navios muçulmanos, estabeleceu pontos de apoio na costa e começou a avassalar as terras por onde passou : submeteu o rei de Quíloa, na Tanzânia, a quem tornou tributário de Portugal. Em 1505, D. Francisco de Almeida, depois de ter atacado as cidades de Quíloa e Mombaça, iniciou aí a construção da primeira fortaleza portuguesa de pedra e cal na África Oriental, abandonada já em 1512. Em 1590, o vice-rei Matias de Albuquerque mandou construir em Mombaça, depois de ter sido várias vezes atacada, uma fortaleza para impedir ataques dos muçulmanos aos portugueses e aos outros comerciantes. Esta foi conquistada pelos árabes em 1698, tendo sido temporariamente retomada em 1728 para ser abandonada definitivamente em 1729[10].

As disputas entre portugueses e árabes pelo controlo do comércio costeiro, entre finais do século XVI e ao longo do século XVII, eram quase permanentes, com os primeiros a pretenderem afastar os segundos do comércio do ouro e do marfim, sobretudo na região do vale do Zambeze. A acção portuguesa foi detida, parcialmente,

---

7 J.M. Garcia, *Breve história dos descobrimentos e expansão de Portugal*, Lisboa 1999, p. 60.

8 A.E. Benítez Fleites, J.F. Moreno García, *Los pueblos de África*, Madrid 2006, pp. 157-160.

9 M. Małowist, *op. cit.*, p. 212.

10 J.M. Garcia, *op.cit.*, p. 157.

pela interferência turca, que acabou apenas com falsas promessas de ajuda aos suaílis, e pelos omanenses que, em 1562, começaram a controlar o Índico. Estes conflitos estiveram na origem da ruptura do comércio que conduziu ao declínio de Quíloa e Sofala, onde em 1505 Pedro de Anhaya fundou uma fortaleza[11].

As crónicas portuguesas do século XVII estão cheias de informações sobre as rebeliões nas cidades suaílis que pagavam tributos aos governadores portugueses. Em 1635, as possessões portuguesas da Costa Oriental eram divididas em duas secções : a de Mombaça (para o Norte de Cabo Delgado até Zanzibar e ilhas adjacentes) e a de Moçambique, Sofala, Rios de Cuama, estabelecimentos de Inhambane e Lourenço Marques. A presença portuguesa em Mombaça durou pouco mais de 160 anos, até 1698 ; em Zanzibar, Pemba, Lamo, Brava, etc. não ultrapassou 225 anos (1503-1728)[12]. Mais a norte, o núcleo maconde fixou-se na região setentrional moçambicana do planalto de Mueda, de onde se estabeleceram relações com as comunidades islamizadas da costa, recebendo pólvora e armas de fogo em troca de marfim, goma copal e borracha, tendo-se também dedicado ao comércio de escravos. A influência portuguesa reduziu-se naquela altura a alguns empréstimos na língua suaíli e à introdução do cultivo de algumas plantas novas[13]. Os suaílis viram nos omanenses os seus salvadores do jugo português mas já em 1728 pediram ajuda aos portugueses contra os omanenses que tinham introduzido os seus métodos cruéis de governar.

No século XIX, em 1834, a presença portuguesa na costa oriental da África era mais precária do que, por exemplo, em Angola. O território português abrangia a zona entre a baía de Lourenço Marques e a baía de Tungue, junto ao Cabo Delgado e uma extensa faixa entre Quelimane e Tete, ao longo de todo o vale do Zambeze. Eram vastas áreas ligadas pelas rotas de comércio às regiões distantes da África Central. No Índico, os veleiros suaílis mantinham-se ao serviço da

[11] M. Małowist, *op. cit.*, p. 239.

[12] A. Prata Pires, *op. cit.*, p. 25.

[13] A.E. Benítez Fleites, J.F. Moreno García, *op. cit.*, p. 159.

coroa, garantindo o tráfego português naquele oceano controlado por comerciantes de origem indiana. No entanto, as relações com os portugueses deterioravam-se à medida que a vigilância inglesa se intensificava. O comércio clandestino intensificou-se nas zonas costeiras do norte de Moçambique, onde actuavam as oligarquias suaíli-macuas que ora fomentavam conflitos, ora estabeleciam alianças com outros potentados do interior. Só depois de uma guerra contra o potentado suaíli, que foi movida por um afro-português João Bonifácio da Silva, durou mais de uma década e terminou em 1861, notaram-se as primeiras tentativas de ocupação real portuguesa e de introdução do monopólio português no tráfico de escravos[14].

Vale a pena mencionarmos aqui também o sultanato Tungi, o nome histórico de um sultanato que existiu até 1877 em Cabo Delgado e nas costas da Baía Tungi, no norte de Moçambique. O seu centro político situava-se, pelo menos durante um certo tempo nos séculos XVIII-XIX, a uns cinco quilómetros do ponto extremo de Cabo Delgado, perto da actual vila de Quiuia. Hoje em dia, encontram-se ali apenas ruínas do palácio do sultão e três túmulos escondidos na floresta. Era um sultanato muito antigo, governado pela dinastia Shirazi (cujos descendentes ainda hoje fazem parte da elite tradicional de Palma e Quiuia), mas não se sabe ao certo quando é que foi estabelecido. O nome Tungi foi mencionado, provavelmente pela primeira vez nas fontes europeias, num documento português de 1744 e chegou a ser conhecido como o local do último episódio da disputa árabe-portuguesa nas águas do Oceano Índico, ou seja, da disputa pelas fronteiras entre Portugal e Zanzibar no século XIX na qual também tomaram parte a Grã Bretanha e a Alemanha. A disputa acabou em 1877 com a anexação militar do território de Tungi à colónia portuguesa realizada pelo administrador do distrito de Cabo Delgado, José Raimondo de Palma Velho. Actualmente, a região de Tungi é a única parte da costa moçambicana onde se fala suaíli. Além disso, a situação linguística representa um tipo muito raro de *gender diglossia*, isto é,

[14] M.M. Lucas, *Organização do Império*, [in :] *História de Portugal*, vol. 5, dir. J. Mattoso, Lisboa 1993-1994, pp. 293-298.

os homens falam suaíli muito próximo do suaíli padrão, enquanto as mulheres falam makwe, uma versão suailizada da língua makonde. Parece que o domínio do suaíli ajuda a manter um alto nível social de „uma pessoa civilizada", o que acontece também do outro lado da fronteira com a Tanzânia, na direcção de Lindi[15].

Na altura das guerras pela independência, como afirmou o prof. Fernando Ganhão[16], a grande maioria dos homens que constituíam os três movimentos que, fundindo-se, criaram a Frelimo, na altura de se reunirem no 1° Congresso em Dar-es-Salaam, não dominavam nem utilizavam a língua portuguesa como meio de comunicação. Sendo aqueles movimentos constituídos por exilados políticos e económicos, usavam na sua maioria o inglês e o suaíli, que eram as línguas em que se tinham formado politicamente e profissionalmente. No entanto, durante os primeiros anos da Frelimo essas línguas surgiam com frequência decrescente na comunicação interna dessa organização, sendo substituídas pelo português. A comunidade de falantes de português alargou-se, tornando-se este, sobretudo nos meios urbanos, um meio primário de comunicação nos domínios públicos[17]. No campo, no entanto, não sendo uma língua indispensável à sobrevivência económica da população rural, o português é usado em contextos muito restritos. Além disso, há mais falantes de português nas faixas etárias com menos de 35 anos, o que pode ser relacionado com a data da independência nacional[18].

Quanto à situação linguística de Moçambique depois da independência, Eugeniusz Rzewuski[19] distingue nove grupos de dialectos em que se subdividem as línguas autóctones de Moçambique, entre as

---

15 E. Rzewuski, *op. cit.*, pp. 193-194.

16 P. Vázquez Cuesta, *Observações sobre o português de Moçambique* [in :] *Actas do XIX Congresso Internacional de Lingüística e Filoloxía Románicas*, red. R. Lorenzo Vázquez, A Coruña 1994, pp. 631-632.

17 P. Gonçalves, *A formação de variedades africanas do português : argumentos para uma abordagem multidimensional*, [in :] A. Moreira et al., *A Língua Portuguesa : Presente e Futuro*, Lisboa 2005, p. 228.

18 *Ibidem*.

19 P. Vázquez Cuesta, *op.cit.*, p. 633.

quais o grupo suaíli formado pelas línguas suaíli e mwani, faladas por aproximadamente 120 mil pessoas na província de Cabo Delgado.

Analisando a influência da língua portuguesa sobre o suaíli, deparamos sobretudo com exemplos de designações de objectos e instrumentos que os africanos desconheciam, ou seja, o vocabulário suaíli recebeu influência portuguesa enquanto a estrutura bantu continua inalterável. Como afirma Pires Prata[20], o vocabulário foi enriquecido maioritariamente com substantivos, pois o autor encontra apenas dois verbos de suposta origem portuguesa e um adjectivo na designação da Baía Formosa, em frente à foz do rio Tana. Esta aquisição de vocábulos estranhos tem, na maioria dos casos, consequências para o sistema todo, originando inovações a nível fonológico, morfológico, sintáctico e semântico. Os lexemas nominais, por exemplo, ficam submetidos às regras de concordância das classes nominais, causando, ao mesmo tempo, certas inovações no sistema nominal. O número reduzido dos empréstimos verbais, por sua vez, pode indicar que o contacto foi mais cultural e não resultou de um bilinguismo mais generalizado. A única excepção é o dialecto kimwani com um número de verbos portugueses assimilados mais elevado que, no entanto, podem ser resultado de influências mais tardias[21]. Citemos alguns exemplos de categorias das palavras portuguesas que, supostamente, na altura dos primeiros contactos tiveram influência no vocabulário suaíli :

- cargos (padre, aia) ; instrumentos náuticos (bóia, amarra) ; armas e instrumentos bélicos (espada, bandeira, pistola) ; objectos de uso doméstico (mesa, copo, caixa, pipa) ; objectos de escritório ou de recreio (cartas, lacre) ; animais domésticos (pata, franga) ; edifícios e lugares (igreja, forte) ; árvores (limoeiro, pereira) ; frutos (pêra, limão) ; ferramentas e objectos mecânicos (roda, parafuso) ; líquidos (vinho) ; jogos (cartas, dados) ; artigos de vestuário (capa, lenço, chapéu) ; produtos e tecidos (âmbar, breu, beirame).

Assim, hoje em dia deparamos no suaíli com vários exemplos supostamente de origem portuguesa, como :

---

[20] A. Prata Pires, *op. cit.*, p. 32.

[21] E. Rzewuski, *op.cit.*, pp. 214-220.

- *almari* (< armário), com a modificação da vibrante típica para muitas línguas africanas e a apócope da vogal final ;
- *bandera* (< bandeira)[22] e *beramo* (< beirame, tecido de algodão vindo da Índia), onde se observa a típica redução do ditongo -ei ;
- *barakinya* (< barquinha), com o *a* epentético para desfazer o grupo consonântico *rk* ;
- *bastola* (< pistola) e *bata* (< pata), onde se observa a sonorização da consoante inicial ;
- *buli* (< bule, chaleira), com a modificação da vogal final ;
- *cha* (< chá), uma palavra não originariamente portuguesa mas introduzida, provavelmente, através do português ;
- *chapa* (< chapa, marca, cunho, impressão)[23] ;
- *chapeo* (< chapéu) ;
- *dado, dadu* (<dado) : *kucheza dadu* (jogar os dados ou com os dados), *machezo ya dadu* (o jogo dos dados) ;
- *dama* (< dama), jogo das damas ;
- *hospitali* (< hospital), também pode provir do inglês *hospital* ;
- *lesso* (< lenço), onde observamos a assimilação fonológica e, por conseguinte, ortográfica das consoantes interiores ;
- *limao* (< limão), com o desaparecimento natural da nasalização do ditongo final ;
- *meza* (< mesa)[24], que demonstra que, muitas vezes, as palavras com o *m-* inicial ficam inalteradas ;
- *mpera* (< pêra ; pereira, goiabeira) ou *mvinyo* (< vinho ; aguardente, álcool), onde se observa a introdução do prefixo *-m* ;

---

22 Vejam-se os exemplos citados em E. Lourenço et al., *Atlas da língua portuguesa na História e no Mundo*, Lisboa 1992, p. 66 : *kutweka bandera* (içar a bandeira), *kushusha bandera* (arrear a bandeira), *mimi bandera, hufuata upepa* (sou como bandeira, sigo o vento, isto é, não tenho vontade própria).

23 Vejam-se os exemplos citados em A. Pires Prata, *op. cit.*, p. 34 : *Akawapiga kila mtu chapa mkononi* (Ele pôs a cada pessoa a chapa ou marca no braço) ; *pipa limeandikwa chapa* (a pipa tem o sinal marcado) ; *pipa chapa kitabu* (imprimir um livro).

24 Observe-se a possível influência persa.

- *serra, serrani* (< serra), fortim construído em pedras, recife de rochedos, levantado como uma muralha ;
- *pipa* (< pipa, barril) ;
- *sapatu* (< sapato) ;
- *shumburere, sumburere* (< sombreiro), uma espécie de chapéu, guarda-sol, guarda-chuva ;
- *tabakelo, tabakero, tabakera* (< tabaqueira), onde se observam a redução do ditongo, a mudança das vogais finais nos dois primeiros casos, e, no primeiro caso, a substituição da vibrante pela lateral ;
- *tarumbeta* (< trombeta), com um *a* epentético, outra origem possível é da palavra inglesa *trumpet* ;
- *tasa* (< taça), com uma modificação ortográfica ;

Um exemplo muito interessante é a substituição dos termos emprestados pelos neologismos à base de estruturas indígenas. Veja-se aqui o exemplo citado por Schadeberg[25], relacionado com jogar às cartas :

- port. espada > *shupaza* (termo tradicional) > *jembe* (termo usado actualmente em Dar es Salaam)
- port. copa > *kopa* > *moyo*
- port. ouro > *uru* > *kisu*
- port. pau > *pau* > *karanga*
- port. trunfu > *turufu* > *turufu*
- port. sete > *seti* > *jike*

Facilmente se nota que os termos tradicionais são empréstimos do português que fazem referência aos antigos padrões portugueses e à importância do número sete ainda visível num dos jogos portugueses, o que pode levar à conclusão que o jogo às cartas foi introduzido na África Oriental pelos portugueses durante a sua presença, desde os meados do séc. XVI até os finais do séc. XVII.

Além disso, Rzewuski[26] põe em realce a importância dos chamados empréstimos portugueses indirectos, inter-africanos, ou seja,

[25] T. Schadeberg, *Historical Inferences from Swahili Etymologies*, [on-line], www.orient.uw.edu.pl/web-kjika/images/stories/Testimonies/12_schadeberg.pdf

[26] E. Rzewuski, *op. cit.*, p. 216.

palavras portuguesas assimiladas, introduzidas em línguas africanas através de outras línguas africanas. Este fenómeno pode-se observar por exemplo nas línguas moçambicanas meridionais onde os empréstimos portugueses são mais recentes. Assim, podemos distinguir dois grupos de empréstimos portugueses no suaíli. O primeiro grupo é formado pelos mais antigos introduzidos como efeito do contacto suaíli-português no século XVI e nos séculos posteriores quando, mesmo depois de os portugueses terem sido expulsos da grande parte da costa suaíli, as duas línguas concorriam como línguas veiculares do Índico Oriental. Como afirma Valkhoff[27], aqui não se pode ignorar o possível desenvolvimento de um pidgin comercial à base do português, árabe e suaíli, posteriormente extinto. O outro grupo seriam os empréstimos mais recentes e o caso do kimwani, um dialecto do suaíli falado nas ilhas de Querimba, Ibo e na faixa costeira do distrito de Cabo Delgado que incorporou muitos empréstimos portugueses que não se registam nos dialectos não moçambicanos do suaíli[28].

Como se nota, então, vários séculos de contactos entre as duas culturas levaram à formação de uma realidade linguística extraordinária na costa oriental africana que fornece um material muito valioso para investigações mais pormenorizadas.

Summary

The main subject of the present article are the influences of the Portuguese culture and language on Swahili. The first part of the paper outlines the history of mutual contacts between the Portuguese and the inhabitants of the countries of East Africa since the end of the fifteenth century. In the second part we focus on the analysis of traces of influence of the Portuguese language, which can be seen today in the vocabulary the Swahili language.

---

27 A. Pires Prata, *op. cit.*, p. 34.

28 O kiamo, kimvita, kiunguja e kinrima também são considerados dialectos puros do suaíli.

Marie Dehout
Université Libre de Bruxelles
Université Jagellonne de Cracovie

TRACES DE L'IMMIGRATION MAGHRÉBINE DANS LA LITTÉRATURE BELGE FRANCOPHONE[1]

1. Introduction

Au XXe siècle, la Belgique a connu, comme les autres pays européens, une forte immigration de travail et ce, surtout après le deuxième conflit mondial : les pays se reconstruisent et ont besoin de main d'œuvre non qualifiée, un domaine que les « natifs » commencent à fuir pour des métiers plus valorisés.

En Belgique, la 1ère grande immigration sera italienne. L'Italie et la Belgique vont signer des contrats stipulant l'envoi de travailleurs italiens vers les mines belges – ce sont les « accords du charbon »[2]. L'envoi est massif : pas moins de 2000 migrants arrivent par semaine, après un voyage pénible, sur le sol belge où ils vivront dans des conditions précaires. En échange, l'Italie a des prix sur le charbon. Ce 1er mouvement migratoire intense s'arrêtera à la date clé du 8 août 1956, où se produit la catastrophe du Bois du Cazier à Marcinelle : un effondrement de mine qui causera 136 victimes italiennes. L'accord bilatéral entre les deux états est immédiatement rompu.

---

[1] L'auteur tient à remercier B. Baudot pour ses conseils, É. Cailliau pour son soutien et M. Quaghebeur pour ses encouragements et ses avis judicieux.

[2] 20 juin 1946, cf. *Histoire des étrangers et de l'immigration en Belgique : de la préhistoire à nos jours*, dir. A. Morelli, Bruxelles 2004.

La Belgique va alors lancer un nouvel appel à la migration pour retrouver de la main d'œuvre, qui recevra une réponse massive de la part du Maghreb : entre 1961 et 1977, des dizaines de milliers de Maghrébins, dont 95% de Marocains, arrivent en Belgique[3], pour travailler dans les mines ou dans le secteur des services en plein développement.

Ces grandes vagues d'immigration, car il s'agit bien de masses d'humains et non pas de quelques destins individuels, dont les acteurs finissent par s'installer définitivement dans le pays d'accueil, donnent un nouveau visage à cette société et vont, d'une part, y soulever des questions nouvelles, d'ordre sociétal (cohabitation des cultures, apprentissage de la langue, etc.) ou juridique (obtention des papiers, droit de vote, etc) ; et, d'autre part, y laisser des traces dans le monde culturel.

En ce qui concerne l'immigration italienne, par exemple, dont de nombreux membres sont restés en Belgique après la rupture des accords du charbon, on a pu déterminer un corpus conséquent et très analysable d'auteurs qui se sont exprimés en littérature[4]. En 1958, Eugène Mattiato dépeint sa vie de mineur dans *La légion du sous-sol*, ce qui lui vaudra d'être licencié de son charbonnage. Notons également que Paul Meyer, en 1960, immortalisera cette immigration dans son film social *Déjà s'envole la fleur maigre*. Le grand succès de cette littérature est *Rue des Italiens*[5], de Girolamo Santocono, chronique de la vie des immigrés italiens vue, avec humour et justesse, par les yeux d'un enfant, dans laquelle toute la seconde génération d'Italiens s'est reconnue.

---

3 Plusieurs initiatives encouragent cette migration, dont l'édition par le ministère belge de l'Emploi et du Travail d'une brochure « Vivre et travailler en Belgique », qui présente la Belgique comme un pays de Cocagne (1964). Ces informations sont citées par B. Baudot et tirées de A. Manço, *Quarante ans d'immigration en Wallonie (1960-2000) : bilan et perspectives d'intégration des communautés maghrébines, turques et africaines subsahariennes*, „Passerelles" est le nom de la collection, et il s'agit du numéro 22 de cette collection. Le lieu d'édition est Thianville « Passerelles », t. 22, 2001, pp. 22-34. Cette migration légale sera arrêtée en 1966, quand la Belgique entrera en récession.

4 Cf. A. Morelli, *Rital-littérature. Anthologie de la littérature des Italiens de Belgique*, Cuesmes 1996, qui reprend 70 auteurs.

5 G. Santocono, *Rue des Italiens*, Cuesmes 1986.

Qu'en est-il de l'immigration du Maghreb ? A-t-elle laissé des traces littéraires ? Qu'y voit-on ? Plus précisément, pour nous inscrire dans le sujet de ce colloque, quels y sont les contacts Orient – Occident ?

2. Quel corpus ?

Les auteurs que notre sujet concerne ne sont pas nombreux, mais nous n'avons pas la place pour nous attarder sur chacun d'eux. Nous avons délimité notre corpus selon cinq critères :

– Nous traiterons des écrits à portée littéraire, et non de simples témoignages. Ces derniers ont bien un intérêt historique et sociologique, une portée ethnographique, mais pas de valeur littéraire.

– Nous parlerons d'auteurs qui n'ont pas choisi leur immigration, qui vivent ce mélange culturel de plein fouet, sans y avoir été préparé ; des auteurs de 2e génération.

– Nous nous attarderons sur des textes publiés et qui abordent la question de l'immigration.

– Enfin, nous préférons nous pencher sur des auteurs encore inconnus. En conséquence, nous éliminons de notre corpus Leïla Houari qui a, dès le début des études littéraires sur le phénomène beur dans le champ français, été abondamment étudiée – probablement parce qu'elle a publié tous ses premiers ouvrages en France.

Nous étudierons donc deux auteurs contemporains : Saber Assal et Malika Madi.

3. État de la question

Il existe peu d'études sur les traces de l'immigration maghrébine dans la littérature belge francophone[6].

---

6 À notre connaissance – deux articles : A. Morelli, *La littérature métissée*, [dans :] *Histoire de la littérature belge francophone. 1830-2000*, Paris 2003, pp. 525-532 ; C. Gravet et P. Halen, *Sensibilités post-coloniales*, [dans :] *Littératures belges de langue française. Histoire et perspectives 1830-2000*, dir. Ch. Berg, P. Halen,

Le sujet a par contre été fort étudié en littérature française, dans les années nonante[7]. Ces écrits relèvent quelques points communs entre les différents auteurs beurs[8]. Nous les présentons rapidement.

Tout d'abord, le ton est clairement différent entre les écrits de la 1ère génération, et ceux de la 2e : quand la 1ère génération s'exprime collectivement, la seconde se cherche personnellement, est en quête identitaire face à cette double appartenance (culture d'origine et culture d'accueil), qui s'exprime souvent par un déchirement. Il y a référence à plusieurs lieux géographiques et culturels, surtout pour la 2e génération qui, continuellement définie comme étant « l'autre » par les autres, s'approche de l'identité en creux : être ni, ni. Par contre, l'attache temporelle est généralement unique : le présent, puisqu'on a été arraché de son passé[9]. Souvent, ces écrits sont proches de l'autobiographie, du témoignage, ce qui peut mettre en question leur qualité littéraire.

---

cette référence est complète, Berg et Halen dirigent cet ouvrage, Gravet et Halen ont écrit l'article qui en est issu Bruxelles 2000, pp. 543-566 ; et deux mémoires : B. Baudot, *Au croisement des cultures et des identités : les romanciers issus de l'immigration maghrébine en Belgique. Leïla Houari, Malika Madi et Saber Assal*, Mémoire de Philologie Romane, ULB 2007, sous la dir. de P. Aron ; et S. El Karouni, dont le mémoire (*Stigmates pluriels. La dualité dans l'œuvre de Leïla Houari : une fatalité à dépasser*, Mémoire de Philologie Romane, ULG 1999) est cité par A. Morelli.

7 Cette question a également constitué une véritable mode en littérature québécoise. Nous remercions chaleureusement Piotr Sadkowski qui nous a transmis cette information durant le colloque, et renvoyons le lecteur vers son denier ouvrage, *Récits odysséens. Le thème du retour d'exil dans l'écriture migrante au Québec et en France*, Toruń 2011.

8 Ce terme ne fait pas l'unanimité et s'applique probablement mal à la Belgique vu ses connotations françaises voire parisiennes. Nous ne nous attarderons pas sur ce débat, mais renvoyons le lecteur notamment vers *Itinéraires et contacts de culture*, n°14, *Poétiques croisées du Maghreb*, Paris 1991 et d'autres ouvrages, p. ex. : A. Benarab, *Les voix de l'exil*, Paris 1994 ; M. Gontard, *Le moi étrange. Littérature marocaine de langue française*, Paris 1993 ; M. Segarra, *Leur pesant de poudre : romancières francophones du Maghreb*, Paris 1997.

9 On retrouve de temps en temps des allusions à l'histoire de l'immigration.

Ensuite, on note une autre perception des espaces, des corps, des regards, on sent que ces éléments banals sont chargés d'une autre symbolique.

Enfin, il nous semble important de souligner que le 1er contact clair entre les cultures apparaît dans l'intention d'écrire en français, dans un réseau du livre francophone.

4. Que trouve-t-on dans notre corpus ?

Saber Assal et Malika Madi sont tous les deux nés dans les années 60 en Belgique, leur père ayant émigré pour des raisons de travail. Il est assistant social, elle est mère au foyer, écrivaine et animatrice d'ateliers d'écriture, notamment en école.

Pour lui, nous nous attarderons sur son 1er livre, *À l'ombre des gouttes*[10], qui retrace son parcours – son enfance en Belgique, son adolescence imposée au Maroc, son retour en Belgique et sa lutte pour obtenir des papiers –, mais qui le raconte à la 3e personne, suivant un héros qui s'appelle Nordin. L'auteur se détache de sa propre histoire pour arriver à la dire[11].

Quant à Malika Madi, elle a écrit plusieurs livres, mais nous n'étudierons que *Nuit d'encre pour Farah*[12], le seul à se passer dans le milieu immigré kabyle-algérien[13].

a) Saber Assal, *À l'ombre des gouttes*

Nous articulerons notre analyse sur deux thématiques qui nous semblent, d'une part, mettre en avant les carrefours de culture, et, d'autre part, montrer la profondeur du récit et sa littéralité.

---

[10] S. Assal, *À l'ombre des gouttes*, Cuesmes 2000.

[11] Nous ne nous pencherons pas sur son 2e livre, *Parle-moi de ton absence* (Charleroi 2007), qui raconte le parcours de sa mère, qu'il n'a retrouvée qu'à l'âge adulte.

[12] M. Madi, *Nuit d'encre pour Farah*, Cuesmes 2000.

[13] Pour sa bibliographie complète, voir www.malika-madi.org.

Les gouttes

Parmi les clichés présents sur les deux pays (Belgique – Maroc), revient constamment, en réel leitmotif, l'image du temps et, donc, de la pluie. Cette dernière assure l'*incipit* et l'*excipit* du livre, ainsi que de nombreux rappels dans le texte, notamment aux moments cruciaux dans la construction d'un roman que sont les passages d'un chapitre à l'autre. À la 1ère page, le petit Nordin rêveur regarde les lourdes gouttes d'eau s'écraser sur les pavés de la cour de l'école. Trop présentes en Belgique, synonymes de ciel gris et neurasthénique, voire de deuil éternel du pays, tout comme le gris-noir des façades, elles manquent cruellement au Maroc où, quand, par le plus grand des hasards, le ciel bleu intense se voile, et que les gouttes se décident à tomber, elles suscitent un souvenir nostalgique du pays du nord, notamment pour la belle-mère belge, Mamy. Ce personnage quittera le père de Nordin, M. Afil, et repartira en Belgique. Ce dernier projettera de la re-séduire par une balade dans la pluie… Les gouttes d'eau créent donc un 1er lien, en opposition, entre les deux pays.

Un 2e lien apparaît dans la 2e partie du récit. Nordin, adolescent, cherche un endroit pour méditer :

> Un matin, il descendit le terrain vague, contourna la caserne des pompiers et suivit une piste poussiéreuse qui conduisait au bord de la mer […] Plus loin, des rochers rendaient le passage difficile vers une plage pas forcément belle, mais déserte. Il se laissa séduire par elle […] Ces gouttes réunies ici en parfaite harmonie ne formaient pas qu'un tableau d'un ineffable beauté, mais bien une vision durable et puissante, un signe généreux de l'au-delà[14].

Outre le côté religieux du texte, on voit que les gouttes du titre peuvent aussi être celles de cette mer marocaine si bleue, si belle. Un lieu qui plus est chargé de symbôles, puisque c'est le lieu de passage obligatoire de la migration. Cet extrait mélancolique à la mer en

[14] S. Assal, *op. cit.*, pp. 197-198.

rappelle un autre, heureux, qui a lieu, dans la 1ère partie, à la Mer du Nord, la grise mer des Belges. Les gouttes, ce sont donc ces éléments qui permettent d'identifier les deux pays, celui de naissance et celui des origines, par le temps et la présence de la mer.

Il nous faut à présent lire un autre passage du roman, qui se passe sur le ferry lors du retour de Nordin en Belgique. Un homme plus âgé que Nordin lui dit : « Parce que, depuis dix-huit ans, je fais l'aller et retour entre Tanger et Amsterdam, entre le soleil et la pluie, ma mère a fini par en rire ; elle dit que je vis à l'ombre des gouttes… ça doit être un peu ça, elle a rarement tort ma mère »[15].

Dès lors, on comprend tout le tiraillement identitaire que peut contenir le titre : *à l'ombre des gouttes*, ni tout à fait dans celles de Belgique, ni tout à fait dans celles du Maroc. Ce tiraillement, cette identité double et à la fois vide, se retrouve à plusieurs reprises dans le texte : si ça ne pose pas problème que le père enseigne l'arabe quand la belle-mère belge organise la communion de sa nièce, combien de fois Nordin ne se fait-il pas traiter d'Arabe, voire de « sale Arabe » en Belgique ; n'y a-t-il pas un traitement « de faveur » discriminant sans le demander ; quand, au Maroc, on l'appelle « la Frite »[16], on le considère comme un « éternel étranger »[17], tout en lui rappelant qu'il ne peut pas renier ses origines.

Et ce tiraillement crée le troisième type de gouttes de ce texte : les larmes, abondantes.

L'Europe – le Maroc

L'opposition entre l'Europe et le Maroc va également parcourir tout le texte, et instrumentaliser le conflit entre le père, violent et instable, et ses enfants.

Outre les différences climatiques, vient, à de nombreuses reprises, l'idée d'une Europe putain et laxiste qui dévergonde, détruit et

15 *Ibidem*, p. 243.
16 *Ibidem*, p. 126.
17 *Ibidem*, p. 137.

rend paresseux les jeunes de 2e génération, les éloignant de leurs origines, du respect des traditions et du droit chemin, une Europe qui n'en fait plus de « vrais Arabes », les amollit ; alors que tout immigré devrait rêver de rentrer au pays. Le père finira par appeler ses enfants : « gosses d'Europe de merde »[18].

À part le père de Nordin, beaucoup le diront, dont un Marocain de 1ère génération vivant en Belgique. Nordin, sans papier, dort dans la rue. Il accumule les petits boulots pour survivre. Cet homme l'engage ponctuellement, puis, voyant sa déception devant la maigre paie, lui dit :

> Vous, 'nos jeunes', vous n'êtes jamais satisfaits de ce qu'on vous offre. L'Europe a fait de vous des esprits malsains et blasés, car elle vous a trop donné, vous a tellement séduits que vous ne jurez plus que par la débauche et la pourriture qu'elle a fait [*sic*] de vous. À cause de vous, je suis honteux d'être Marocain. [...] Où est l'Islam ? Où est passée l'éducation de nos pères, notre fierté ? Allez, tu m'as fait perdre assez de mon temps, sors de mon camion[19].

Pour les enfants, l'Europe deviendra, *a contrario*, synonyme de liberté[20].

b) Malika Madi, *Nuit d'encre pour Farah*

Il s'agit d'un récit fictionnel écrit à la 1ère personne, dont l'héroïne, Farah Zeldani, est une jeune fille belge issue de l'immigration algérienne kabyle. Il nous montre d'autres déchirements possibles.

Farah, 3ème fille de la famille, laissée libre à ses études, est en admiration face à son professeur de français avec lequel elle a de longues conversations :

---

18 *Ibidem*, p. 184.

19 *Ibidem*, p. 292.

20 Toutefois, cette opposition n'est pas exempte de contradictions : le père refusera de se re-marier avec une jeune Marocaine de bonne famille, car elle ne connaît rien à l'Europe !

> – […] Il faut t'ouvrir, élargir tes connaissances, lire du théâtre contemporain et des romans du début du siècle, des auteurs anglo--saxons et même arabes ou berbères. Je suis sûr que tu ne connais aucun écrivain algérien de langue française ! Je me trompe ?
>
> – Je secouai la tête :
>
> – Je n'ai aucun point commun avec eux.
>
> – Tu en as avec Balzac ?
>
> – Il me fait rêver, c'est un autre monde, d'autres vies, quelque chose qui me transporte…
>
> – Les bras croisés, il arbora un sourire ironique.
>
> – Farah ! Ce que je crois, c'est que tu as peur de trop te retrouver dans la littérature algérienne… Elle fait pourtant partie de tes racines et elle vaut la peine qu'on s'y intéresse… Enfin soit[21].

Cette jeune fille intelligente et curieuse nie donc ses origines, ne les prend même pas en considération.

De l'autre côté, se trouve le personnage fort de la mère, qui n'est prête à faire aucune concession pour ses deux filles aînées par rapport à son idéal d'éducation, celle qu'elle a reçue et qu'elle a toujours vu appliquer, ce qui entraîne de fréquentes disputes avec sa 2ème fille : « Elles ne parlaient jamais le même langage, ma mère clamait : pudeur, réserve, soumission… Lila revendiquait liberté, indépendance, émancipation… »[22].

L'aînée, Latifa, douce et posée, explique :

> Nous sommes la génération sacrifiée. Ils disent tous : la génération charnière, c'est vrai aussi, mais on est quand même sacrifié pour les générations à venir. Nos filles ne se poseront jamais les mêmes questions que nous […] Aucune femme n'a vécu avant nous ce que nous vivons aujourd'hui, aucune femme ne le vivra après. C'est nous, et nous seules qui sommes la 'transition', qui sommes ce cordage tiré de part et d'autre au-dessus du vide[23].

---

21 M. Madi, *op. cit.*, pp. 33-34.

22 *Ibidem*, p. 41.

23 *Ibidem*, p. 73.

L'image est forte : l'appartenance à une double culture n'est qu'un bricolage maladroit qui menace de s'effondrer. C'est ce qui arrivera à Farah : ses sœurs fuguent, et elle se voit obligée de sauver l'honneur familial par un mariage forcé avec un Algérien du pays, ce qui ne réconciliera certainement pas les cultures, puisque Farah haïra cette Algérie qui lui a été imposée, refusera d'en connaître les beautés – et sombrera dans la folie en apprenant que ses sœurs ont été pardonnées alors qu'elle expie chaque jour leur faute.

5. Conclusion

Il y a eu, en Belgique, un mouvement migratoire maghrébin notable qui a eu besoin de s'exprimer de façon culturelle.

S. Assal et M. Madi, attachés à leur pays d'accueil, expriment leur moi au croisement des cultures, dans une langue sensible, qui illustre le déchirement de l'âme entre deux cultures, une situation pourtant à l'apparence riche, mais en réalité loin du paradis. Ils nous offrent une littérature de la blessure.

Summary

In the XXth century Belgium expressed a great need for not qualified workers. Italy, the first country to respond to this call, preceded an important immigration movement from the Maghreb and especially from Morocco. For the Maghrebis, present on the Belgium soil from the early 60, the new country appeared as a land of unknown. Very quickly their experiences arise in the literature. The confrontation between two different cultures and identity issues emerged especially in the texts of writers from the 2nd generation. The purpose of this paper is to analyze the writings of M. Madi and S. Assal.

Dulce Mª González Doreste
Maravillas Aguiar Aguilar
Institut d'Études Médiévales et de la Renaissance
Université de La Laguna (Espagne)

ARABISMES DANS LE *RÉGIME DU CORPS* D'ALDEBRANDIN DE SIENNE[1]

1. Généralités

La rédaction de textes médicaux en langue vulgaire devient fréquente à partir de la seconde moitié du XIIIe siècle. Le premier des *Regimina sanitatis* (textes consacrés à l'hygiène et aux soins du corps) rédigé en français est le *Régime du corps*. Il a été écrit en 1256 par le médecin d'origine italienne Aldebrandin de Sienne, dont la biographie est mal connue.

1.1. L'auteur

Les renseignements que les prologues postiches de nombreux manuscrits de l'œuvre nous donnent sont parfois contradictoires. Ils ne s'accordent même pas sur le nom de l'auteur ni sur celui de sa

[1] Cet article s'insère dans le projet de recherche dirigé par M. Aguiar et qui s'intitule *Ciencia y enseñanza en las sociedades islámicas medievales : el caso de El Cairo y Damasco (siglos XIII-XVI) – Science et enseignement dans les sociétés islamiques médiévales : le cas du Caire et de Damas (XIIIème-XVIème siècles).* Ministère de la Science et de l'Innovation du gouvernement espagnol (Réf. FFI2010-20883/FILO). Nous remercions le Dr. O. Lejeune pour sa révision du texte.

ville natale. C'est ainsi que l'auteur est mentionné dans plusieurs manuscrits comme *maistres Alebrans de Florence*[2], *mestre Alebran de Flourence*[3], *maistre Aldebrandins de Sciane*[4], *maistre Aldebrandins de Sienne*[5], *maistre Albrandas de Sciane*[6], *maistre Halebrandis de Seenne*[7], *maistre Halebrandis de Scenne*[8], *maistre Helebrandis de Saenne*[9], *maistre Alebrandin medecin du roy de France*[10] et *maistre Aldebrandin*[11]. Dans les manuscrits de la version italienne de Bencivenni il est appelé *maestro Aldobrandino da Siena,* vraisemblablement son vrai nom, dont la graphie change dans les divers essais de francisation[12].

Dans le *Dictionnaire biographique des médecins en France au Moyen Age*[13], Aldebrandin de Sienne fait partie de la liste d'auteurs non juifs, postérieurs à 1250, qui ont écrit une œuvre médicale d'importance. Dans un document découvert par A. Thomas dans le tome VIII de la *Collection des principaux cartulaires du diocèse de Troyes*, publié par l'abbé Lalore en 1890, on trouve la référence au *magister Aldobrandinus de Senis, physicus*[14]. Thomas l'identifie avec notre auteur, car non seulement le nom et la ville d'origine coïncident mais aussi le titre de *magister* et l'activité professionnelle de *physicus* que de nombreux manuscrits lui attribuent. Ce document signale qu'un

2 Mss. B.N. 2021, Ars. 2814, Ashburnham 265, Florence, Ashb. 1076 (1006).

3 Vat. 1451.

4 Ars. 2510.

5 Londres 2435.

6 Bruxelles 11130-32.

7 B.N. 1288.

8 Vat. 1334.

9 Oxford, Bodl. 179.

10 B.N. 1022.

11 Édition du XVe siècle.

12 Cf. *Le régime du corps de maître Aldebrandin de Sienne, texte français du 13e siècle publié pour la première fois d'après les manuscrits de la Bibliothèque nationale et de la Bibliothèque de l'Arsenal avec variantes, glossaires et reproduction de miniatures*, éd. L. Landouzy, R. Pépin, Paris 1911, p. LII.

13 *Dictionnaire biographique des médecins en France au Moyen Age*, éd. G. Beaujouan, E. Wickersheimer, Paris 1979.

14 A. Thomas, *L'identité du médecin Aldebrandin de Sienne*, « Romania », nº 35, 1906, pp. 454-456.

médecin dénommé Aldobrandinus, habitant de Troyes[15], avait légué sa maison à sa mort aux religieux de Saint Antoine de Viennois. La date et l'âge d'Aldebrandin à sa mort, dans les années 1290 à 70 ans environ, sont vraisemblables, si l'on admet, comme plusieurs manuscrits l'affirment, que le *Régime du corps* fut rédigé en 1256, quand son auteur était proche de la quarantaine. S. Bisson émet l'hypothèse qu'Aldebrandin a obtenu son titre de maître (*magister*) à l'Université de Sienne, où l'enseignement des sciences médicales connut un épanouissement entre 1240 et 1250[16]. Après avoir acquis une certaine réputation comme médecin il vint en France où il entra en rapport avec la comtesse de Provence, Béatrice de Savoie, belle-mère du roi Louis IX connu comme Saint Louis, épouse du comte Raimond--Bérenger IV ou V de Provence[17].

Une information différente à propos de l'auteur est documentée dans la rédaction B[18], datant de la fin du XIIIe siècle ou du début du XIVe siècle. Cette version suggère que le texte à été écrit par un certain Benoît de Florence. Par ailleurs, Richard de Fournival, le célèbre

---

15 À l'époque, Troyes était une ville rayonnante, abritant d'importantes foires, fréquentées par des marchands et des banquiers italiens, qui furent nombreux à s'y établir. Il est donc plausible que notre auteur ait choisi cette ville comme lieu de résidence pour offrir ses services professionnels à l'importante communauté italienne et pour faire lui-même, comme S. Bisson le suggère, du commerce.

16 Cf. S. Bisson et al., *Le témoin gênant. Une version latine du « Régime du corps » d'Aldebrandin de Sienne*, « Médiévales », n° 42, 2002, pp. 117-130. Les auteurs affirment que « La primauté de l'œuvre d'Aldebrandin en français demeure intacte : c'est une œuvre médicale en langue vulgaire qui, pour l'ancienneté et pour la complexité, n'a pas son pareil » (S. Bisson et al., *op. cit.*, p. 127). Voir à ce propos : W.L. Grant, *European Vernacular Works in Latin Translation*, « Studies in the Renaissance », n° 1, 1954, pp. 120-156 ; M.-Th. d'Alverny, *Les traductions à deux interprètes, d'arabe en langue vernaculaire et de langue vernaculaire en latin*, [dans :] *Traductions et traducteurs au Moyen Âge. Actes du Colloque international du CNRS (Paris 26-28 mai 1986)*, dir. G. Contamine, Paris 1989, pp. 193-206.

17 Raimond-Bérenger IV de Barcelone est parfois comptabilisé parmi les comtes de Provence. Il s'ensuit que le comte Raimond-Bérenger IV de Provence est parfois numéroté Raimond Bérenger V de Provence.

18 Londres, BL, Sloane 2435.

poète auteur du *Bestiaire d'amour*[19] et contemporain d'Aldebrandin, est mentionné à tort comme l'auteur du *Régime du corps* dans une copie du XIVe siècle[20].

1.2. Le destinataire

Le prologue interposé à plusieurs manuscrits (rédaction A)[21] mentionne le nom de l'auteur ainsi que la date de composition du traité et le destinataire du texte. D'après ce prologue, Alebrans de Florence a écrit ce texte en 1256 sur la demande de la comtesse Béatrice de Provence « ki est mere le roine de France, le roine d'Engletiere, et le roine de Alemaigne, et la contesse d'Angou ». Béatrice a demandé à notre auteur d'être son médecin personnel pendant un voyage de visite à ses filles[22]. Aldebrandin a refusé en alléguant qu'il ne pouvait pas abandonner ses activités. Mais pour montrer qu'il appréciait la confiance qu'elle lui témoignait, Aldebrandin composa le traité pour qu'elle l'emmena en voyage.

Cependant, trois manuscrits appartenant à la rédaction B[23] et composés au XVe siècle attribuent la commande du traité à Frédéric II de Hohenstaufen (1194-1250), vingt-sixième empereur d'Allemagne et petit-fils de Frédéric-Barberousse[24]. Bisson[25] explique cette

---

19 F. Fery-Hue, *Le Régime du corps d'Aldebrandin de Sienne : tradition manuscrite et diffusion,* [dans :] *Santé, Médecine et Assistance au Moyen Âge. Actes du 110e congrès national des sociétés savantes, Montpellier 1985*, vol. 1, Paris 1987, p. 116.

20 Londres, BL, Sloane 2806.

21 F. Fery-Hue, *op. cit.*, p. 114.

22 Les filles de la comtesse sont Marguerite, épouse de Louis IX de France ; Léonor, épouse d'Henri III d'Angleterre ; Sancie, femme de Richard de Cornouailles qui deviendra en 1257 empereur d'Allemagne ; et Béatrice, mariée à Charles d'Anjou qui prendra en 1266 le titre de Charles I, roi de Sicile.

23 BNF fr. 1288 ; Oxford, Bodleian Library, Bodley 179 ; Vatican, Reg. lat. 1334.

24 Il régna sur le Saint-Empire romain germanique de 1220 à 1250 et fut roi des Romains, roi de Germanie, roi d'Italie, roi de Sicile et roi de Jérusalem. Il a été célèbre par les conflits permanents qu'il soutint contre la papauté et qui lui valurent d'être excommunié par deux fois.

25 S. Bisson et al., *op. cit.*

dédicace par l'étroite liaison que l'empereur entretenait avec la ville de Sienne et son milieu intellectuel, étant donné son intérêt pour les œuvres scientifiques grecques et arabes. À son avis, « la référence à Fréderic II, qui avait pour objet de renforcer l'autorité de l'œuvre, est le reflet de la situation culturelle particulière dont Aldebrandin a pu profiter ». Il marque ainsi son accord avec l'hypothèse de l'appartenance d'Aldebrandin au cercle d'intellectuels qui animaient la cour de Frédéric II et qui se dispersa après 1250, l'année du décès du roi[26]. Bisson et Fery-Hue trouvent trop suspecte la dédicace à l'empereur puisque il s'agit de témoins tardifs et écartent donc l'idée de la commande impériale. Fery-Hue envisage néanmoins une hypothèse alternative séduisante : « Le *Régime du corps*, commandé par Frédéric II, curieux de médecine et de sciences, n'aurait pu lui être remis, pour des raisons inconnues, et une de ses versions aurait été, par la suite, offerte à la comtesse de Provence »[27].

1.3. La diffusion

Les nombreux manuscrits conservés témoignent de la large diffusion du texte d'Aldebrandin. Son usage ne s'est pas limité à son commanditaire. Il s'agit d'un manuel de vulgarisation qui s'adresse à un vaste public. De nos jours, on connaît l'existence de 74 copies manuscrites du texte français original, parfois sous forme abrégée ou remaniée. Il a été traduit en flamand, en catalan, en italien et en latin. Il existe quatre versions en langue italienne, dont une du notaire florentin Zucchero Bencivenni et une autre versifiée de Battista Caracino[28].

Le grand mérite d'Aldebrandin est d'avoir réuni dans son traité de nombreuses prescriptions sur l'hygiène et la diététique auparavant éparses dans plusieurs textes médicaux arabes utilisés dans leurs traductions latines. Cette compilation de caractère éminemment pratique a été organisée et rédigée d'une façon telle que son contenu soit

---

26 F. Fery-Hue, *op. cit.*, p. 118.

27 *Ibidem*, p. 117.

28 S. Bisson et al., *op. cit.*, p. 119.

facile à comprendre et à appliquer. Le caractère utilitaire du propos est souligné à la fin du prologue : « Commençons donques comment on doit savoir garder le santé du cors par pratike, et laissons ester le theorike por ce que de li n'est mie no ententions… ». Sans doute, la rédaction en langue vulgaire a aussi contribué largement à son succès.

1.4. Le contenu

Aldebrandin organise la matière de son texte en quatre chapitres. Le premier chapitre[29] expose les notions d'hygiène et discute le maintien de l'équilibre physiologique. Le deuxième[30] traite la prévention de la maladie en signalant les différents soins préventifs nécessaires pour les organes vitaux (tels que le foi, l'estomac, le cœur, les yeux, etc.). Le troisième[31] est entièrement consacré à la diététique. Finalement, le quatrième chapitre[32] explique la manière de reconnaître le caractère et la personnalité de l'individu d'après son apparence physique.

2. Influences arabes

2.1. Les sources

Les sources arabes du traité d'Aldebrandin sont le *Kitāb al-qānūn fī al-ṭibb* (*Le canon de la médecine*)[33], le *Kitāb al-Manṣūrī fī al-ṭibb*

---

29 *De garder le cors tot ausi le bien sain com le mal sain generaument.*

30 *De garder cascun membre par lui.*

31 *Des simples coses qu'il couvient a oume user.*

32 *Physanomie.*

33 Du *Kitāb al-qānūn fī al-ṭibb* ou *Qānūn fī al-ṭibb* d'Avicenne (Ibn Sīnā, 980-1037), on possède plusieurs éditions orientales parmi lesquelles celle de Būlāq (Caire, 1877) est connue pour sa qualité. C'est l'un des premiers livres à être imprimé en langue arabe, en 1593 à Rome par Giambattista Raimondi. Gérard de Cremone (*ca.* 1114-1187) fit une traduction complète du *Qānūn* qui est à la base des innombrables éditions, complètes ou partielles, faites à la Renaissance. Voir

(*Livre de médecine dédié à al-Manṣūr*)[34], le *Kāmil al-ṣināʿa al-ṭibbīya* (*Le livre complet de l'art médical*)[35], ou *Kitāb al-malikī* (*Le livre royal*)[36], et le *Kitāb al-kulliyyāt fī al-ṭibb* (*Livre des généralités sur la médecine*)[37], ouvrages médicaux fondamentaux de caractère général.

A.-M. Goichon, *Ibn Sīnā*, [dans :] *Encyclopaedie de l'Islam*, 2e éd., Leiden 1960-2005, vol. 3, pp. 941-947.

34 Le *Kitāb al-Manṣūrī fī al-ṭibb* (*Livre de médecine dédié à al-Manṣūr*) est un des traités fondamentaux écrits par Rhazès (al-Rāzī, 865-925). Il a été dédicacé en 903 au gouverneur de Ray, sa ville natale, Abū Ṣalih al-Manṣūr. En Occident, il a été traduit par Gérard de Cremone (*ca.* 1114-1187) sous le titre *Liber ad Almonsorem*. Largement répandu dans l'Europe médiévale, il était aussi connu sous le nom de *Liber nonus ad Almansorem*, puisqu'il est divisé en neuf chapitres. Il n'y a pas de traduction moderne ni d'édition entière. Voir L. Leclerc, *Histoire de la médecine arabe*, Paris 1876, vol. 1, pp. 337-354.

35 Traité médical écrit par Haly Abbas (Alī b. al-ʿAbbās al-Majūsī, m. 982-994). Il fut achevé en 980. Édition du *Kāmil al-ṣināʿa al-ṭibbiya* ou *Kitāb al-malakī*, 2 vols., Būlāq, Le Caire 1294/1877. Édition fac-similé par F. Sezgin, *The Complete Medical Art. Kāmil al-ṣināʿa al-ṭibbīya*, Frankfurt am Main 1985 (reproduction des deux manuscrits de la Bibliothèque de l'Université d'Istambul : MS A.Y. 6375 dans la partie I et MS A.Y. 4713a dans la partie II). Le *Kāmil al-ṣināʿa* n'a été traduit dans aucune langue moderne. Il n'a pas été édité entièrement. Voir *Constantine the African and ʿAlī ibn al-ʿAbbās al-Mağūsī : The Pantegni and related texts*, éd. Ch. Burnett, D. Jacquart, Leiden 1994, pp. 48-56 ; M. Ullmann, *Die Medizin im Islam*, Leiden 1970, pp. 140-141 ; F. Sezgin, *GAS* III, pp. 321-322.

36 Le titre *Kitāb al-malikī* (*Le livre royal*) vient du fait que le traité a été dédié à l'Émir ʿAḍud al-Dawla Fannā Khusraw, roi à Shīrāz entre 949 et 983. Le nom latin est *Liber regius*.

37 Le *Kitāb al-kulliyyāt fī al-ṭibb* (*Livre des généralités sur la Médecine*) est l'œuvre médicale la plus importante d'Averroès (Ibn Rushd, 1126-1198). Juriste réputé né à Cordoue (al-Andalus), il est aussi connu comme philosophe, astronome et médecin. La version latine des *Kulliyyāt* s'appelle *Colliget*. Voir R. Arnaldez, *Ibn Rushd*, [dans :] *Encyclopaedie de l'Islam*, 2e éd., Leiden 1960-2005, vol. 3, pp. 909-920 ; M. Ullmann, *op. cit.*, pp. 166-167 ; *Corpus medicorum arabico-hispanorum*, comp. C. Peña et al., « Awraq », no 4, 1981, pp. 79-111. Le *Kitāb al-kulliyyāt fī al-ṭibb* a été traduit pour la première fois dans une langue moderne par C. Vázquez de Benito et C. Álvarez de Morales, voir : *El libro de las Generalidades de la Medicina* (traduction de l'arabe à l'espagnol), Madrid 2003. La seule édition critique du *Kitāb al-kulliyyāt* est dans *Ibn Rušd. Kitāb*

L'auteur du prologue de la rédaction A du *Régime du corps* met en évidence les sources dans lesquelles Aldebrandin a puisé, pour montrer au lecteur que les enseignements exposés émanent d'autorités médicales : « Ains est prouvé par les milleurs auteurs ki parolent de ces III sciences devant dites, si com par Ypocras, par Galiien, par Constentin, par Jehenniste, par Ysaac, par Aristoteles, par Diogenen, par Serapion, par Rasis et par Avicenne, et autres auteurs que cascuns detierminara en sen capitele, li I par l'autorité de l'autre ». Selon R. Pépin[38], l'auteur du prologue exagère puisque Hippocrate, Aristote, Diogène ou Galien n'ont pas été consultés directement par Aldebrandin, qui reproduit leurs noms d'après les citations faites par Isaac Israeli, Avicenne et Constantin. Par contre, l'auteur du prologue ne mentionne pas Haly Abbas, dont l'œuvre *Liber Regius* a pourtant été consultée par Aldebrandin à travers ses versions latines[39]. Pépin a établi l'origine de chacun des chapitres du texte d'Aldebrandin comme suit. Les deux premières parties du texte s'inspirent d'Avicenne avec quelques emprunts à Haly Abbas et à Rhazès, la troisième d'Isaac Israeli et la quatrième partie est littéralement traduite de Rhazès. Cependant, il faut remarquer que ces trois derniers auteurs sont aussi cités au travers de l'ouvrage d'Averroès.

L'usage de cet ensemble de sources textuelles nous montre une fois de plus le rôle que la médecine arabe classique a joué dans la médecine européenne, surtout à un moment où celle-ci était encore une science qui évoluait par assimilation des différentes connaissances de l'époque.

2.2. Lexique emprunté

L'adoption du vocabulaire arabe par la toute nouvelle littérature médicale en français du XIIIe siècle se manifeste dans le texte d'Aldebrandin. Il s'agit des arabismes suivants : le *henné* et le *memith* (la

al-kulliyyāt fī al-ṭibb, éd. critique J.M. Forneas Besteiro, C. Álvarez de Morales, 2 vols, Madrid 1987.

38 *Le régime du corps de maître Aldebrandin de Sienne…*, *op. cit.*

39 Cf. F. Fery-Hue, *op. cit.*, pp. LXI-LXII.

chélidoine), deux noms de plantes ; le *cubèbe* et le *carvi*, deux noms d'épices ; et la *tyriasis*, le nom d'une maladie.

2.2.1. ***Alcanne***[40] : Le mot *alcanne* vient de l'arabe classique *al-ḥinnā'*. Le henné (*Lawsonia inermis*, aussi connu comme *Lawsonia alba*) est un arbuste de taille moyenne ayant des fleurs odorantes. Des feuilles desséchées est extraite une substance rougeâtre qui est utilisée pour les tatouages temporaires et la coloration des cheveux en une teinte qui va du rouge vif au noir en passant par le brun terre. Al-Kindī décrit l'usage médical du henné dans le traitement des ulcères et les soins dentaires, ainsi que son utilisation dans la parfumerie[41]. Le henné est encore employé aujourd'hui au Maghreb et en Egypte à des fins médicales et esthétiques. En Inde, le henné est utilisé comme teinture, tandis qu'en Iran et en Iraq le henné est utilisé pour guérir des affections de la peau telles que les furoncles et la lèpre[42]. Chez Aldebrandin, le henné est un ingrédient dans diverses recettes pour colorer et renforcer les cheveux.

2.2.2. ***Cubebe***[43] : Le mot cubèbe vient de l'arabe *kubbāba*, variant de l'arabe classique *kabāba*, transcrit en *cubeba* dans le latin médiéval au XIIIe siècle. Le mot arabe *kabāba* est d'origine inconnue. La cubèbe est arrivée en Europe via l'Inde par le commerce avec les Arabes. En arabe classique il y a deux expressions différentes : *kabāba ṣīnī* (cubèbe chinoise) et *kababa ḥindī* (cubèbe indienne), cette dernière étant synonyme du *ḥubb al-ᶜarus* (*i.e.* la graine de la fiancée). La *kabāba ṣīnī* se rapporte soit au poivre cubèbe soit à la toute-épice.

---

40 87, 32 ; 88, 9. S.f. *alcanna*. Le mot *alcanna* ne se trouve pas dans le *Trésor de la Langue Française informatisé* (par la suite *TLFi*), voir *henné*. Voir P.L. Kelly Spurles, *Henna for Brides and Gazelles : Ritual, Women's Work, and Tourism in Morocco*, Thèse de Doctorat présentée à l'Université de Montréal, 2004.

41 Cf. Levey et al-Khaleby, *The Medical Formulary of al-Samarqandi and the Relation of Early Arabic Simples to those found in the Indigenous Medicine of the Near East and India*, Philadelphia 1967, p. 191, n. 149.

42 *Ibidem*, p. 191.

43 S.f. 187, 27, 28. Voir le mot *cubèbe* dans le *TLFi*.

Aldebrandin fait venir cette plante d'Inde. Elle est recommandée « pour chauffer l'estomac et le cerveau » et il est préférable de la prendre en tisane avec du miel et d'autres épices, breuvage qu'il appelle *piument*.

2.2.3 ***Eschiervies***[44] : Le mot arabe *al-karawīya* est à l'origine du mot *eschiervies*, documenté pour la première fois dans le texte d'Aldebrandin. Il s'agit d'une adaptation du mot grec καρώ à l'araméen (*karawyā*). Par aphérèse *eschiervies* passe à *chervis*, mot qui apparaît dans la langue française en 1538. Le terme latin est *Carum carvi L.* Le chervis ou carvi (*Sium Sisarum*, L.) est une plante potagère de la famille des Apiacées (Ombellifères). Sa racine est alimentaire et ses fruits, appelés *caroi* dans le *Régime du corps* d'Aldebrandin, ont des propriétés analogues à ceux de l'anis et proche aussi du fenouil et de l'aneth. Elle est cultivée pour ses feuilles et surtout pour ses graines qui ont des qualités aromatiques et médicinales.

Dioscoride (40-90 après J.-C.) considérait le καρώ bon pour l'estomac et utile dans la préparation d'antidotes[45]. Al-Razī précise que le carvi tonifie l'estomac et agit comme carminatif[46]. La *karawīya* a été utilisée comme remède traditionnel pour guérir la diarrhée, à côté du thé au citron et de l'amidon du riz. Ainsi, Aldebrandin recommande l'usage du carvi après les repas puisqu'il est censé faciliter la digestion. Cette plante est également efficace, d'après lui, pour « briser les pierres des reins et de la vessie » ainsi que pour les personnes qui ont des humeurs épaisses et humides, selon la terminologie hippocratique.

2.2.4 ***Memith***[47] : Le mot *memith* vient de l'arabe *māmīthā*, mot d'origine inconnue, et désigne la chélidoine ou grande éclaire (*Chelidonium majus*, L., en arabe *baqla al-khaṭāṭīf*), plante de la famille des

---

44 S.f.pl. 166, 4,5. Le mot *eschiervies* n'est pas attesté dans le *TLFi*, voir *chervis*.

45 *Pedanius Dioscorides of Anarzarbus, De materia medica*, trad. L.Y. Beck, Hildesheim 2005 (*Altertumswissenschaftlichen Texte und Studien*, 38).

46 Cf. Levey et al-Khaleby, *op. cit.*, p. 199, n. 228.

47 S.m. 94, 9. Mot non attesté dans le *TLFi*.

Papavéracées. Le mot français *chélidoine* vient du latin *chelidonium* et celui-ci du grec χελιδών qui signifient « hirondelle ». La chélidoine doit son nom en français au fait que sa floraison coïncide avec l'arrivée des hirondelles. La *māmīthā* est le pavot cornu, du genre botanique Glaucium, *Glaucium corniculatum*. La chélidoine/*memith* est utilisée pour traiter les yeux, en particulier le ptérygion, invasion de la cornée par la conjonctive limbique. Cette plante était aussi connue des médecins arabes pour le traitement de l'érysipèle (infection dermatologique), des tumeurs de l'ombilic, de la goutte et de l'otite externe ou moyenne par application de mèches dans l'oreille. Aldebrandin conseille également de mettre le jus de *memith* avec du vinaigre dans l'oreille une fois par semaine pour éviter la formation de tumeurs.

La chélidoine a été utilisée traditionnellement pour guérir de nombreuses maladies. Le suc qui s'échappe quand on casse la tige de la chélidoine contient un alcaloïde, la coptisine, qui possède des propriétés antimitotiques. C'est de là que vient sa réputation de faire disparaître les verrues et les cors, d'où son surnom de plante à verrues. Cette plante agit également sur la circulation sanguine en élargissant les coronaires et en augmentant la tension. Les alcaloïdes ont en outre un effet bactéricide. La chélidoine possède aussi des propriétés cholérétiques, antispasmodiques et dépuratives des voies biliaires.

2.2.5 *Sebesten*[48] : Sébesten vient du persan *sag pestān* (= mamelle de chienne) à travers de la forme arabe *sabastān*. Le sébestier (*Cordia Mixa*, L.) est un arbre à fruits comestibles de la famille des Borraginées, originaire des régions tropicales. Le sébeste, drupe (*ḥasala*) ou fruit charnu à noyau (*ṯamar mufrada al-nuwāh*, fruit à un seul noyau) du sébestier, ressemble à une petite prune. Il s'utilisait autrefois dans des préparations pectorales mais aussi comme un adoucissant et laxatif. Le sébeste est aujourd'hui remplacé par le jujube (*Rhamus zizyphus L.*, *ʿunnāba*), le fruit du jujubier. Le sébeste était complètement inconnu de Dioscoride, Galien et Théophraste[49] tandis

---

[48] S.m. 51, 12. Voir *TLFi*.

[49] J.-L. Alibert, *Les nouveaux éléments de thérapeutique*, Paris 1804.

que Paul d'Égine cite ce fruit fréquemment mais en utilisant le mot *myxa*[50]. Jacques Eustache de Sève[51] présente les mots *motheica*[52] et *mokoita*[53] comme des noms arabes du *sebesten*, et le terme *mokhayet* (arabe classique *muḫḫayṭ*) comme le nom arabe du sébestier cultivé. Il précise que le *mokhayet roumy* est le nom arabe du sébestier sauvage (*Cordia crenata*) [54]. Dans le *Régime du corps* d'Aldebrandin, le sébeste fait partie de la recette d'un électuaire pour adoucir les humeurs et expulser du corps tout type de matières nocives.

2.2.6 *Tyriasis*[55] : Dans le texte d'Aldebrandin, la *tyriasis* désigne la même variété d'alopécie que l'ophiasis (*alopecia aerata*, mot d'origine grec, ἀλωπεκία), une forme de lèpre. *Tyrus*, chez les médecins arabes latinisés comme Avicenne et Haly Abbas, est le nom de la forme de lèpre présentant un aspect de serpent. La médecine médiévale définit la *tyriasis* comme une forme de lèpre causée par l'inflammation du flegme et caractérisée par la chute des cheveux[56]. Gilbertus Anglicus (ca. 1180–ca. 1250) traite de la lèpre et de différentes expressions de cette maladie : alopécie, éléphantiasis, léonine, tyriasis et forme générale, dans son *Compendium Medicinae*[57]. Par ailleurs, Constantius de Carthage (XIe siècle), médecin fondateur de l'École de Salerne, divise la lèpre en quatre variétés : « Est autem quadrifaria. Vel enim de corruptione est sanguinia et vocatur *Alopecia* ; alia de cholera rubra, et dicitur *Leonina* ; alia de cholera nigra, et dicitur

[50] J. Hill, *A History of the Materia Medica*, London 1751, pp. 498-500.

[51] J. Eustache de Sève, *Nouveau dictionnaire d'histoire naturelle, appliquée aux arts, à l'agriculture, à l'économie rurale et domestique, à la médecine…*, Paris 1818, tome 21.

[52] *Ibidem*, p. 416.

[53] *Ibidem*, p. 252.

[54] Cf. *ibidem*, p. 252.

[55] 86, 2. Mot non attesté dans le *TLFi.*

[56] Cf. D. Jacquart, C. Thomasset, *Lexique de la langue scientifique (Astrologie, Mathématiques, Médecine…). Matériaux pour le Dictionnaire du Moyen Français (DMF)*, Klincksieck 1997, p. 298.

[57] Gilbertus Anglicus, *Compendium Medicinae* (ca. 1230), Lugnudi 1510 et 1608.

Elephantiasis ; quarta de phlegmate provenit (quae) *Tyria* (apellatur) »[58]. Enfin, le *Lexicon medicum graeco-latinum*[59] de Bartholomaei Castelli contient le terme « tyria : idem eset ac Ophiasis »[60].

3. Conclusion

Le *Régime du corps*, composé en 1256, est considéré comme le premier texte médical écrit directement en français, c'est-à-dire qu'il n'est pas issu d'un texte latin préexistant. La langue française a évolué à partir du IXe siècle jusqu'à la production de textes scientifiques qui développèrent les langages spécifiques de chaque domaine. L'essor de l'enseignement au XIIe siècle[61] a joué un rôle primordial dans la formation du vocabulaire scientifique médiéval puisque le maître devait faire son choix de lexique et de structure de la matière à enseigner. L'apparition de nouveaux concepts et le besoin croissant de précision ont nécessité un nouveau lexique. Par ailleurs, il faut aussi considérer l'influence du commerce d'épices et de plantes sur la formation du vocabulaire médical de l'époque dans le cadre de la pratique médicale et pharmacologique.

Le texte d'Aldebrandin illustre l'intérêt pour la compilation et la diffusion des connaissances médicales au XIIIe siècle dans ses aspects les plus pratiques, un intérêt sans doute lié à l'enseignement. Si l'émergence et le développement du vocabulaire médical français médiéval est le résultat d'une combinaison entre la langue des intellectuels, le latin et le grec, il est évident qu'un quatrième apport, la langue arabe, a contribué aussi. Les sources arabes du *Régime du corps* sont le *Kitāb*

---

58 G. Newman, E. Ehlers, S.P. Impey, *Prize Essays on Leprosy*, London 1895 : G. Newman, *On the history of the decline and final extinction of leprosy as an endemic disease in the British Islands*, p. 60.

59 Padua 1762.

60 G. Newman, *op. cit.*, p. 498.

61 Voir J. Le Goff, *Les intellectuels au Moyen Âge*, Paris 1957 ; J. Verger, *L'Essor des universités au XIIIe siècle*, Paris 1998. Voir aussi du même auteur *Culture, enseignement et société en Occident aux XIIe et XIIIe siècles*, Rennes 1999.

al-qānūn fī al-tibb (*Le canon de la médecine*) d'Avicenne, le *Kitāb al-Manṣūrī fī al-ṭibb* (*Livre de médecine dédié à al-Manṣūr*) de Rhazès, le *Kāmil al-ṣināʿa al-ṭibbīya* (*Le livre complet de l'art médical*), ou *Kitāb al-malikī* (*Le livre royal*), d'Haly Abbas, et le *Kitāb al-kulliyyāt fī al-ṭibb* (*Livre des généralités sur la médecine*) d'Averroès. Une série de mots sont empruntés par le français à la langue médicale arabe des textes classiques : deux noms de plantes, le *henné* et le *memith* (la chélidoine) ; deux noms d'épices, le *cubèbe* et le *carvi* ; le nom d'un fruit, le *sébeste* ; et le nom d'une maladie, la *tyriasis*.

Le *Régime du corps* est le résultat de l'intégration de l'expérience clinique d'Aldebrandin et du savoir médical de l'époque, savoir hérité notamment de la médecine arabe classique. Mais l'importance de l'apport arabe n'est pas complètement déterminée. Le texte demeure encore à exploiter dans le contexte de l'histoire comparée de la médecine. Il reste entre autres à faire une étude comparative de ses chapitres et des différents traités arabes qui sont à sa base, mettant face à face le texte français d'Aldebrandin et les textes arabes d'Avicenne, Rhazès, Haly Abbas et Averroès.

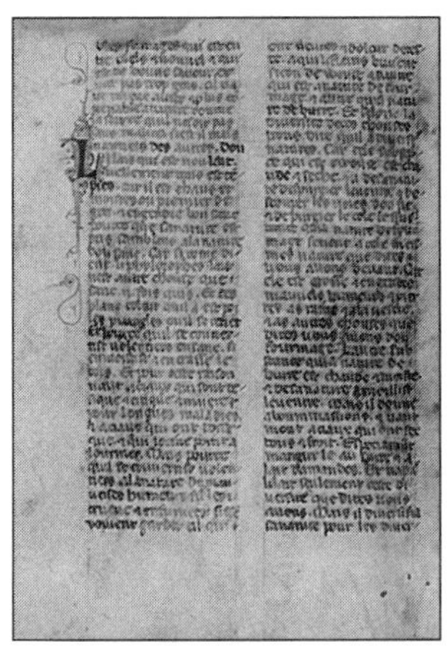

Régime du corps d'Aldebrandin de Sienne, chapitre sur le lait
(Rédaction A, copie du XIVe siècle)
Florence, Biblioteca Medicea Laurenziana. MS Ashburnham 1076, fol. 54v.

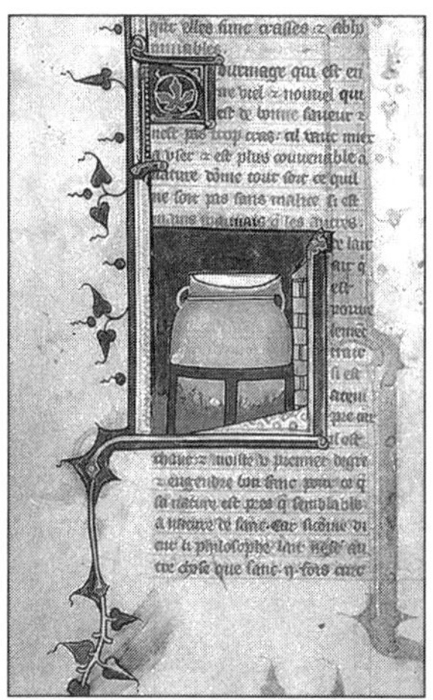

Régime du corps d'Aldebrandin de Sienne, chapitre sur le lait
(Rédaction B, copie du XIIIe-début XIVe siècle)
Paris, BnF, Département des manuscrits, Français 12323 fol. 128v

Première page du *Qānūn* d'Avicenne (copie du XVe siècle)
Kitāb al-qānūn fī al-ṭibb (*Le canon de la médecine*)
Bethesda, Maryland (USA), National Library of Medicine. MS A53, fol. 1b

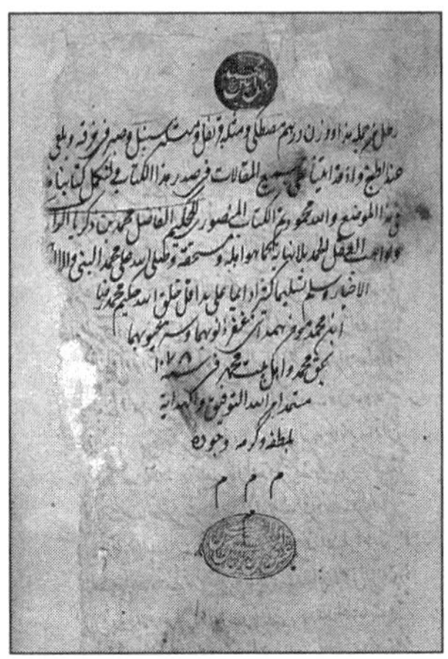

Al-Rāzī (Rhazès, 865-925)
Kitāb al-Manṣūrī fī al-ṭibb (*Livre de médecine dédié à al-Manṣūr*)
Bethesda, Maryland (USA), National Library of Medicine. MS A 28.1,
page de colophon

^{c}Alī b. al-^{c}Abbas al-Majūsī (Haly Abbas, m. 982 ou 994)
Kitāb kāmil al-ṣinā^{c}a al-ṭibbīya (*Le livre complet de l'art médical*),
aussi connu sous les noms *Kitāb al-malakī* (*Livre royal*) et *Liber regius*
Bethesda, Maryland (USA), National Library of Medicine. MS A 26.1, fol. 1a

Summary

The writing of medical texts in vernacular language became frequent from the second half of the thirteenth century. The first of the *Regimina sanitatis* (regimes for health) written in French is the *Régime du corps*, composed in 1256 by the Italian physician Aldebrandin of Siena. This text has been largely spread. It collects many prescriptions on hygienic and dietetics that were previously scattered in several Arabic medical texts translated in Latin. These Arabic texts are the *Kitāb al-qānūn fī al-ṭibb* (*The Canon of Medicine*) by Avicenna, the *Kitāb al-Manṣūrī fī al-ṭibb* (*The Book of Medicine for al-Manṣūr*) by Razes, the *Kāmil al-ṣināʿa al-ṭibbīya* (*The Complete Art of Medicine*), or *Kitāb al-malikī* (*The royal book*), by Haly Abbas al-Majūsī, and the *Kitāb al-kulliyyāt fī al-ṭibb* (*The book of general rules of Medicine*) by Averroes. We analyse the set of French words taken from the Arabic medical language. That is two names of plants, *alcanne* (henna) and *memith* (celandine) ; two names of spices, *cubebe* (cubeb) and *eschiervies* (caraway) ; the name of a fruit, *sebesten* (sort of jujube) ; and the name of a disease, *tyriasis* (kind of baldness). The *Régime du corps* is one of the first testimonies of the formation of the medical scientific vocabulary in French. It exemplifies the interest in the thirteenth century for the compilation of medical knowledge from a practical viewpoint, driven by the need of education and knowledge transfer.

Katarzyna Dybeł
Université Jagellonne de Cracovie

L'EXPÉRIENCE DU MAROC DANS LA VIE ET L'ŒUVRE DE CHARLES DE FOUCAULD (1858-1916)

> Au moment de livrer au lecteur le récit de mon voyage, lorsque les événements qui l'ont rempli, les travaux qui l'ont accompagné, passent ensemble devant mes yeux, que de noms, que de choses, que de sensations montent en foule à mon esprit ! Parmi les souvenirs, ceux-ci agréables, ceux-là pénibles que cet instant évoque, il en est un d'une douceur infinie, un devant lequel tous les autres s'effacent. C'est le souvenir des hommes en qui j'ai trouvé bienveillance, amitié, sympathie, de ceux qui m'ont encouragé, protégé, aidé, dans la préparation de mon voyage, dans son accomplissement, dans les occupations qui l'ont suivi. Les uns sont Français ; les autres Marocains ; il en est de chrétiens, il en est de musulmans. Qu'ils me permettent de les unir en un seul groupe pour les remercier tous ensemble et les assurer d'une gratitude trop vive pour que je puisse l'exprimer comme je la sens[1].

Ces paroles, écrites en octobre 1887 par le vicomte Charles de Foucauld, évoquent le souvenir d'une aventure unique qui s'est jouée vers la fin du XIXe siècle sur la terre marocaine. Son protagoniste, doté d'une personnalité aussi complexe que son œuvre, nous

---

[1] Vicomte Ch. de Foucauld, *Reconnaissance au Maroc 1883-1884. Ouvrage illustré de 4 photogravures et de 101 dessins d'après les croquis de l'auteur*, Paris 1888, p. V (http ://gallica.bnf.fr/ark :/12148/bpt6k200835s).

a légué un témoignage fascinant de son périple, relaté sous la forme d'un récit paru en 1888 sous le titre de *Reconnaissance au Maroc*.

Qui était-il, cet homme brillant, militaire et explorateur courageux, artiste, homme de lettres doué d'un sens de l'observation extraordinaire, enfin ermite passionné de Dieu et de l'homme, réalisant par sa vie la synthèse de ce qu'il y a de plus beau dans les âmes orientale et occidentale ?

Il est né le 15 septembre 1858 à Strasbourg, dans la famille aristocratique de Foucauld de Pontbraind, appartenant à une famille du Périgord. Devenu orphelin à six ans, il est élevé, avec sa sœur Marie, par son grand-père. Adolescent, il s'éloigne de la foi pour la retrouver quelques années plus tard[2].

Après deux ans d'études à l'École Militaire, il devient officier et part, en 1880, pour l'Algérie. Ce premier contact avec l'Afrique le marquera pour toujours, lui ouvrant les horizons de l'Infini et de l'Absolu, tout comme le désert et ses habitants qu'il ne cessera jamais d'aimer et d'admirer.

L'étape suivante de sa carrière militaire, mais aussi de sa connaissance de la terre africaine c'est la Tunisie où il séjourne, avec son régiment, jusqu'en 1882. C'est en cette même année qu'il démissionne de l'armée, optant pour la vie de voyageur et d'explorateur.

Il s'installe à Alger, préparant soigneusement son périple. « Ce serait dommage de faire d'aussi beaux voyages, bêtement et en simple touriste », écrit-il, « je veux les faire sérieusement, emporter des livres et apprendre aussi complètement que possible, l'histoire ancienne et moderne, surtout ancienne, de tous les pays que je traverserai »[3]. Son attention se porte vers le Maroc : pays voisin d'Algérie, mais difficilement accessible aux étrangers. Le défi est grand et exige une

---

2 C'est ainsi qu'il se souviendra de cette période : « Je demeurai douze ans sans rien nier et sans rien croire, désespérant de la vérité, et ne croyant même pas en Dieu, aucune preuve ne me paraissant assez évidente » ; « A 17 ans j'étais tout égoïsme, tout vanité, tout impiété, tout désir du mal, j'étais comme affolé… » ; « J'étais dans la nuit. Je ne voyais plus Dieu ni les hommes : il n'y avait plus que moi » (citations d'après : www.charlesdefoucauld.org/fr/biographie.php).

3 Citation d'après : www.charlesdefoucauld.org/fr/biographie.php.

solide préparation qui durera 15 mois et sera couronnée de succès. Se faisant passer pour un pèlerin juif et accompagné d'un guide – le rabbin Mardochée Aby Serour – Charles parcourt presque 3000 km, tout en écrivant son journal de voyage qui donnera, à son retour en France, une œuvre scientifique de grande importance, la fameuse *Reconnaissance au Maroc*, révélatrice des connaissances géographiques et ethnologiques de son époque. Elle lui vaudra la médaille d'or de la Société de géographie de Paris et les palmes académiques à la Sorbonne. Sa carrière scientifique semble certaine.

Pourtant, vite lassé de la vie en Europe, il repart pour Alger pour y mener bientôt une expédition dans le Sahara. Il revient en France en 1886 où, aidé par ses proches et l'abbé Huvelin, à l'âge de 28 ans il retrouve la foi et se découvre une vocation qui n'est point celle d'un scientifique. En 1890, il entre à la Trappe pour y passer 7 ans : d'abord à Notre-Dame des Neiges, puis à Akbès, en Syrie. Il vit ensuite seul, dans la prière, près des Clarisses de Nazareth où il écrit la Règle des Petits Frères. Ordonné prêtre à 43 ans (en 1901), il part pour le Sahara, d'abord pour Beni-Abbès et ensuite pour Tamanrasset parmi les Touaregs du Hoggar où, fasciné par la culture des Berbères et devenu grand ami des Touaregs, il prépare un dictionnaire touareg-français. Son rayonnement spirituel lui vaut une réputation méritée d'homme de Dieu, aussi bien parmi les chrétiens que parmi les musulmans. Cependant, il meurt brutalement, le soir du 1er décembre 1916, assassiné par une bande des pillards venus de Tripoli. Enterré d'abord à quelques mètres de la porte où il a été tué, son corps est ensuite inhumé dans un tombeau à El Goléa (aujourd'hui El Méniaa)[4].

Au cours de cette vie tourmentée et toujours en quête de l'autre, de soi-même ou de Dieu, le voyage au Maroc joue un rôle important. L'expédition dure onze mois : du 20 juin 1883 au 23 mai 1884. Le point de départ est Tanger, le terminus : Debdou et Oudjeda.

4 Après un long procès de béatification, Charles de Foucauld a été béatifié en 2005. L'ensemble de la présentation biographique est basé sur : www.charles-defoucauld.org/fr/biographie.php et www.vatican.va/news_services/liturgy/saints/ns_lit_doc_20051113_defoucauld_fr.html.

Le jeune vicomte traverse le Maroc du nord au sud et du sud-ouest au nord-est, en traçant le plus souvent des itinéraires nouveaux et en risquant souvent sa vie. Ce voyage est périlleux, certes, mais formateur et décisif pour les choix essentiels de sa vie. Initiatique aussi sur tous les plans, ce voyage l'initie à une recherche scientifique, tout en devenant une expérience spirituelle. C'est ici, dans le désert marocain, qu'il renoue le contact rompu avec transcendance.

1. La découverte de l'Autre

Le voyage au Maroc donne au jeune ex-officier une occasion unique de connaître non seulement la topographie du pays, mais aussi la mentalité de ses habitants. Cette expérience de l'altérité est différente de celle faite auparavant, lors du service militaire en Algérie et en Tunisie. Là, il séjournait sur place, en étranger et en supérieur. Au Maroc, il se déplace constamment, toujours comme étranger, mais bien plus proche des habitants, car en adoptant les usages du pays.

C'est avec respect qu'il s'exprime au sujet des terres et des gens rencontrés en chemin. En décrivant par exemple le paysage du Djebel Beni Hasan, il se laisse envoûter par son charme :

> Des sources jaillissent de toutes parts : à chaque pas on traverse des ruisseaux : ils coulent en cascades parmi les fougères, les lauriers, les figuiers et la vigne, qui poussent d'eux-mêmes sur leurs bords. Nulle part je n'ai vu de paysage plus riant, nulle part un tel air de prospérité, nulle part une terre aussi généreuse ni des habitants plus laborieux[5].

De pareilles descriptions abondent dans son texte et même si, dans la partie finale du voyage – suite à de mauvaises rencontres – leur enthousiasme diminue, le jeune voyageur cherche toujours à comprendre les réactions et les coutumes (même hostiles) des

---

5 Vicomte Ch. de Foucauld, *op. cit.*, p. 6.

habitants, brisant les stéréotypes qui circulent à leur propos en Europe. Ainsi par exemple l'explication de l'intolérance, qu'il attribue à des raisons politiques et non confessionnelles ; dans l'Avant-propos à la *Reconnaissance au Maroc* il explique en effet :

> Les cinq sixièmes du Maroc sont donc entièrement fermés aux Chrétiens ; ils ne peuvent y entrer que par la ruse et au péril de leur vie. Cette intolérance extrême n'est pas causée par le fanatisme religieux ; elle a sa source dans un autre sentiment commun à tous les indigènes : pour eux, un Européen voyageant dans leur pays ne peut être qu'un émissaire envoyé pour le reconnaître ; il vient étudier le terrain en vue d'une invasion ; c'est un espion. On le tue comme tel, non comme infidèle. [...] On craint le conquérant bien plus qu'on ne hait le Chrétien[6].

Dans un autre passage, où il tente de caractériser les Marocains, il insiste sur leur qualité rare et précieuse de pratiquer l'amitié véritable :

> La plus belle qualité qu'ils montrent est le dévouement à leurs amis. Ils le poussent aux dernières limites. Ce noble sentiment fait faire chaque jour les plus belles actions. En blad es sîba, pas un homme qui n'ait bien des fois risqué sa vie pour des compagnons, pour des hôtes de quelques heures[7].

Cette déclaration n'est pas une réflexion purement théorique. Le jeune explorateur a pu faire souvent l'expérience de cette noblesse d'âme marocaine. Lors de son séjour prolongé à Agadir, il se lie d'amitié avec le Hadj Bou Rhim. C'est ainsi qu'il se souvient de ce personnage :

> Des circonstances inattendues devaient m'amener à avoir cet homme pendant près de quatre mois comme compagnon de chaque jour. Je ne puis dire combien j'eus à me louer de lui, ni quelle reconnaissance je lui dois : il fut pour moi l'ami le plus sûr, le plus désintéressé, le

6 *Ibidem*, pp. XV-XVI.

7 *Ibidem*, p. 136.

plus dévoué ; en deux occasions, il risqua sa vie pour protéger la mienne[8].

Cette sensibilité au don de l'amitié restera un des traits principaux de Charles de Foucauld. L'apprentissage à « l'amitié sans frontières », fait au Maroc, le marquera pour longtemps et portera ses fruits plusieurs années plus tard, lorsqu'il vivra en ermite au Sahara.

L'expérience de l'Autre, faite par le jeune voyageur au Maroc, n'est néanmoins pas toujours aussi positive et le portrait des Marocains est loin d'être idéalisé, contrairement à de nombreux textes de l'époque, influencés par la mode de l'exotisme. Le pays est grand, les temps sont difficiles, les gens ne sont pas tous les mêmes. Certaines remarques faites dans le journal foucauldien se font parfois amères, sans pourtant devenir méchantes. C'est un autre trait du caractère de Charles de Foucauld : une objectivité qui va de pair avec de la délicatesse et l'attention à ne blesser personne. Il est significatif que – avant d'esquisser une brève caractéristique des habitants du Maroc – l'auteur déclare clairement :

> Nous nous sommes occupés à plusieurs reprises de la langue, des usages, des coutumes des Marocains ; nous n'avons pas dit un mot de leur caractère : c'est qu'il nous paraît difficile d'être exact sur ce sujet. Quelles qualités, quels défauts attribuer à un ensemble de tant d'hommes, dont chacun est différent des autres et de soi-même ? S'efforce-t-on de démêler des traits généraux ? Lorsqu'en on croit reconnaître, une foule d'exemples contradictoires surgissent, et, si l'on veut rester vrai, il faut se restreindre à des caractères peu nombreux, ou dire des choses si générales qu'elles s'appliquent non seulement à un peuple, mais à une grande partie du genre humain. Partout même mélange de qualités et de défauts, avec les modifications qu'apportent la civilisation ou la barbarie, la richesse ou la pauvreté, la liberté ou la servitude[9].

« Nous nous sommes occupés à plusieurs reprises de la langue » : cette déclaration trahit un autre point de contact important

[8] *Ibidem*, p. 159.
[9] *Ibidem*, p. 135.

avec l'Autre, apprécié par l'auteur : c'est la langue. Ce point d'intérêt est moins une manifestation de la passion philologique – indéniable dans l'ensemble de l'œuvre de Charles de Foucauld – que la recherche d'un moyen de communication avec les gens rencontrés et leur culture. Le fait de connaître la langue ouvre la porte de la connaissance d'Autrui. Notre explorateur prend soigneusement note des dialectes entendus, de la phonétique des mots inconnus, cherche à définir les sociétés à travers leur langage. Cette passion aussi, il la développera bien des années plus tard, lors de son séjour érémitique au désert, en établissant, entre autres, un dictionnaire touareg-français et une grammaire touarègue[10].

2. L'expérience du désert

Les conditions dans lesquelles Charles de Foucauld accomplit sa traversée du Maroc sont dures. Il se déplace en « sacrifiant bien autre chose que ses aises, ayant fait et tenu jusqu'au bout bien plus qu'un vœu de pauvreté et de misère, ayant renoncé, pendant près d'un an, aux égards qui sont les apanages de son grade dans l'armée »[11]. Dure, mais bonne école qui le prépare à la vie austère d'ermite qu'il choisira quelques années plus tard.

La description de la traversée du désert[12] qui ouvre la IVe partie de la *Reconnaissance au Maroc* (« De Tikirt à Tisint ») et surtout celles qui suivront dans la partie V (« Séjour dans le Sahara ») se

---

[10] Voici quelques-uns de ses ouvrages, édités, dans la majorité des cas, après sa mort : *Dictionnaire abrégé touareg-français (dialecte de l'Ahaggar)*, 2 tomes, publié par R. Basset, Alger 1918-1920 ; *Textes touareg en prose (dialecte de l'Ahaggar)*, avec A. de Calassanti-Motylinski, Paris 1922 ; *Notes pour servir à un essai de grammaire touarègue (dialecte de l'Ahaggar)*, publiées par R. Basset, Alger 1920).

[11] H. Duveyrier, *Rapport fait à la Société de Géographie de Paris, dans la Séance Générale du 24 avril 1885, sur le voyage de Mr le Vicomte Charles de Foucauld au Maroc*, [dans :] Vicomte Ch. de Foucauld, *op. cit.*, p. XII.

[12] Vicomte Ch. de Foucauld, *op. cit.*, p. 103 ss.

distinguent par un ton émotif et poétique. Il y va d'une poétique de l'émerveillement qui s'apparente à celle du fameux *thaumaston* d'Aristote, où l'admiration se mêle de crainte :

> Je m'engage aussitôt dans un vaste désert [...] ; l'aspect en est partout le même : terrain montueux, chemins assez pénibles, aucune végétation ; pas d'autres êtres vivants que les gazelles ; le sol est formé de roches et de pierres, grès dont la surface, semblant calcinée, est noire et luisante comme si elle avait été passée au goudron. Cette roche, la seule que je sois appelé à voir d'ici à Tazenakht, domine dans tout le sud. [...] Telles sont les solitudes désolées que je parcours ; elles font songer aux déserts de pierres noires que, dans une autre région, S. Paulinus trouva aux abords du Grand Atlas. [...] La route d'aujourd'hui n'était pas des plus sûres[13].

La sécheresse, la famine, le danger provenant de la nature et des brigands inspirent l'inquiétude. C'est un monde étrange et nouveau. Mais c'est dans cette immensité de sable, dans ces solitudes pierreuses, que se cache le mystère de l'Infini, de l'Absolu auquel un esprit sensible ne peut pas résister.

En arrivant à l'oasis de Tanzida, l'explorateur se transforme plus encore en poète, séduit par ce lieu de délices perdu au sein du désert :

> Ici, plus de péril ; nous circulons lentement au travers de mille canaux, entre de grands palmiers aux aspects fantastiques, dont les rameaux, argentés par la lune, jettent sur nous une ombre épaisse. [...] La lune qui brille au milieu d'un ciel sans nuages, jette une clarté douce ; l'air est tiède, pas un souffle ne l'agite. En ce calme profond, au milieu de cette nature féérique, j'atteins mon premier gîte au Sahara. On comprend, dans le recueillement de nuits semblables, cette croyance des Arabes à une nuit mystérieuse, *leïla el qedr*, dans laquelle le ciel s'entr'ouvre, les anges descendent sur la terre, les eaux de la mer deviennent douces, et tout ce qu'il y a d'inanimé dans la nature s'incline pour adorer son Créateur[14].

---

13 *Ibidem*, p. 103.

14 *Ibidem*, p. 116.

C'est la première fois que la transcendance intervient dans le texte. A cet endroit précis, l'attitude même de l'auteur change : abandonnant la tension émotionnelle qui se sent dans le ton habituel du récit, laissant l'enchantement purement esthétique, il passe ici à un ravissement mystique qui naît d'un recueillement profond, d'un silence lumineux de la nuit. Contrairement aux autres parties du texte qui adoptent la forme d'un « rapport » schématique et monotone, la partie « désertique » se montre beaucoup plus personnelle : ce n'est plus la raison qui parle, mais le cœur ; c'est l'âme qui se réveille, attirée par un appel irrésistible. Le désert devient *par excellence* un espace de rencontre avec la transcendance. Il devient également le terrain de l'éveil à la conversion, éveil lent, mais constant qui fera dire bientôt à Charles ces paroles dramatiques et cruciales pour la suite de son existence : « Mon Dieu si vous existez, faites que je vous connaisse » !

Comme il le dira par la suite lui-même, c'est grâce à l'observation de la foi des simples musulmans que revient dans sa vie la question de Dieu. Durant son voyage il critique des abus faits au nom de la religion, tout en appréciant dans l'islam pratiqué avec une dévotion sincère « sa simplicité de hiérarchie, simplicité de morale »[15]. C'est ainsi que se prépare le terrain de sa conversion future, qu'il relatera dans une lettre à Henry de Castries :

> Pendant que j'étais à Paris, faisant imprimer mon voyage au Maroc, je me suis retrouvé avec des personnes intelligentes, très vertueuses et très chrétiennes ; je me suis dit que peut-être cette religion n'était pas absurde ; en même temps une grâce intérieure extrêmement forte me poussait ; je me suis mis à aller à l'église, sans croire, ne me trouvant bien que là et y passant de longues heures à répéter cette étrange prière : « Mon Dieu si vous existez, faites que je vous connaisse... »[16].

Il est significatif que – revenu en France – tout en étudiant la Bible et les textes des auteurs chrétiens, il lit aussi le Coran.

---

15 Lettre de Charles de Foucauld à Henry de Castries (Notre-Dame des Neiges, 14 août 1901).

16 *Ibidem.*

* * *

Charles de Foucauld n'a pas effectué son voyage au Maroc en tant qu'espion, comme on l'en a parfois accusé. Il a voyagé en scientifique, en chercheur qui assume tous les sacrifices que sa tâche lui impose non pas pour gagner de l'argent ou pour la gloire, mais pour acquérir la connaissance et la vérité, sans attendre de récompense[17]. Tout comme il n'a jamais été « officier de reconnaissance » installé au Sahara, il n'a jamais été colonisateur. Il a certes soutenu l'idée du progrès apporté par ses compatriotes en Afrique, mais en critiquant les incohérences entre les déclarations idéalistes et les pratiques abusives des militaires et des responsables français venus sur le continent africain[18]. La même attitude de frère dans l'humanité se laisse entrevoir déjà dans son journal de voyage au Maroc. La *Reconnaissance au Maroc* – avec toute la rigueur scientifique qui la caractérise – est aussi l'œuvre d'un artiste et d'un esprit ouvert au spirituel, qui se laisse captiver par le charme de ce que sa sensibilité lui fait découvrir. L'auteur traite son voyage comme une mission, mais aussi comme une aventure. De ce point de vue, son texte n'est pas sans rappeler le fameux *Voyage en Espagne* de Théophile Gautier, paru en 1843[19]. Il en diffère cependant par l'absence de cet esprit de supériorité, tellement typique de Gautier et des autres quêteurs français d'exotisme qui lui étaient contemporains.

---

[17] Comme le rappelle Henri Duveyrier, dans son *Rapport fait à la Société de Géographie de Paris…*(*op. cit.*, p. VIII), le jeune explorateur a accompli son voyage « sans l'aide du gouvernemet, à ses frais ».

[18] Voir à ce propos la correspondance de Charles de Foucauld et les ouvrages critiques de Jean-François Six (*Vie de Charles de Foucauld*, Paris 1962 ; *Charles de Foucauld autrement*, Paris 2008 ; *Le Grand Rêve de Charles de Foucauld et Louis Massignon*, Paris 2008), de Dominique Casajus (*Charles de Foucauld, moine et savant*, Paris 2009), de Paul Pandolfi (*Sauront-ils séparer entre les soldats et les les prêtres ? : sur l'installation du Père de Foucauld dans l'Ahaggar*, [dans :] « Journal des africanistes », vol. 67, n° 2, 1997, pp. 49-71) et autres.

[19] Ce texte, publié d'abord sous le titre *Tra los Montes*, a connu un succès considérable : de 1843 à 1875, on en compte pas moins de dix éditions.

Pour finir, gageons que ce n'est pas tomber dans le piège de la surinterprétation que de déceler un double sens dans le titre de *Reconnaissance au Maroc*. Il renvoie, sans aucun doute, au concept d'exploration géographique, mais il semble tout autant renvoyer à l'idée de gratitude, et à une sorte d'hommage rendu au caractère unique du pays exploré – sentiments qui se lisent dans les lignes et entre les lignes de cet ouvrage, témoin capital de la jeunesse inquiète de Charles de Foucauld.

Summary

The exploratory journey to Morocco, which Charles, viscount of Foucauld (1858-1916), made in the years 1883-1884, played a crucial role in his intellectual and spiritual life. His observations made there and published as a book entitled *Reconnaissance au Maroc* provided precious material for European geographers, cartographers and ethnographers. Moreover the testimony of the living faith, found among simple and poor Muslims, started the process of Charles de Foucauld's own conversion, and helped him to discover his vocation of a hermit, closely imitating the life of the Master from Nazareth.

Joanna Gorecka-Kalita
Université Jagellonne de Cracovie

BARSISA ET SAINT JEHAN PAULUS – LE MOTIF DE LA TENTATION DU SAINT AU CARREFOUR DES TRADITIONS

Saint Jehan Paulus, personnage dépourvu de toute réalité historique, ne figure dans aucun recueil hagiographique important et l'on ne trouve non plus aucune trace de son culte. Complètement oublié de nos jours, ce saint inventé a pourtant joui jadis d'une popularité littéraire considérable, dépassant la dimension locale : il est le protagoniste d'un poème hagiographique du XIIIe s. ainsi que d'une version en prose du XIVe s. et d'un miracle dramatique des XIVe–XVe s. Une variante du personnage se retrouve également dans la littérature médiévale allemande (*Meisterlied, Heiligen Leben* du XVe s.), où le héros porte le nom de Johannes Crisostimo (Jean Chrysostome, « Bouche d'Or », personnage obscur à ne pas confondre avec l'historique Père de l'Eglise du même nom, et qui, d'autre part, se confond facilement avec un autre Jehan Bouche d'Or du récit hagiographique français, qui présente certes quelques ressemblances avec son homonyme germanique et avec Jehan Paulus, mais les différences l'emportent de loin), ainsi qu'en Italie et en Espagne.

L'histoire (ou en tout cas la partie qui nous intéresse ici), dans ses grandes lignes, peut être résumée comme suit :

> Un ermite, vivant une sainte vie au fond d'une forêt, est tenté par le diable. Celui-ci, après avoir en vain essayé de fléchir l'anachorète par

les visions des richesses et des honneurs, décide finalement d'avoir recours à l'« éternel féminin ». Il enlève de nuit la princesse de Toulouse et la porte dans un tourbillon jusqu'à la cellule de Jean. La jeune fille, épouvantée, se réfugie dans les bras de l'ermite ; celui-ci, aiguillonné par le diable, la possède charnellement. Au matin, il sombre dans le désespoir, se croyant souillé à jamais. C'est alors que le diable se manifeste à lui, lui révélant l'identité de la fille et lui faisant craindre la vengeance royale. L'ermite, à l'instigation du démon, tue la jeune fille et la jette dans un puits. Après sept jours d'une errance frénétique il se repent et part à la recherche de la confession. Celle-ci lui étant refusée, même par le pape, le pécheur s'impose la pénitence lui-même : il embrasse un mode d'existence animalier, s'interdisant l'usage de la parole, ne bougeant qu'à quatre pattes et mangeant sans usage de mains. Au fur et à mesure, il commence à ressembler physiquement à un animal : les poils poussent sur son corps tout entier. Un jour, les chasseurs du roi de Toulouse capturent le saint qu'ils prennent pour un animal bizarre et l'amènent devant le roi. Ayant appris son crime, le couple royal se fait conduire sur les lieux. Mais à la prière du saint la princesse morte sera ressuscitée et Jehan, nimbé de sainteté, deviendra l'évêque de Toulouse.

De telles histoires, même si elles ne sont cautionnées par aucune source historique, rarement surgissent *ex nihilo* ; elles sont le plus souvent le fruit d'une union « pluripartenaire » de différents traditions et motifs ambulant dans le monde indoeuropéen. Et la recherche des origines de ces récits nous réserve toujours bien des surprises.

Charles Allyn Williams, dans son étude *The Oriental Affinities of the Legend of the Hairy Anchorite*[1] propose une première origine orientale et mythique : le motif de l'anachorète velu et fornicateur tirerait selon lui ses origines de l'épopée de Gilgamesh, et plus précisément de l'épisode d'Enkidu – l'homme sauvage séduit par la femme, motif qui se place dans une longue tradition rituelle de la séduction du

---

1 Ch. A. Williams, *The Oriental Affinities of the Legend of the Hairy Anchorite*, Urbana 1928, voir aussi Ch, A. Williams, L. Allen, *The German Legends of the Hairy Anchorite*, Urbana 1935.

dieu/héros de la fertilité par une créature mortelle. Cette assimilation semble parfaitement plausible, sans être pour autant satisfaisante ni exhaustive. Comme les auteurs médiévaux ne connaissaient pas l'épopée assyrienne, ces origines lointaines de leurs récits leur demeuraient cachées. En revanche, ils puisaient leur inspiration à plusieurs sources dont l'étude peut donner au récit un ancrage plus concret.

Selon l'auteur de la *Vie de saint Jehan Paulus* lui-même, il a trouvé cette histoire « En Vitas Patrum, un haut livre / Qui les bons estoires nous livre. » Bien entendu, les *Vitae Patrum* (*Apophtegmata Patrum*, les Apophtegmes des Pères du Désert qu'il ne faut pas confondre avec le recueil de contes pieux du XIIIe s. intitulé *Vie des Pères* qui n'a que des rapports épisodiques et lointains avec l'hagiographie égyptienne) sont une autorité rapidement invoquée, pour ajouter du prestige au texte et cautionner son sérieux. Malheureusement, ce recueil immensément populaire dans toute l'Eglise ancienne et médiévale, ne mentionne nulle part notre saint. Qui plus est, ces histoires, contrairement aux *Vies des Pères* de l'Occident, ne donnent presque aucun droit de cité au péché de fornication dans la vie du saint. Ch. A. Williams invoque une seule histoire dans *Apophtegmata* où ce péché est présent – celle d'un moine de Thèbes brisant le vœu de chasteté avec sa compagne monastique – mais la parenté serait ici bien lointaine.

L'invocation de la source présumée s'avère donc être une supercherie de la part de l'auteur. Faut-il en conclure qu'il avait tout simplement inventé son histoire ? Williams propose une autre tradition orientale (de l'Orient byzantin toujours), contenue cette fois-ci dans le ménologe de Siméon Métaphraste (Xe s.), celle de saint Jacques le Pénitent, qui contient déjà trois éléments constitutifs de notre légende : la rupture du vœu de chasteté, la tentative d'assassinat de la victime, et la pénitence sévère dans la solitude. Et Ch. A. Williams de déclarer prudemment : « The legend of St. James the Penitent may not be the source [of the story], but no other extant tradition offers, so far as I can discover, so close a parallel for those elements »[2]. Récemment

2 Ch.A. Williams, L. Allen, *The German Legends of the Hairy Anchorite*, *op. cit.*, pp. 14-15.

encore, Brigitte Cazelles constate : « This poem is an entirely invented story with no identifiable sources »[3] et, dans un ouvrage touffu consacré au personnage de Jehan, part de ce caractère imaginaire pour étudier le processus de la folklorisation de la sainteté[4].

Or, nous croyons pouvoir indiquer une source pour ce récit mystérieux. Il existe en fait une histoire étrangement similaire à la nôtre, mais pour la retrouver, il faut se tourner vers l'Orient musulman : c'est l'histoire de l'ermite Barsisa, appelée parfois la légende du „Faust de l'Orient", appartenant au fonds traditionnel arabe et persan. Ses premières attestations dans la littérature remontent au VIIIe s. Elle se retrouve dans le *Tafsir* (commentaire du Coran) de At-Tabari de la fin du IXe ; vers la fin du XIe, AbQ-l-Lejt al Samarqandi emploie déjà le nom de Barsisa en racontant cette histoire et le personnage acquiert dorénavant un statut quasi historique : au XIVe s., le voyageur célèbre Ibn Batuta déclare avoir vu la cellule du pécheur près de Tunis. La légende se retrouve dans la compilation turque du XVe s., *Les quarante vizirs*, et reste populaire dans le monde musulman jusqu'à nos jours[5]. En Occident, c'est bien de cette légende que tire son inspiration le fameux roman « gothique » de Matthew Gregory Lewis, *Le moine*.

---

[3] http ://www.stanford.edu/~patricia/Jehantrans0001.html. Voir aussi : « A specific aspect of the narrative *Vie de Saint Iehan Paulus* is the fact that this thirteenth--century vernacular text has no known Latin antecedent, pointing to its status as a product of imaginative literature. Like many of the Old French hagiographic poems composed during the period, the narration of *Jehan Paulus*, while devotional in content, also relies on strategies borrowed from the courtly tradition » (B. Cazelles, *Corps Mystique, Corps Sacré : Textual Transfigurations of the Body From the Middle Ages to the Seventeenth Century*, « Bodies on Stage and the Production of Meaning. Yale French Studies », n° 86, 1994, p. 58.

[4] Eadem, *Le Corps de sainteté d'après Jehan Bouche d'Or, Jehan Paulus et quelques Vies des XIIème et XIIIème siècles*, Genève 1982.

[5] Cf. A. Taylor, *The Three Sins of the Hermit,* [w :] *Modern Philology*, vol. 20, n° 1, 1922, pp. 61-94 ; M. Hartmann, *Der islamische Orient : Berichte und Forschungen. I, Islam und Arabisch. Der heilíge Barsīsā. Schoa und Tundscher. Die angebliche sīra des Ibn Ishāq*, Berlin 1899 ; M.Th. Houtsma, *Barsisa*, [dans :] *E.J. Brill's First Encyclopaedia of Islam 1913-1936*, vol. II, Leiden 1927/1987, pp. 667-668.

L'histoire de Barsisa s'inspire de la sourate 59, 16 du Coran : « Et ils sont à l'image de Satan qui incite l'homme à renier sa foi. Mais quand l'homme devient impie, Satan lui dit : Je te désavoue ! Car moi, je crains Dieu, le Maître de l'Univers ! » – et les grandes lignes, communes à des différentes versions, se présentent comme suit :

> Un anachorète dévot (de la tribu d'Israël ou non, selon les versions ; dans les versions antérieures au Xe s. il ne porte pas encore le nom de Barsisa) a longuement résisté aux tentations d'Iblis. Finalement, celui-ci amène le fille du roi (dans la version de Samarqandi ; dans les autres elle est une bergère, la fille du voisin, la sœur de trois ou quatre frères ; elle est malade, possédée ou confiée à la garde de l'ascète) devant l'ermite qui succombe et enfreint sa chasteté. Satan éveille en lui la crainte de la vengeance royale : l'ermite tue donc la jeune fille et la jette au fond d'un puits. Par la suite, Satan le dénonce et le criminel sera condamné à mort. Au moment de l'exécution, Satan se manifeste à lui et promet de le délivrer s'il se prosterne devant lui. L'ermite s'incline devant Satan et celui-ci le laisse à son triste sort, en proférant les paroles du Coran : « Je te désavoue ! Car moi, je crains Dieu, le Maître de l'Univers ! ».

Les ressemblances avec l'histoire de Jehan Paulus dans la première partie de la légende sont certainement trop accusées pour être fortuites ; il est donc d'autant plus étonnant qu'une coïncidence aussi frappante n'ait pas attiré l'attention des chercheurs. Le seul, à notre connaissance, à mentionner l'histoire de Barsisa en connexion avec celle de Jehan Paulus (et Jehan Bouche d'Or), a été Archer Taylor en 1922 (donc dans un texte antérieur à l'étude de Williams) dans son article *The Three Sins of the Hermit*[6]. Mais Taylor se concentre sur un autre motif et ne fait que signaler le lien ; puisque, dit-il, « these legends others have promised to examine »[7]. Et ces « autres » n'ont malheureusement pas exploré cette piste.

---

[6] A. Taylor, *op. cit.*, pp. 61-94.

[7] *Ibidem*, p. 94.

Quand bien même l'on puisse à notre avis admettre la légende de Barsisa comme la source probable de la légende hagiographique médiévale, le développement de l'histoire est significativement différent dans les deux cas. Le Barsisa occidental, qu'il se nomme Jehan Paulus, Johannes Crisostimo ou Giovanni Boccadoro, est appelé à glorifier les bienfaits de la pénitence. Jehan Paulus renie en effet Dieu, mais cette « nuit obscure » ne dure que l'espace symbolique de sept jours. Le septième jour, un rayon de soleil tombe sur lui et le conduit sur la voie de la pénitence, allumant en lui une vague lueur de l'espoir en la miséricorde divine. Cette pénitence, il se l'impose lui-même, après se voir refuser l'absolution par les ministres de l'Eglise. Et à ce stade du récit, nous quittons définitivement la légende arabe pour retrouver d'autres traditions orientales. Car ceci est en effet plus qu'un carrefour : c'est un véritable creuset ou s'amalgament les données les plus hétéroclites. L'une de ces traditions est celle citée auparavant et analysée en profondeur par Williams, et qui en effet est déjà le fruit de la fusion de deux traditions différentes. En changeant d'aspect, devenant un « animal pénitentiel », Jehan apparaît comme une créature ambiguë : un *hairy anchorite* (anachorète velu) et un homme sauvage à la fois. En effet, la nudité des ascètes légendaires égyptiens, apparaissant dans les récits pré-apocryphes et gnostiques, était en général couverte d'un manteau de longs cheveux de blancheur éclatante[8]. Parfois, c'est le corps tout entier qui se recouvrait des poils, toujours aussi blancs et lumineux. Un tel ermite se retrouve par exemple dans le poème hagiographique fort connu, inspiré par les sources celtiques, *Le Voyage de Saint Brendan* de Benedeit (début du XIIe s). Mais ces ermites étaient tous des saints sans tare et non des pénitents. En même temps, la littérature médiévale peuplait volontiers ses forêts des hommes sauvages monstrueux – comme le bouvier difforme dans *Yvain ou le chevalier au lion* de Chrétien de Troyes, ou Merlin. Et en effet Jehan, lorsqu'il s'offre au regard des spectateurs, après sa capture, n'impose pas de respect, au contraire, il est pris par

---

8 Ch.A. Williams assimile ce personnage avec Utnapishtim, Uta-napishtim, héros du déluge dans l'épopée de Gilgamesh (*op. cit.*).

ceux-ci pour un ours ou un loup-garou. Il devient l'objet de la risée générale, avec une coloration scabreuse, voire grivoise – lorsque les dames regardent avec complaisance les parties génitales de Jehan et commentent allègrement le spectacle. La tradition de l'anachorète velu et lumineux se trouve ici contaminée par un motif largement attesté dans le folklore, la capture de l'homme sauvage (n° 502 dans la classification Aarne-Thompson). Mais il semble qu'encore une autre tradition se manifeste ici, cautionnée par le contexte hagiographique du récit. Or, en embrassant le mode d'existence inhumain, animalier, et en s'exposant humblement aux outrages et aux moqueries de la cour, Jehan Paulus rejoint cette fois-ci les « fous de Dieu », les saloïtes de la tradition spirituelle orientale, proliférant surtout en Syrie et en Egypte, entre le IVe et le VIIe s., et promis à une renaissance future dans la Russie orthodoxe des XVe–XVIIe s. Pour ces fous volontaires, s'appuyant sur les paroles de Saint Paul sur la (fausse) folie de la Croix, l'*imitatio Christi* n'a plus pour modèle le Christ au désert et ses tentations, mais le Christ de la Passion et ses Outrages ; ils s'exposent donc exprès aux railleries et aux injures, voire les provoquent. Cette spiritualité ne s'acclimate jamais véritablement sur le sol occidental. Comme l'écrit Jean-Marie Fritz, « en Occident, la folie pour Dieu n'est qu'un passage ; elle n'est ni la fin ni l'idéal [...]. L'Occident, en fait, ne consent à développer la folie que dans un cadre pénitentiel, cadre qui était accessoire en Orient »[9]. En effet, notre héros, malgré ses claires parentés orientales, s'est irrémédiablement occidentalisé : après avoir vécu des années dans la pénitence, il ne revient plus à son point de départ, cellule érémitique dans la forêt, mais est réintégré dans la société où il embrasse l'évêché de Toulouse ; il est en outre capable de chasser les mauvais esprits et guérir les maladies (dons que possédait également Barsisa *avant* sa chute). La fin est édifiante, cléricale et résolument optimiste.

Le traçage des sources et du parcours historico-géographique de la légende de ce saint obscur, enseveli dans l'oubli comme la

---

[9] J.-M. Fritz, *Le Discours du fou au Moyen Age : XIIe et XIIIe siècles*, Paris 1992, pp. 314-316.

malheureuse princesse dans le puits (il est significatif que le roman de M. G. Lewis, dit « gothique » et coloré d'une médiévalité sombre, s'inspire de la légende orientale, et non de sa version médiévale), est une entreprise fascinante. Elle permet de constater à quel point les frontières religieuses, politiques et culturelles sont perméables, de cerner les traits caractéristiques de différentes spiritualités, et démontre finalement clairement que tout *apartheid* culturel signifierait un appauvrissement désolant de notre héritage spirituel et littéraire – commun, malgré toutes les divergences et dissensions, aux Gens du Livre.

Summary

Saint Jehan Paulus, a purely invented personage, figures in some hagiographical texts ranging from XIIIth to XVth century. His story reads as follows : the devil tempts the holy hermit in vain ; finally, he succeeds by bringing a young princess to his cell. The princess is deflowered and killed by the anchorite, who denies God first, but repents after seven days and seeks confession. As no church minister wants to absolve him, he imposes a penance upon himself by embracing an animal way of life. After some time, he actually starts looking like an animal, covered with fur. He is subsequently captured by king's huntsmen and led to the court where his identity is miraculously disclosed. Jehan's prayers are heard, the dead princess is restored to life and the hermit eventually becomes the bishop of Toulouse.

Such stories, although imaginary, were usually inspired by earlier sources. Among these, the one that seems particularly plausible, is the oriental legend of Barsisa which can be found in the early commentaries to the Koran (it is inspired by the sura 59, 16) and remains popular in the Muslim world, and which presents striking analogies with the saint Jehan Paulus legend (the holy anchorite, the temptation of the Satan, the sin of fornication and murder) ; however, the development of the story is different : while the occidental legend glorifies the power of the penance, its oriental antecedent makes the protagonist bow to Satan and thus condemns him to perdition. In fact, in the latter part of the story, the legend of Jehan Paulus follows other traditions, strangely combined : the pre-apocryphal and Gnostic motif of the „hairy anchorite", the motif of the „capture of a wild man", widely attested in the folklore, and finally a byzantine motif of the „holy fool". The end of the story, however, is purely occidental : by embracing the bishopric, the hero is reintegrated into the society and promoted in its hierarchy.

The tracking of the complex and amalgamated sources of this story demonstrates the permeability of the religious, political and cultural frontiers, and shows clearly that any cultural *apartheid* would necessarily lead to the impoverishment of our spiritual and literary heritage, shared by the People of the Book.

Elżbieta Górska
Université Jagellonne de Cracovie

ZONES D'INFLUENCES RÉCIPROQUES DE L'ORIENT ET DE L'OCCIDENT VUES PAR UNE ARABISANTE POLONAISE

Aux yeux de l'arabisant polonais, les contacts et influences réciproques de l'Orient et de l'Occident ont existé, existent et existeront toujours. Ces contacts trouvent leur source dans l'intérêt bilatéral pour l'altérité de leurs cultures, tradition et patrimoine civilisateur, ainsi que dans les avantages que l'on peut tirer de ces contacts – la Pologne ne fait pas exception à cet égard. À mon avis, le support fondamental des relations mutuelles entre les sociétés est la langue qui en même temps devient un des principaux territoires d'influences réciproques. Dès lors, d'un côté : le besoin mutuel de connaître les sociétés et cultures engendre la nécessité de traduire l'œuvre littéraire ou scientifique des deux parties, ce qui ensuite suscite et inspire la pensée humaine dans nombre de domaines de l'activité pratique et intellectuelle. De l'autre : les contacts réciproques engendrent le phénomène d'interférence linguistique, ce qui produit différents types d'emprunts, surtout dans le domaine du lexique, mais aussi – ce qui est très important – dans celui de la sémantique ; et donc, en concevant les choses plus largement – dans l'étendue conceptuelle. Dans ma présentation je voudrais montrer deux aspects importants : dépendance des contacts civilisateurs et culturels de l'Orient et de l'Occident vis-à-vis du contact langagier, réalisé par l'activité de traducteurs, et deuxièmement : phénomènes nouveaux qui apparaissent dans les langues sous l'influence de ces contacts.

Comme tout le monde sait, les traditions arabes d'absorber le patrimoine culturel européen datent du début des conquêtes arabes, c'est-à-dire du VIIe siècle, quand les Arabes sont entrés sur les territoires des Empires byzantin et perse, où s'était conservée la tradition scientifique grecque. Un rôle important d'intermédiaires y a été joué par les chrétiens – nestoriens qui ont traduit cet héritage hellénique en syriaque (araméen nouveau) dans les centres créés, entre autres, sur le territoire de Mésopotamie. Grâce à ces contacts, dans la période d'épanouissement du califat des Abbassides, sous le règne du calife al-Maʿmūn, a pu naître, en 830 à Bagdad, un centre scientifique exceptionnel : réunion de la bibliothèque, de l'académie et du bureau de traductions, nommé *Bayt al-Hikma* c'est-à-dire Maison de la Sagesse. Des traducteurs arabes célèbres à cette époque y ont travaillé : Hunayn Ibn Ishāq appelé « cheik des traducteurs », son fils, neveu et disciples. Ils ont fait des traductions – directement du grec vers l'arabe ou par l'intermédiaire du syriaque – d'œuvres, entre autres, mathématiques et naturelles d'Euclide et de Ptolémée, médicales d'Hippocrate et de Galien, philosophiques de Platon et d'Aristote. Un deuxième centre qui fonctionnait alors à Harrān en Mésopotamie et dont les personnages principaux ont été Tābit Ibn Qurra (au IXe s.) et Qusta Ibn Lūqa (au Xe s.), s'était spécialisé dans la traduction des ouvrages mathématiques et astronomiques. Et pendant que l'Europe de l'époque ne connaissait presque pas du tout la pensée scientifique et philosophique grecque, elle était déjà accessible au lecteur arabe cultivé. Inspirés par la pensée hellénique, les savants musulmans créent sur cette base leur propre science originale dont l'épanouissement magnifique fleurit aux IXe–XIIe siècles[1].

Ce n'est pas le lieu de développer cette large trame sur laquelle on a déjà tant écrit. Je mentionnerai seulement que dans des pays

[1] Pour plus d'informations sur ce sujet voir, entre autres : P.K. Hitti, *History of the Arabs*, London 1960 ; J. Bielawski, *Nauka arabska*, [dans :] *Mały słownik kultury świata arabskiego*, dir. idem, Warszawa 1971, pp. 564-574 ; A. Bieniek, *Starożytność w myśli arabskiej*, Kraków 2003.

arabes on ne se souvient pas toujours de l'influence de la pensée européenne sur les mathématiciens et astronomes arabes éminents tels que al-Hwarizmī ou al-Bīrūnī ou alchimistes tels que Ǧabīr Ibn Hayyān ou bien médecins et philosophes tels que Abū Ibn Sīnā (Avicenne) ou Ibn Rušd – de même que l'Europe n'apprécie toujours pas les apports originaux des savants arabes, sans lesquels la science européenne moderne n'aurait pu se développer. En effet, le patrimoine scientifique arabe avait déjà été adopté dans l'Europe médiévale par l'intermédiaire des traductions latines, faites dans deux centres importants. Le premier est l'École de Traducteurs à Tolède, fondée en 1130 où ont travaillé, entre autres, Adélard de Bath (1079-1142) – traducteur, entre autres, des tableaux mathématiques d' al-Hwarizmī et Gérard de Crémone (1114-1187) – traducteur, entre autres, du *Canon de la médecine* d' Abū Ibn Sīnā et d'œuvres philosophiques au sujet de l'idée de l'État parfait d'al-Fārābī. Presque cent ans plus tard, en 1224, est née l'Université Frédéric II à Naples, où nombre de traducteurs éminents ont travaillé sur la langue arabe – entre autres : Michaelus Scotus et Herman le Dalmate. La science européenne doit à ces traductions les bases des mathématiques, astronomie, chimie, sciences naturelles et médecine modernes. Il vaut la peine de dire ici que le *Canon de la médecine* d'Avicenne a été enseigné à l'Université Jagellonne jusqu'au XVIIe siècle[2].

Dans la période moderne, déjà au XIXe siècle, nous avons affaire à une nouvelle vague de traductions inspirant le développement civilisateur, toujours dans la direction inverse – ce renversement est lié à la période de renaissance arabe en Égypte et à la personnalité d'un homme d'État éminent, Méhémet-Ali. En réalisant l'idée d'organiser l'État moderne après presque trois cent ans d'occupation turque (une occupation qui a complètement freiné le développement

[2] Pour plus d'informations sur ce sujet voir, entre autres : P.K. Hitti, *op. cit.* ; D. Campbell, *Arabian Medecine and its Influence on the Middle Ages*, Amsterdam 1974 ; A. Bieniek, *Rola świata arabskiego w dziele odzyskiwania przez łaciński Zachód dziedzictwa kulturowego starożytności*, [dans :] *Spotkania Arabistyczne III. Materiały konferencji naukowej, Kraków, 21 października 1998*, Kraków 2000, pp. 27-43.

politique, social et culturel du monde arabe), ce dirigeant a dû puiser dans les modèles européens. Dans ce but, il invite des experts européens, envoie des groupes entiers de jeunes Égyptiens dans des universités européennes, mais fait aussi venir des milliers de livres et manuels professionnels qui sont traduits en arabe et – par la nécessité politique – aussi en turc. Cet effort a pour théâtre le centre de traductions fondé en 1836 au Caire : *Madrasat al-alsun*, c'est-à-dire « École de Langues » qui fait penser à *Bayt al-Hikma* de Bagdad d'il y a mille cinq cent ans. Sous la direction du savant éminent Rifā'at at-Tahtawī, on y a traduit surtout des textes des domaines du droit, des sciences médicales et naturelles, sciences exactes, mais aussi de l'histoire, géographie, philosophie[3]. Et ici s'est montrée une lacune dramatique de quelques siècles dans le développement civilisateur – y compris langagier – des sociétés arabes. Les traducteurs se sont trouvés devant la nécessité d'élaborer une terminologie et un vocabulaire nouveaux, adaptés à l'état de la réalité actuelle et aux exigences des sciences modernes. Ont donc été créés des dictionnaires, trésors, encyclopédies ; la langue arabe se développait bien rapidement, en absorbant des emprunts, mais aussi en adaptant un vocabulaire classique ancien aux notions nouvelles, entre autres par l'élargissement ou le changement sémantique de lexèmes. La philologie arabe polonaise possède une œuvre sur ces phénomènes et elle mérite d'être recommandée : *Terminologie spécialisée arabe contemporaine et procédés de formation des mots sur la base du vocabulaire de chimie, physique et technique* par J. Łacina[4].

Un peu plus tard qu'en Égypte, la renaissance culturelle se fait sur le territoire de Syrie et du Liban, et ceci sous l'influence d'un autre genre de contact avec l'Occident, s'exprimant par l'activité commerciale et missionnaire. Les Français fondent des écoles catholiques, les Américains – protestantes. C'est alors que sont fondées deux universités

---

[3] Pour plus d'informations sur ce sujet voir, entre autres : J. Bielawski, J. Kozłowska, E. Machut-Mendecka, K. Skarżyńska-Bocheńska, *Nowa i współczesna literatura arabska 19. i 20. w.*, t. 1, Warszawa 1978.

[4] J. Łacina, *Współczesna specjalistyczna terminologia arabska i procesy słowotwórcze, na przykładzie słownictwa z dziedziny chemii, fizyki i techniki*, Poznań 1989.

à Beyrouth : l'une américaine en 1866 et l'autre française (Saint-Joseph) en 1871, qui sont comptées aussi aujourd'hui parmi les meilleurs centres scientifiques au Proche-Orient. Là également se font nombre de traductions, ainsi que s'éveille l'intérêt pour les belles-lettres ; le monde arabe découvre la littérature anglaise, p. ex. *La vie et les étranges aventures de Robinson Crusoé* de Daniel Defoe en 1850, littérature française, mais aussi russe : Tolstoï, Gogol, Gorki et Tchekhov[5].

Veuillez bien regarder encore une fois ces quatre dates marquées dans l'espace de mille ans et signifiant la naissance de centres de traductions les plus importants : 830, 1130, 1224, 1836. À mon avis, ce sont les quatre points de repère – les points les plus importants dans l'histoire des contacts mutuels du monde arabe et de l'Europe.

À la charnière du XVIIIe et XIXe siècles, un soi-disant orientalisme a commencé à être à la mode en Europe, cette vogue consistait surtout à introduire dans la littérature les motifs liés à la culture et aux mœurs de l'Orient, associés par la plupart des Européens à l'exotisme et à une aura de mystère. Ce courant a été ouvert par les romans poétiques de G. Byron, alors qu'en Pologne il s'est reflété dans les œuvres de nos deux poètes les plus éminents de la période du romantisme – à savoir : Adam Mickiewicz (1798-1855) et Juliusz Słowacki (1809-1849) – et ensuite cet « orientalisme » est revenu dans la période néo-romantique de la Jeune Pologne chez Bolesław Leśmian (1877-1937) et Maria Pawlikowska-Jasnorzewska (1894-1945), mais aussi dans les romans de Henryk Sienkiewicz (1845-1916). Grâce à eux, nombre de générations de jeunes Polonais sont entrés pour la première fois en contact avec l'histoire et la culture de l'islam, en découvrant en même temps les réalités de la vie sur le continent africain.

L'attention des Européens dans cette période a surtout été attirée par le Coran en tant que livre saint de l'islam. La volonté de découvrir une religion étrangère jusqu'à cette époque-là avait déjà été éveillée au XVIIe siècle par les diplomates européens qui résidaient dans les pays musulmans, et l'un d'eux – André Ryer, consul de France au Caire

---

5 Cf. J. Bielawski, J. Kozłowska, E. Machut-Mendecka, K. Skarżyńska-Bocheńska, *op. cit.*, pp. 125-133.

– a fait lui-même une telle traduction en 1647. La meilleure traduction polonaise du Coran à partir de l'original arabe est celle de Józef Bielawski, professeur de l'Université de Varsovie, élaborée en 1986. Nous avons aussi d'excellentes traductions d'autres genres de textes arabes qui fascinaient l'Europe au cours du XVIIIe et XIXe siècles, à savoir le fameux recueil des contes des *Mille et une nuits*, dont la traduction française par Antoine Galland de 1707 est devenue le modèle de nombre de versions européennes. Les traductions polonaises de l'original sont deux : la première élaborée par l'arabisant varsovien Władysław Kubiak en 1959 dans un volume, et la deuxième en dix volumes, faite par un groupe d'arabisants de Cracovie sous la direction du prof. Tadeusz Lewicki (la version abrégée de cette édition a été publiée en 1977). Il faut pourtant dire clairement que le recueil des contes des *Mille et une nuits* n'est qu'une sorte de curiosité – comme texte fascinant et très intéressant du point de vue littéraire en premier lieu, il assouvit une nostalgie d'exotisme féérique, commune à toutes les sociétés, mais il a peu à faire avec les réalités historiques, culturelles et coutumières des pays arabes. En cherchant un savoir solide, il fallait consulter les sources authentiques dont les auteurs étaient les savants arabes du Moyen Âge – c'est ainsi qu'ont fait nos premiers arabisants éminents, professeurs Tadeusz Kowalski (1889-1948) et Tadeusz Lewicki (1906-1992), fondateurs de la philologie orientale polonaise et cracovienne. Ils se sont occupés, entre autres, de textes parlant du début de notre État, de l'histoire de notre pays et de celle des pays voisins.

Les premières mentions de l'État polonais se sont trouvées chez Ibrahim Ibn Ya'qub, Juif arabisé d'Espagne, qui à la moitié du Xe siècle a séjourné sur nos terres et a laissé une description intéressante de la principauté naissante et des mœurs des Slaves. Ce récit s'est conservé chez Al-Bacri, géographe arabe du XIe siècle, et précisément ce texte a été publié par T. Kowalski en 1946, avec sa traduction et commentaire, intitulé *Rapport d'Ibrahim Ibn Ya'qub au sujet de son voyage dans les pays slaves*[6].

---

[6] T. Kowalski, *Relacja Ibrahima Ibn Ya'quba z podróży do krajów słowiańskich*, Kraków 1946.

prof. Kowalski

Son disciple et beau-fils, T. Lewicki a lié toute sa vie et sa voie de recherches aux pays arabes d'Afrique du Nord. En 1931, il a acquis le degré de docteur après soutenance de sa thèse sur l'histoire de l'Afrique du Nord dans la période du haut Moyen Âge. Ensuite, il est allé à Paris pour continuer ses études entre 1932 et 1934 ; là, il fut élève d'orientalistes de renommée internationale, entre autres : Louis Massignon, spécialiste du mysticisme musulman, ou l'arabisant William Marçais. Il a aussi profité de son séjour en France pour faire un voyage aux centres des Ibadites : les oasis Mzab, Béni Isguen et Ouargla sur le Sahara, où il a passé six mois. Ce séjour a eu pour résultat l'acquisition et l'examen de matériaux encore inconnus pour l'Europe sur l'histoire des Ibadites, ce qui a été publié dans la revue scientifique la plus importante de l'époque dans le domaine de l'islam : la « Revue des Études Islamiques ».

Mais c'est aussi le deuxième courant qui lui a apporté la renommée mondiale : il s'agit de l'étude et de la publication de textes originaux arabes pour l'histoire des Slaves. Cette série a commencé par une œuvre en deux volumes, déjà mentionnée, qui a exercé une forte influence sur les résultats des recherches des historiens et des archéologues s'occupant de l'histoire de l'Europe Centrale et Orientale : *La Pologne et les pays voisins dans le « Livre de Roger » de al-Idrisi, géographe arabe du*

XIIe siècle[7]. D'autres sources arabes qui ont permis au professeur Lewicki de découvrir le visage inconnu encore de l'histoire et de la culture des Slaves, sont des textes de géographes et de voyageurs : Ibn Rustah (Xe s.) (*Ibn Rustah sur les coutumes et le mode de vie des Slaves,* 1951), Abū Hāmid al-Andalusī (*Description des pays slaves chez le voyageur arabe Abū Hāmid al-Andalusi,*1952), ainsi qu'Ibn al-Faqīh al-Hamadānī (IXe s.), Ibn Fadlān, al-Mas'ūdī et Ibn Hawqal (Xe s.), al-Qazwinī (XIIIe s.) et al-Himyarī (XVe s.), ce qui a donné naissance à un autre ouvrage en deux tomes : *Sources arabes pour l'histoire des Slaves*[8]. L'étude de ces textes ne s'est pas limitée uniquement aux mentions de l'Europe Orientale, mais apportait aussi une contribution intéressante à l'histoire des autres parties du continent européen ainsi que de l'Afrique, p.ex. : *Ibn Khurdadhbih, Ibn al-Faqih al-Hamadhani et Ibn Rustih. Description du Maghreb et de l'Europe au IIIe-IXe siècles* (1957).

Il vaut mentionner ici la grande importance que revêtent pour l'archéologie européenne, et surtout slave, les recherches du Professeur sur les voies commerciales anciennes qui unissaient les pays arabes et européens, sur les objets de ce commerce et sur les objets de la culture matérielle liés à ces contacts (p. ex. *La participation des pays musulmans au commerce avec les territoires polonais aux IXe-XIe siècles à la lumière des trouvailles de monnaies coufiques en Pologne*, 1968 ; *Les sources arabes concernant l'ambre jaune de la Baltique*, 1984). On ne peut pas oublier non plus son étude des trésors des monnaies arabes, trouvées sur le territoire de la Pologne et des pays voisins (p. ex. *Les travaux polonais concernant les „trésors" de monnaies coufiques trouvés en Pologne et dans les pays voisins (1800-1968)*, 1972).

Le travail du prof. Lewicki est continué par sa fille Urszula Lewicka-Rajewska dont le livre *La description arabe des Slaves*[9], publié en 2004, confirme les vifs contacts commerciaux entre le monde arabe et l'Europe médiévale, et ce livre même est la preuve de tels contacts et intérêts de recherches aujourd'hui.

---

7 T. Lewicki, *Polska i kraje sąsiednie w świetle „Księgi Rogera" geografa arabskiego z XII w. al-Idrīsīego*, t. 1-2, Kraków 1945-1954.

8 Idem, *Źródła arabskie do dziejów Słowiańszczyzny*, t. 1-2. Kraków 1956 -1969.

9 U. Lewicka-Rajewska, *Arabskie opisanie Słowian*, Wrocław 2004.

prof. Lewicki

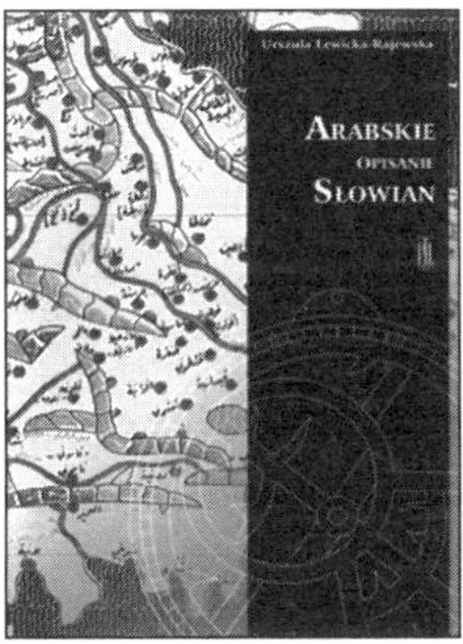

Urszula Lewicka-Rajewska, *La description arabe des Slaves*

La question est : sont-ils réciproques ? En ce qui concerne la Pologne, notre intérêt actuel porté à l'Orient et nos travaux de traduction et de recherches dans ce domaine – comprenant, sauf les textes médiévaux de géographes, voyageurs et philosophes, aussi la poésie classique arabe ainsi que la poésie et prose contemporaines – dépassent certainement de loin l'intérêt témoigné à la Pologne ou à d'autres pays de l'Europe Centrale par les pays arabes, orientés plutôt vers l'acquisition des connaissances sur des pays de l'Occident ou du Bassin Méditerranéen, ou bien, à la limite, sur la Russie. Depuis peu de temps, on observe pourtant les premiers indices d'intérêt porté à notre littérature aussi – dans des pays arabes, ont été publiés trois volumes de poésie polonaise : de Tadeusz Różewicz (né 1921), Czesław Miłosz (1911-2004) et Wisława Szymborska (1923-2012), tous les trois traduits par Hatif al-Janabi[10] ; ainsi que la traduction du drame *Ślub* (*Le mariage*) de Witold Gombrowicz (1904-1969), par George Ya'qub[11].

J'ai déjà mentionné au début de cette communication qu'un facteur vraiment important de toutes sortes des contacts interculturels, ce sont les influences linguistiques mutuelles qui ont pour conséquences différents types d'emprunts. Les contacts arabo-européens, y compris arabo-polonais, peuvent être parfaitement documentés, en menant des recherches dans ce domaine qui n'est pas encore suffisamment exploré.

En philologie arabe en Pologne nous avons un excellent ouvrage sur ce sujet, à savoir : *Dictionnaire d'emprunts d'origine arabe en polonais* de W.P. Turek[12].

Dictionnaire d'emprunts d'origine arabe en polonais de W.P. Turek

---

[10] T. Różewicz, *Mādā yaḥduṯ li-n-nuǧūm*, Nikozja–Damaszek–Bejrut 1998 ; Cz. Miłosz, *Madīḥ aṭ-ṭā'ir*, Nikozja–Damaszek–Bejrut 2001 ; W. Szymborska, *An-nihāya wa-l-bidāya wa-qaṣā'id uḫrà*, Nikozja–Damaszek–Bejrut 2002.

[11] W. Gombrowicz, *Az-Zawāǧ*, Warszawa 2004.

[12] W.P. Turek, *Słownik zapożyczeń pochodzenia arabskiego w polszczyźnie*, Kraków 2001.

À la base de cet ouvrage, nous pouvons observer deux voies d'emprunter des mots arabes par le polonais et les changements qui se produisaient au cours de leur adaptation à notre langue. « La voie occidentale », c'est la pénétration des arabismes par l'intermédiaire du latin, de l'allemand, de l'italien, du français ou de l'espagnol, où ces mots ont aussi été adaptés et établis, p.ex. *ġarrāfa* (ar.) - *garaffa* (ital.) - *caraffa* (esp.) - *karafka* (pol.) - *caraf* (fr.)[13] ; *al-kuhl* (ar.) - *alcól, alcohol* (esp.) - *alcohol* (latin médiéval) - *alkohol* (pol.) - *alcool* (fr.)[14] ; *ʿanbar* (ar.) - *ambra, ambar* (latin médiéval) - *ambre* (fr.), « *ámbar* (esp.), *ambra* (ital.) - *ambra* (pol.)[15] - ainsi que beaucoup, beaucoup d'autres. « La voie orientale » est un résultat du contact géographique avec les pays islamiques : Empire Ottoman et Khanat de Crimée, avec lesquels la Pologne avait la frontière commune aux XVe–XVIIIe siècles. Par l'intermédiaire du turc, la langue polonaise a adopté nombre de mots concernant le domaine militaire, p.ex. *asīr* (ar.) - *esir* (tur.) - *yasyr* (rus.) - *jasyr* (pol.) - captivité, emprisonnement[16] ou bien de la vie quotidienne : *finǧān* (ar.) - *fincan, filcan* (tur.) - *filigean* (roum.) - *filiżanka* (pol.) - tasse[17].

Autant les mots empruntés à l'arabe au Moyen Âge reflètent l'ancienne suprématie culturelle des Arabes dans le domaine des sciences, autant les temps modernes apportent un grand nombre de découvertes et inventions européennes, ce qui donne une vague d'internationalismes occidentaux qui entrent dans la langue arabe, principalement de caractère spécialisé. En ce moment, surtout dans la presse arabe, on peut observer nombre d'emprunts concernant la politique et les affaires internationales, puisés à la langue anglaise et adaptés de différentes manières : comme emprunts propres (p.ex. *kūnġris* – congrès), hybrides (p.ex. *ǧiyūsiyāsī* – géopolitique), calques (p.ex. *ǧumhūriyyāt al-mawz* – républiques bananières) ou emprunts sémantiques (p.ex. *qimma* – sommet [polit.]). J'interprète

[13] *Ibidem*, pp. 245-246.

[14] *Ibidem*, pp. 117-118.

[15] *Ibidem*, pp. 124-125.

[16] *Ibidem*, pp. 229-230.

[17] *Ibidem*, p. 198.

ce phénomène comme une preuve des contacts non plus bilatéraux ou multilatéraux, mais comme manifestation de leur forme extrême : phénomène universel de globalisation.

Dans mon étude j'ai abordé un grand nombre de questions, dont chacune peut constituer le sujet d'une étude à part. Pourtant, son seul objectif est uniquement d'attirer l'attention sur les aspects linguistiques de l'influence réciproque de grandes cultures et civilisations. J'espère aussi avoir réussi à souligner le rôle important des philologues qui travaillent sur le point de jonction de deux et souvent plusieurs langues étrangères, en tant que participants à ce processus fantastique et continu.

Summary

The purpose of the article is the attempt to point the most important aspects of the cultural contact of the Arabic and European countries with the consideration of the historical perspective. The author assumes that the language is the basic carrier of such contacts and also the main area of the mutual influences. Therefore, she discusses the East and West relations mostly on the level of the translation of the literary and scientific output of both sides, as well as the linguistic interference mainly in the aspect of the lexical borrowings. The author quotes many examples of such linguistic contacts and underlines their great meaning in the existence and development of other types of relations : political, commercial and cultural.

Maria Gubińska
Université Pédagogique de Cracovie

LA CONFRONTATION ENTRE ORIENT ET OCCIDENT DANS QUELQUES NOUVELLES CHOISIES D'ISABELLE EBERHARDT

L'écriture d'Isabelle Eberhardt est tendue entre deux pôles présentés dans le titre de notre communication ; elle forme deux volets qui se complètent et s'excluent en même temps parce que l'œuvre eberhardtienne ne peut pas être divisée en une partie « européenne » et une autre « orientale ». Au contraire, dès son début littéraire, Eberhardt se penche toujours vers ce qui est radicalement autre par rapport à l'Occident.

Sa vie devenue légendaire a alimenté quantité de médisances qui étaient fondées sur sa façon de vivre qui paraissait scandaleuse à son époque, elle était riche en toutes sortes de transgressions ; rappelons-en quelques-unes : travestissements, déguisements (le fameux Mahmoud Saadi en costume de cavalier arabe), utilisation de plusieurs pseudonymes. Elle voyage en écrivant ses notes, donc on n'est pas surpris que son œuvre soit si proche de sa vie et qu'elle abonde en éléments autobiographiques.

Marie Odile Delacour et Jean René Huleu ont eu le grand mérite de publier ses œuvres complètes en deux volumes intitulées *Écrits sur le sable* : le premier, édité en 1988, contient ses récits, notes et journaliers, dans le second, publié en 1990, on trouve les nouvelles et un roman. L'œuvre si soigneusement rédigée, est riche en commentaires et toutes sortes d'éclaircissements biographiques et bibliographiques qui mettent fin à maintes controverses portant au sujet d'Eberhardt.

Naturellement, comme le dit Jean Déjeux, on ne peut pas passer sous silence « des difficultés caractérielles d'Isabelle Eberhardt, de la lutte en elle entre les deux „moi", comme elle l'écrivait, de ses contradictions qu'on ne saurait gommer sous prétexte qu'on serait en admiration devant son œuvre »[1].

Dès son enfance passée dans la Villa Neuve à Meyrin près de Genève (elle est née en 1877, son tuteur, (père ?) est philosophe, érudit, polyglotte, il parle le turc, l'arabe et l'allemand aussi bien que le russe. Eberhardt ne fera jamais allusion à ce qui était énigmatique dans la vie de sa famille : au premier mariage de sa mère, à la famille de Trophimowsky laissée par lui en Russie (une femme et quatre enfants). Elle se tait quant à sa naissance : son certificat de naissance qui ne porte pas mention du père est stigmatisant. Comme le souligne Eglal Errera :

> Isabelle se tait souvent lorsque la chose est grave, qu'elle lui semble lourde, par trop insaisissable. Ce trouble qui précède sa naissance, elle l'intègre sans s'y arrêter. Elle lui devra peut-être en partie la mobilité de sa personnalité, une confusion intérieure dont elle fera sa richesse, cette particulière fragilité de l'âme qui déjà fonde en elle la réfractaire chère à Lyautey[2].

Trophimowsky est nihiliste, ami de Bakounine, disciple de Tolstoï, on ne sait pas, non plus quel était son rôle dans le mouvement révolutionnaire russe de l'époque. Il est anarchiste, c'est selon ses principes qu'il éduque Isabelle.

C'est lui qui enseigne à cette jeune fille la philosophie, l'histoire, la géographie et un peu de médecine, il lui enseigne les langues étrangères : le grec et le latin, le turc et l'arabe, l'allemand, l'italien, et

---

1 J. Déjeux, *Femmes d'Algérie. Légendes, Traditions, Histoire, Littérature*, Paris 1987, p. 211.

2 I. Eberhardt, *Lettres et Journaliers*, présentation et commentaires par E. Errera, Paris 1987, p. 16.

bien sûr le russe. La mère de Nathalie, de même que ses enfants, en bons aristocrates, parlent le français.

Isabelle lit beaucoup. Son auteur préféré est Pierre Loti (d'ailleurs il existe des parrallélismes entre ces deux figures littéraires), le *Journal* des Goncourt est déjà pour elle « une sorte de code de conduite intellectuelle. Elle le lira attentivement et tentera de s'y conformer »[3]. Elle lit aussi Eugène Fromentin, la Bible, d'Annunzio, Dostoïevsky, Hugo, Daudet, Zola, Baudelaire. Le cocon familial qu'est la Villa Neuve ne la coupe pourtant pas du monde extérieur. Comme le rappelle Jean Déjeux :

> […] elle prend part aux réunions cosmopolites dans la maison familiale : russes réfractaires, Turcs, Arméniens, partisans anarchistes. […] Elle fréquente un musulman […] au moment de son adolescence. Elle notera plus tard que « comme toujours », elle ressent « une tristesse infinie », « un désir inexprimable d'un quelque chose que je ne saurais dire, une nostalgie d'un ailleurs que je ne serrais nommer ». Elle parle de « l'oppression morbide de jadis ». Les lecteurs des romans de Loti parus à l'époque ne pouvaient que confronter cette nostalgie d'un « ailleurs » : un ailleurs qui serait « turc », […] ou de décors « musulmans » […] ou « orientaux » … Ce sera le Sahara[4].

En 1895, le frère d'Isabelle, Augustin s'engage dans la Légion étrangère et il est incorporé à Sidi-bel-Abbès, en Algérie. Les lettres de son frère sont pour Isabelle une source précieuse de connaissance sur les modes de vie dans ce pays africain, mais la correspondance d'Augustin est surtout un témoignage sentimental qui alimente considérablement son rêve d'Orient et lui donne une envie puissante de s'y rendre.

Elle pénètre déjà son monde oriental depuis Genève, donc un peu à tâtons, avec l'aide de son frère, Augustin. Et pourtant, elle publie sa nouvelle intitulée *Vision du Moghreb* dans la *Nouvelle Revue moderne*

---

3 *Ibidem*, p. 17.

4 J. Déjeux, *op. cit.*, p. 210.

signée Nicolas Podolinsky. Augustin, l'âme sœur d'Isabelle, est évidemment son informateur, donc une légion de détails vérifiables n'étonne pas. On ne peut pas négliger, non plus, ses anciennes lectures, sa connaissance de gens distingués d'origine turque ou arménienne, de même que sa connaissance de la langue arabe ; toutes ces composantes de son bagage culturel nourrissent ses premiers écrits rédigés en Europe.

Eberhardt a dix-huit ans et esquisse clairement les sujets et motifs que le lecteur trouvera plus tard dans ses récits et nouvelles.

Dans *Vision du Moghreb* des motifs romantiques comme : la mélancolie, la tristesse, l'appel de l'infini, la recherche d'un lieu isolé dont le désert est l'évocation la plus appropriée, coïncident avec les personnages emblématiques de cette partie du monde : les Bédouins et *les thalebs*, des hommes en *burnous* de laine grise, des musulmans qui prient « se prosternant devant la majesté éternelle d'Allah »[5]. Précisons, après Delacourt et Huleu, que Isabelle Eberhardt se cache et se dévoile dans chacun des personnages de ce texte et que « la littérature et l'errance y sont déjà reliées dans le désir de se fondre, jusqu'à l'anéantissement dans le désert et dans le monde musulman »[6].

Romantique, slave, comme le répétaient certains critiques, elle recherche de façon permanente la liberté. Nous avons déjà mentionné sa profonde discrétion sur son mode de vie à Genève. Peut-être cherchait-elle à devenir nomade ? Peut-être voulait-elle se libérer d'une vie oppressante et morne dans la Villa Neuve ? Elle le confirmera d'ailleurs dans l'un de ses textes. L'Occident d'où elle s'évade, à l'âge de vingt ans, ne s'inscrit pas dans une formule banale qu'on utilise souvent en rappelant les motifs de voyage des artistes français du XIXe siècle. Certainement l'évasion s'accordait aussi pour elle, avec l'abandon de tout ce qu'elle trouvait monotone, banal, encombrant mais Eberhardt recherche de façon ininterrompue un grand élan mystique que sa maison de Genève ne lui avait pas procuré.

---

5 I. Eberhardt, *Vision du Moghreb*, [dans :] *Écrits sur le sable*, œuvres complètes II, édition établie, annotée et présentée par M.-O. Delacour, J.-R. Huleu, Paris 1990, p. 29.

6 *Ibidem*, p. 38.

On répète parfois (Alain Buisine)[7] que ses excès africains et ses voyages continuels à travers l'Afrique du Nord n'étaient que le résultat de la mort de sa mère en 1887, à Bône. Buisine parle du deuil non achevé d'Isabelle qui se traduit dans sa vie par une absence de stabilisation et un perpétuel va et vient entre plusieurs régions de l'Afrique du Nord, la France, la Suisse ou la Sardaigne.

La nouvelle (*Vision du Moghreb*) est un rêve d'Orient maghrébin, elle est dédiée à Pierre Loti par « un frère inconnu » et portant en épigraphe une courte citation d'*Aziyadé* dans laquelle Loti présente un jeune homme en extase qui montre en haut un point invisible pour dire : « – *Voilà Dieu ! regardez tous ! je vois Allah ! Je vois l'Éternel* »[8] (en italique dans le texte).

Ce texte exprime déjà ses désirs, ses prédilections et fascinations, comme les moments du jour qui oscillent entre le jour et la nuit (ce qui nous rappelle « la chanson grise » de Verlaine) et qui seront repris souvent dans son œuvre. Dans l'un de ses derniers récits intitulé *Moghreb* ; elle décrit le crépuscule « quand le soleil baisse, quand les ombres des dattiers et des murs s'allongent, rampent, éteignant sur la terre les dernières lueurs »[9].

Tout ce qui est l'aube, l'aurore, le déclin, la décadence la fascine constamment. Le texte intitulé *Sud oranais, deuxième partie* est rédigé à la zaouïa (siège d'une confrérie animée par les descendants d'un saint local) marocaine de Kenadsa où elle séjourne en juillet, août et début septembre de 1904 et où elle souffre des fièvres paludéennes. Elle est obligée de remonter à Béchar et à Beni-Ounif pour regagner Aïn-Sefra et pour être soignée le reste de l'été dans l'hôpital de cette ville. Le 21 octobre, elle en sort et le même jour, une crue soudaine inonde la ville. On la découvre morte sous les décombres de sa maison. Elle a vingt-sept ans.

Il serait intéressant de comparer les deux textes que nous avons déjà mentionnés : *Vision du Mogreb* (l'une de ses premières nouvelles

---

7 Cf. A. Buisine, *L'Orient voilé*, Paris 1993, pp. 204-205.

8 *Ibidem*, p. 28.

9 I. Eberhardt, *Écrits sur le sable*, œuvres complètes I, édition établie, annotée et présentée par M.-O. Delacour, J.-R. Huleu, Paris 1988, p. 296.

publiées en France) et des notes de route qui ont été rédigées pendant les derniers mois de sa vie.

Le récit de voyage, selon Gérard Cogez, contient une densité autobiographique qui est aussi l'effet et l'expérience de la mobilité[10] :

> [Cette] écriture se trouve associée étroitement au déplacement, comme suscitée par lui et ne s'expliquant pas autrement. [...] D'une certaine façon, les voyageurs [...] ont su coïncider pleinement avec leur odyssée [pour les écrivains choisis dont Cogez parle]. Prendre le départ fut pour chacun d'eux commencer l'accomplissement d'un désir de *perdition*. [...] Ils écrivent comme pour faire l'inventaire de ce dont leurs parcours respectifs les avaient délestés : ils se trouvèrent progressivement dépossédés. [...] Partant avec une énorme soif d'allégement, ils eurent la chance de découvrir les terres d'élection où elle allait être étanchée. Ils ont tous payé, d'une manière ou d'une autre, le prix de la *distance critique* à laquelle leur déplacement leur a donné accès[11].

Dans cette perspective, la nouvelle *Vision du Moghreb,* fruit des rêves fondés sur des lectures et des rapports de ses proches, pourrait être saisie comme un ouvrage qui précède la quête, cet acte de voyager et de connaître des régions lointaines. Comme la plupart des écrivains-voyageurs du XIXe siècle, le rêve précède l'acte de vérifier qui entraîne souvent la déception ou le désenchantement. Mais Eberhardt sera enchantée et ravie de ses découvertes africaines.

Néanmoins, il serait réducteur d'étiqueter les récits et les nouvelles rédigés en Europe en tant qu'une vision exotique coupée du réel ce que Roger Mathé apprécie comme l'un des paramètres de la littérature exotique[12]. Ce qui caractérise cette nouvelle, c'est la volonté profonde et authentique de pénétrer les secrets de l'âme musulmane. La dédicace adressée à Loti, n'est pas aléatoire ; Eberhardt rêve de se laisser conduire par sa fascination de l'autre en poursuivant ses voyages comme Loti.

---

10 Cf. G. Cogez, *Les Écrivains voyageurs au XXe siècle*, Paris 2004, p. 25.

11 *Ibidem*, pp. 25, 33.

12 Cf. R. Mathé, *L'Exotisme*, Paris 1973, p. 27.

En 1895, Eberhardt esquisse la promesse orientale du futur bonheur et elle pose des questions fondamentales sur la « race » musulmane. Dans sa *Vision du Moghreb*, elle s'explique en images ; les voilà trois dans un coin de la cour : un Turc, son amant, l'auteure et leur frère adoptif Mahmoud. Eberhardt anticipe l'avenir et arrange le dialogue fictif. Mahmoud lui pose la question qui suit :

> Aurais-tu jamais pensé que tu serais une nuit seule dans un *fondouk* [une auberge] de Médiaya, avec deux hommes que tu ne connaissais pas il y a à peine huit mois [...] ? C'est la Destinée ! Qui sait jamais où il sera demain et que valent nos calculs, nos prophéties ?
>
> [...] Et à ces paroles prononcées par cet homme si étrange avec une mélancolie singulière, pour la première fois, tout ce qu'il avait d'inouï, d'invraisemblable dans ma situation m'apparut avec une netteté étonnante...
>
> Et plus que jamais avec une vague angoisse, je me demandais quelle mystérieuse fatalité pèse sur ma race et quelles attaches puissantes la relient aux races immobiles de l'Orient... ![13]

Ancrée en Europe, toujours prête a partir, elle est cependant capable de trouver des ressemblances entre Occident et Orient bien qu'elle n'utilise pas directement ces deux vocables. L'analogie fondamentale se rapporte à l'universel ; c'est la recherche de la vérité, du sens qui chez les musulmans s'appelle la Destinée ; s'y soumettre est une grande leçon de cette religion. La fascination pour la force du Mektoub, la croyance sans réserves en la destinée, la résignation apparaissent comme des vertus consolatrices qui ne les quitteront jamais[14].

Tous ses élans romantiques, déjà périmés à la fin du XIXe siècle, de même que la recherche de l'absolu, trouve leur réalisation complète dans sa vision du Maghreb. Elle ne connaît pas encore le

---

[13] I. Eberhardt, *Écrits sur le sable...* II, *op. cit.*, p. 31.

[14] Cf. eadem, *Écrits intimes, lettres aux trois hommes les plus aimés*, édition établie, annotée et présentée par M.-O. Delacour, J.-R. Huleu, Paris 1991, p. IV.

dépouillement qu'elle recherche, mais elle rédige en 1902, une sorte de manifeste d'un voyageur-écrivain auquel elle sera fidèle pendant ses pérégrinations :

> Un droit que bien peu d'intellectuels se soucient de revendiquer, c'est le droit à l'errance, au *vagabondage*. Et pourtant, le vagabondage, c'est l'affranchissement, et la vie le long des routes, c'est la liberté. [...] Le paria, dans notre société moderne, c'est le nomade, le vagabond, « sans domicile ni résidence connus ». [...] Ne pas sentir l'oppression déprimante de la monotonie des décors...[15].

Eberhardt y fait aussi un éloge du « vagabondage », titre qu'elle a choisi pour réunir ses premiers récits[16].

Ce texte confronte deux visions eberhardtiennes : celle de l'Occident et de l'Orient ; les visions fortement antithétiques, la première correspond à la monotonie et aux banalités profanatrices de l'Occident envahisseur dont elle parlait dans l'un de ses récits, et la seconde s'accorde avec le détachement, le désert, mais aussi avec la blancheur, couleur du deuil des Africains du Nord, couleur d'Annaba, ville où a été enterrée sa mère. Ainsi, l'Orient est-il une terre de repos, d'immobilité et de vagabondages où il n' y a jamais ennui ou oppression.

Dans ses derniers récits, Eberhardt décrit sa maladie, sa souffrance, sa solitude, consciente de son état, elle arrive à faire le bilan de sa vie :

> J'étais seule, seule dans ce coin perdu de la terre marocaine, et seule partout où j'avais vécu et seule partout où j'irai, toujours... Je n'avais pas de patrie, pas de foyer, pas de famille... J'avais passé, comme un étranger et un intrus, n'éveillant autour de moi que réprobation et éloignement. [...] Être seul, c'est être libre, et la liberté était le seul bonheur nécessaire à ma nature. Alors, je me dis que ma solitude était un bien[17].

---

[15] E a d e m, *Écrits sur le sable...* I, *op. cit.*, pp. 27-28.

[16] Cf. *ibidem*, p. 19.

[17] *Ibidem*, p. 292.

Dans le récit intitulé *Départ*, malade et fatiguée, prête à partir pour Aïn-Sefra, elle regrette de ne pas pouvoir continuer son voyage plus loin, au Maroc, car c'est l'inconnu qui l'attendrait :

> Comme ce voyage de retour sera différent de ce qu'il fut à l'aller, quand je marchais vers le pays inconnu ! [...] Du haut d'une montagne, je suis longtemps des yeux les gens de Bou-Dnib qui s'éloignent. Ils disparaissent enfin parmi le dédale des dunes et sous le rayonnement rose du jour levant. Avec eux s'évanouit pour moi la dernière lueur d'espoir : de longtemps, jamais peut-être, je ne pourrai pénétrer plus avant au Maroc[18].

Mariée avec un musulman, convertie à l'islam, donc doublement renégate, Eberhardt appréciée comme écrivaine coloniale, dérangeait l'ordre colonial. Fascinée par l'Afrique du Nord, malgré toutes ses objections envers l'Occident, elle est devenue l'amie du général Lyautey ce qui lui a valu des ennuis. Cet épisode de sa vie comme son attitude envers la colonisation française restent une énigme parce qu'Eberhardt est allée plus loin que Loti dans sa fascination de l'Orient.

A titre de conclusion rappelons les paroles de Delacour et Huleu qui disent :

> En se dégageant des convenances, Isabelle Eberhardt réussit [...] [à] montrer la distance qui sépare Occident et Orient, et qu'elle a parcourue. Bien plus, elle va à l'essentiel. [...] il y a dans son œuvre cette indécence bien plus grande d'évoquer sans cesse les thèmes existentiels, l'amour, la mort, la force du désir, la fatalité du destin, la foi et l'idée de Dieu. Questions sans réponses définitives et que l'on est gêné d'aborder aujourd'hui par peur d'être ridicule, tant elles ont été longtemps refoulées de la « modernité »[19].

---

18 *Ibidem*, pp. 298, 299.

19 M.-O. Delacour, J.-R. Huleu, *Présentation*, [dans :] I. Eberhardt, *Écrits sur le sable...* II, *op. cit.*, p. 12.

Summary

Isabelle Eberhardt (1877-1904), whose biography is permeated with half--truths and elliptical statements, is surrounded by an aura of mystery. Born in Geneva, brought up in a multicultural and multi-religious environment, Eberhardt is fascinated with the remote and the radically different ; in this case – North Africa.

Enthralled by North Africa, she brings to notice the distance separating the West from the East. She tirelessly undertakes a dialogue with the Orient to fathom the Muslim soul and at the same time to find answers to vexed existential questions about the sense of human life, to which she did not find answers in the broadly understood culture of the West.

Mohamed Hijou
Université Mohammed V-Agdal de Rabat

LE CHTONIEN ET L'AQUATIQUE : FIGURES, SYMBOLES ET CROYANCES

1. L'eau « de çà et là »

D'une larme, ou d'une goutte de rosée au déluge s'étend tout un univers aquatique, où figurent sources, marais, ruisseaux, rivières et flots d'océans tumultueux. L'eau, figure de l'incontenable, de l'informel et symbole d'émergence, de germination et de la vie tout entière, a toujours suscité intérêt et réflexion. Il en est question dans les mythes, les contes populaires, les livres sacrés : le Coran, la Bible et les rêveries de toute l'humanité. Elle est, néanmoins, liée au monde chtonien des djinns, êtres ou créatures aussi ambiguës que l'image de l'eau dans les représentations de certaines croyances populaires.

Depuis la parution des travaux de Gaston Bachelard, la critique littéraire traite, sous différents regards, le lien de la littérature avec la représentation imaginaire des quatre éléments : l'eau, l'air, le feu et la terre. Et bien que *La psychanalyse du feu* soit le livre le plus célèbre de Bachelard, l'eau a pris une part privilégiée dans beaucoup de courants critiques. Notamment ceux à tendances psychologique et psychanalytique. L'importance symbolique, l'impact de l'élément « eau » et son vaste « royaume mythique et sacré » dans l'imaginaire humain sont, à notre avis, à la base de tout cet intérêt qui lui a valu ce privilège.

En 1942, déjà, parut à Paris *L'eau et les rêves, essai sur l'imagination de la matière*, chez José Cortis. En parcourant ce livre de Bachelard et bien d'autres, on apprend que le monde aquatique n'est qu'une marée incessante, pour ne pas dire éternelle ; le flux et le reflux mènent la valse, tant l'eau est matière et vapeur, surface et profondeur, miroir de leurres et de vérités : un lac à eau calme (*locus amœnus*) où se mire Narcisse, un puits ténébreux à eau lourde et assombrie où s'est fait jeter Joseph (Yousouf) par ses frères jaloux… Un monde de transformation continuelle où règne le mythique, le poétique, le psychique et le religieux, pour imager le mouvement de la vie en marée qui se joue entre les deux bouts de l'existence : la naissance et la mort.

Dans la tradition populaire du Maroc, il est répandu que les marais sont habités par des djinns, comme tant de lieux d'ordre aquatique d'ailleurs, tels que sources, rivières, puits et autres. Aussi conseille-t-on aux enfants de ne pas jouer près des marais. Sinon, ils risquent d'être frappés par les djinnias[1] ; c'est-à-dire, atteints par les djinnias. Le marais, en ce sens, ne serait-il pas lié à l'image du féminin ? On parle précisément de djinnias au féminin et non pas de djinns. Il reste à noter, à cet égard, que « la psychanalyse fait de la mare, du marais, un des symboles de l'**inconscient** et de la **mère**, le lieu des germinations invisibles »[2].

Parmi les sources et marais, il y en a de difficiles ; ce qui veut dire que les habitants ou les maîtres de ces lieux ne sont pas tolérants ; ils ne pardonneraient pas à qui leur causerait des ennuis : piétiner un de leurs petits, par exemple. Car les djinns, comme chacun sait, sont invisibles. Ainsi, les sources et les marais sont des lieux qui font peur ; seules les femmes courageuses peuvent y aller la nuit. Cependant, il suffirait de prononcer le nom d'Allah pour se protéger des méfaits de ces créatures. La formule utilisée est « au nom d'Allah », comme elle peut être annexée par : « et que la prière soit sur le prophète, messager de Dieu ».

« Dans les cultures traditionnelles, la source symbolise l'origine de la vie et, d'une façon générale, **toute origine** : celle du génie,

---

1 Féminin de djinns.

2 J. Chevalier, A. Gheerbrant, *Dictionnaire des symboles*, Paris 1982, article « marais ».

de la puissance, de la grâce, celle de tout bonheur »[3]. Ce qui explique pourquoi des tribus ou des populations entières accordent à l'eau des sources une dimension sacrée, avec, pour qui en boit, la possibilité de guérison physique ou psychique. Cette dimension s'étend même à une prétendue relation entre l'eau des sources et l'intelligence, au point que boire de l'eau de telle ou telle source peut rendre plus intelligent, littéralement : « augmente les capacités de compréhension », dit-on.

Et dans la Bible « l'eau [comme] parole divine [...] après avoir suscité la vie végétale et animale, crée en l'homme des facultés nouvelles : elle illumine son intelligence »[4].

2. L'eau des origines

Dans son livre *L'eau, le feu, la lumière*, Denise Masson nous fait remarquer que, dans le Coran, l'image de l'eau symbolisée par la pluie revient « à chaque fois qu'il est question de la révélation »[5]. Ce qu'on peut lire dans les versets suivants :

– Dieu fait descendre du ciel une eau par laquelle il fait revivre la terre après sa mort. Il y a vraiment là un signe pour un peuple qui entend (Coran, XXI, 65).

– Lorsque nous faisons descendre sur la terre l'eau du ciel, elle se ranime et elle reverdit (Coran, XLI, 39).

Dans la conception biblique, au commencement du monde, où régnait le chaos,

> les eaux informes ont été organisées par la parole créatrice de Dieu. Pour que naisse la vie, elles ont été séparées en deux réserves distinctes : les « eaux d'en haut », maintenues par un firmament solide comme une coupole de verre, et les « eaux d'en bas », maintenues par la surface de la terre. La cause des phénomènes naturels comme la

---

3 *Ibidem*, article « source ».

4 D. Masson, *L'eau, le feu, la lumière*, Paris 1985, p. 26.

5 *Ibidem*, pp. 25, 26.

pluie, la sécheresse et les inondations s'expliquent donc par l'ouverture ou la fermeture de ces deux réserves[6].

Ainsi l'eau symbolise la puissance de Dieu ; elle exprime sa bienveillance ou sa colère envers l'humanité. Les pluies douces, les puits, les sources, les rivières, les inondations, les ouragans et les sécheresses incarnent fort bien les figures de ce rapport entre Dieu et les êtres humains.

Certes, l'eau des livres sacrés prend l'ampleur de toute une dimension mythique ; on a donc beau tenter de cerner ses figures et son symbolisme, on ressent constamment une grande frustration de ne pouvoir s'offrir le plaisir de tracer des contours bien définis et bien clairs à son sujet. On peut, néanmoins, résumer les valences de l'eau en cinq tendances symboliques majeures, qui sont d'ailleurs connues : l'eau germinale et fécondante, l'eau médicinale, les sources miraculeuses, l'eau lustrale et l'eau diluviale. Les eaux symbolisent donc :

> la totalité des virtualités, la matrice de toutes les possibilités d'existence. Elles précèdent toute forme et l'immersion en elles symbolise la régression dans le préformel, la régénération totale, une nouvelle naissance ; car elles contiennent les germes de vie nouvelle, elles guérissent et, dans les rites funéraires, elles symbolisent la vie éternelle[7].

L'eau ainsi est élevée au rang de symbole de vie ; c'est pourquoi elle est toujours conçue comme symbole de la Parole de Dieu.

Dans le même ordre d'idées, concernant l'origine de la vie, vient le mariage, comme aboutissement d'une rencontre aux sources ; en tant que liaison, ou dirions-nous, union prometteuse de la vie : la vie de l'être humain sur terre, puisque l'union d'Adam et Ève « symbolise l'origine divine de la vie »[8].

---

6 Cf. B. Miller, *Les réservoirs de Dieu*, http ://www.interBible.org/interBible/écritures/symboles/2002/sym_.020917html, p. 1.

7 Cf. F. Manns, *Le symbole biblique de l'eau*, http ://www.interBible.org/interBible/écritures/symboles/^9^9^9^9/sym_^9^9^9^9^9^9.html, p. 3.

8 J. Chevalier, A. Gheerbrant, *op. cit*, article « mariage ».

S'il est un point d'intersection entre les croyances populaires, notamment dans le conte oral, et la substance religieuse, les rencontres dans des lieux aquatiques engendrant le mariage rempliraient la fonction de cette intersection par excellence ; compte tenu de la fréquence remarquable de ce thème à travers les textes contiques. Vient à l'idée, bien sûr, l'histoire de Moïse qui, selon l'Exode, fut traqué en Égypte, pour avoir tué un Égyptien, se rendit au pays de Madian, sur son chemin, il s'arrêta auprès d'un puits. Les sept filles du prêtre de Madian vinrent puiser de l'eau pour abreuver les moutons de leur père. Des bergers voulurent les chasser ; Moïse prit leur défense et abreuva les moutons. Les filles racontèrent à leur père ce qui s'était passé. Celui-ci invita Moïse chez lui. Le récit s'achève ainsi : « Moïse s'établit auprès de cet homme qui lui fait épouser Cippora, sa fille » (cf. Ex. 11, 15-22)[9].

La même histoire est relatée dans le Coran :

> Deux femmes se tenaient à l'écart par crainte des bergers. Moïse abreuva leurs bêtes, puis il se retira à l'ombre [...] Une des femmes vint à lui [...] Mon père t'appelle pour te récompenser d'avoir abreuvé nos bêtes... Une des femmes dit : Ô mon père ! Engage-le à ton service... Le vieillard dit (à Moïse) : Je veux te marier à l'une de mes filles que voici, à condition que tu restes huit ans... ou dix ans à mon service... Moïse dit : Dieu est garant de ce que nous disons. (cf. Coran. XXVIII)[10].

Quant à la tradition orale, nombreux sont les contes populaires marocains où les lieux aquatiques, comme les sources et les puits, sont souvent des lieux qui engendrent les mariages ou annoncent l'idée du mariage. L'exemple du prince ou fils du sultan qui rencontre la belle Lunja, fille des sept ogres, à la septième source de l'itinéraire de sa quête, est très connu. Cette rencontre le mène à se marier avec elle, bien évidemment. Egalement dans le conte des « deux frères qui se ressemblent », où celui qui quitte la maison et

---

9 D. Masson, *op. cit.*, p. 33.

10 *Ibidem*, pp. 33, 34.

part pour un autre destin rencontre la fille du sultan à la source où puisait toute la ville. Il la délivre de l'ogre qui empêchait les gens de s'approcher de la source, et le sultan reconnaissant la lui donne pour femme. La correspondance, ou la ressemblance dirions-nous entre le texte dit sacré et le conte populaire se passe de commentaire. Nous voudrions seulement ajouter, à ce sujet, que de nombreux héros de contes trouvent un cheveu de jeune fille dans des sources, un cheveu qui empêche l'eau de couler parfois ; ils partent en quête de la fille dont la taille correspond à la longueur du cheveu trouvé, en vue de se marier avec elle. Ou, ils ne se marieront qu'avec elle, jurent-ils.

3. Le chtonien et l'aquatique, ou le monde des djinns

Il n'est guère aisé de définir la nature d'une créature, tels que les djinns, dans la pensée populaire. Déjà, on conçoit mal la différence entre djinn, géni, démon, afrit, Iblis… êtres invisibles et mystérieux qui « habitent les lieux sauvages, les ruines, les cimetières, les endroits lugubres et sales. Leur lieu d'habitat est le sol ou plutôt le sous-sol. Aux yeux du bédouin, ils sont les véritables possesseurs de la terre »[11]. D'ailleurs, un conte marocain intitulé « la bague magique » confirme cette idée. Le sultan de ce conte voulait construire son palais sur un terrain qu'on nettoyait le jour, mais où le lendemain, tout était à recommencer, les amas de résidus y étant toujours, et en quantités croissantes même. C'est que ni sultan, ni personne d'autre ne savaient que « ce terrain était habité par des djinns ou des *afrits* qui refusaient qu'on y construise ce palais », nous dit le conte.

Pour le moment, une déduction est possible : ces êtres sont, à la fois, de nature chtonienne et aquatique, bien que le Petit Robert les définisse comme des esprits de l'air. Qu'en est-il dans le Coran ?

« Il (le miséricordieux) a formé les génies de feu pur sans fumée » (Coran, LV. 14). Ailleurs, dans une autre sourate :

[11] J. Chelhod, *Les structures du sacré chez les arabes*, Paris 1964, p. 67.

« Nous vous créâmes et nous vous donnâmes la forme, puis nous dîmes aux anges : Inclinez-vous devant Adam ; et ils s'inclinèrent excepté Iblis, qui n'était point de ceux qui s'inclinèrent » (Coran, VII, 10). Dieu lui dit :

« Qu'est-ce qui te défend de t'incliner devant lui quand je te l'ordonne ? » (VII, 11).

« Je vaux mieux que lui, dit Iblis, tu m'as créé de feu et tu l'as créé de limon. » (VII, 12).

Nous continuons la même sourate. Après avoir chassé Iblis, Allah s'adresse à Adam :

« Toi, Adam, habite avec ton épouse le jardin et mangez de ses fruits partout où vous voudrez, seulement n'approchez point de l'arbre que voici, de peur que vous deveniez coupables.

Satan mit en œuvre ses suggestions pour leur montrer leur nudité qui leur était cachée. Il leur dit : Dieu ne vous interdit cet arbre qu'afin que vous ne deveniez pas deux anges, et que vous ne soyiez pas immortels. » (VII, 18, 19).

Nous retenons trois nominations donc qui sont utilisées pour désigner la même chose : génies, Iblis et Satan. Aussi retenons-nous qu'ils sont créés de feu. La question est : quelle relation entretiennent-ils avec les êtres humains et comment se représentent-ils dans les croyances des descendants d'Adam ?

A première vue, ils sont loin d'être bénéfiques pour l'homme, puisque Satan a commencé par tromper Adam et son épouse au commencement du monde déjà. Revenons au Coran avant d'aller voir du côté des croyances populaires.

« Il les séduisit en les aveuglant, et lorsqu'ils eurent goûté de l'arbre, leur nudité leur apparut, et ils se mirent à la couvrir de feuilles du jardin. Le seigneur leur cria alors : Ne vous ai-je point défendu cet arbre ? Ne vous ai-je point dit que Satan est votre ennemi déclaré ? » (VII, 21). Et un peu plus loin :

« Descendez, leur dit Dieu, vous serez ennemi l'un de l'autre. » (VII, 23)

Le texte coranique est, comme on le voit, sans ambigüité quant à l'inimitié de Satan pour l'homme. Ce qui nous renvoie inéluctablement à la conception chrétienne, où Satan, *haschatan :* (adversaire) en hébreu, *chaytane* en arabe, représente l'esprit du mal. Dans la Bible, il est le chef des anges qui se sont rebellés dans la Genèse, il tente Ève dans l'Éden en prenant la forme d'un serpent. Et pouvant prendre des apparences séduisantes, il tentera toujours de corrompre l'homme et de l'entraîner dans le pêché, tant que la vie durera sur terre. Pour faire face aux problèmes de cohérence qui se posent au sujet de la dualité, l'Église, sous le règne du pape *Innocent* III a décrété en 1215, lors du concile de Latran IV que le diable, Satan et tous les autres démons ont été créés par Dieu bons par nature, mais que ce sont eux qui se sont rendus eux-mêmes mauvais[12].

Nombreuses sont les études psychologiques qui voient en Satan et compagnie des entités qui représentent les humains eux-mêmes ; leurs faiblesses, leurs perversions et leur monde intérieur et inconscient, pouvant les mener à leur perte et leur déchéance. Ainsi le serpent, tel qu'il est représenté dans la Genèse pourrait symboliser le désir subtil qui monte de l'inconscient. L'exaltation imaginative vis-à-vis de soi (la vanité) conduit Adam et Ève à s'exalter mutuellement ; le serpent de la tentation, aux aguets, trouve alors l'opportunité de se glisser dans la faille ouverte par cette imagination. Au-delà des craintes que ces créatures suscitent chez les humains, ils paraissent peupler les mondes de l'inconnu, de l'inexploré, du mystérieux et de l'obscur, où s'enchevêtrent incertitudes et sentiments ambiguës… Ils seraient là, enfin, pour donner aux humains un sens à leurs peurs et à leurs incompréhensions éternelles.

Dans le monde des croyances populaires, la vie de ces êtres invisibles est calquée sur celle des êtres humains ; les djinns vivent donc en société. Ils mangent, boivent, affirme-t-on. Ils se marient et engendrent, leurs festivités sont célébrées la nuit. Sauf que les hommes habitent les villes, alors que les djinns habitent les lieux désertiques, les ruines, les égouts et tout endroit répugnant. Ils ont

---

12 Cf. R. Forreville, *Dictionnaire historique de la papauté*, Paris 2003, article « Latran IV ».

aussi leurs croyances ; ainsi il y a parmi eux des musulmans, des chrétiens et des juifs. Mais cette idée rejoint, en partie, la conception du Coran :

> Un jour, nous avons amené une troupe de génies pour leur faire écouter le Coran ; ils se présentèrent et se dirent les uns aux autres : Écoutez ; et quand la lecture fut terminée, ils retournèrent apôtres au milieu de leur peuple. (XLVI, 28).

« Ô notre peuple ! dirent-ils, nous avons entendu un livre descendu du ciel depuis Moïse, et qui confirme les livres antérieurs ; il conduit à la vérité et dans le sentier droit » (XLVI, 28).

La question est toujours là : qui sont ces êtres dans les croyances populaires ? Sous quelles figures se présentent-ils ? Et que symbolisent-ils, en tant qu'êtres aquatiques et chtoniens à la fois, dans l'imaginaire populaire ?

On se raconte qu'ils se transforment en chiens, en chats, en rats et, dans les lieux aquatiques, ils prennent la forme de grenouilles, comme ils peuvent se transformer en d'autres animaux, en serpents par exemple. Et même en êtres humains.

En parlant des djinns, Joseph Chelhod dit : « Ces derniers peuvent aussi prendre la forme de scorpion, myriapode, hérisson, gerboise, rat, souris et autres animaux semi-célestes : corbeau, coq, pigeon »[13].

Mais, à écouter la pensée populaire, les djinns ne seraient pas toujours maléfiques ; car « c'est à eux que le poète doit son inspiration »[14] : selon les historiens, les arabes de la *Jahiliya*, époque qui précède l'arrivée de l'islam, croyaient que chaque poète avait un génie qui lui inspirait ses vers. Et ces génies inspirateurs habitaient un oued, une rivière qui se nommait : *Abqar*. Par rapprochement étymologique, nous retenons que le mot arabe *abqariya* qui signifie le génie, qu'il soit artistique ou scientifique, doit certainement provenir de cette origine.

---

[13] *Ibidem*, p. 74.

[14] *Ibidem*.

Dans la même perspective, les djinns viennent à l'aide des sages, ou ce sont plutôt eux qui les font travailler à leur profit. Ainsi dans le conte sus cité de « la bague magique », ils sont même amenés à se marier avec des êtres humains : les trois sœurs que le fils intelligent est chargé de marier. Et plus tard, ils viendront à son aide, puisqu'il est leur beau-frère. Et comme nous y sommes, ces djinns ou *afrits* se présentent tous la nuit pour demander les mains des filles, nous dit le conte. Nous ajoutons cette remarque à ce que nous avons déjà mentionné à propos de leurs festivités nocturnes, pour induire que les djinns occupent la nuit dans l'imaginaire populaire. « Le jour, ils se dérobent aux regards : mais la nuit, ils se répandent partout où les ténèbres les enveloppent. Les anciens arabes les saluaient en disant : „Que l'obscurité vous soit agréable" »[15].

4. Esprit de l'invisible

Pourrions-nous répéter avec E. Morin que « nos esprits fabriquent les dieux et tous les invisibles » ? Pour conclure, il serait opportun de noter que les rationalistes musulmans nient l'existence réelle des djinns ; tels que les *Mo'tazilites*, mouvement théologique, ou *Firqa* connue comme la plus importante école de théologie spéculative, parce qu'elle fut la première à reconnaître la valeur de la raison humaine. Ses joutes philosophiques se fondaient sur la raison et la logique.

Le philosophe et médecin Ibn Sinaa, connu en Occident sous le nom d'Avicenne et l'historien sociologue Ibn Khaldoun voyaient en ces créatures plutôt des allégories.

Il est certain que plus nous essayons de nous approcher de la chose plus elle nous échappe. Dans le dictionnaire des symboles, l'article « génie » renvoie au « démon », et ce dernier renvoie à celui de « diable » et vice-versa. Quel diable ! Qui « symbolise toutes les forces qui troublent, assombrissent, affaiblissent la conscience et la

[15] *Ibidem*, p. 72.

font régresser vers l'indéterminé et l'ambivalent : centre de nuit, par opposition à Dieu centre de lumière »[16].

Après avoir assez erré, on se posera la question : comment reconnaître alors un djinn ? Dans certaines croyances, on répondrait : si on voit un chien, un chat, un homme… qui n'a pas d'ombre, bien qu'il se trouve sous le soleil, qu'on le sache, c'est un djinn.

Summary

In many popular beliefs, the chthonic world seems to be closely related to the aquatic world. It is therefore a question of the symbolism of connected aquatic places and beings and their representations in the popular imagination. The used corpus has been derived from the Bible and the Koran, the sacred texts, as well as from folktales – form of literary expression and place of values and symbols par excellence. The presence of water and jinn in many folktales has inevitably lead us to see, concomitantly, the shaping of meanings, symbols and beliefs in the sacred discourse and narrative (story-telling) discourse.

[16] J. Chevalier, A. Gheerbrant, *op. cit.*, article « Diable ».

Anna Klimkiewicz
Université Jagellonne de Cracovie

IL SOGNO FILOSOFICO DI POLIFILO OVVERO DEL SOGNO DI UNA CULTURA UNIVERSALE

Il presente articolo si propone di ricordare le tendenze letterarie del Rinascimento italiano che mirarono a fondare una cultura sincretica comprendente tradizioni in comune tra diverse attività umane. Tali tendenze si manifestarono in un'opera anonima che gli studiosi del Rinascimento ritengono il più bel libro del mondo e il più celebre dell'epoca. Pubblicata a Venezia nel 1499 nell'officina di Aldo Manuzio la *Hypnerotomachia Poliphili*, scritta da un umanista di grande sapienza e di prodigiosa memoria crea una visione filosofico-artistica universale e diventa testimone dell'eredità di una cultura che aveva cambiato l'Europa : vi si mescolano mondi antichi e presenti, il cristiano non esiste senza il greco, il latino senza l'ebraico e l'arabo e tutte le culture si influenzano a vicenda[1].

L'interesse quattro- e cinquecentesco verso l'Oriente nell'Occidente è un fenomeno di carattere generale : i ritrovamenti romani e greci sono esempi da prendere a modello per i soggetti delle storie e per i monumenti, lo sono anche i geroglifici egizi, riportati in primo piano dopo la scoperta di Horapollone. Con *Hieroglyphica* si parla del significato di *signa arcani* e nella scrittura dell'antico Egitto si vede una trasmissione della scienza esoterica, della „potenza dei

[1] *Hypnerotomachia Poliphili*, dietro l'edizione di M. Ariani, Milano 2004. Per la riproduzione del testo aldino del 1499 : vol. 1 ; per la traduzione italiana : vol 2.

simboli <non detti> che solo gli dei possono intendere"[2]. La lingua e la scrittura araba si pongono fra i fondamenti della cultura umanistica e acquistano un posto accanto alla lingua latina e greca : è una conquista filologica degli intellettuali del XV secolo che ampliano i loro studi e indirizzano le ricerche verso il mondo e le tradizioni orientali. Il fenomeno assume un'importanza particolare quando Giovanni Pico della Mirandola esprime il progetto di una conciliazione degli scritti testamentari contrastanti, ma collazionabili e Marsilo Ficino propone un confronto dottrinale fra le religioni giudaica, cristiana e musulmana[3].

Il testo dell'opera è ricollegabile a quella particolare forma di espressione letteraria che si concentra sul sogno filosofico, una spettacolare proiezione di una realtà in un'altra che serve per conoscere e analizzare ciò che diventa l'universale mondo della saggezza. Nell'*Hypnerotomachia* il sogno è un processo iniziatico che non si sviluppa in un motivo stabile e isolabile, ma costituisce lo sfondo *sine qua non* dell'intero racconto. La storia dell'amore di Polifillo con Polia diventa una metafora universale del percorso che deve compiere l'uomo per capire se stesso e trovare l'unione con il divino e con il mistero. Un ruolo particolare in tale narrazione è svolto dalla scenografia fantastico-realistica e dai luoghi che accompagnano le fasi del percorso e della metamorfosi del protagonista. Ad ogni scena, ad ogni passo Polifilo incontra un oggetto dotato di significato misterioso : tra gli animali, o le immagini di essi, si trovano un cavallo, un elefante, un drago, tra elementi architettonici : porte, logge, colonnati ; ogni oggetto, ogni spazio, ogni personaggio incontrato sono portatori di valori occulti e il loro senso va decifrato e riletto. Il testo è volto a trasmettere le idee che rimandano a correnti filosofiche diverse, a contenuti ermetici, cabalistici e pitagorici ; per intenderne il significato occorre seguire le descrizioni e osservare le silografie strettamente legate alla storia raccontata e rintracciare le incrostazioni linguistiche straniere inserite nel testo volgare che si mescola

---

[2] Jamblico, *De mysteriis Aegyptiorum*, II, 11, 96-97.

[3] M. Ficino, *De christiana religione*, Firenze 1475.

con il latino, il greco e con dei termini vernacolari, ebraici ed arabi ; vi appare persino la scrittura geroglifica egiziana. L'accenno ai segni geroglifici e ai termini arabi presenti nella narrazione di Polifilo costituisce il primo punto che ci incoraggia a parlare dell'*Hypnerotomachia* in quanto testimone della complementarità di pensiero occidentale e orientale.

La tradizione culturale e scientifica dell'Oriente, tramandata dagli *auctores* latini antichi e medievali vi si proietta in un umanistico racconto delle visioni che evocano il passato e il presente fusi in una cultura unica, visioni che si rileggono alla luce della coscienza. I richiami e le allusioni al mondo arabo attingono da ricche fonti del sapere e dell'arte e svelano diversi aspetti letterari, filosofici e culturali. Tra le presenze orientali ivi raccolte si notano le epigrafi arabe inserite nel testo o presentate in silografie. Una traccia araba è quindi costituita da segni che, come segnalato, sono una specie di chiave interpretativa dei contenuti e dei messaggi nascosti nell'ipertesto.

Le iscrizioni arabe che cita il testo di Polifilo sono tre : la prima è riportata sul foglio [b ii verso], la seconda sul foglio [b vii recto], e la terza sul foglio [h viii recto]. La prima delle epigrafi non è illustrata, le altre due sono accompagnate dalle rispettive silografie. Le iscrizioni silografate hanno un'estrema importanza non tanto per lo stesso libro, ma per la storia della lingua araba, in quanto costituiscono il primo testo arabo pubblicato a stampa nel mondo[4]. Il libro non cita epigrafi arabe a sé stanti, tutte si presentano accompagnate da un'altra lingua. Per questo pare significativa la scelta delle lingue delle iscrizioni che sono citate in latino, in greco e in arabo la prima ; in greco e in arabo la seconda, e in greco, latino, ebreo ed arabo la terza.

La prima iscrizione [b ii verso] è menzionata quando si narra che Polifilo, preso dal sonno, si trova in una valle, chiusa da un edificio a forma di piramide con un obelisco sopra. La costruzione

---

4 Cf. M.A. Piemontese, *Le iscrizioni arabe nella Poliphili Hypnerotomachia*, [in :] *Islam and the Italian Renaissance*, ed. Ch. Burnett, A. Contadini, London 1999, p. 207.

unisce i due simboli della cultura orientale : l'obelisco e la piramide e il fatto di decorare tale simbolica struttura architettonica di scritte in diverse lingue, messe l'una accanto all'altra, indica il legame tra culture diverse, ma accomunate dall'arte, dal pensiero e dalla scrittura.

Seguendo le tracce arabe nel testo ci troviamo di fronte alla costruzione che è testimone dell'antica cultura egizia. L'obelisco, insieme con le piramidi, non ha eguali in ambito occidentale ; è un tipo di *simulacra Aegipti* : istoriato da geroglifici è trasmettitore dei segni ieratici, della scrittura dei sacerdoti, alla quale deve essere consegnata l'antica sapienza[5]. La funzione dell'obelisco polifilesco non è tuttavia religiosa : l'oggetto, attraverso segni antichi, nella lingua del passato e del presente esprime dei concetti universali ed è una tappa iniziatica nel percorso che aspetta chi vuole scoprire e determinare il proprio posto nell'Universo. Nell'*Hypnerotomachia* l'obelisco e la piramide si uniscono in una struttura singola e diventano un oggetto unico, simbolo dell'unione dei significati che ognuna di dette costruzioni porta. Tale complesso e strano edificio rappresenta la somma del sapere e dell'arte di un paese antichissimo, considerato culla della conoscenza e terra di sapienti.

Della prima epigrafe incisa sull'obelisco non si ha nel testo una citazione esplicita e diretta, sappiamo tuttavia che alla base della costruzione raffigurata è impiombata una targa di bronzo che dice : „Sotto poscia della prona piana `del Obelisco, una tabella aenea era implumbata resupina, cum antiqua scriptura de notule nostrate, de Graece et Arabe, per le quale pienamente io compresi, al summo Sole quello dedicato." [b viii recto]. L'obelisco che incontra Polifilo è quindi dedicato al Sole, similmente agli obelischi reali che simboleggiavano il dio del sole Ra che si diceva fosse un raggio di sole pietrificato dell'*aten*, il disco solare[6].

---

[5] Cf. P. Castelli, *I geroglifici e il mito dell'Egitto nel Rinascimento*, Firenze 1979, p. 8.

[6] Qui da notare la tradizione pliniana che parla di „obeliscos vocantes Solis sacratos. Radiorum eius argumentum in effigie est". Plinio, 36, 64. Cf. *Hypnerotomachia Poliphili*, vol. 2, p. 537.

Le altre due epigrafi arabe sono riportate in contesti testuali diversi, anche se la prima di esse [b vii recto] rimane nell'ambito della stessa struttura figurativa dell'obelisco. Come menzionato, questi tracciati arabi sono illustrati in silografie : l'epigrafe [b vii recto] si trova incisa sulla figura dell'elefante, sulla fronte dell'animale che fa parte della struttura piramidale, dove è posta una lamina con il testo bilingue, in greco e in arabo. Le parole ivi incise, se rilette dal greco, significano : „fatica e operosità", e se rilette dall'arabo, significano : „fatica e conoscenza" ossia „fatica e sapere". L'iscrizione non è citata nello stesso testo del libro, che riporta soltanto il senso dell'epigrafe : le medesime parole si leggono direttamente solo quando si osserva la silografia [fig. 1] che illustra il testo[7].

[fig. 1] *Hypnerotomachia Poliphili*, b vii recto

7 Le illustrazioni riportate provengono dall'edizione dell'*Hypnerotomachia* del 1499 che si conserva a Venezia nella Nuova Manica Lunga, Fondazione Cini, FOAN TES 171.

Qui le lettere arabe sono disegnate da qualcuno che, con ogni probabilità, non conosceva la lingua e aveva soltanto copiato i caratteri : „ta'ab wa-ma'rifa" (si osservino in particolare le vocali lunghe del primo termine, scritto con errori di ortografia)[8]. Tuttavia i caratteri grafici sono chiari e ben leggibili : con virtuosismo vi si espone la calligrafia che è l'arte islamica per eccellenza. La scelta dei due idiomi e l'accostamento fra greco e arabo indica la complementarità del sapere scientifico e filosofico comunicato attraverso le rispettive lingue e culture[9]. Si tratta di un possibile parallelismo tra pensiero sapienziale occidentale e orientale originale, espresso attraverso l'idea umanistica di conciliazione delle filosofie e delle visioni del mondo contrastanti, ma integrabili, se inserite in un contesto nuovo che non sia riletto ed interpretato secondo rigide norme dell'uno o dell'altro sistema filosofico-culturale. Il senso italiano corrisponde al significato greco, ma non è corrispettivo all'arabo che si legge come „fatica e conoscenza" o „opera e conosci". Tuttavia, in entrambe le versioni dette parole indicano la stessa connessione *virtus-labor* e possono essere intese come una variante del motto benedettino *ora et labora* e della Dantesca idea di „virtude e conoscenza"[10]. Per assicurarsi del significato del motto Piliphilo deve aspettare fino al chiarimento da parte della ninfa Logistica, guida che segue le regole della ragione, compendio del sapere cosmico ed universale [hvi verso]. Così nel motto si indica un richiamo morale alla virtù della fatica o dell'operosità che, contrapposta al vizio dell'ozio, conduce l'uomo alle più nobili mete[11]. Il concetto è ampliato dallo stesso Polifilo che così lo intende : „il sofrire più delle fiate è causa di nobilissimi effecti" [rv verso]. Un chiarimento successivo si ha nella seconda parte del libro con il riferimento all'antica virtù ovidiana[12] che „consiste nel saper

---

8 Le osservazioni sulla terminologia araba sono state consultate con Elżbieta Górska, arabista e professore dell'Università Jagellonica.

9 Cf. A. Piemontese, *op. cit.*, p. 207.

10 *Ibidem*, p. 208.

11 Per approfondire si veda *Hypnerotomachia Poliphili*, vol. 2, p. 596 e seg.

12 *Nulla, nisi ardua, virtus*, Ov., *Ars. Am.*, 2, 537.

sopravvivere alle fatiche più ardue e crudeli, alle avverse sciagure, alle prove più ingrate e, con ragionevole speranza, pronta e onesta moderazione, porre un freno e mitigare il disordine dell'anima" [Dv recto e Dv verso].

L'ultima menzione nell'*Hypnerotomachia* sul significato della epigrafe greco-araba allude al suo carattere etico-agonistico, quando Polifilo dichiara la forza della virtù d'animo che lo trattenga dalla morte per la bellezza di Polia :

> Sacra Signora, se Polia, [...] la cui inaudita bellezza facilmente corromperebbe anche gli spiriti celesti, avesse attratto la mia ardente passione senza che io faticassi, mi consumassi nelle amarezze del cuore e rischiassi di perdere l'amabile vita, ebbene, per Giove immortale, senza fare quella parte avrei potuto anche abbandonarla facilmente[13].

La terza e ultima epigrafe contenente parole arabe è presente nel foglio [h viii recto]. Il protagonista, proseguendo nel suo itinerario dell'anima, per elevarsi alla libertà dell'intelletto e conoscere le verità immutabili arriva ad un „bellissimo fiume" attraversato da un superbo ponte di pietra a tre arcate, le cui estremità finivano su saldissimi sostegni alle rive e pilastri. Sopra l'arcata mediana si trovano geroglifici scolpiti in rilievo che Polifilo non capisce, ma che, come spiega Logistilla che continua ad accompagnare il protagonista : „fanno proprio a proposito di chi è sulla via delle tre porte e perciò sono opportunatamente collocati ad ammonimento di chi passa"[14]. Passato il ponte, Polifilo giunge ad un luogo impervio e inaccessibile, sormontato da una montagna „corrosa e scabra, piena di crepacci" nella quale erano scolpite tre porte con sopra tre epigrafi „di charactere Ionico, Romano, Hebraeo, et Arabo"[15]. La scena è così illustrata :

13 *Hypnerotomachia Poliphili*, vol. 2, p. 448.

14 *Ibidem*, p. 153.

15 *Ibidem*.

[fig. 2] *Hypnerotomachia Poliphili*, h vi verso

Le lingue ivi riportate sono le tre lingue sacre per eccellenza : l'ebraico, il greco e il latino[16], cui se ne aggiunge una quarta : l'arabo. Il motivo di tale aggiunta, sarebbe forse più profondo di un semplice „soddisfare e completare quella sorta di enciclopedia linguistica che è il romanzo, dove non mancano geroglifici, neologismi e lo stesso volgare"[17]. L'iscrizione della porta collocata a destra dice : *Cosmodoxia* (Gloria del Mondo), quella a sinistra : *Theodoxia* (Gloria di Dio) e la porta centrale è nominata : *Erototrophos* (Madre d'Amore). Le parole dell'epigrafe delle singole iscrizioni sono disposte in righe e si vedono l'una sopra l'altra in modo tale che alla base sta il testo latino, il testo greco è sopra, l'ebraico sopra il greco e il testo arabo sta sopra tutti gli altri. Si formano così due gruppi di

[16] Isidoro, *Etymologiae*, 9, 1, 5.

[17] *Hypnerotomachia Poliphili*, vol. 2, p. 769.

testi : i primi due sono testi occidentali, gli altri due – orientali, ma tutti i quattro nel loro insieme sono l'immagine di una cultura universale che, pur divisa, si rilegge come unica. I termini incisi in arabo sono situati in alto e dominano per la grandezza dei caratteri così che „la versione araba è espansa sulla vasta parete della montagna" ; il fatto non deve significare tuttavia il „rango linguistico predominante dell'arabo, definito *nec est sub celo ydioma maius illo* per l'impareggiabile estensione coeva del suo uso in paesi di Asia, Africa ed Europa"[18]. La disposizione degli spazi grafici sulla silografia potrebbe essere dovuta al carattere della stessa illustrazione : si tratterebbe di una conformità del disegno delle lettere arabe al disegno dei crepacci della montagna su cui sono incise, si noti anche che la calligrafia araba necessita più spazio rispetto agli altri tracciati.

Nella lettura delle frasi si osserva una inversa distribuzione delle righe arabe delle epigrafi, mentre i termini latini, greci ed ebraici rimangono allineati[19]. Le frasi arabe sono collocate nel seguente modo : a destra, in linea con *Cosmodoxia* e *Gloria Mundi*, si legge „maḥd Allāh", nel significato „gloria di Dio", a sinistra, in linea con *Theodoxia* e *Gloria Dei* si legge : „maḥd ad-dunyā" (Gloria del Mondo), in mezzo, in linea con *Erototrophos* e *Mater Amoris* si legge : „umm al-maḥabba" (Madre dell'Amore"). La contraddizione dei termini arabi con quelli greci e latini, può avere la seguente spiegazione : l'arabo è disposto in linea a partire da destra e diretto verso sinistra così come il greco e il latino sono disposti da sinistra verso destra. Si tratterebbe dunque di una corrispondenza lineare delle espressioni e non di una corrispondenza verticale dei termini, nel senso della disposizione dell'uno sopra l'altro. L'accostamento di diverse lingue rappresenta un consenso universale fra le dottrine di diverse tradizioni, cristiana e musulmana : qui si arriva ad un'espressione dell'identità, della stessa condizione umana in lontani ambiti spaziali e temporali, dove l'importanza della giusta scelta è decisiva per la sorte universale dell'uomo.

---

18 Cf. A. Piemontese, *op. cit.*, p. 210-211.

19 Cf. L. Donati, *Studio esegetico sul Polifilo*, „La bibliofilia" 1950, 52, p. 143.

Il luogo in cui sono incisi i nomi è un *locus horridus* che prende la funzione del bivio pitagorico espresso dalla lettera Y : rappresenta il transito, battaglia psichica e iniziatoria che l'uomo deve necessariamente passare per arrivare alla vita beata. Il concetto si basa sul mito pagano e cristiano e fa parte dell'universale *topos* antico e medievale che è in comune fra la cultura occidentale e orientale : le emblematiche porte appaiono in un contesto etico-filosofico. Per tradizione, la parte destra del bivio è eticamente superiore, ma orrida e difficoltosa, e invita ad una vita di virtù che porta alla beatitudine, la strada sinistra *facilior*, conduce invece a una vita viziosa ed è simbolo della caducità del mondo. Qui si dovrebbe avere la scelta tra il piacere e la virtù della tradizione che allude al mito di Ercole al bivio, il protagonista invece passa la soglia della prima e della seconda porta estrema e, sperimentato l'arduo percorso, ritorna per varcare la soglia della terza porta che sta in mezzo. La tripartizione descritta nell'*Hypnerotomachia* ricalca la speculazione classica di origine peripatetica, tuttavia l'episodio delle tre porte si allontana dalla tradizione pitagorica. La scelta giusta non è conforme a quella ovvia, tradizionale, ma è rappresentata, come spiega Thelemia, guida della volontà e del desiderio, dalla „porta mediana" [i ii recto]. Invece del suggerimento per l'una o per l'altra via, come ovvio nel *topos*, viene quindi mostrata la terza via : quella mediana, la stessa che nel bivio pitagorico apparteneva alla strada *facilior*. Alle vie estreme della gloria terrena e quella divina si preferisce quindi la chiara scelta del trionfo dell'Amore venereo : la via giusta porta a v*oluptas* rappresentato da Venere[20]. Qui, l'esito del percorso universale umano non è univoco : con esso non viene confermato il valore dell'aristotelica *mediocritas*, via di mezzo per evitare gli estremi, ma si indica l'importanza della Erototrophos, epiteto di Mater Amoris che non è Mater Dei, ma Venere.

L'idea della complementarità di mondi e culture lontani è riconducibile alla ricerca della lingua universale dell'umanità, oggetto di studio degli intellettuali del XV secolo, tesi a conciliare le tradizioni

---

[20] Cf. *Hypnerotomachia Poliphili*, vol. 2, pp. 765 e 775.

antica, biblica ed orientale. Le tre porte Polifilesche sono i tre accessi al sapere universale e, se si penetra nei loro tesori celati e profondi, si svela il cielo delle verità, verità uniche e comuni a tutti. Le esperienze realizzate in *somnium* filosofico parlano del destino dell'uomo, proiettato nel processo della coscienza e inteso come ascesa dell'intelletto, solo che nell'*Hypnerotomachia Poliphili* la verità e la divinità da contemplare si interpretano nella Natura, nell'Arte, nell'Intelletto e nella Voluptas : categorie della cultura umanistica e rinascimentale.

Summary

The certainty that values common to different civilizations, nations and religions exist stands at the base of the syncretic literary and philosophical streams of Italy of the 15th century. The concepts contained in the *Hypnerotomachia* match with the vision of culture where two different worlds coexist and complete each other : the world of antiquity and the contemporary world, the Christian and the non-Christian world. The certainty that the Christian world may not exist without the Greek culture, the world of Latin-based culture without the Hebrew and the Arab culture, is related to the search for the universal language of humanity which is the subject of the era's philosophers' and writers' research. Their goal was to merge the ancient, biblical and oriental tradition. This article focuses on the question of the Arab inscriptions present in the *Hypnerotomachia* ; they are also the first printed text in Arabic.

Barbara Kornacka
Université Adam Mickiewicz de Poznań

DUE MONDI TERRENI IN UN PARADISO
ALCUNE RIFLESSIONI SU *FIAMME IN PARADISO* DI SMARI ABDEL MALEK

Il presente articolo si propone due scopi : in primo luogo, gettare uno spiraglio di luce su una forma contemporanea di contatto tra l'Oriente e l'Occidente e, più precisamente, su un fenomeno che si evolve nell'ambito della letteratura italiana degli ultimi 20 anni, indicato più spesso con il termine di „letteratura italiana della migrazione" e al cui interno trovano la loro giusta collocazione non pochi autori arabi. In secondo luogo, si tratterà di analizzare l'opera menzionata nel titolo, *Fiamme in paradiso* di Smari Abdel Malek (il Saggiatore, Milano 2000), la quale fa parte di questo filone letterario che costituisce una piattaforma d'incontro e contaminazione di culture. Nell'analisi del romanzo si punterà sulla duplice dimensione di scambi e influenze che intercorrono tra le due civiltà : da una parte, attraverso il libro di per sé e il suo aspetto formale, e dall'altra attraverso il suo contenuto, che ritrae la difficile natura delle relazioni tra il mondo occidentale e il mondo orientale.

Letteratura della migrazione in Italia

La data di nascita della letteratura della migrazione è il 1990, quando vengono pubblicati i primi libri scritti ciascuno a quattro mani da un autore immigrato e da uno italiano. Si tratta della prima fase della letteratura migrante, sorta come frutto di una maturata consapevolezza che l'Italia è diventata un paese d'immigrazione, e come bisogno degli intellettuali immigrati di farsi ascoltare. I primi testi di questi autori si presentavano principalmente come espressioni autobiografiche o testimonianze[1].

Verso la metà degli anni novanta si nota che gli autori immigrati cominciano ad emanciparsi e a voler diventare scrittori a tutti gli effetti : molti autori iniziano a scrivere direttamente in italiano. Così si passa alla seconda fase della letteratura della migrazione, quando nascono testi più maturi e più autonomi[2].

Dopo la metà degli anni novanta, si vedono intensificarsi diverse iniziative volte a scoprire ed esaminare, in termini propriamente letterari, la letteratura prodotta dagli autori immigrati. Nasce interesse da parte delle case editrici, vengono fondate riviste come „Le mani tese" o le associazioni come „La Tenda" o „Eks&tra". Sono di notevole importanza le iniziative del presidente dell'associazione „La Tenda", Raffaele Taddeo[3]. Cresce anche l'impegno all'interno del mondo universitario, dove la letteratura della migrazione viene inserita nel quadro di ricerche su letterature comparate, soprattutto grazie all'attività di Armando Gnisci[4].

---

1 F. Argento, *La letteratura della migrazione in Italia*, [in :] *Atti convegno „Culture della migrazione e scrittori migranti"*, [on-line], http ://digilander.libero.it/vocidalsilenzio/Letteratura dell'immigrazione.htm.

2 R. Taddeo, *Letteratura nascente ; letteratura italiana della migrazione. Autori e poetiche*, Milano 2006, p. 7.

3 *Ibidem* ; precedentemente il saggio : *Narrativa nascente*, [in :] *La lingua strappata. Testimonianze e letteratura migranti*, a cura di A. Ibba, R. Taddeo, Milano 1999, pp. 19-28.

4 A. Gnisci, *Il rovescio del gioco*, Roma 1992 ; idem, *Quattro conti*, Roma 1998 ; idem, *La letteratura italiana della migrazione*, Roma 1998 ; idem, *Creoli meticci migranti clandestini e ribelli*, Roma 1998 ; idem, *Poetiche dei mondi*, Roma 1999 ; idem, *Introduzione alla Letteratura comparata*, Milano 1999 ; idem, *Una storia diversa*, Roma 2001 ; idem, *Creolizzare l'Europa*, Roma 2003 ; idem, *Nuovo Planetario Italiano*, Troina 2006 ; idem, *Decolonizzare l'Italia*, Roma 2007.

All'inizio del nuovo millennio ritorna l'interesse della grande editoria[5], grazie al quale si recuperano opere di scrittori che hanno avuto un discreto successo editoriale al momento della pubblicazione e, soprattutto, se ne pubblicano di nuove, sempre più mature dal punto di vista letterario. Gli scrittori migranti cercano oramai di abbandonare definitivamente gli schemi della letteratura di testimonianza, di cimentarsi con vari stili e generi, di sperimentare, evolvendo verso un livello superiore di qualità letteraria. Ricorrendo all'espressione di Armando Gnisci, gli scrittori della migrazione, al pari di quelli italiani, formano oramai un „nuovo planetario letterario"[6], imponendo, di conseguenza, la necessità di analizzare la letteratura della migrazione in relazione con la tradizione letteraria italiana. La letteratura italiana contemporanea si sta aprendo al processo di contaminazione e sprovincializzazione, che prevede la decostruzione dei confini di appartenenza nazionale e linguistica e una nuova dimensione di letteratura interculturale e transnazionale.

All'interno di questo filone si fanno conoscere anche numerosi scrittori arabi migranti che scrivono in italiano, offrendo al lettore la propria percezione dello scontro/incontro di civiltà che stanno vivendo. Il romanzo *Fiamme in paradiso* di Abdek Malek Smari, è solo un piccolo campione del contributo arabo alla letteratura della migrazione e l'analisi che se ne propone potrà necessariamente abbracciare solo una piccola parte delle problematiche che sorgono all'interno della letteratura in questione.

Fiamme in paradiso

Il romanzo racconta la storia di Karim, un giovane ragazzo algerino, molto studioso e intellettuale, che si decide a emigrare in parte per continuare gli studi, una volta raccolti fondi sufficienti, e in parte per

---

5 La Fiera del libro di Torino 2000 dedica due eventi alla letteratura della migrazione.

6 A. Gnisci, *Nuovo Planetario...*

fuggire dalla critica situazione politica in Algeria all'inizio degli anni novanta. Pieno di speranze e paure, giunge in Italia, che nella sua coscienza funge da paradiso di bellezze, civiltà e cultura, il paradiso che egli è pronto a difendere in ogni momento a spada tratta. Presto, però, le sue proiezioni si scontrano, da un lato, con la difficile realtà di un clandestino : fame, freddo, mancanza di un tetto, mancanza di lavoro, persecuzioni della polizia, diffidenza e, dall'altro, con le opinioni di altri arabi emigrati, lungi dall'essere favorevoli nei confronti degli italiani. Karim si deve, inoltre, misurare con i pregiudizi insormontabili da entrambe le parti. Nonostante le sofferenze, Karim è determinato a rimanere nel suo „sognato paradiso", pur di non tornare nel suo paese, dove non lo aspetta alcun futuro. Una tragica ironia della sorte vuole che neppure l'Italia gli offra un futuro : un giorno muore come vittima casuale di un attentato terroristico in via Palestro a Milano.

Nel romanzo dello scrittore algerino *Fiamme in paradiso*, in una duplice dimensione di cultura e di vita si avvicinano l'uno all'altro due mondi : il mondo orientale e il mondo occidentale. Mentre a livello di cultura è un incontro, in quanto esso prevede almeno una parziale apertura all'altro e un invito a integrarsi, a livello di vita abbiamo a che fare con uno scontro, in quanto ambedue i mondi rimangono chiusi e si urtano.

Dimensione di Cultura – un incontro

La cultura, dunque, è una dimensione che raccoglie diversi elementi del felice incontro tra l'Oriente e l'Occidente. Lo percepiamo dal primo momento, essendo il romanzo di Malek Smari frutto di una letteratura italiana contaminata con la lingua e la mentalità araba, di una letteratura che nasce dalla necessità degli immigrati arabi di avere voce nella nuova realtà occidentale. Il libro è pubblicato in Italia e scritto in italiano, ma da un autore arabo, l'azione si svolge in Italia, ma i protagonisti sono arabi e, dunque, pensano e vedono la realtà con occhi „orientali". È dunque un prodotto delle culture di entrambi i mondi.

Se si considera ora la forma del romanzo, in particolare il suo genere e l'aspetto linguistico, si notano alcune convergenze o convivenze assai armoniose di elementi arabi e italiani. Dal punto di vista della trama e della figura del protagonista, il romanzo potrebbe essere definito come un romanzo di formazione, *Bildungsroman* : un giovane ragazzo abbandona la casa natale, compie un lungo viaggio all'estero, dove si trova ad affrontare difficili esperienze, a confrontarsi con mentalità diverse, a imparare a sopravvivere, e, oltretutto, a ridimensionare le sue immaginazioni, messe a dura prova dalla realtà concreta, subendo, non poche volte, una traumatica disillusione. In poche parole : deve crescere. Questo genere romanzesco è molto diffuso in Italia tra la schiera dei cosiddetti „giovani narratori" degli anni ottanta[7], come Pier Vittorio Tondelli, Aldo Busi o Andrea De Carlo[8], coetanei, dunque, dello scrittore algerino, il quale però ci aggiunge a una sua specificità e originalità orientali. I problemi del giovane ragazzo arabo non sembrano diversi dai problemi di altri giovani protagonisti dei romanzi di genere : trovare lavoro, trovare una sistemazione, formare la propria identità. In parte, però, sono molto diversi : Karim, pur essendo consapevole dei suoi valori umani e intellettuali, deve portare il fardello di un extracomunitario clandestino, ovvero, di una persona condannata a continue fughe e umiliazioni.

La lingua del romanzo è l'italiano, tuttavia, come spesso accade nel caso della letteratura della migrazione, è un italiano contaminato : molte volte interrotto dalle parole provenienti dalla lingua madre dello scrittore[9], qui dall'arabo, le quali non solo danno una specie di

---

7 R. Carnero, *Under 40. Scrittori giovani nella letteratura contemporanea*, Milano 2010, pp. 57-77 ; S. Tani, *Il romanzo di ritorno. Dal romanzo medio degli anni sessanta alla giovane narrativa degli anni ottanta*, Milano 1990, pp. 197-248.

8 Si pensi, per esempio, a romanzi quali : *Seminario sulla gioventù, Sodomie in corpo 11* di A. Busi, *Altri libertini* di P.V. Tondelli, *Treno di panna* e *Uccelli da gabbia e da voliera* di A. de Carlo.

9 La contaminazione linguistica è una caratteristica della letteratura della migrazione. *Cf.* S. Sabelli, *Introduzione alla letteratura italiana della migrazione*, [in :] *Alfabetica : la parola come luogo di incontro*, a cura di T. Bugari, Jesi 2007, p. 21.

patina orientale, ma arricchiscono il racconto di concetti che vi si nascondono. I primi due termini che incontriamo sono la *ghorba*, spiegata come „paese degli stranieri e della nostalgia" (p. 9), espressione che ritorna nel testo numerose volte, e *Bled erruma*, „la terra dei romani" (p. 10), parole che in arabo significano l'Italia. Karim abbandona l'Algeria, tra l'altro, perché non vuole diventare *haitist*, cioè un ragazzo che „passa il suo tempo a reggere *hait*, il muro, con il sedere" : non vuole, quindi, diventare un disoccupato. Invece, nella sua mitologia giovanile, il modello morale più alto, l'ideale è *Mujahid*, che significa „« chi fa lo sforzo », chi si sforza di compiere la volontà di Dio [...]. Uno che offre la sua vita per aiutare un fratello, senza tono d'autorità o da predicatore" (p. 111). Nella *ghorba*, è meglio evitare *el Ghabbara*, così da non farsi prendere per *el Ghabbara*, ovvero, per uno spacciatore di droga. Incontriamo, inoltre, numerosi termini legati alla religione : *Iscia*, *Dohr*, *Kayim, halal, Allahu akbar, el Jumu'a* oppure *Jihad*. Benché con una decisa prevalenza dell'italiano, le due lingue si intrecciano nello stesso testo, creando un linguaggio letterario molto originale e ricco, a conferma di quanto scritto da Filippo La Porta, in particolare che la lingua italiana „ritroverà senso e sapore se la « raccoglierà » qualcun altro, raccontando esperienze nuove, mescolandola ad altri suoni, esponendola ai molti contagi dell'ambiente"[10].

Infine, il libro di Smari Abdel Malek, attraverso le ricche conoscenze del protagonista mette a disposizione del lettore i vari elementi della tradizione letteraria araba : dai versi delle *Mille e una notte*, ad alcuni cenni dedicati a Mahmud Timor, uno dei maggiori scrittori della rinascita della letteratura araba negli anni trenta. Karim, da giovane intellettuale interessato soprattutto alla letteratura occidentale, dopo anni in cui aveva rinnegato la letteratura araba moderna ricomincia ad apprezzarla e a riscoprirla : „E la vivo un poco come un nuovo amore e come un'espiazione. [...] Ho finalmente trovato la chiave per gli armadi della letteratura araba" (pp. 59-60). Inoltre, in alcuni momenti della sua difficile *ghorba*, Karim, per farsi coraggio

[10] F. La Porta, *Meno letteratura, per favore !*, Torino 2010, p. 42.

o per trovare una qualche consolazione, fa ricorso ai distici degli autori tradizionali, permettendo anche a chi legge questi versi in italiano di riflettere sulle antiche saggezze arabe.

Dimensione di Vita – uno scontro

Ora, un approccio al contenuto del romanzo ci indirizza verso la seconda dimensione delle relazioni tra l'Oriente e l'Occidente : la vita, dove gli elementi provenienti da entrambe le civiltà non riescono più a coesistere armoniosamente. Il loro reciproco avvicinarsi è uno scontro tra i due mondi. Si osserva questo fenomeno sia a livello dello spazio descritto nel romanzo, sia nella costruzione dei protagonisti.

L'azione del libro si svolge quasi interamente a Milano, decritta come una metropoli moderna, identificata ulteriormente con i nomi di alcune arterie e con alcuni posti di interesse storico. In questo spazio concreto si possono osservare tre tipi di aree, individuate secondo la frequentazione e la presenza dei protagonisti.

Il primo è lo spazio riservato unicamente ai musulmani. Si tratta dell'Istituto Islamico in viale Jenner, in realtà un capannone che in precedenza è stato un garage e in seguito una discoteca. Adesso vi si trova una moschea e „un ristorante *halal*", cioè che serve cibi autorizzati dall'Islam. È quindi un luogo di preghiere e di raduno, frequentato solo dagli immigrati arabi che ci possono mangiare, discutere e stare insieme all'ora di preghiera. Per quanto sia modesto, rozzo e profumato di benzina, ha tutto per essere una moschea e soprattutto garantisce agli arabi immigrati a Milano un piccolo territorio loro, dove hanno la possibilità di praticare indisturbati la loro religione, ma anche di aiutarsi a vicenda a mantenere e confermare la propria identità e la propria diversità.

Il secondo tipo sono gli spazi di confine, frequentati soprattutto dagli immigrati arabi, dove però essi possono incontrare immigrati da altre parti del mondo e dove entrano in un qualche contatto, anche se molto limitato e perlopiù inopportuno, con gli italiani. Si pensi a posti quali l'Opera pia Sammaritani, un dormitorio che offre un letto per quindici giorni agli immigrati appena arrivati, poi a diverse agenzie di collocamento o cooperative, dove gli immigrati possono lavorare saltuariamente e incontrare un gestore, un datore di lavoro o un lavoratore italiani, con cui, però, i loro contatti finiscono una volta fuori dal posto di lavoro. Si pensi anche ai mezzi di trasporto pubblico, o ai posti, dove gli immigrati arabi si rifugiano per passare la notte, ovvero vecchie macchine abbandonate o vagoni dei treni, dove però un eventuale incontro con gli italiani è davvero sgradevole. Che sia un semplice controllore sull'autobus o la polizia, perlopiù aggressiva e brutale, che arriva di notte per buttare fuori Karim e i suoi amici dalle loro macchine-case, si tratta sempre delle forze dell'ordine pubblico. Sono dunque spazi, dove il reciproco contatto tra gli immigrati arabi e gli italiani è segnato o dall'indifferenza o dal rapporto di forza.

Il terzo sono i luoghi urbani accessibili al vasto pubblico, d'interesse artistico o culturale, come il Duomo, il Cimitero Monumentale o come la scuola di lingua italiana per stranieri. Questi posti, così importanti per la civiltà italiana e aperti non vengono però frequentati che da Karim, l'unico a voler conoscere la lingua e il patrimonio storico del paese che lo ospita. Gli altri arabi raccolti soprattutto attorno al centro islamico di Viale Jenner o sdegnano o non manifestano alcun interesse per questi luoghi.

Da questa tipologia degli spazi si deduce una struttura assai netta dei protagonisti che sono, in primo luogo, gli arabi immigrati in Italia, frequentatori dell'Istituto Islamico, in secondo luogo, gli italiani, che però occupano solo posti di secondo e terzo piano e, pertanto, ruoli abbastanza episodici nel romanzo e, in ultimo luogo, il protagonista principale Karim.

Ai primi appartiene una voce molto rilevante nel libro. Sono un gruppo internazionale, composto di soli maschi algerini, marocchini, egiziani e altri ancora, che si incontrano regolarmente presso l'Istituto Islamico. Sono ritratti, in parte dal narratore, in parte da Karim, come persone molto chiuse nella loro diversità nazionale e religiosa, molto ferme nelle loro posizioni, attaccate alle loro antiche tradizioni e usanze dettate dall'Islam e seguite alla lettera, senza un minimo margine di tolleranza, né un minimo senso di autocritica, senza neppure una minima riflessione. Leggiamo : „Chiusura e ostilità verso gli altri, tutti gli altri. Ripetizione, infinità di gesti ritualizzati e parole che davano loro la garanzia assoluta di essere nel bene, di essere *il* bene." (p. 107). Quando Karim si allontana da questi „poliziotti della coscienza", conosce nella scuola di lingua diversi egiziani, che trova „tolleranti, bravi, allegri e socievoli" (p. 120). È però l'unico cenno sugli arabi meno ortodossi, e rimasto senza alcun seguito.

Gli italiani, invece, anche se non sono pochi, costituiscono personaggi secondari e privi di autonomia letteraria. Vi sono aggressivi e cinici poliziotti, diversi datori di lavoro, perlopiù anonimi, un'infermiera che soccorre Karim quando questi si ammala gravemente, alcuni passanti e Lory, la donna con il cane, con la quale Karim fa conoscenza in un parco. Quello degli italiani è un mondo molto distante, isolato e anche muto. Sembra di non avere una sua voce con cui esprimersi e presentarsi al lettore. Infatti, gli italiani, li conosciamo solamente attraverso le opinioni molto contrastanti, degli arabi da una parte e di Karim dall'altra. Mentre i primi li trovano razzisti, disonesti, sporchi, cinici e ignoranti, Karim, nonostante le umiliazioni subite, cerca sempre di difendere il suo sognato paradiso, presentando molti argomenti o attenuanti di natura storica, politica o culturale.

Karim è, appunto, l'elemento mancante di un ipotetico e impossibile incontro dei due mondi anche a livello di vita. È un arabo però, per molti versi, contrastante con gli altri presentati nel libro. Karim è pacifico, aperto e tollerante. Sono i valori che cerca nel mondo. „Era anche partito per non dover essere obbligato a scegliere in un conflitto di cui non si sentiva parte, non erano quelle le sue scelte, né la dittatura militare [...], né il sogno del riscatto islamico imposto con la violenza" (p. 68). È pronto a capire le differenze altrui, cercando con un vero senso ecumenico i punti di contatto tra la sua formazione e quella dei cristiani. Karim è un modello di questa integrazione degli immigrati che si raggiunge senza la perdita della propria identità, e che potrebbe avvicinare le due civiltà anche nella dimensione di vita. Raffigura una versione ideale della coesistenza dei due mondi, un insieme di atteggiamenti e caratteristiche da attuare da parte sia degli arabi sia degli italiani. Un modello che, purtroppo, è condannato al fallimento, così come falliscono tutte le speranze di Karim in una morte casuale e priva di senso.

Filippo la Porta dice che gli scrittori migranti esprimono in modo esemplare un destino universale nei nostri tempi, la comune condizione di „pellegrini", disorientati, sradicati da una tradizione, ma impegnati a immaginare nuove comunità possibili, la condizione con cui si confronta la migliore letteratura contemporanea[11]. In questa, sembra inserirsi anche il romanzo di Smari, confermando la sorte degli esseri umani oggi, delle civiltà che s'incontrano e si scontrano nello stesso tempo, non sapendo come proseguire, gli uni accanto agli altri, l'itinerario del pellegrinaggio verso il nuovo.

Summary

The aim of article „Two earthly worlds in one paradise. Some reflections on *Fiamme in paradiso* by Smari Abdel Malek" is an analyze of the Arabian writer's novel, representing the so-called Italian migrant literature. The novel is a testimony of the dual nature of the relations between the oriental world and the occidental one. On the level of the culture, represented by the book itself as well as some formal aspects of the novel, we have to do with a meeting, a kind of the point of intersection and a cultural contamination. On the level of the life, expressed by the plot, the described space and the figures of the main characters, we assist to an encounter, a closure and a rejection.

---

11 *Ibidem*, p. 46.

Danuta Künstler-Langner
Université Nicolas Copernic de Toruń

LE SYMBOLISME DE LA LUMIÈRE ET DES TÉNÈBRES DANS LA POÉSIE BAROQUE DE LA POLOGNE ET DE L'EUROPE OCCIDENTALE

La symbolique de la lumière et de l'obscurité dans la poésie baroque polonaise et de l'ouest de l'Europe reflète l'intérêt des auteurs pour les questions de *sacrum* et *profanum*.

Dès la période médiévale, on a montré Dieu dans la sphère de la lumière et dans l'entourage émanant de la lumière des anges éternels. Le Pseudo-Denys l'Aréopagite a vu l'entourage de Dieu comme une sphère de bonté immuable et de lumière (*La Hiérarchie céleste*) avertissant l'homme de l'obscurité de l'espace de satan. La symbolique *lux – tenebrae* caractérise la poésie chrétienne la plus ancienne. Des poètes tels que : Dracontius, Columbus d'Iona, Alcuin, Vital de Saint-Evroul, ont utilisé les images et le thème de la luminosité de la maison de Dieu pour décrire l'éternité, la sagesse de Dieu, la bonté indestructible et le bonheur de l'au-delà. Alfan de Salerne appelle le Christ la lumière, et Bernard de Morlaix présente Sainte Marie comme un guide sur le chemin lumineux du paradis[1].

Façonnée par les auteurs médiévaux, la thématique de la sphère lumineuse, c'est-à-dire bonne mais aussi mauvaise et sombre, est profondément ancrée dans l'imagination des poètes du Moyen Age au

---

[1] Voir la poésie religieuse dans : *Muza łacińska. Antologia poezji wczesnochrześcijańskiej i średniowiecznej*, éd. M. Starowieyski, Wrocław 2007.

XVIIe s. Les poètes baroques se sont référés à la tradition biblique dans le cadre du thème *lux – tenebrae* et ont créé leurs propres notions de la vie bonne ou mauvaise. Par conséquent, dans le champ lexical de la « lumière », nous trouvons des mots tels que « bonté », « sagesse », « vie » et dans le champ de l'« obscurité » – « mal », « péché », « mort ». En raison de la longue et croissante réception de la tradition chrétienne dans la littérature et dans l'art, les symboliques de la lumière et de l'obscurité ont été approfondies, enrichies en nouvelles significations et soumises aux interprétations créatives. La symbolique a marqué une expression artistique signifiante dans le baroque, et dans la poésie, elle est devenue une création similaire aux vitraux des cathédrales, qui illuminent les endroits du séjour humain. Les poètes baroques religieux décrivent la lumière invisible – métaphysique, pénétrant l'âme humaine grâce à Dieu. Il est bon de se rappeler qu'ils sont les héritiers de la pensée de saint Augustin, de saint Thomas, des moines méditant les qualités du Très Haut, des poètes chrétiens du Moyen Âge et des gens vivant selon la lettre de la Bible[2]. Cette lumière de Dieu non visible pour tous et pulsante dans le monde terrestre, où l'obscurité naturelle et la nuit indiquent les limites de la perception, a dû inspirer les artistes dans leur vision des terres éternelles[3].

Depuis des siècles, on a lié l'idée de Dieu à la lumière. Souvent, les noms du Créateur de l'univers dans différentes cultures signifient justement « clarté », « éclat » ou « feu dans le ciel » : *Baga* (perse), *Dadzbog* (slave), *Bhagawan* (hind.), *Amitabha* (budd.), *Theos* (grec). On a aussi sacralisé la lune, qui devait refléter la protection des divinités féminines. « Luna » dans la culture chrétienne signifie la Mère de Dieu. On a souvent présenté Marie avec environnement de lune, et aussi d'étoiles[4].

---

2 Cf. U. Eco, *Sztuka i piękno w Średniowieczu*, trad. M. Kimula, M. Olszewski, Kraków 2006, pp. 77-78.

3 Cf. M. Pastoureau, *Średniowieczna gra symboli*, trad. H. Igalson-Tygielska, Warszawa 2006, p. 128.

4 Voir les illustrations dans : M. Biernacka, T. Dziubecki, H. Graczyk, J.St. Pasierb, *Maryja Matka Chrystusa. Ikonografia nowożytnej sztuki kościelnej w Polsce*, t. 1, Warszawa 1987.

L'auteur du Livre de la Genèse décrit la lumière comme une puissance divine mettant en ordre le chaos cosmique. Des images similaires ont survécu dans la culture chinoise et indienne. Dans le Livre de la Sagesse, on trouve l'image de Dieu – de la Sagesse, c'est-à-dire de la Lumière Éternelle caractéristique des écrits de l'Ancien Testament. Les associations similaires du *sacrum* avec la clarté apparaissent dans les apocryphes de l'Ancien et du Nouveau Testament, dans les écrits de Qumran, dans la littérature chrétienne et les écrits des Pères de l'Église. La luminosité signifie le rapprochement du centre divin, tandis que l'obscurité indique la proximité de satan. Dans l'enseignement de Jésus apparaît le thème de la lumière comme un symbole d'éternité et d'incarnation de la divinité. L'expression « Dieu est lumière » (1 J 1,5) s'est intégrée non seulement dans la théologie chrétienne, mais aussi dans les textes des cercles monastiques et dans la poésie religieuse de l'Europe ancienne. Au Concile de Chalcédoine (451), on a clairement indiqué l'origine du Fils divin. Le Sauveur est « Lumière de la lumière ». On s'est aussi référé à la lumière du Saint Esprit comme une sphère de la beauté infinie de Dieu. La définition de Dieu par saint Jean l'Evangéliste : *Theos foos estin* (Ο Θεός *φως εστί)* comprend la conviction du sens du sacrifice du Dieu-Lumière, où se situe la promesse de la belle et bonne vie[5]. Les apôtres et les théologiens ont mis en valeur la lumière, en approfondissant sa dimension morale, esthétique et religieuse. Le Pseudo-Denys l'Aréopagite, Clément d'Alexandrie, saint Isidore de Séville, saint Thomas d'Aquin et de nombreux autres étaient unis dans leur analyse christologique par la conviction de la possibilité du pardon des péchés à travers l'incarnation humaine et la mission du Messie[6]. Pour cela, la problématique de la lumière de Dieu et de l'obscurité de l'espace de satan touche aux questions du péché, de la souffrance et de la mort, par opposition

---

[5] Cf. K. Klauza, *Teokalia Piękno Boga. Prolegomena do dogmatyki estetycznej*, Lublin 2008, pp. 100-102.

[6] Cf. G. O'Collins, *Chrystologia. Jezus Chrystus w ujęciu biblijnym, historycznym i systematycznym*, trad. K. Franek, K. Chrzanowska, Kraków 2008, pp. 193-195.

à la bonté éternelle et au bonheur préparé dans un au-delà radieux. Il est important de s'intéresser aux idées de saint Bonaventure concernant l'idée de Dieu. Bonaventure pensait que la source de la connaissance est la « lumière ». Le « Père de la Lumière » est cette lumière, qui l'offre à l'être humain. Le théologien a présenté la classification de la lumière. Sa puissance a été associée à des activités pratiques de l'homme, à la connaissance du monde, à la connaissance philosophique interne, et, enfin, à la grâce et la capacité d'étudier les Saintes Écritures[7].

Les poètes de l'Europe ancienne font souvent référence au thème de l'illumination, c'est-à-dire à l'illumination divine. Ils sont alors les héritiers de la tradition prophétique de l'Ancien Testament et aussi de la doctrine chrétienne de la puissance du Saint-Esprit et de la possibilité de l'union avec Dieu dans la prière. Selon la tradition, on a lié le baptême de Jésus au Jourdain avec la flamme du Saint-Esprit. Dans l'*Épître aux Hébreux* (10, 32-33), on a inclus la conviction du rôle de l'illumination dans la vie humaine. Cette illumination intérieure, n'ayant pas beaucoup en commun avec le monde physique, devait montrer à l'homme le chemin vers la maison du Père. Les communautés chrétiennes spirituelles se sont fatiguées à rechercher l'illumination interne, en les incluant dans les pratiques ascétiques et méditatives. La recherche de l'illumination est une essence des pratiques des communautés religieuses de divers cercles culturels. La tradition de la péninsule Ibérique – le mysticisme juif et arabe, qui dans l'Espagne post-mauresque s'est développé, entre autres, dans les ouvrages de la sainte Thérèse d'Avila et de saint Jean de la Croix – eut une grande influence sur la littérature de l'Europe[8].

---

[7] Cf. J. Legowicz, *Historia filozofii średniowiecznej Europy zachodniej*, Warszawa 1980, p. 475.

[8] Je discute plus largement cette question dans : D. Künstler-Langner, *Religijne inspiracje polskiej poezji barokowej. W kręgu siedemnasto- i osiemnastowiecznych przekładów dzieł mistyków hiszpańskich – św. Teresy z Awili i św. Jana od Krzyża*, [dans :] *Barok polski wobec Europy. Sztuka przekładu*, éd. A. Nowicka-Jeżowa, M. Prejs, Warszawa 2005, pp. 258-276.

La mystique sur le territoire de la péninsule Ibérique, aussi bien judaïque qu'arabe, a initié un certain intérêt pour la vie spirituelle de la part des rois catholiques et de leurs successeurs. Au XIe s. de nombreux philosophes arabes et interprètes se déplacent en Espagne. Grâce aux contacts avec les philosophes syriens, ils ont connu la philosophie grecque. Ils étaient intéressés par la voie de l'homme vers l'Absolu. Les philosophes arabes, concentrés sur le Coran, ont aussi interprété Platon ou Aristote. Ibn Masarrah (mort en 931) a popularisé en Espagne le système de l'émanation. Selon lui, l'esprit est né de l'existence primitive et l'existence est une lutte entre la matière (la nuit) et la spiritualité (la lumière). On peut retrouver les idées d'Ibn Masarraha dans les idées du philosophe perse Algazel (1058-1111), qui a conçu l'extase comme chemin de la connaissance de la vraie nature du monde. Ainsi les philosophes arabes, popularisant l'aristotélisme, ont répandu l'idée de l'univers pour partie spirituel et matériel. Par exemple, le troisième « Aristote » – Avicenne (980-1037) a lié les convictions matérialistes à la prédilection pour le mysticisme et les phénomènes de transcendance. Les philosophes connus dans la péninsule Ibérique, par exemple Al-Farabi (870-950) agissant à Bagdad, ou Ibn Tufayl, andalou (1105-1185), ont influé sur la culture spirituelle. Les représentants de ce grand esprit, ainsi que les penseurs et les traducteurs d'œuvres antiques, les interprètes – de bons experts de la culture judaïque et grecque – se sont montrés des commentateurs universels de la nature humaine. Ils étaient intéressés par l'homme dans le processus de la connaissance du monde. Ils ont essayé de lier le néo-platonisme à l'islam, et au-delà de la construction d'une vision physique du monde, ils ont utilisé volontiers les doctrines mystiques et religieuses. La recherche de la lumière intérieure, de la vérité divine, est le but de l'existence terrestre pour les mystiques et les contemplatifs.

L'œuvre religieuse de sainte Thérèse d'Avila et de saint Jean de la Croix a une grande importance pour les poètes polonais et européens du XVIIe s. Ils ont inspiré l'interprétation sacrée de la question de l'homme et de sa place dans le cosmos. Stefania Ciesielska--Borkowska a précisément approfondi cette question dans son livre

Mistycyzm hiszpański na gruncie polskim[9]. Sainte Thérèse d'Avila a placé plusieurs images saturées de symbolique mystique de la lumière, du feu et de la lumière dans ses œuvres : Le *Chemin de la* perfection, *Le Château intérieur,* dans les comptes rendus spirituels et dans la poésie mystique. Elle a décrit son amour pour Dieu dans le poème *La Nostalgie de la vie éternelle* avec le refrain, « je meurs de ne pas mourir ». Son amour est un « sentiment flambant », un « feu allumant », une « braise interne ».

Les poètes du baroque polonais, Mikołaj Sęp Szarzyński, Sebastian Grabowiecki, Stanisław Herakliusz Lubomirski et Zbigniew Morsztyn, ont souvent introduit dans la poésie les motifs de la lumière et de l'obscurité pour décrire d'une manière lyrique les bons espaces et le monde sombre du *profanum*. Dans la poésie du baroque, des thèmes médiévaux connus apparaissent – le corps comme réservoir de mal et de péché, l'âme désirant l'union à l'Absolu, la recherche de la voie du bien pour l'éternité. L'imagination des poètes était imprégnée des contes de la Bible, de visions de Dieu punissant les gens pour le mal fait, de l'espoir afin de surmonter les souffrances terrestres et la souffrance dans l'au-delà.

Les écrivains baroques polonais ont souvent puisé leur inspiration dans l'espace culturel de l'islam. En effet, au XVIIe siècle, la Pologne a développé des relations économiques et diplomatiques avec l'empire ottoman. Les Sarmates polonais étaient attirés par l'Est : les tenues, la cuisine et même le vocabulaire orientaux. C'était une période de voyages diplomatiques à Constantinople, mais également un temps difficile de confrontations militaires. Les idées spirituelles de l'Orient arabe provenaient aussi de la péninsule ibérique, le plus souvent par l'intermédiaire des traductions italiennes. Il s'agissait en général des écrits des mystiques chrétiens (sainte Thérèse d'Avila, Louis de Grenade, saint Jean de la Croix) formés dans l'atmosphère d'intérêt porté à la tradition juive et arabe. Samuel Otwinowski (1575-1650), orientaliste arabo- et turcophone, a traduit en polonais

---

9 S. Ciesielska-Borkowska, *Mistycyzm hiszpański na gruncie polskim*, Kraków 1939.

Gulistan, ou le Rosier, ouvrage du poète persan Sadi (traduction de 1610-1625). Un arabisant franciscain, le père Dominique de Skorogoszcz (1588-1670), a voyagé au Proche Orient et a collaboré à la publication de la Bible en arabe. Il a également traduit le Coran. Les écrivains baroques polonais, et, avant tout, les poètes métaphysiques - Mikołaj Sęp Szarzyński, Stanisław Herakliusz Lubomirski et Wacław Potocki - ont fait référence à l'Orient arabe. Ils étaient fascinés par l'idée du bien éternel, l'influence des anges sur la vie humaine et la mystique de la lumière. Jan Kieniewicz a constaté que « la Pologne, en tant qu'*antemurale christianitatis*, était, au XVIIe siècle, le pays le plus oriental d'Europe »[10].

Mikołaj Sęp Szarzyński, catholique converti, a cherché avec peine une voie vers la Providence. Les « tristesses », les « ombres des péchés » et le « crépuscule de l'âme » le dérangeaint. Ce pionnier de la poésie baroque, en devançant l'époque dans laquelle il vivait, créait des poèmes insolites de personnes perdues entre le *sacrum* et le *profanum*. Ses sonnets, ses chansons et ses paraphrases des Psaumes sont des signes dramatiques de désespoir existentiel. Dans le *Sonnet* adressé à la Vierge Marie, le sujet lyrique demande à la Mère de Dieu de « montrer la lumière de son soleil », c'est-à-dire de montrer de la pitié pour le pèlerin perdu dans les obscurités de la vie.

Dans le *Centurion* (*Setnik*) de Sebastian Grabowiecki, le poète métaphysique du baroque polonais, on trouve la symbolique de la lumière provenant des Psaumes. L'auteur était un lecteur attentif de la Bible. Ses poèmes révèlent une dimension tragique de la vie humaine, qui est semblable à la poussière devant le Créateur.

Stanisław Herakliusz Lubomirski, poète baroque polonais considéré comme le plus universel et insolite, politicien, maréchal, auteur et maître, le tout en une seule personne, écrivait des drames, des poèmes religieux, des emblèmes lyriques, des méditations. Jusqu'à présent dans l'église des Bernardins de sa fondation à Czerniaków, à Varsovie (projet de Tylman de Gameren), on peut admirer des peintures baroques, un autel avec des statues d'anges d'Andrzej Schlüter, des

[10] J. Kieniewicz, *Spotkania Wschodu*, Gdańsk 1999, p. 99.

décorations murales diverses, un plafond et des inscriptions philosophiques. Lubomirski était poète et artiste, philosophe et héritier de la tradition de l'antiquité gréco-romaine. Dans son cycle d'emblèmes, par exemple *Adverbia moralia,* il pénètre d'une manière recherchée la nature humaine.

Le poète arian du baroque polonais Zbigniew Morsztyn s'est révélé le grand maître de l'application du sujet *lux – tenebrae.* Son *Emblème* est un cycle de poèmes religieux inspirés par Le Cantique des Cantiques et d'autres extraits de l'Ancien et du Nouveau Testament. Les poèmes sont la réélaboration des thèmes religieux contenus dans *Les Emblèmes d'Amour Divin et Humain ensemble...par un Père Capucin.* L'auteur présente au destinataire « les flambeaux du Saint Amour », que rien ne peut éteindre. De cette façon, il décrit le sentiment de Dieu envers l'homme. Son Dieu a des « yeux flamboyants » qui éveillent en l'homme le « feu de la foi et l'amour » (*Emblème 35*).

Les poètes du baroque européen ont été caractérisés par l'aspiration à la connaissance d'eux-mêmes et des droits du cosmos. Ils ont essayé, au fond d'eux-mêmes, de trouver dans le microcosme le sens de l'existence. Peu importe s'ils étaient catholiques, ariens, calvinistes, ou membres d'autres communautés religieuses, ils ont tous perçu Dieu comme lumière intérieure et comme but du voyage terrestre. Les poètes français « de l'île brûlante » se sont inscrits dans le paysage de la poésie européenne de l'audace esthétique, du grand art de la parole et de la réalisation originale des thèmes existentiels. Parmi eux, utilisant la métaphore insolite de la lumière et de l'obscurité, se distinguent les poèmes des auteurs tels que : Jean de La Ceppède, Jean de Sponde et Jean-Baptiste Chassignet. Les poètes de « l'île brûlante » représentaient différentes variétés de baroque littéraire, mais l'intérêt des questions de l'éphémère, de la mort et de la bonté préparée par le Créateur dans l'au-delà, les unissaient. Ils ont contemplé le Christ et la Passion du Seigneur dans leurs poèmes-méditations. Le Nouveau Testament, particulièrement, a été pour eux l'inspiration du regard sur la vie humaine dans le contexte de la destinée chrétienne – l'existence au Ciel.

Jean de La Ceppède, avocat habitant à Aix, représentant de « l'humanisme dévot », a laissé une collection de 515 sonnets religieux intitulée « Théorèmes » (partie I. 1613, partie II. 1622). Dans ce recueil mystique de la poésie catholique, le poète considère le mystère de la vie, ses lumières et ses ombres – les bons et mauvais côtés de l'humanité[11]. Le poète représente souvent le Christ offrant son amour aux gens. La Ceppède appréciait beaucoup la tradition biblique, il paraphrasait des psaumes, évoquait souvent des images de la vie du Christ. Ses sonnets reflètent les plus grands thèmes de la méditation chrétienne : la Passion, la mort du Sauveur et la préparation pour la vie éternelle. L'auteur utilise le symbolisme de la blancheur et la brillance, se référant à l'interprétation biblique de l'image du Dieu-Lumière.

Le poète baroque français – Jean de Sponde a écrit ses *Méditations avec un Essai de poèmes chrétiens* – une œuvre prosaïque enrichie de poèmes. L'auteur de ces méditations sur les Psaumes était protestant. Avant sa mort, il a changé de religion pour devenir catholique, ce qui a suscité une désapprobation des calvinistes et des catholiques. Les Psaumes bibliques l'ont incité à regarder la vie comme un long et dangereux voyage dans l'obscurité. Le poète voit le Dieu de l'Ancien Testament comme un Père bon, mais sévère. L'éducation complète, libérale et humaniste de Sponde lui a permis de pénétrer dans le monde des Psaumes avec la perspective d'une personne à la recherche de la perfection. Ses méditations couronnées de poèmes, *Stances de la mort,* reflètent la ferveur religieuse de l'auteur. Le poète pose des questions existentielles, il est pétrifié par la mort biologique et spirituelle. Sponde dans ses œuvres sur la mort, utilise des images : l'éclat du monde éternel et l'obscurité du monde terrestre. Le héros lyrique contemple l'avenir lumineux de l'âme.

Le poète suivant de « l'Île flambante » – Jean-Baptiste Chassignet avait un intérêt humaniste et religieux. Il a écrit des paraphrases des livres des prophètes, du livre de Job et des Psaumes, et il lisait Justus Lipsius. Il était probablement, comme Stanisław Herakliusz

---

[11] Cf. M. Strzałkowa, *Francuska liryka barokowa*, Kraków 1964, p. 42.

Lubomirski, un néostoïque[12]. Il a laissé 400 sonnets dans le recueil intitulé *Mépris de la vie et consolation contre la mort*. Il voyait l'homme sur le chemin de la mort qui libère le pèlerin terrestre de la misère et de la souffrance.

Les poètes baroques, se référant à la Bible ont souvent souligné la mort pour parler du destin d'un chrétien. Chassignet accentue *vanitas* et constate que, dans la vie, tout passe. La mort l'attire comme drame humain et comme aventure du pèlerin sur le chemin de l'éternité. Le poète regarde l'homme comme un habitant potentiel de la « République heureuse ». La vie humaine est comparée à une lampe enfumée (« La lampe enfumée », sonnet XL). Sa lumière s'éteint au moment le plus important de la vie et il est nécessaire de rechercher une lumière éternelle qui ne s'éteint jamais. Les métaphores lumineuses audacieuses se mélangent dans cette poésie au lexique sombre sur la mort biologique.

Les poètes métaphysiques anglais du XVIIe s. touchent à d'importantes questions théologiques, religieuses et existentielles. Ils cherchent Dieu dans la nature et dans leur espace intérieur propre. Des auteurs tels que : John Donne, Richard Crashaw, George Herbert, Henry Vaughan veulent convaincre le lecteur que le monde est plein de pièges et d'un bonheur difficile à atteindre. Ils proposent de suivre la voix de la conscience, d'être un bon chrétien, d'éviter le péché et de rechercher une maison permanente dans l'au-delà. Les poètes métaphysiques, à travers des métaphores élaborées et un lexique varié, démontrent que le monde terrestre est dans un processus de transformation. Cette transformation doit commencer dans le cœur humain sous l'influence de la méditation sur la mission du Christ.

George Herbert cherche la lumière à l'intérieur de l'homme. Dans le poème *La Perle*, se référant à l'Évangile de saint Matthieu, il présente un homme qui reconnaît les mystères de l'âme. Son personnage veut grimper sur la corde abaissée par Dieu au ciel. Dans le travail d'Herbert est inclue la nécessité de chercher la sagesse, en

12 *Ibidem*, p. 36.

évitant les erreurs et la souffrance. Dans le vaste volume de poèsie *The Temple*, Herbert, en utilisant la symbolique du temple chrétien, trace la vision du temple spirituel de l'homme. Dans cet édifice spirituel, l'Amour vainc le Péché et l'homme a la possibilité de vivre avec le Christ. L'auteur de l'école métaphysique, John Donne, essaie de convaincre avec zèle le destinataire de ses aveux lyriques qu'il vaut bien mieux choisir une voie claire dans la vie. Dans le poème *Le Levé du soleil*, le sujet lyrique regarde le soleil, qui a le pouvoir d'illuminer la terre. Mais le soleil n'est rien en comparaison avec le monde intérieur de l'homme.

Ces poètes n'étaient pas isolés. Des besoins similaires, en termes de contenu, clarté, imagerie et symbolique étaient ressentis par les artistes européens d'emblèmes, les cercles d'auteurs monastiques et de poètes mystiques. Dans Wroclaw baroque travaillait l'un des représentants les plus remarquables de la mystique silésienne – Angelus Silesius, alias Johann Scheffler. Il a écrit un recueil remarquable de distiques intitulé *Cherubinischer Wandersamnn*, « dicté par les anges ». Les couplets mystiques nous font entrer dans le monde de l'âme souffrante qui cherche une entente avec Dieu. Il considère que ce recueil est une synthèse de la mystique chrétienne européene – de saint Bernard de Clairvaux et de saint Thomas d'Aquin. Le poète constate que « l'homme est l'éternité », et ainsi a les caractéristiques de l'univers entier. Cette nouvelle interprétation « de l'homme infini », immergé dans les lumières du ciel et de la terre, s'est avérée typique de l'homme du baroque et peut être considérée comme un point commun important entre les esthétiques et les mystiques slave, arabe, et celles de l'Europe occidentale.

Summary

This article explores the symbols of light and darkness in Baroque poetry. One can distinguish the sphere of light as a symbol of God and darkness as a symbol of earth and human solitude. The author analyses the poems written by : Zbigniew Morsztyn, Jean de Sponde, John Donne, in which they search the sacred and eternal existence. The Baroque poets referred to religious and philosophical tratition reflecting the problems of happiness and damnation (Avicenna, Pseudo-Dionysius the Areopagite, St. Teresa of Avila).

Karolina Leśniewska
Université Jagellonne de Cracovie

SALADIN ET L'EUROPE – REGARDS CROISÉS

Lors de mon premier séjour à Damas, en août 2011, on m'a beaucoup posé cette question : « Mais pourquoi la Syrie, pourquoi Damas ? ». Les événements de cette année justifient bien cette curiosité, l'étonnement, voire l'incompréhension des Syriens que j'ai rencontrés. Ma réponse paraissait les décontenancer : « Saladin. Saladin a vécu à Damas. J'ai voulu voir sa tombe ». Mes interlocuteurs étaient surtout surpris par le fait que le sultan soit connu à l'étranger. Aujourd'hui, il est vu par les habitants de Damas comme un héros local, qui n'est pas associé aux croisades. Il ne fait plus le lien entre nos deux mondes. La surprise était encore plus grande quand je disais que Saladin a trouvé sa place dans la littérature européenne où il a parfois joué le rôle du personnage principal.

Tel est le cas du roman anonyme du XVe siècle, *Saladin*, qui met Saladin au centre des événements presque trois siècles après la perte de Jérusalem et la troisième croisade. Rédigé à la cour de Bourgogne, le texte retrace les conquêtes victorieuses du jeune chef guerrier, une rencontre insolite avec son parent Jean de Ponthieu lors d'une bataille, puis, ce qui constituera le centre de notre analyse – les voyages en Europe et les rencontres avec des Occidentaux, pour montrer finalement le déclin et la mort du personnage. Tous ces événements participent à un jeu complexe des regards et des rapports ambigus qu'entretient le héros avec le monde occidental.

Parler des origines européennes de Saladin n'est possible que dans le contexte littéraire qui crée une généalogie occidentale imaginaire du héros. N'oublions pas que le roman *Saladin* s'inscrit dans le cycle romanesque de Jehan d'Avesnes[1], et que le début du roman rappelle que l'arrière grand-mère du protagoniste aurait été Française, ce qui justifiera par la suite que le héros soit attiré par ce pays. Saladin lui-même ne parle pas de ses origines au début, comme s'il n'en était pas conscient, mais, dès qu'il s'en rend compte, il ne manifeste aucune surprise. Au contraire, il les assume pleinement. Ses origines servent également à expliquer la construction du personnage qui devient ainsi moins étranger, et justifient la fascination que lui a vouée le Moyen Âge. Grâce à l'ascendance de Saladin, l'Europe peut voir en lui un des siens, perdu de vue pendant longtemps à cause de ces temps troubles, mais retrouvé et accepté.

Si nous pouvons parler de retrouvailles de l'Occident et de Saladin, c'est grâce à une curieuse rencontre, purement imaginaire malgré toute la volonté d'authenticité de la part de l'auteur. Saladin se rappelle de ses origines au moment de sa rencontre avec Jean de Ponthieu – son ennemi mais aussi son parent. Nous connaissons l'importance du lignage dans la littérature et la culture médiévales – c'est lui qui explique pourquoi, dans son ennemi et opposant religieux, Saladin préfère voir un homme de confiance, confiance d'ailleurs trahie par la suite. Avec ses retrouvailles, l'Occident n'est plus totalement autre : il reste, certes, encore pendant un certain temps inconnu pour le héros, mais celui-ci ne cessera plus de vouloir l'explorer et le comprendre. C'est avec cette rencontre que commence véritablement un jeu de regards ou un jeu tout court entre le sultan et l'Occident.

De plus, avant ses retrouvailles avec un de ses proches français, Saladin ne voit dans ses ennemis que les représentants d'une autre religion. Pendant cette première partie du texte, il n'est pas question de personnages concrets, ceux qui joueront les premiers rôles dans

---

[1] Cf. M. Combarieu du Grès, *Introduction à « Saladin »*, [dans :] *Croisades et pèlerinages. Récits, chroniques et voyages en Terre Sainte : XII*[e]*-XVI*[e], sous la dir. de D. Régnier-Bohler, Paris 1997, p. 417.

le développement de l'intrigue ne se connaissent pas encore. Saladin non plus ne semble pas être vu de ses adversaires, il n'est pas encore considéré comme quelqu'un de redoutable, malgré sa vaillance sur les champs de bataille en Terre Sainte. La rencontre n'est possible qu'entre des personnes concrètes, et c'est en partie l'ancrage de Saladin dans le lignage occidental qui permet de le personnaliser et de donner naissance à des vrais contacts avec l'Occident. De même, à partir de cette rencontre, les personnages orientaux de l'entourage du sultan perdront de leur importance et seront moins souvent cités et évoqués au profit de personnages européens et chrétiens[2] à qui Saladin fera aveuglément confiance. Remarquons au passage que, dans ce décor arabe exotique, où résonnent les noms de villes lointaines, les chevaliers français deviennent originaux – l'auteur, d'une main de maître, réussit à éveiller la curiosité du lecteur en décrivant l'intérêt que leur porte Saladin. Si la rencontre avec ses origines occidentales sort le protagoniste d'un long sommeil et lui permet de (re)trouver une autre nature, elle annonce également sa fin. À partir de ce moment, les choses vont progressivement se dégrader pour Saladin : il commence à s'intéresser au monde et à le connaître, mais il ne parviendra pas, comme nous allons le voir par la suite, à le maîtriser. La connaissance qu'il fait de diverses personnes l'aide à comprendre ce nouveau monde, mais traduit également les rapports complexes entre l'Orient et l'Occident.

La première vraie rencontre entre l'Orient et l'Occident dans le roman est ainsi illustrée par des retrouvailles familiales. Ce rapport Est – Ouest n'est donc pas un choc, mais un retour et constitue d'autant plus un événement heureux. Seuls des conséquences bénéfiques, au premier abord, découlent de cette première rencotre. Le parent reconnu aura la vie sauve au lieu d'être massacré par l'armée sarrasine, et Saladin, qui pensait déjà tout connaître de son monde, trouve un nouveau terrain de découvertes puisque, presque immédiatement, il exprime le désir d'aller en France pour connaître ses coutumes. Se

2 En effet, Huon Dodequin est d'origine orientale, mais, converti au christianisme, il se reconnaît dans la civilisation occidentale.

rendre compte de la présence de l'autre signifie donc pour le protagoniste vouloir et pouvoir le connaître. Il est aussi à souligner que le motif de la présence de Jean de Ponthieu en Terre Sainte est le pèlerinage et, qu'au moment d'expliquer ses motivations de voyager en France, Saladin rappelle qu'il veut faire autant que son parent : se rendre en Occident dans le même but que Jean en Terre Sainte[3]. De ce point de vue, le périple en France constitue pour le personnage principal un voyage spirituel vers sa terre d'origine, de la même manière que le pèlerinage à Jérusalem est pour les chrétiens du Moyen Âge un retour vers les origines de leur foi.

Il ne peut donc être question pour Saladin de pure curiosité, mais d'un intérêt profond et idéologiquement justifié. Le fait qu'il cherche à refaire la même chose que Jean montre également que les rapports entre l'Orient et l'Occident sont réciproques, qu'il s'agit dans ce cas-là d'un va-et-vient. Il n'est pas sans importance que le premier personnage que rencontre le sultan et qui illustre justement ce type de rapport entre l'Orient et l'Occident, soit quelqu'un de sa famille perdue de vue depuis deux générations. Ce choix permet de montrer qu'il s'agit de rapports anciens, bien établis et que l'on ne saurait oublier malgré une longue absence. Il est révélateur qu'à ce moment, également, apparaisse pour la première fois dans le texte le mot « France ». En effet, bien qu'il ait été question de Normandie et de Ponthieu au tout début du roman, l'auteur n'a mentionné avant la rencontre avec Jean ni la France ni les Francs, préférant parler de chrétiens tout court. La reconnaissance géographique donne plus de profondeur à la considération des personnages, qui ne sont plus seulement les représentants des religions ennemies, mais des êtres aux origines complexes. S'être vus est donc, dans ce contexte, le début d'une curiosité, d'une aventure et d'une connaissance plus approfondie.

Dans ses premières observations, Saladin est certainement plus à louer que n'importe quel autre personnage. Il se montre d'une

[3] « Et me aiderés a conduire en France ou j'ay devocion d'aler ainsi que vous estez venus par deça » (*Saladin*, éd. L. Crist, Genève 1972, p. 57).

grande perspicacité lors de son premier séjour en France, sait porter un regard critique et observe minutieusement toutes les nouvelles coutumes. Il est bien cet oriental intelligent pour qui la recherche du savoir est une caractéristique intrinsèque que l'Occident n'a pas été en mesure de concurrencer pendant longtemps. Saladin voyage pour voir et explorer, attitude typique de ce XVe siècle qui a connu tellement de découvertes. Mais, si Saladin a ici une attitude très active par rapport à la nouveauté observée, un rôle très positif est pareillement accordé à l'Europe – celui de source de connaissance.

Un certain déséquilibre est pourtant à remarquer dans ce jeu de regards. En arrivant en France, Saladin reste, quelque part, caché. Il ne révèle à personne son identité, ni les motifs de sa visite, et les personnes qu'il recontre ne savent deviner les vraies raisons de ce voyage, qui, vu la suite des événements, ressemblent fort à de l'espionnage. Bien qu'anonyme, Saladin est toutefois loin d'être invisible : il attire l'attention des chevaliers et des femmes par les excès de son comportement. Ce que l'on admire chez ce personnage ce sont surtout les valeurs occidentales. En effet, le sultan vient avec des richesses inouïes qu'il distribue généreusement, mais dans ce geste de démesure, les Européens voient surtout cette qualité si chère au Moyen Âge qu'est la largesse. Il en est de même pour la clémence du sultan ou encore sa vaillance dans les combats. L'Europe veut donc admirer chez Saladin les valeurs qu'elle exige de ses propres chevaliers.

Saladin est sans doute un homme de contrastes chez qui tout étonne, tout semble contradictoire. Il en va de même avec sa volonté de se tenir anonyme. D'une part, c'est un grand avantage que de rester caché et de pouvoir observer tranquillement les choses pour utiliser ce nouveau savoir à son avantage par la suite. D'autre part, le sultan qui réclame l'héritage d'Alexandre le Grand ne saurait demeurer trop longtemps dans l'ombre. Le tournoi qui s'organise à Cambrai constitue donc pour lui l'occasion parfaite à la fois de garder l'illusion de l'anonymat et de mystère, et de se donner en spectacle pour pouvoir être admiré. Le sultan ne cherche d'ailleurs pas à trop dissimuler son identité puisqu'il garde des habits exotiques. Si nous avons déjà pu parler d'échange de regards entre l'Occident et Saladin, il nous semble que c'est avec le tournoi que commence un « jeu » à proprement parler.

Ce jeu dans lequel le héros se montre sans se dévoiler totalement, et dans lequel il séduit le public occidental du tournoi, ainsi que la reine de France, est révélateur des rapports qu'entretiendra Saladin avec l'Occident jusqu'à la fin du roman. Plus d'une fois, il se trouvera dans une situation avantageuse, mais ne pourra en profiter. Il cherchera à attirer l'attention et ira jusqu'à la provocation, prenant des risques qu'il ne saura pas toujours assumer. Une autre erreur de Saladin liée à ce jeu consiste à porter son regard trop loin sans voir ce qui se passe près de lui. De cette manière, il arrive à bien observer le comportement de ses adversaires lors du tournoi, ce qu'il pourra utiliser contre eux dans les combats ultérieurs, mais il n'arrive pas à voir la trahison de ses compagnons chrétiens qui l'accompagnent dans ses voyages et qui restent toujours près de lui. De la même manière, il se détourne de ses hommes et de ses conseillers pour faire confiance à un Français, et il cesse les conquêtes en Orient pour se tourner vers l'Europe. Cette curiosité lui sera fatale.

Un autre personnage que Saladin retrouve régulièrement dans ses aventures est André de Chavigny. Le roman met en place un grand nombre de chevaliers européens, mais la plupart d'entre eux ne marquent leur présence que par leur nom. Le cas d'André de Chavigny est beaucoup plus original, et le rapport entre lui et le héros est conséquent tout au long du texte, et révélateur pour la question qui nous intéresse ici. Selon les sources[4], ce chevalier servait réellement Richard Coeur-de-Lion et a effectivement participé à la troisième croisade. Dans le roman, il est remarqué par le sultan lorque celui-ci observe, à l'entrée du tournoi, l'arrivée des champions parmi lesquels il sait distinguer, au premier coup d'œil, les meilleurs chevaliers de l'Occident. Chavigny est présenté comme un ennemi digne de Saladin. Dans cette relation, l'Orient et l'Occident se retrouvent donc à égalité, chacun sachant reconnaître les mérites de l'autre.

[4] Cf. *Index Nominum*, [dans :] *Saladin*..., p. 173.

La rivalité entre Saladin et Chavigny n'est pas représentée par un combat singulier, mais s'étend sur plusieurs chapitres, de la même manière que la confrontation entre le monde oriental et occidental s'étend sur des siècles.

A la fin du roman, si Saladin réussit à emprisonner Chavigny, celui-ci parvient néanmoins à regagner le champ de bataille, où, bien qu'il soit masqué, il est pourtant facilement identifié par le sultan qui le distingue par sa seule valeur guerrière. Les deux chevaliers savent se reconnaître et se respecter, même au cœur d'un conflit mortel. Nous pourrions nous attendre à ce que Saladin soit tué des mains d'André, alors qu'il meurt des blessures causées par la lance envoyée dans son dos par Gérard le Bel Armé. De cette manière, l'auteur évite de décider qui, du chevalier oriental ou occidental, remporte cette bataille. Certes, Saladin va mourir de ses blessures, mais il a été touché de façon malhonnête, son honneur ne devrait donc pas en souffrir.

Juste avant sa mort, Saladin se détache de cette relation ambiguë avec le monde occidental. Resté seul sur le champ de bataille, vaincu et observé par toute la chevalerie chrétienne, le héros semble ne pas vouloir être remarqué et préfère s'enfuir sur un bateau qui va le mener loin des regards étrangers triomphants. En pleine mer, lieu de solitude, Saladin s'éloigne de l'Occident, mais quitte aussi sa terre natale et le monde oriental.

Si le croisement des regards que nous avons observé dans le roman est un jeu, Saladin le perd. Il a décidément plus de curiosité et peut-être aussi plus de courage, mais il ne sait pas profiter de ses observations, ni aller jusqu'au bout de ses avantages. Saladin est plus dynamique que les personnages occidentaux, toutefois ce dynamisme l'incite à prendre des risques qu'il ne sait pas toujours éviter. Caché, Saladin est encore maître de la situation, mais, une fois les regards attirés, il perd tous ses atouts. Vaincu et abandonné, il fuit les regards et s'enfuit sur la mer qui n'appartient ni à l'Orient ni à l'Occident.

Si ce roman anonyme met en place un jeu complexe d'influences et de rapports entre l'Orient et l'Occident à travers Saladin et quelques personnages européens, il constitue en lui-même un élément de jeu littéraire qui continuera pendant des siècles, et dans lequel le personnage du sultan oriental reviendra à plusieurs reprises, que ce soit dans d'autres romans, au théâtre ou au cinéma.

Summary

The article intends to demonstrate how the interpretation of relations between Occidental and Oriental worlds in the XVth century novel *Saladin* is deeply led by meaningful notion of „sight". Although the protagonist – a sultan called Saladin – seems to be more curious that French characters around, he is however not capable to take advantage of his observations. His dynamism makes him take many risks that he will not assume. Exchanged sights network forms a game-like logic, from where Oriental world is not certain to come up as winner.

Ewa Łukaszyk
Université de Varsovie

À LA RECHERCHE DES « GRAMMAIRES DE LA CRÉATION » L'INTÉGRATION INTELLECTUELLE DES TRADITIONS ORIENTALE ET OCCIDENTALE

Est-il important de parler du Moyen Age dans une perspective contemporaine ? Est-ce qu'une comparaison entre les mondes créés par les civilisations musulmane et romane peut devenir quelque chose de plus qu'un simple exercice philologique ? Pour répondre à cette question, il faut esquisser brièvement le contexte de la discussion actuelle sur les concepts de l'Est, de l'Ouest et de leur patrimoine commun, visant la redéfinition de l'Europe méditerranéenne.

La réflexion en humanités s'est située ces dernières années et décennies sous l'astre de la philosophie politique, sans aboutir, pourtant, à des solutions qui pourraient en quelque sens guérir le domaine politique qui présente toujours des signes fort inquiétants. Une impasse, donc ? Quelques intellectuels se trouvent de plus en plus mal à l'aise, coincés par la réflexion politique. Sans doute, Giorgio Agamben pourrait être une figure exemplaire de cette malaise. *Homo sacer*[1], le livre vu souvent comme la part centrale de son œuvre, ne serait peut-être qu'un chemin erroné. Déjà dans *Il Regno e la Gloria*[2], on voit clairement le retour moyenâgeux de ce penseur qui n'a ja-

1 G. Agamben, *Homo sacer. Il potere soverano e la nuda vita*, Torino 1995.

2 Idem, *Il Regno e la Gloria. Per una genealogia teologica dell'economia e del governo*, Torino 2009.

mais cessé d'être un médiéviste, mais aussi le postulat de plus en plus lisible de désarmer la politique, aussi bien que l'économie. Ce qui est en cours ici, c'est une courageuse entreprise de réduction de ces deux domaines aux catégories de la pensée religieuse, apparemment si lointaines de la nature des mécanismes considérés habituellement comme les forces régissant le monde contemporain. Une réduction, donc, à l'archaïsme, aux racines les plus profondes.

Agamben, philosophe politique malgré lui, esquisse au juste ce qu'on pourrait appeler « une dérive traditionaliste », un retour aux origines vues comme une source potentielle des solutions que la philosophie politique s'est montrée incapable de formuler. Des idées apparentées, concentrées autour de la notion de *piétas*, se dessinent comme très importantes aussi pour Gianni Vattimo et les autres intellectuels qui s'associent au courant du *pensiero debole*, « la pensée faible »[3]. Cette modification du paradigme est d'autant plus signifiante si nous la projetons sur le fond de la crise des disciplines qui jouaient jusqu'ici le rôle des champs « traditionalistes » par excellence : philologie, critique littéraire, histoire de l'art. Les écrits d'Agamben établissent une modalité de réflexion nouvelle et un objectif à poursuivre dans ces domaines. Il ne s'agit plus de reconstruire une « vérité » concernant les textes ou les artefacts des époques lointaines, mais d'établir une approche « futurisante » bien paradoxale, car elle présuppose le retour au texte ou à l'image pris comme vestiges d'un état primordial. Il s'agit bien de retrouver une voie d'accès au commencement absolu, à l'ordre original. Mais l'enchère de cette entreprise « archéologique » est de fournir une clé pour la compréhension de l'état actuel et une vision concernant l'avenir, dont l'optimisme est issu de l'espoir « apocatastatique » (lié au rétablissement d'un « ordre primordial »), si cher à Agamben.

En même temps, on peut observer une parenté surprenante entre Agamben et la génération précédente des « traditionalistes » : celle d'Harold Bloom ou de George Steiner. Je pense à la présence de la notion de messianisme, mais pas seulement. Il y a encore, sous une

---

[3] G. Vattimo et al., *Il pensiero debole*, Milano 1983.

formulation nouvelle, le vieux problème du « patrimoine », de la continuité de la culture. Mais ici, un nouvel élément surprenant : cette continuité ou communauté de la culture semble se dessiner de plus en plus clairement dans une dimension méditerranéenne, et non plus atlantique.

Il s'agit donc non seulement d'un retour aux racines de l'Europe, mais aussi à une Europe « autrement située ». Une nouvelle définition de l'Occident est donc en question, définition issue de ce contexte méditerranéen avec ses problèmes particuliers, dont le symbole pourrait être l'île de Lampedusa, insoluble en termes de la politique toute seule. Il est nécessaire de construire la Méditerranée comme un espace de solidarité, et pour cela il faut une raison, une source, une tradition commune qui fournirait la justification de cette entreprise, qui se laisserait transformer en un « message futurisant », l'ossature d'une « communauté qui vient »[4]. Il s'agit donc d'effectuer une révision de la tradition orientale-occidentale de telle façon qu'elle puisse devenir le fondement d'une nouvelle formulation d'identité, au pôle opposé par rapport à la notion du conflit des civilisations.

L'intégration intellectuelle du patrimoine, au niveau très profond, devient un point indispensable pour construire une solidarité d'avenir. Mais comment s'y prendre ? Bien sûr, la tradition orientale a été étudiée pendant des siècles par les Européens. Mais, comme la fameuse étude d'Edward Said[5] l'a bien révélé, l'inclusion de cette tradition dans l'horizon conceptuel occidental se dessine comme fort défectueuse. S'il s'agit de lancer des fondements solides pour une communauté effective de culture, le patrimoine islamique ne peut plus fonctionner comme un domaine de recherche étanche, réservé à seuls les spécialistes, orientalistes de profession. Il est nécessaire d'élargir l'univers des valeurs et de placer le patrimoine oriental dans le cadre du même type de *piétas* que nous réservons au patrimoine occidental : il faut le cultiver, considérer et ressentir comme le nôtre.

---

[4] Cf. G. Agamben, *La comunità che viene*, Torino 2001.

[5] E. Said, *Orientalism*, London 1978.

Agamben et Steiner envisagent cette tâche avec un grand sens de responsabilité, en formulant implicitement le postulat d'inclusion du patrimoine islamique dans le cadre principal de leur réflexion esthétique. Et pourtant il est facile d'observer que même pour eux, qui se situent parmi les géants de l'époque, cette tâche n'est pas aisée. Agamben cherche à introduire les notions islamiques dans le cadre de sa réflexion au même titre que les notions théologiques chrétiennes. Il le fait, par exemple, dans l'essai qui ouvre le volume *Nudità*[6], où il se sert de la notion islamique de *sunan*, les « œuvres » divines, celles de la création et de la rédemption. Un orientaliste de profession – sans mentionner un théologien musulman – aurait sans doute bien des remarques à faire, s'il s'agit de ces incursions parfois intuitives ou même maladroites au domaine des traditions islamiques. Et pourtant, Agamben trouve une raison de le faire, un pas en avant en relation à Steiner qui, dans les *Grammars of creation*, s'est arrêté juste au milieu de son analyse, en confessant que, bien qu'aucune tentative d'une « grammaire de la création » ne devrait se passer de l'islam, son ignorance de la tradition orientale l'oblige à le faire[7]. Ignorance qu'il trouve lamentable ; et, comme nous allons le voir, il cherche à combler cette lacune malgré la déclaration de ses compétences insuffisantes. Peut-être ne s'agit-il donc pas d'une confession d'ignorance toute simple, mais plutôt d'un défi adressé à ceux qui auraient l'audace de poursuivre la pensée interrompue, d'aller au-delà du point où l'essayiste a dû l'abandonner.

En prenant au sérieux ce défi, j'aimerais bien reprendre quelques éléments du patrimoine arabe et islamique, dotés, bien sûr, d'une tradition interprétative très riche dans leur contexte original[8], pour

---

6 G. Agamben, *Nudità*, Roma 2009.

7 Cf. G. Steiner, *Grammars of creation*, London 2001, p. 58 : « No essay on the grammars of creation should leave out Islam. My ignorance compels me to do so ». Il revient à exprimer le regret présent déjà dans son autobiographie : « What is now aching in me is the sense of doors unopened : my lack of Russian, for one, my lack of access to Islam, for another », idem, *Errata. An examined life*, New Haven–London 1997, p. 41.

8 Cf. *'Abdalqādir ibn 'Umar al-Baġdādī, Glossen zu Ibn Hišāms Kommentar zu dem*

les intégrer dans une réflexion centrée sur le problème du vide et des frontières de la représentation. Je vais donc parler de l'espace de la quête amoureuse, conceptualisation qui aboutit à de nombreuses conséquences, car l'amour terrestre devient le paradigme de la quête spirituelle, autant dans le domaine strictement religieux que dans le sens plus vaste, lié aux secrets de la création et de la vie intellectuelle.

C'est une ligne de tradition qui commence très tôt dans l'histoire des Arabes. Il faut reculer jusqu'au Hedjaz du VIIe siècle A.D., ou jusqu'au début de l'ère islamique. C'est le moment où, selon la légende, Ka'b ibn Zouhayr, au péril de mort imminent, improvise la fameuse qasîda *Banat Sou'ād*, pour laquelle non seulement il se voit pardonné, mais aussi doté d'un cadeau prestigieux : le manteau appartenant au Prophète lui-même. Déjà à l'origine de ce genre tellement célébré dans la poétique arabe, l'expérience de l'amour devient fortement spatialisée, vécue comme une confrontation avec un lieu : l'emplacement d'un campement abandonné, comme celui d'où Sou'ād s'en est allée. L'amour se présente donc comme une émotion définie à travers un fragment d'espace signifiant : un lieu de rencontre, « point plein », porteur de valorisations, le contraire d'un « non-lieu » appartenant à la spatialité amorphe du désert.

Le statut du vestige, des traces du campement, d'une empreinte du pied sur le sable, devient central pour la conceptualisation de l'amour. Ce qui émerge ici, c'est un paradigme de la connaissance amoureuse basée sur la déduction, l'effort imaginaire de remplir les vides. L'amour se libère du palpable, du matériel, de la corporalité ; il devient un jeu de l'imagination constituant un espace d'exploration créatrice, et donc une manière de capturer l'expérience de la pure potentialité. Et encore, ce déchiffrage des signes est la source primordiale de toute lecture, le moment où l'inscription émerge pour la première fois de l'espace blanc.

Gedicht Bānat Su'ād. Überarbeitet und mit Indices versehen von Muḥammad al--Ḥuǧairī, hrsg. N. H o c a, Stuttgart 1990.

Mais Sou'ād n'est pas donnée seulement en tant qu'une piste à suivre. Le texte d'ibn Zouhayr nous dit quelque chose de plus sur le caractère de ce personnage féminin : les promesses d'Ourqoub valaient plus que les siennes. Il y a donc une allusion à la figure d'un fameux mensonger qui, ayant promis à son ami les fruits de son palmier, remettait le don effectif à un éternel « demain », expliquant toujours que les fruits n'étaient pas encore mûrs. Sou'ād, elle aussi, est une figure d'un éternel « pas encore », conjugué avec un « trop tard », parce que la qasîda s'ouvre juste au moment où Sou'ād vient de partir. Elle s'échappe sans avoir offert les fruits de son palmier.

La figure féminine établit donc une temporalité paradoxale, un « jamais » analysé en « pas encore » et « trop tard », et une valorisation spatiale définie par l'absence du corps / présence du signe. Voici un chronotope bien paradoxal, celui d'un lieu vide en temps de la frustration. Mais ce n'est pas une situation statique. Ce mouvement double de la rencontre manquée et de la projection futurisante de la promesse devient le début d'un jeu de la poursuite qui se déroule à l'intersection du monde réel et de l'imagination, préfiguration de tout acte de lecture.

Un autre pas décisif fait déjà à l'aube de la civilisation arabe s'associe à Qays ibn al-Moullawwah, dit Majnûn, auquel la tradition attribue l'invention du modèle de l'anachorèse amoureuse. Celui qui aime abandonne la communauté et se lance dans une errance solitaire au désert. Il s'agit donc d'un geste de séparation radicale par rapport à la vie sociale. Mais en même temps une nouvelle dimension de l'union prend forme : l'idéal de la syntonisation des sentiments et des pensées des amants, une transgression des limites de l'existence individuelle et individualisée. On dit que Majnûn se croit être Layla. Il cesse de se percevoir comme une personne séparable d'elle ; il établit donc une nouvelle voie spirituelle en surpassant lui-même, son ipséité. Ce processus aboutit à la mort, mais en même temps ouvre un sentier du développement, devient une aventure intérieure, une quête qui mène au-delà de la mort.

Le jeu des rencontres manquées, avec les figures féminines à peine esquissées qui se dissolvent en l'air aussitôt qu'elles n'apparaissent, se déplace du désert aux impasses de la ville. La rencontre fortuite, comme celle dont Ibn Hazm parle dans un des chapitres du *Tawq al--hamâma*[9], consacré au sujet de la mort d'amour, apporte des conséquences néfastes. Voilà un homme qui a perdu son chemin dans le labyrinthe de la ville. Une silhouette féminine à peine esquissée apparaît ; elle n'est qu'une esclave qui n'a pas couvert le visage, et elle ne prononce qu'une seule phrase bien ordinaire, en informant le passant que le chemin qu'il vient de prendre est un cul-de-sac. Et pourtant cet accident de la topographie urbaine acquiert immédiatement un symbolisme sinistre, celui de la mort d'amour.

Bien que pour Ibn Hazm il s'agit bien d'une vraie mort, un phénomène tout littéralement physiologique, l'amour devient aussi un euphémisme de la mort, car le malade amoureux l'accepte de bon gré. Si la maladie est si difficile à guérir, la raison est que le malade lui-même ne désire pas sa guérison. Voilà donc une mort apprivoisée, conjuguée avec une sorte de suspension de l'instinct de la vie. Et c'est aussi la mort entendue comme l'amour qui peut devenir une promesse d'une union ultime. Il n'y a qu'un pas de la maladie amoureuse à la mystique, d'Ibn Hazm à Ibn 'Arabî.

La conception de l'amour qui apparaît ici se situe en opposition à l'institution du mariage, si hautement valorisé dans le contexte de la culture islamique comme la seule anticipation ou l'avant-goût du paradis disponible dans la vie terrestre. Et pourtant quelque chose au-delà du mariage se dessine, et il ne s'agit pas du tout d'un amour peccamineux, mais plutôt d'un amour sans réalisation, une impasse (cette présence des culs-de-sac dans les textes littéraires est peut-être quelque chose de plus qu'un simple reflet de la structure chaotique des médinas !). Un amour comme celui-ci ne peut pas conduire à l'accomplissement sur le plan réel et c'est justement grâce à cette circonstance qu'il constitue une ouverture d'un espace nouveau, espace intérieur. Entrer dans un cul-de-sac, se jeter contre l'impossibilité de l'assouvissement physique pour trouver le chemin de la

---

[9] Ibn Hazm, *Le Collier de la colombe : De l'amour et des amants*, trad. G. Martinez-Gros, Paris 1992.

croissance intérieure, tout cela équivaut à un acte de percer le mur qui emprisonne l'homme dans la sphère du palpable.

Il est aussi important de noter que l'amour est conceptualisé non pas comme un état invariable, mais comme une chaîne d'étapes. Plusieurs auteurs arabo-musulmans se posaient la tâche de nommer, cataloguer, décrire d'une manière de plus en plus détaillée et systématique les aspectes et les stades de l'amour. Le résultat n'est pas seulement un instrument linguistique de l'introspection, mais aussi un schéma universel du cheminement spirituel. On établit les points de repère dans l'espace intérieur.

La quête amoureuse devient donc un paradigme spatial métaphorique en référence à l'introspection au sens plus général, et à l'introspection de type mystique en particulier, dont le meilleur exemple est à trouver chez Ibn 'Arabî, dans le *Traité de l'amour*, extrait des *Al-Futûhât al-Makkiya*[10]. Steiner essaie de s'approprier Ibn 'Arabî, d'intégrer le mystique andalou dans son propre système de repères culturels, en l'associant, d'une manière osée, à Coleridge. Ce qui en résulte particulièrement intéressant pour moi, c'est le fait que Steiner adopte une vue contraire, peut-être complémentaire à la mienne, en situant Ibn 'Arabî au point d'intersection entre la « poétique de l'incarnation » et la « poétique du vide ». Dans les *Grammars of creation*, Ibn 'Arabî apparaît dans le Chapitre II, qui s'ouvre sur une remarque concernant le processus qui se déroulait en Europe chrétienne à partir du Xe siècle, processus dans lequel deux concepts capitaux, celui de l'incarnation et de l'eucharistie, prennent forme. Donc, la transsubstantiation, un concept totalement étrange par rapport à l'esprit islamique. Et pourtant, Steiner, qui se réfère dans les *Grammars of creation* à plusieurs domaines de la créativité artistique, essaie de capturer cette perspective musulmane à travers ce qui paraît être son expression visuelle dominante : l'esthétique ornementale, linéaire, abstraite et géométrisante, qu'il interprète en tant que signalisation

[10] Ibn 'Arabî, *Le Traité de l'amour, ch. 178 des Al-Futûhât al-Makkiya, Illuminations de La Mecque*, trad. M. Gloton, Paris 1986 ; cf. aussi : *Les Illuminations de la Mecque*, trad. partielle M. Chodkiewicz, Paris 1988.

d'une « pure énergie ». Ce sont donc des lignes de tension dans le vide qui fonctionnent comme une métaphore plastique de l'éternité s'entremêlant au monde terrestre. La grammaire spécifique de l'islam serait donc non seulement celle de la gratitude en tant qu'un acte de communication avec Dieu, mais, avant tout, celle « d'assentiment » (« a grammar of assent »)[11]. Cet esprit de positivité serait donc complémentaire à la grammaire de la négativité créatrice que je viens d'esquisser.

De l'autre côté, chez Ibn ʿArabî il y a aussi une matérialisation : la rencontre, à la Mecque, avec une figure féminine, que la tradition occidentale, suivant la lecture d'Henri Corbin dans son travail classique *L'imagination créatrice dans le soufisme d'Ibn ʿArabî*[12], s'habitua à identifier avec *Sophia aeterna*, l'incarnation de la sapience divine. La ligne de la quête amoureuse, qui s'ouvre par l'affirmation de l'absence, aboutit au retour de la présentification, à l'incarnation, peut-être pas dans le sens théologique du mot, mais sous la forme de la figure féminine qui réapparaît. Et pourtant, la femme charnelle qu'Ibn ʿArabî rencontre à la Mecque n'est qu'une trace de quelque chose d'autre, un signe indiquant la présence d'une réalité qui se situe au-delà du monde matériel.

L'amour et la quête amoureuse dans le monde oriental se laisse poser dans une perspective singulière, celle du vide et de l'absence, ouvrant un champ de réflexion riche en points d'intersection avec la discussion sur les limites de la représentation qui se trouve au centre de la problématique esthétique occidentale. Notre vision est sans aucun doute unilatérale, à cause de la présentation fort incomplète de la tradition érotique arabe, ici centrée sur une branche seulement, laissant de côté tout ce qui concerne l'amour accompli. Et, bien sûr, cette tradition est aussi très riche en « l'érotisme de présence », non seulement en « l'érotisme d'absence ». De l'autre côté, ce dernier n'est évidemment pas une idée totalement étrange à la tradition médiévale romane. Les racines de l'Orient et de l'Occident puisent dans

---

11 G. Steiner, *op. cit.*, p. 57.

12 H. Corbin, *L'imagination créatrice dans le soufisme d'Ibn ʿArabî*, Paris 1958.

la « primordialité » d'un vaste univers commun. Les traditions s'entrelacent, tantôt s'approchant, tantôt devenant plus distantes l'une par rapport à l'autre. Et pourtant, elles se jettent mutuellement de la lumière, si l'on les étudie comme des parties intégrales de cet univers commun. Plus la recherche va en profondeur, plus l'horizon d'intégration intellectuelle et spirituelle des deux mondes s'éclaircit.

Summary

A profound consolidation of Eastern and Western intellectual heritage is seen as an urgent task in the context of the search for sources of solidarity and for a new understanding of identity in the Mediterranean world. The idea of integration is actively put into practice by intellectuals such as George Steiner and Giorgio Agamben. The author of the present article tries to give continuity to their project interpreting the medieval Arabic tradition in terms of a "grammar of negativity", related to the primal questions of sign, reading and introspection.

Ijjou Cheikh Moussa
Université Mohammed V-Agdal de Rabat

RÂBI'A AL 'ADAWIYYA ET SAINTE THÉRÈSE D'AVILA : UNE MÊME PASSION DE DIEU

Chrétiens et Musulmans, nous avons beaucoup de choses en commun, comme croyants et comme hommes. Nous vivons dans le même monde, marqué par de nombreux signes d'espérance, mais aussi par de multiples signes d'angoisse. Abraham est pour nous un même modèle de foi en Dieu, de soumission à sa volonté et de confiance en sa bonté. Nous croyons au même Dieu, le Dieu unique, le Dieu vivant, le Dieu qui crée les mondes et porte ses créatures à leur perfection.

(Jean-Paul II, *Rencontre avec les jeunes musulmans à Casablanca*[1])

Rien ne semble à priori rapprocher Râbi'a Al-'Adawiyya, la sainte Soufie la plus célèbre de la mystique musulmane, et sainte Thérèse d'Avila, « l'un des sommets de la spiritualité chrétienne de tous les temps », selon les termes du Pape Benoît XVI[2]. Deux femmes mystiques que tout oppose extérieurement mais que tout réunit intérieurement. Elles appartiennent à deux époques, à deux civilisations et à deux confessions différentes, mais leurs vies ascétiques et leurs

1 Jean-Paul II, *Rencontre avec les jeunes musulmans à Casablanca, 19 août 1985*, www.vatican.va.

2 Benoît XVI, *Audience générale du 2 février 2011*, www.vatican.va.

enseignements témoignent d'une même quête spirituelle, d'une même passion dévorante pour Dieu.

Râbi'a est née en 95 de l'Hégire (713 après J.C) à Basra en Irak, moins d'un siècle après la mort du Prophète Muhammed, à une époque où les califes omeyyades se préoccupaient plus des biens matériels que leur apportaient leurs nouvelles conquêtes que de spiritualité. Quatrième fille (d'où son nom Râbi'a : quatrième) d'une famille très pieuse mais pauvre, elle perdit ses parents et fut vendue comme esclave. Selon son plus ancien biographe Farid-Ud-Din'Attar[3], un soir son maître la découvrit absorbée dans la prière, auréolée de lumière, et l'avait affranchie. Certaines sources disent qu'après son affranchissement, Râbi'a aurait été joueuse de flûte au sein des confréries soufies et qu'elle « aurait ensuite abandonné cette pratique une fois que la Lumière de Dieu l'avait complètement envahie »[4]. Selon une autre version, Râbi'a aurait sombré dans le péché, « son génie, écrit Mohammed Oudaimah, est celui de Marie-Madeleine : elle a beaucoup aimé »[5], mais cette version[6] « est en contradiction avec la grande masse des récits qui nous sont parvenus sur cette période de son existence »[7]. Quoi qu'il en soit, elle avait tout abandonné pour se consacrer à l'amour de Dieu. Elle s'était retirée un certain temps dans le désert avant de s'établir à Basra dans une cabane isolée, où elle mena une vie de récluse consacrée exclusivement à la dévotion et au pur Amour de Dieu. Bien que l'Islam désavoue le célibat, Râbi'a refusa des nombreuses offres de mariage : « Le mariage, dit-elle, est utile à qui peut choisir. Quant à moi, je n'ai pas le choix de ma vie. Je suis à mon Seigneur et je vis à l'ombre de Ses commandements. Ma personne n'a aucune valeur. »[8]

---

3 Farid-ud-Din 'Attar, *Le mémorial des saints* (*Tadhkirat al-Awliyâ*), trad. A. de Courteille, Paris 1976, p. 84.

4 J.E. Benghal, *La vie de Râbi'a Al-'Adawiyya*, Paris 2000, p. 48.

5 Râbi'a, *Les Chants de la recluse*, trad. M. Oudaimah, Paris 2002, p. 7.

6 Cette version est celle des islamistes qui rejettent le Soufisme.

7 J. Annestay, *Une femme soufie en Islam : Râbi'a Al-'Adawiyya*, Paris 2009, p. 60.

8 Râbi'a, *op. cit.*, p. 34.

Râbi'a fut la première à « introduire dans le soufisme extrêmement ascétique du VIIIe siècle, la notion de l'amour absolu envers Dieu »[9]. Elle ne craignait pas de désigner l'amour divin par le terme « mahabba », le terme même employé dans le Coran pour décrire un amour réciproque entre Dieu et les hommes : « Allah va faire venir un peuple qu'Il aimera et qui L'aimera » (Sourate V, 54) et « Si vous aimez vraiment Allah, Allah vous aimera » (Sourate III, 30).

Râbi'a aimait Dieu pour Lui-même et non point dans l'espoir d'être récompensée ou par crainte du châtiment, représentés respectivement par le Paradis et l'Enfer :

> Je ne L'ai adoré, dit-elle, ni par crainte de son Enfer ni par espoir de son Paradis. Car, alors, j'aurais été comme un mauvais serviteur qui travaille lorsqu'il a peur ou lorsqu'il veut être récompensé. Je ne L'ai adoré que par amour et par pure passion de Lui[10].

L'histoire la plus célèbre la concernant est celle où on la voit aller par les rues de Basra une torche dans une main et un seau d'eau dans l'autre. Comme on la questionnait sur la signification de ce geste elle répondit :

> Je vais porter le feu au Paradis et verser l'eau dans l'Enfer. Ainsi le Paradis disparaîtra, et l'Enfer disparaîtra, et seul apparaîtra Celui qui est le but. Alors les hommes considéreront Dieu sans espoir et sans crainte, et ainsi ils L'adoreront. Car s'il n'y avait plus l'espoir du Paradis ni la crainte de l'Enfer, est-ce qu'ils n'adoreraient plus le Véridique ? Est-ce qu'ils ne Lui obéissaient plus ?[11]

Cette histoire est connue du monde chrétien, elle fut introduite en Occident par Joinville au XIIIe siècle, et racontée par Jean-Pierre Camus dans son livre *Carité ou la vraie Charité*, paru en 1640[12] (Râbi'a était en effet nommée « la mère de la charité, *oum al khayr* »).

---

9 A.M. Schimmel, *L'Islam au féminin*, Paris 2001, p. 22.

10 Râbi'a, *op. cit.*, p. 23.

11 *Ibidem*, p. 22.

12 Cf. A-M Schimmel, *op. cit.*, p. 40.

Quand on demanda à Râbi'a de décrire son amour pour Dieu, elle répondit par ces vers, qui attestent de « l'intimité de sa relation avec son Seigneur et du ravissement, au double sens du terme, qu'Il lui a procuré »[13] :

Je T'aime de deux amours : l'un tout entier d'aimer,
L'autre, pour ce que Tu es digne d'être aimé.
Le premier, c'est le souci de me souvenir de Toi,
De me dépouiller de tout ce qui est autre que Toi ;
Le second, c'est l'enlèvement de Tes voiles
Afin que je Te voie.
De l'un ni de l'autre, je ne veux être louée,
Mais pour l'un et pour l'autre, louange à Toi ![14]

Et quand on lui demanda si elle voyait Celui qu'elle adorait, elle répondit : « Si je ne Le voyais pas, je ne pourrais pas L'adorer »[15].

Bien qu'elle n'ait reçu aucune instruction, les plus grands maîtres spirituels de son temps, comme Hassan Basri, Malik Ibn Dînar, Shaqiq al-Balkhi, Râbah al-Qays ou encore Sufyan ath-Thawri, qui fut son disciple, venaient la consulter ; tous avaient souligné la qualité de son enseignement, reconnaissant qu'elle avait accédé aux plus hauts degrés de la hiérarchie initiatique. Ils voyaient en elle « une seconde Marie »[16]. On lui attribua des miracles : le pouvoir de traverser les airs sur son tapis de prière, la multiplication des pains, le rayonnement de ses doigts qui illuminaient le soir son humble logis, et surtout le privilège de voir venir à elle la *Kaaba*, le sanctuaire sacré de la Mecque.

Râbi'a mourut en l'an 801 (185 de l'Hégire), elle avait 88 ans. La mort, à laquelle elle s'était préparée toute sa vie, représentait pour elle un pont qui mène à l'union éternelle avec Dieu : « Le temps est maintenant proche pour que je traverse ce pont, pour

---

13 J. Annestay, *op. cit.*, p. 278.

14 Râbi'a, *op. cit.*, p. 20.

15 *Ibidem*, p. 61.

16 A. Badawi, *Shahîdat al-'Ishq al-Ilâhi, Râbi'a Al-'Adawiyya*, Le Caire 1954, p. 142.

que l'âme rencontre l'Ami »[17], disait-elle à l'approche de sa mort. Certaines sources avancent qu'elle est enterrée au Mont des Oliviers, tandis que d'autres disent que le jour de sa mort, son corps a disparu.

Sans jamais avoir écrit une ligne, elle a laissé, par ses chants et ses propos, une somme spirituelle d'une importance essentielle. Grâce à ses nombreux disciples qui ont recueilli ses propos, son rayonnement spirituel demeure vivace, de nos jours on continue de s'adresser à elle pour intercéder auprès de Dieu.

Huit siècles séparent Sayyida Râbi'a de Sainte Thérèse d'Avila. Thérèse est née à Avila le 28 mars 1515 dans une famille de petite noblesse d'ascendance juive, à une époque où l'Europe entière était secouée par la Réforme protestante. Enfant, elle était fascinée par le mot « éternel » et, partant de l'idée que les martyrs jouissent d'un bonheur sans fin auprès de Dieu, elle avait décidée à l'âge de sept ans de se rendre, avec son frère Rodrigue, au pays des Maures « dans l'espoir qu'ils feraient tomber [leurs] têtes sous le glaive »[18]. Le projet échoue, mais cette passion de voir Dieu va animer sa vie. A l'âge de 13 ans, elle perdit sa mère ; à 16 ans, son père la mit en pension au couvent des Augustines pour parer à ses idylles amoureuses. Thérèse, qui était très coquette, ne voulait en aucun cas être religieuse : « J'étais ennemie d'être nonne »[19], disait-elle. Mais à 21 ans, et malgré l'opposition de son père, elle prit l'habit religieux au Carmel d'Avila sous le nom de Thérèse de Jésus. Trois ans plus tard elle tomba gravement malade au point de rester quatre jours dans le coma. Cette crise fut suivie d'une crise religieuse :

> D'un côté Dieu m'appelait, et de l'autre je suivais le monde. Je trouvais dans les choses de Dieu de grands délices, mais les chaînes du monde me tenaient encore captive[20].

---

[17] Cité par J. Annestay, *op. cit.*, p. 310.

[18] Thérèse d'Avila, *Autobiographie*, I, 1, dans http ://Livres mystiques.com/ partie TEXTES/Avila/Autobiographie/Table.html-France.

[19] Citée par V. Donard, *Thérèse d'Avila, l'aventure de Dieu*, Paris 2008, p. 8.

[20] Thérèse d'Avila, *Autobiographie*, *op. cit.*

Sa véritable conversion n'a eu lieu que vers l'âge de quarante ans à la découverte fortuite d'une statue du Christ souffrant et martyrisé :

> Mon âme fatiguée aspirait au repos, mais de tristes habitudes ne lui permettaient pas d'en jouir. Or, il arriva un jour qu'entrant dans un oratoire, j'aperçus une image de Jésus-Christ couvert de plaies, qui se trouvait là pour être exposée dans une fête prochaine. Elle était si touchante, c'était une représentation si vive de ce que Notre-Seigneur endura pour nous, qu'en voyant le divin Maître dans cet état, je me sentis profondément bouleversée. Au souvenir de l'ingratitude dont j'avais payé tant d'amour, je fus saisie d'une si grande douleur qu'il me semblait sentir mon cœur se fendre. Je tombai à genoux près de mon Sauveur, en versant un torrent de larmes, et je le suppliai de me fortifier enfin de telle sorte que je ne l'offense plus désormais [21].

Thérèse décida alors de n'appartenir qu'à Dieu et de Le servir par pur amour, et Dieu lui octroya de nombreuses faveurs. Ainsi dans l'année 1558, elle eut l'intuition de la présence du Christ à ses côtés et à partir de cet instant elle la ressentait souvent :

> Le sentiment de la présence de Dieu me saisissait alors tout à coup. Il m'était absolument impossible de douter qu'il ne fût au dedans de moi, ou que je ne fusse toute abîmée en lui[22].

Lors de l'une de ses extases, immortalisée par le Bernin, un ange symbolisant l'Amour lui transperça le cœur, la laissant toute embrasée de l'Amour divin :

> [...] voici une vision dont le Seigneur daigna me favoriser à diverses reprises. J'apercevais près de moi, du côté gauche, un ange sous une forme corporelle [...] Je voyais dans les mains de cet ange un long dard qui était d'or, et dont la pointe en fer avait à l'extrémité un peu de feu. De temps en temps il le plongeait, me semblait-il, au travers

21 *Ibidem*, II, 9.
22 *Ibidem*, II, 10.

> de mon cœur, et l'enfonçait jusqu'aux entrailles ; en le retirant, il paraissait me les emporter avec ce dard, et me laissait toute embrasée d'amour de Dieu. La douleur de cette blessure était si vive, qu'elle m'arrachait ces gémissements dont je parlais tout à l'heure : mais si excessive était la suavité que me causait cette extrême douleur, que je ne pouvais ni en désirer la fin, ni trouver de bonheur hors de Dieu. Ce n'est pas une souffrance corporelle, mais toute spirituelle, quoique le corps ne laisse pas d'y participer un peu, et même à un haut degré. Il existe alors entre l'âme et Dieu un commerce d'amour ineffablement suave[23].

Obéissant aux conseils donnés par l'Esprit lors de l'une de ses multiples visions spirituelles, Thérèse entreprit la création de nombreux monastères à travers l'Espagne, conformément à la règle primitive du Carmel (différente de l'ordre mitigé des carmélites du couvent de l'Incarnation), se heurtant souvent à des violentes oppositions. Dans cette mission, elle était aidée par Jean de la Croix, un jeune carme qu'elle avait convaincu de rallier sa réforme et qui deviendra le maître indépassable de la mystique espagnole.

Elle mourut le 4 octobre 1582, en répétant : « Il est temps de nous voir, mon Aimé, mon Seigneur. Partons, et à la bonne heure... »[24]. Plusieurs années après sa mort, on ouvrit sa tombe, nulle trace de décomposition, il en émanait une odeur de parfum. Elle fut béatifiée en 1614, canonisée en 1622 et proclamée « Docteur de l'Eglise » en 1970. Outre ses fondations et la réforme du Carmel, elle a laissé en héritage un vaste corpus de textes rédigés dans leur majorité à la demande de ses supérieurs.

Comment ces deux femmes ont-elles atteint cet état suprême de la vie spirituelle ? Si Thérèse l'avait explicitement décrit dans son *Autobiographie* et surtout dans le *Chemin de la perfection* et le *Château intérieur*, Râbi'a, par humilité, n'avait pas essayé de décrire en détails son expérience personnelle. Mais de ses propos se dégage un cheminement spirituel qui n'est pas si éloigné de celui que décrit Thérèse.

---

23 *Ibidem*, VI, 29.

24 Citée par V. Donard, *op. cit.*, p. 13.

La seule différence, qui provient de leur croyance religieuse, réside dans le fait que le mysticisme de Thérèse est christocentrique, c'est un dialogue avec la personne de Jésus-Christ, le Verbe fait chair ; alors que celui de Râbi'a, conformément au texte coranique, est un dialogue direct avec Dieu[25].

Ainsi les deux saintes s'accordent sur le fait que le chemin qui mène à Dieu n'est pas réservé à un petit nombre, la porte est toujours ouverte pour celui qui le désire profondément : « La porte est ouverte, mais le problème vient de celui qui désire rentrer »[26], disait Râbi'a. Et Thérèse affirmait que la miséricorde de Dieu « est si grande, qu'il n'empêche personne d'aller boire à la fontaine de vie »[27].

De même, toutes les deux insistent sur la pluralité des voies qui mènent à l'Union mystique :

> Il est impossible au regard de distinguer les différentes stations de la Voie qui mène à Dieu. Il est impossible à la langue de parvenir jusqu'à Lui. Aussi éveille ton cœur ! Si ton cœur s'éveille, tes yeux verront le chemin et tu parviendras sans peine à la Station[28].

> [...] il y a différentes voies pour aller à Dieu, comme il y a beaucoup de demeures au ciel [...] Il (Dieu) n'oblige pas ceux-ci à passer par un chemin, ni ceux-là à passer par un autre[29].

Mais la méthode de réalisation intérieure des différentes voies est unique, disent-elles, elle repose sur l'oraison (*le dhikr*), sans laquelle la relation à Dieu est pratiquement impossible. Râbi'a conseillait à son disciple Sufyan ath-Thawri de pratiquer l'oraison : « Accrois ta pratique du Dhikr car c'est seulement cela qui te fera obtenir ce que tu voulais dans ta tombe »[30]. De même, Thérèse, s'adressant à ses ssurs, leur affirmait « que la porte pour entrer dans ce

[25] Pour les Musulmans, Jésus n'est pas le Dieu incarné, il est un grand prophète.

[26] Râbi'a, cité par J. Annestay, *op. cit.*, p. 71.

[27] Thérèse d'Avila, *Le Chemin de la perfection*, Paris 1961, p. 134.

[28] Râbi'a, *op. cit.*, p. 36.

[29] Thérèse d'Avila, *Le Chemin de la perfection*, *op. cit.*, p. 134.

[30] Râbi'a, cité par J. Annestay, *op. cit.*, p. 317.

château, œ c'est l'oraison »[31]. Il ne s'agit pas de réciter des prières toutes faites, mais de prier inlassablement avec le cœur, avec amour, de converser avec Dieu en croyant qu'il est toujours présent, près de nous. Quand Ibrahim Ibn Adham, qui a mis quatorze années à faire le chemin vers la Kaaba (c'est-à-dire vers Dieu) et ne l'avait pas trouvé, demanda à Râbi'a comment elle avait fait, elle lui répondit : « Tu l'as traversé en priant rituellement et moi par mes suppliques personnelles »[32]. Elle répétait souvent cette courte prière : « Mon Dieu, je prends refuge en Toi contre tout ce qui me détourne de Toi. Contre tout ce qui s'interpose entre Toi et moi »[33]. Et Thérèse déclara : « L'oraison mentale n'est à mon avis qu'une relation d'amitié où l'on s'entretient souvent seul à seul avec Celui dont on se sait aimé »[34].

Pour progresser dans sa quête spirituelle, l'orant doit franchir différentes étapes. Ces étapes correspondent aux *sept stations du cœur* des Soufis, aux *sept demeures du Château de l'âme* de Thérèse – le chiffre sept évoque les sept jours de la Création. Les trois premières étapes correspondent à la « voie purgative », les trois suivantes à la « voie illuminative » et la septième à la « voie unitive ».

La première étape, le fondement de tout progrès sur la Voie mystique, est la *Conversion* (*at-tawba*), le fait de se repentir de ses péchés, de se tourner vers Dieu et de se soumettre à Sa volonté. C'est celle de Moïse quand il laissa son peuple pour aller à la rencontre de Dieu sur le Mont Sinaï, c'est aussi celle de Râbi'a et de Thérèse au moment de leur abandon des valeurs mondaines au profit de celles de l'autre monde. Mais seule la grâce divine a le pouvoir d'opérer un tel retournement.

Pour nos deux saintes, comme pour tous les mystiques, le repentir va de pair avec le renoncement au monde (*zuhd*) et à tout ce qui est périssable. Râbi'a' enseignait ceci :

---

31 Thérèse d'Avila, *Le Château intérieur ou les Demeures*, I, 1, 7, http ://Livres mystiques.com/partie TEXTES/Avila/Chateau/table.html – France.

32 Râbi'a cité par J. Annestay, *op. cit.*, p. 224.

33 Râbi'a, *op. cit.*, p. 19.

34 Thérèse d'Avila, *Autobiographie*, VIII, 5.

Si tu aspires à souffrir pour Allah
Tu dois renoncer à jamais à ce monde
Apprends que tant l'ici-bas t'occupera
La nostalgie de Dieu ne te visitera pas[35].

Ce à quoi feront écho ces paroles de Thérèse :

Il est très utile, pour obtenir de pénétrer dans les secondes Demeures, que chacun, selon son état, tâche de se dégager des choses et des affaires qui ne sont pas nécessaires. C'est d'une importance telle que j'estime impossible qu'on accède jamais à la Demeure principale sans commencer par là ; il sera même difficile de rester sans danger dans celle où on se trouve, si on a pénétré dans le château ; car au milieu de choses si venimeuses, il est impossible de n'être pas mordu[36].

Renoncer au monde, ce n'est pas seulement se détacher des biens terrestres mais aussi de nous-mêmes, car, comme le note le grand Soufi Jalal Ud Dîn Rûmi (1207-1273), « nous avons beaucoup d'idoles en nous-mêmes comme la cupidité, les passions, la tempérance, l'envie »[37]. C'est pourquoi, la pauvreté constitue l'une des principales étapes de la Voie mystique. Il faut entendre par le terme pauvreté (*faqr*) aussi bien la pauvreté matérielle que la pauvreté intérieure. A la question de son disciple : « Quelle est la meilleure chose à faire pour un serviteur qui désire la proximité de son Seigneur ? », Râbi'a répondit : « Que le serviteur ne possède rien dans ce monde et dans l'autre, sauf Lui »[38]. Et Thérèse ne disait pas autre chose aux carmélites déchaussées :

Croyez, mes filles, le Seigneur m'a donné pour votre bien quelque intelligence des trésors renfermés dans la sainte pauvreté. Celles

35 Râbi'a, cité par J. Annestay, *op. cit.*, p. 81.

36 Thérèse d'Avila, *Le Château intérieur*, I, 2, 14.

37 Rûmî, *Le Livre du Dedans, Fîhi mâ fîhi*, trad. E. Meyerovitch, Paris 1997, p. 110.

38 Râbi'a, cité par Jâmî, *La Vie des Soufis, Nafahâtu-l-Uns*, trad. S. de Sacy, Paris 1977, p. 716.

> d'entre vous qui en feront l'expérience le comprendront ; elles n'en auront pas cependant une vue aussi claire que moi ; car j'ai été folle, et non pauvre d'esprit, malgré le vœu que j'en avais fait.
>
> La pauvreté est un bien qui renferme en soi tous les biens du monde ; elle assure un empire immense ; je le répète, elle nous rend vraiment maîtres de tous les biens d'ici-bas, dès lors qu'on les foule aux pieds[39].

Au nombre des principales étapes de la Voie mystique, figurent aussi l'humilité, la patience dans l'adversité, l'amour du prochain et surtout la crainte révérencielle. Comme on demandait à Râbi'a pourquoi elle pleurait souvent, elle répondit :

> Je crains qu'au dernier moment une voix me crie soudain : Râbi'a n'est pas digne de paraître à notre cour[40].

Et Thérèse conseillait à ses sœurs de ne jamais cesser de craindre Dieu :

> « Bienheureux l'homme qui craint le Seigneur (Ps 61,1) » [...] Ne vous prévalez pas de la clôture et de la pénitence où vous vivez ; Dieu est le seul sujet de vos entretiens, vous vous exercez continuellement à l'oraison, vous êtes si éloignées des choses du monde que vous les avez, vous semble-t-il, en abomination, tout cela est bon, mais ne suffit point, comme je l'ai dit, à nous délivrer de toute crainte ; continuez donc ce verset, et rappelez-le souvent à votre mémoire[41].

Chaque progrès dans la purification morale entraîne un réajustement psychologique aux conditions de l'étape suivante, plus pure et plus élevée. Le cœur s'étant purifié de tous les vices atteint la dernière *demeure*, la dernière *station*, celle de l'amour ardent pour Dieu et de la connaissance de Dieu. Il devient alors capable de recevoir la lumière divine et de jouir de la vision béatifique. Pour Râbi'a la musulmane, comme pour Thérèse la catholique, l'amour

---

[39] Thérèse d'Avila, *Le Chemin de la perfection*, p. 54.

[40] Farid-ud-Din 'Attar, *op. cit.*, p. 92.

[41] Thérèse d'Avila, *Le Château intérieur*, III, 1, 1-4.

demeure l'agent principal et le but de ce cheminement spirituel et de ce retour à l'Unité.

Les deux saintes ont encore ceci en commun : toutes les deux ont exprimé certains de leurs états spirituels sous forme de poèmes. Aussi pour conclure, je voudrais citer deux extraits qui révèlent l'intensité de leur passion de Dieu et la souffrance qui l'accompagne, le premier est de Râbi'a et le second de Thérèse :

Mon repos, ô mes frères, est dans ma solitude,
Mon Aimé est toujours en ma présence.
Rien ne peut remplacer l'amour que j'ai pour Lui,
Mon amour est mon supplice parmi les créatures
Partout où j'ai contemplé Sa beauté,
Il a été mon mihrab et ma qibla.
Si je meurs de cet amour ardent et s'Il n'est satisfait,
Oh que cette peine aura été mon malheur en ce monde !
Ô médecin du cœur, Toi qui es tout mon désir,
Unis-moi à Toi d'un lien qui guérisse mon âme.
Ô ma joie, ô ma vie pour toujours !
En Toi mon origine, en Toi mon ivresse.
J'ai abandonné entièrement les créatures dans l'espoir
Que Tu me lies à Toi. Car tel est mon ultime désir…[42]

Je vis mais sans vivre en moi :
Et mon espérance est telle
Que je meurs de ne pas mourir.
Je vis déjà hors de moi
Depuis que je meurs d'amour :
Car je vis dans le Seigneur
Qui m'a voulue pour lui.
Quand je lui donnai mon cœur,
Il y inscrivit ces mots :
Je meurs de ne pas mourir …
Ah ! qu'elle est triste la vie,

[42] Râbi'a, *op. cit.*, p.43.

Où l'on ne jouit pas du Seigneur !
Et si l'amour lui-même est doux
La longue attente ne l'est pas :
Ôte-moi, mon Dieu, cette charge
Plus lourde que l'acier,
Car je meurs de ne pas mourir...[43]

Summary

Râbi'à Al 'Adawiyya and Teresa of' Avila belong to two periods, two civilisations and two different confessions. The first one was a manumitted slave, she lived in Iraq during the 7th century, the Islamic Golden Age ; the second one was from a family with Jewish roots, born in Spain in 16th century, during the Spanish Golden Age. Râbi'a, „the contemplative one", has never written a single line. Her poems and her remarks were gathered by her disciples, and they do not exceed one hundred pages, whereas Teresa, „the active one", was a woman of letters. She left behind numerous spiritual treaties and founded several monasteries. Now that that „the clash of civilizations" is so often mentioned, we do not want to hide these differences, but to concentrate on what bring them together : the passion of God, the quest for the inner peace and the awaking.

[43] Thérèse d'Avila, *Œuvres complètes*, Paris 1964, pp. 1067-1069.

Hassan Moustir
Université Mohammed V-Agdal de Rabat

DERRIDA, KHATIBI : UNE MÊME IDÉE DE LA DIFFÉRENCE

Préliminaire : l'éclairage postcolonial

En-deçà du lien que cet article tentera d'établir entre ces deux figures majeures de la pensée moderne que sont Jacques Derrida et Abdelkébir Khatibi se trouve l'intérêt que la théorie postcoloniale porte à leurs œuvres respectives. Cette raison objective, d'ordre intellectuel, constitue en soi une preuve de la présence de résonnances significatives entre deux pensées qui se déploient différemment, d'une analyse peu conventionnelle des configurations identitaires indécidables dans le contexte moderne, marquées par un certain nombre de déphasages occasionnés par le trauma colonial. Si l'on sait que l'intervention d'un récit civilisationnel sur un autre, dont le symbole d'hégémonie par excellence est la langue de l'autre, ne peut qu'engendrer des ruptures dans la capacité de l'individu colonisé à se raconter, c'est-à-dire à restituer la continuité perdue du récit ancestral, on comprend mieux l'attention portée par nos deux auteurs à la question de la différence qui devient un repère essentiel dans le processus réparateur du récit de soi. Derrida et Khatibi racontent tous deux, chacun à sa manière et dans le cadre de la réflexion qui lui est propre, le récit d'un ex-colonisé qui interroge les soubresauts de l'Histoire et s'interroge à la fois sur l'appartenance à une langue et sur l'affirmation d'appartenance de celle-ci à quelqu'un. Comment en effet adhérer à la langue de l'autre sans annihiler la sienne ?

Comment faire sienne la langue de l'autre ? Et comment, en somme, aboutir, comme le pense Edouard Glissant, à un imaginaire des langues où, au-delà de la mainmise de la langue sur l'individu, et inversement celle de l'individu sur la langue, penser l'appartenance égale à toutes les langues qui constituent un patrimoine humain dont chaque pièce est nécessaire au maintien de l'ensemble ? Une telle audace théorique portant sur le fait linguistique ne peut que récuser la pensée universaliste qui agit plus par transposition, dans l'espace et dans le temps, que par libre appropriation. Il n'est pas surprenant que et Derrida et Khatibi revendiquent la langue qui leur a été imposée : le français. Cette attitude dépasse de loin l'approche dualiste de Frantz Fanon fondée sur l'antinomie du soi et de l'autre, en l'occurrence du colonisateur et du colonisé et, par extension, du Nord et du Sud. L'approche de la différence par le ressentiment révèle ses limites quand elle essentialise l'identité, exposant celle-ci par ce geste de repli à reproduire la posture hégémonique qu'elle dénonce chez l'autre. C'est dans ce sens que l'on peut qualifier la posture de nos deux penseurs de post-structuraliste car elle intègre le temps, à travers notamment le concept Deleuzien de « devenir », qui transforme la trace de l'altérité en ce qu'elle est le signifié d'une présence autre en signifiant ouvert sur un autre signifié identitaire potentiel. En d'autres termes, le processus répressif originel qui tend à façonner les différences pour aboutir à une configuration d'assimilation, soit de mêmeté, peut, en intégrant la dimension du temps et la liberté du sujet à disposer de lui-même, donner lieu à une forme inattendue où l'objet de l'hégémonie coloniale creuse sa différence en n'étant ni tout à fait soi-même ni tout à fait l'autre. C'est ce processus d'hybridation qui retient l'attention des théoriciens postcoloniaux, tels Homi Bhabha et Gayatri Spivak, et qui trouve dans la pensée de Derrida et de Khatibi ce qui l'alimente et y répond. C'est ainsi, par exemple, que des concepts comme la « différance » ou la « bi-langue » se sont trouvés utilisés pour décrire la fuite en avant du signe relationnel dans des contextes postcoloniaux, qualifiés de post-traumatiques, générateurs de paradoxes et de flottements identitaires. Nous nous devons ici d'amorcer une réflexion sur cette parenté conceptuelle entre ces deux auteurs majeurs, appartenant à-priori à deux aires géoculturelles différentes, sur ce qui la fonde et la motive, avant de nous arrêter plus particulièrement sur l'usage que les deux auteurs font du concept qui nous préoccupe ici, celui de « différence », qui se trouve être le noyau même de toute pensée de l'identité.

Echos et résonnances

Prendre la mesure de la trace de Khatibi dans la pensée de Derrida ou de l'effet de Derrida sur l'œuvre de Khatibi c'est donner corps à un dialogue incessant entre ces deux figures de la Méditerranée. Nous ne disons pas « figures des deux rives de la Méditerranée », puisque c'est de cela qu'il s'agit, de l'impossibilité de les confiner à demeure dans une géographie objective qui fixerait leur différence. Derrida et Khatibi appartiennent tous deux à une rive imaginaire qu'ils n'ont eu cesse de construire et de configurer, celle de la *philia* grecque, de l'amitié inconditionnelle dans l'horizon d'une citoyenneté sans territoire. Aussi cela ne semble-t-il pas insolite qu'ils aient pu se rencontrer dans des circonstances livresques, actualisant pleinement le sens de l'amitié – que Khatibi appellerait *aimance*[1]– que développe Derrida dans *Politiques de l'amitié* en évoquant l'exemple du lien qui unissait Montaigne et La Boétie :

> Nous nous cherchions avant de nous estre veus, et par des rapports que nous oyïons l'un de l'autre, qui faisoient en nostre affection plus

[1] Ce concept occupe une place de choix dans l'œuvre de Khatibi qui va jusqu'à dire à son sujet : « Et toi, Aimance Aimance / N'es-tu pas mon emblème chiffré ? / Le seul mot que j'ai inventé / Dans la phrase de ma vie » (A. Khatibi, *Dédicace à l'Année qui vient*, Montpellier 1986, p. 95). Quant au sens que Khatibi donne à l'*aimance*, comme forme relationnelle, Hassan Wahbi précise : « Elle se satisfait de la pratique de la proximité libérée de la possession. Le choix de l'*aimance* conduit à une forme d'exaltation retenue qui se transforme en une sorte de pédagogie de la force attractive des différences » (H. Wahbi, *Abdelkébir Khatibi. La fable de l'aimance*, Paris 2009, p. 75).

d'effort que ne porte la raison des rapports, je croy par quelque ordonnance du ciel : nous nous embrassions par noz noms[2].

Derrida a d'abord lu Khatibi, comme on le constate dès l'exergue à la *Mémoire tatouée* et, plus amplement, dans le *Monolinguisme de l'autre*, texte qui croise de manière ouverte *Amour bilingue*, ce « grand livre »[3], dit-il ; Khatibi a d'abord lu de Derrida « la double séance » sur Mallarmé comme initiation à l'hermétisme, cet « art de la distance », comme il le qualifie, et qui fascine Khatibi qui se désignait lui-même alors comme « jeune écrivain, sortant à peine de l'ère coloniale »[4].

C'est donc, pour rester proche de ce style cérémoniel qu'affecte particulièrement Derrida (cette passion des préambules que relève chez lui Khatibi), de cette amitié pensante et du dialogue auquel elle a donné lieu et suite qu'il s'agit. Ce dialogue a pour première substance la langue, les troubles qu'elle génère dans l'être, individuel et collectif, que Derrida diagnostique dans *Le Monolinguisme de l'autre* à travers un paradoxe lui-même troublant, en affirmant d'entrée de jeu : « je n'ai qu'une langue et elle n'est pas la mienne »[5]. Laquelle affirmation prend racine dans une expérience de déracinement de la communauté juive d'Algérie qui perd et recouvre la citoyenneté française au nom d'un arbitraire inexplicable pour l'auteur, alors que l'accès à toute autre forme de citoyenneté demeurait impossible, que l'identification à l'arabe ou à l'hébreu restait hors de portée et que restait le français, cette langue donnée et ensuite reprise avec une violence égale. Cette langue qui reste au-delà du don, comme il l'explique en disant : « Pour tous, le français était une langue supposée maternelle mais dont la source, les normes, les règles, la loi étaient situées ailleurs »[6].

---

2 M. de Montaigne, *De l'amitié*, [dans :] idem, *Les Essais*, texte établi et annoté par A. Thibaudet, Paris 1953, pp. 224-225.

3 J. Derrida, *Le Monolinguisme de l'autre, ou la prothèse d'origine*, Paris 1996, p. 64.

4 A. Khatibi, *Jacques Derrida, en effet*, Al Manar, 2007, p. 18.

5 J. Derrida, *Le Monolinguisme de l'autre*..., p. 13.

6 *Ibidem*, p. 72.

A cela s'ajoutait une forme d'interdit implicite qui frappait l'arabe, confinée dans un statut de « langue étrangère », qu'il fallait, si on le souhaitait, apprendre en tant que telle. Derrida ne manque pas d'esquisser un rapprochement significatif avec cette situation de deuil linguistique qu'est la diglossie dont traite Khatibi dans son œuvre et surtout dans *Du bilinguisme*. Le même Khatibi revient sur cette étrange réalité dans « lettre ouverte à Jacques Derrida » où il avoue :

> J'avais appris à écrire la langue française avant de la parler, et comme on ne parle pas comme un livre, tout était à recommencer. En ce sens, ce n'est pas une substitution de la langue maternelle, mais une langue d'écriture en une diglossie incroyable, car il s'agissait de parler dans une langue et d'écrire dans une autre[7].

Les deux auteurs se croisent en effet dans la matérialité d'un livre qui a pour titre une identité habitée par l'altérité et la différence : *Le Monolinguisme* de *l'autre*. Ce texte, qui est une version remaniée d'une communication présentée lors d'un colloque organisé par Édouard Glissant et David Wills, du 23 au 25 avril 1992, à l'université d'État de Louisiane, à Baton Rouge, aux États-Unis, concrétise l'idée d'une « intertextualité en différance », qu'on peut arrêter au moins à trois nœuds essentiels : *Le Monolinguisme* contient *Du bilinguisme*, en s'y référant, en le discutant, en construisant et en déconstruisant à sa lumière, et *Jacques Derrida, en effet*, revient sur *Le Monolinguisme*, sous la forme de l'hommage et du témoignage. Ainsi, s'agit-il entre les deux auteurs d'un dialogue, autre nom de « l'amitié pensante qui ne se volatilise pas après le décès de l'un des amis »[8].

Familiarité d'un concept : la différence

Ce texte, *Le Monolinguisme de l'autre*, constitue dès lors un terrain d'entente entre les deux auteurs, en inscrivant la différence, ce « lien

[7] A. Khatibi, *Jacques Derrida, en effet*, p. 44.

[8] *Ibidem*, p. 7.

indestructible de la séparation »[9], comme la qualifie Khatibi dans la *Langue de l'autre*, au cœur de l'être, en mettant en crise les fondements de l'édifice identitaire dont la langue est un symbole fort. Symbole qui appelle dans son évocation des concepts avec lesquels on ne badine pas, comme la Nation, l'Etat ou encore ce mot barbare qu'est l'identité. C'est donc une démarche qui s'attaque à un attribut majeur de l'être, la langue, qui prend chez Derrida la forme d'une « déconstruction » et que Khatibi nomme, dès la *Mémoire tatouée*, « décolonisation »[10] :

> J'ai toujours pensé que ce qui porte le nom de « déconstruction » est une forme radicale de « décolonisation » de la pensée dite occidentale. Je l'ai écrit et signé il y a longtemps. *Le Monolinguisme de l'autre* vient d'en illustrer la portée politique – quant à la langue, la langue de l'autre[11].

En allant au fond de ce rapprochement, nous trouvons que Derrida déconstruit le concept de la « monolangue » de la même manière que Khatibi construit, et symétriquement, celui de la bilangue. Pour Derrida, le monolingue, qui parle et ne parle avec d'autres monolingues semblables qu'une langue, par opposition à d'autres monolingues *différents*, est un mythe, une « fiction théorique », qu'il appelle à déconstruire. Edouard Glissant ne dit pas autre chose quand il déclare à propos de l'hybridité qui caractérise foncièrement toute langue : « On ne peut plus écrire une langue de manière monolingue »[12]. Et sur cette position, Derrida rencontre encore une fois Khatibi :

> 1. *On ne parle jamais qu'une seule langue.* 2. *On ne parle jamais une seule langue.* Cette seconde proposition va dans le sens de ce que mon

[9] A. Khatibi, *La Langue de l'autre*, New York–Tunis 1999, p. 4.

[10] Notons à ce propos que ce roman, *La Mémoire tatouée*, a pour sous-titre significatif *autobiographie d'un décolonisé*. L'auteur révèle plus explicitement sa démarche déconstructive dans la dernière phrase de la postface où il dit : « Se décoloniser de quoi ? De l'identité et de la différence folles » (A. Kathibi, *La Mémoire tatouée*, Paris 1971).

[11] *Ibidem*, p. 34.

[12] E. Glissant, *Entretiens avec Lise Gauvin (1991-2009)*, Paris 2010, p. 14.

ami Khatibi énonce clairement dans la Présentation d'un ouvrage sur le bilinguisme, au moment où il définit en somme une *problématique* et un *programme.* Je l'appelle donc à mon secours : „S'il n'y a pas (comme nous le disons après et avec d'autres) *la* langue, s'il n'y a pas de monolinguisme absolu, reste à cerner ce qu'est une langue maternelle dans sa division active, et ce qui se greffe entre cette langue et celle dite étrangère. Qui s'y greffe et s'y perd, ne revenant ni à l'une ni à l'autre : l'incommunicable. De la bi-langue, dans ses effets de parole et d'écriture [...]"[13].

Ainsi se déduit l'hétérogénéité de l' « un » et du « même », leur condition foncière d'hybrides, habités par l'autre et le différent. Mais cette différence ne peut être pensable sans quelque chose qui la rend possible et lui offre les conditions de sa réalisation. Pour Derrida, cette différence intrinsèque est animée par un processus de « différance », soit une dynamique qui diffère l'être et l'empêche de coïncider avec lui-même dans un mimétisme inquiétant. Et voilà que Derrida nous livre sa définition insolite du même dans *La Différance*[14] : « Le même est précisément la différance (avec un *a)* comme passage détourné et équivoque d'un différent à l'autre, d'un terme de l'opposition à l'autre »[15].

Certes Khatibi ne conceptualise pas de la même manière ce processus de différance, mais il emploie une métaphore pour le dire, celle de l'*étranger professionnel* en tant que figure de l'« arpenteur des passages, des frontières et de la contrebande, des marges et des mots de passe »[16]. Cette métaphore envisage l'homme comme un éternel exilé, acculé à une forme d'exil qui le précède. Un exil ontologique qui met pourtant en crise toute identification avec un récit fondateur, y compris celui de la langue-mère. La décolonisation, comme

[13] J. Derrida, *Le Monolinguisme de l'autre...*, p. 22. Derrida cite ici *Du bilinguisme* de Khatibi (Paris 1985, p. 10).

[14] Conférence prononcée à la Société Française de Philosophie, le 27 janvier 1968, publiée simultanément dans le *Bulletin de la Société Française de Philosophie* (juillet-septembre 1968) et dans *Théorie d'ensemble* (coll. Tel Quel), Paris 1968.

[15] http ://www.jacquesderrida.com.ar/textos/la_differance.htm (08.03.2011).

[16] A. Khatibi, *Jacques Derrida, en effet*, p. 36.

déconstruction égale du métarécit personnel comme de la présence de l'étranger, de sa trace dans l'être et dans la langue, ne comporte pas de fond nostalgique : ce n'est pas un exorcisme qui ouvre sur un nouveau monolinguisme utopique et radical. Cette décolonisation est, au contraire, commencement d'un processus de créolisation permanent, une poétique de la relation comme la pense Edouard Glissant. C'est en substance ce que Khatibi nous dit dans *Jacques Derrida, en effet* :

> D'une part, l'expropriation, la séparation du lieu et du récit en langues initié par l'exil et son expérience, ouvre l'esprit de l'exilé au monde réel et à sa différence active, et dont « le cosmopolitisme », je le concède, masque l'enjeu politique entre Etats, entre nations ; d'autre part, l'exilé donne un gage, renouvelle son allégeance à la langue de l'autre, bien qu'elle n'appartienne à personne[17].

Conclusion

Ce qui semble indiqué en définitive à travers ce rapprochement qui, n'eussent été les limites de cet article, devait encore se prolonger, c'est un horizon de salut, une sortie salvatrice du soliloque qui caractérise toute pensée de l'un, dont le monolinguisme. Cette issue viable de la différence c'est la voix hospitalière de l'amitié qui prend chez Khatibi la forme d'un cosmopolitisme réfléchi et actif et dont on constate la mise en pratique dans ses derniers récits à travers notamment la notion déjà évoquée de l'*étranger professionnel*. Ce qui implique de faire de la différance (avec a) un mode pratique de l'identité hors-langue et hors-territoire. Chez Derrida, cette démarche se laisse mieux saisir à la lumière de ce que Kant pose comme condition à son projet de *Paix perpétuelle*, à savoir l'hospitalité comme citoyenneté universelle. Pour sortir nous-mêmes du monolinguisme dont nous parlons, lisons en anglais ce que Derrida, parlant de Kant, disait à propos de cette hospitalité universelle : « In this context, hospitality means

[17] *Ibidem*.

the right of a stranger not to be treated with hostility when he arrives on someone else's territory »[18].

L'hospitalité comme droit de l'étranger à ne pas être traité avec hostilité en arrivant sur le territoire de l'autre. Derrida précise, à la suite de Kant, qu'il ne s'agit nullement d'un sentiment philanthropique, d'un don généreux, mais d'un droit à la différence. C'est en définitive ce que Khatibi dit en qualifiant la différence d'« intraitable ».

Summary

The same work of deconstruction of various forms of metaphysics, applies to every identity, seems to be shared by Derrida and Khatibi. The work and thought of those authors overlap. The statement is the proof that both observe „the other thought" in closing West metaphysics and opening new mental horisons. „The other thought" overcomes the binary opposition of centre and periphery. These authors view similarly the way of deconstruction of the discourse and „decolonisation" of a human being. The result of that process is the liberation of a human being from imposed reference points. The identity is not referential but it always resides in the sphere of otherness, which transports identity far from itself, recreates and differantiates it.

[18] J. Derrida, « Angelaki. Journal of the Theoretical Humanities », vol. 5, n° 3, 2000, p. 5.

Ewa Mukoid
Université Jagellonne de Cracovie

FRANCE ET MAROC PAR EXEMPLE : COACHING, APPROCHE INTERCULTURELLE

Si un phénomène franchit les frontières et se fait progressivement adopter et s'adapte aux quatre coins du monde indépendamment de la situation géographique et des contextes politique, historique et religieux, non seulement il mérite une appellation d'interculturel mais aussi il requiert une sérieuse approche interculturelle.

Nous avons ici en vue le coaching en tant que pratique professionnelle dont le champ d'application n'arrête pas de s'élargir. Nous visons en même temps le coaching comme attitude et source d'un ensemble d'idées et de comportements qui sont sur le point de devenir une nouvelle idéologie de la civilisation mondiale du XXIe siècle.

La contribution qui suit essaie d'esquisser quelques pistes pour des recherches futures. Notre démarche ira du général vers le particulier : nous allons d'abord présenter les fondements théoriques du coaching qui favorisent son essor interculturel, ensuite nous étudierons brièvement les formulations du coaching interculturel comme métier spécialisé et discipline spécifique. Enfin nous montrerons un exemple concret qui éclairera la situation actuelle.

1. Fondements théoriques

La théorie du coaching puise dans des sources syncrétiques. La psychologie dite positive pour se distinguer des psychologies cliniques et psychopathologiques, les neurosciences et les sciences de l'éducation des adultes (l'andragogie pour ne pas la confondre avec une pédagogie traditionnelle), anthropologie philosophique et culturelle voire l'ethnologie en forment le contexte solidement « humain ». D'autre part tout aussi important reste l'apport des sciences économiques et des études sur l'entreprise, en particulier sur le comportement économique et commercial, des théories de gestion et du management des ressources humaines. Les deux versants mettent l'accent sur :

1. Le développement considéré comme but et comme principe, une amélioration constante des connaissances, des procédés et des performances obtenues par les hommes et par les organisations. Le développement concerne les cognitions, les compétences et les attitudes (les savoirs, les savoir faire et les savoir être) mais en premier lieu leurs sujets : les personnes.
2. La personne à la fois active et réflexive : agent du changement, conscient de ses motifs et de son environnement, capable d'évoluer suivant ses propres initiatives, pourvu d'un potentiel possible à détecter, développer et mettre en œuvre. La personne peut être un individu mais aussi une collectivité (famille, équipe, entreprise, etc.).
3. La communication en tant que moteur du développement et caractéristique de la situation existentielle et épistémique des personnes qui opèrent d'une façon dynamique avec d'autres sujets et leurs réalités. La communication sera jugée plus ou moins efficace ou satisfaisante en fonction du développement personnel auquel elle contribuera.

Dans un univers global, ces trois centres de référence renvoient à une multitude de cultures en dialogue : confrontation, choc, négation et combat ou au contraire échange, complémentarité, curiosité et respect. Avec sa démarche syncrétique, le coaching opte décidément pour ce dernier choix. Se plaçant d'emblée sur des positions métaculturelles, humanistes et universalistes, il tente d'englober la relativité des mœurs et des usages (savoir-être, savoir-faire) dans une vision plus large où les diverses valeurs se côtoient et se complètent.

Dans son modèle de développement de la sensibilité interculturelle, Milton Bennett décrit les étapes progressives de la sensibilité interculturelle : le mouvement d'ascension partant de la résistance ethnocentrique vers l'ouverture et l'intégration ethnorelativiste. Nous pouvons en observer les similitudes avec les stades de la spirale dynamique de Graves, concept de la psychologie évolutionniste largement admise parmi les bases du coaching. De semblables intuitions semblent animer la théorie classique des besoins humain présentée par Abraham Maslow sous forme de pyramide évoluant du niveau inférieur, celui des besoins physiologiques et de sécurité vers celui plus élevé de l'appartenance et de l'estime entendu comme le respect des autres et par les autres, pour culminer dans l'accomplissement de la personnalité riche, complexe et créatrice. Nous retrouvons le même schéma d'étapes progressant du particulier vécu vers la compréhension globale dans la pyramide des niveaux logiques de Dilts, l'un des outils fréquemment utilisés par les coachs. Toutes ces optiques et approches reposent sur une structure tripartite :

1) Le point de départ constitué par une diversité empirique, une mise en valeur du concret ethnique avec des contours nets qui le distinguent des autres réalités.
2) Le cheminement en quête de l'identité exprimée par des valeurs qui restent liées aux relations à la réalité du sujet lui-même (intra subjectivité) et aux réalités des autres sujets (inter subjectivité).
3) Le point d'aboutissement (cible idéale) dans une dimension de trans-subjectivité fondée sur la reconnaissance et le respect des altérités associés à la certitude d'une parenté profonde qui les lie et dont témoignent la possibilité d'une communication intime et la communauté écologique des aspirations et émotions.

L'objectif du coaching étant de découvrir, identifier et valoriser toute une variété de ressources possibles afin de promouvoir l'accomplissement du potentiel individuel dans une perspective humaniste transpersonnelle, l'attitude de coaching ne peut pas aller sans une reconnaissance approfondie de la diversité des cultures et l'exploration de la problématique interculturelle.

2. Pratique des formulations interculturelles

Après un premier stade du coaching opérant dans un milieu occidental plutôt homogène et usant de méthodes propres à sa culture, une autre époque est venue avec sa propagation à travers le monde entier dans des pays jugés « exotiques » et au sein de civilisations « insolites ». De nouveaux défis se sont imposés aux coachs des managers et des équipes travaillant à l'international, traitant avec des partenaires issus de cultures différentes et les voyant arriver dans leurs organisations et leurs pays.

L'ouverture interculturelle et l'intérêt à ce qui est différence des cultures non seulement ethniques mais aussi cultures d'entreprises, de groupes professionnels ou sociaux, ont alimenté les études déjà classiques de Hall, Trompenaars, Hampden-Turner et de Hofsteede. Leurs typologies basées sur le rapport aux concepts universels comme celui du temps, de l'environnement, du pouvoir ou de la liberté, donnent lieu à des classifications opposant des cultures féminines vs. masculines, collectives vs. individuelles ou à long terme vs. à court terme. Les problématiques liées à la communication et d'une façon plus générale aux relations avec les autres aboutissent en formulation de modèles de management interculturel. Certaines notions-clés en découlent, devenues une espèce d'acquis commun : celle de compétence interculturelle, de gestion de la diversité multiculturelle et de formation interculturelle. A toutes les trois font référence les procédés et techniques du coaching interculturel, parfois appelé transculturel.

« La perspective interculturelle devient dominante et c'est elle qui dicte les normes éthiques des comportements individuels et les actions des organisations »[1] – déclarent les auteurs de la *Psychologie du coaching*. Le chapitre 6 de ce livre décrit une « structure universelle intégrée » (*Universal Integrated Framwork*) qui tiendrait compte de la présence des différentes cultures dans un modèle dynamique du moi personnel et de son développement dans les processus de coaching. Cette structure construite autour de deux pôles : conscience et gestion, engloberait les compétences personnelles, sociales, culturelles et professionnelles. Pour les compétences culturelles le pôle de conscience signifierait l'explication (la connaissance des autres cultures, la compréhension et sensibilité culturelle) tandis que le pôle de gestion, nommé le soutien, correspondrait à une gestion de la culture d'organisation (tolérance, respect des autres cultures, soutien de l'égalité et de la diversité, souplesse culturelle). Les auteurs soulignent la réciprocité du processus de coaching interculturel où les deux parties apprennent. Au niveau des objectifs développementaux, ils font associer les compétences culturelles à la propension aux contacts avec les autres dans un cadre plus large des compétences sociales et de l'intelligence émotionnelle.

Une autre approche est adoptée par Philippe Rosinski, l'un des fondateurs et l'autorité reconnue du coaching dit global. Sa perspective étant celle d'un professionnel qui en posant des questions d'ordre théorique vise des buts pratiques, des objectifs de métier de l'international *executive* coaching. Au lieu de rechercher des diagnostics et présenter des schémas universels explicatifs, il s'applique plutôt à formuler des solutions pratiques et fournir des outils pertinents, se référant à sa large expérience internationale intégrée à un fond transculturel de valeurs. Il s'agit là d'une optique dont l'empirisme est complété par une dimension visionnaire aux ambitions qui dépassent le cadre descriptif et ouvrent les horizons d'une éthique pour l'humanité nouvelle.

« L'idée, c'est d'aller plus loin que le simple respect de l'autre et la compréhension des différences, en apprenant à tirer pleinement

[1] H. Law, S. Ireland, Z. Hussain, *Psychologia coachingu*, trad. E. Mukoid, Warszawa 2010, p. 54.

parti de celles-ci »[2]. En effet l'enjeu du coaching interculturel selon Rosinski ne se limite pas à une simple juxtaposition et à l'explication des différences des cultures. C'est bel et bien une intelligence transculturelle qu'il enseigne, cette compétence sinon indispensable du moins extrêmement utile à l'ère de la mondialisation. Le coaching et l'interculturalisme s'enrichissent mutuellement comme des leviers de développement des performances professionnelles et d'épanouissement personnel.

L'un des apports majeurs de Rosinski est son « COF » (Cultural Orientations Framework), un outil qui permet de mesurer les orientations, les capacités et les comportements interculturels des individus et des organisations dans un contexte de diversité culturelle qui correspond à notre réalité et au futur. De par son large champ d'applications il mériterait le nom de technique transculturelle au service du management et de l'apprentissage des cultures. Son avantage est de proposer un code linguistique qui rend possible une saisie complexe des différences culturelles sans tomber dans une évaluation binaire de type : supériorité/infériorité, utilité/inutilité ou vérité/erreur. L'auteur propose de substituer le raisonnement binaire par une appréhension dialectique où la participation remplacerait l'exclusion.

Dans l'onglet *Coaching interculturel* de son site web, Michel Morand, auteur de nombreux ouvrages sur le coaching et lui-même coach et superviseur de coachs, constate :

> Une grande confusion [...] quant à la définition donnée à cette forme particulière d'accompagnement. Pour de nombreuses sociétés [...] le terme *coaching* se limite à un transfert de connaissances relatives aux autres cultures lors d'une mutation, d'une expatriation ou d'une prise de poste dans un contexte international. Les conseils, donnés dans les situations de résolution de conflit interculturels, acquièrent également le qualificatif de coaching. Le coaching se confond alors avec la formation ou le conseil. Ces confusions ont pour cause le fait que la personne en contact avec une autre culture doit toujours acquérir une connaissance sur les mécanismes interculturels avant

[2] Ph. Rosinsky, *Le coaching multiculturel*, Paris 2009, p. 23.

le coaching proprement dit qui a pour objet la transformation du coaché, à sa demande[3].

Effectivement le champ du coaching interculturel ne peut pas être réduit à ses conditions préalables que sont formation, apprentissage ou conseil. Moral le voit dans « ce qui concerne l'impact de la différence culturelle dans le coaching et d'autre part la capacité du coaching à permettre la résolution de problématiques dues à la différence culturelle ». Et surtout ces trois situations où la différence culturelle se manifeste en impactant le coaching : « le coaching d'une personne de culture différente, celui d'un coaché ayant des relations avec des cultures différentes, ou enfin le coaching d'une équipe multiculturelle »[4].

Les mêmes termes sont repris par Céline Thomas, elle aussi coach et superviseur de coachs, qui ajoute : « le coaching interculturel a pour vocation d'accompagner les personnes et les équipes à évoluer dans : (1) la mise en évidence et la compréhension des différences de codes, (2) la compréhension de la provenance des conflits, (3) la construction et la mise en œuvre de plans d'action pour y remédier »[5]. Cet éclaircissement qui semble tout anodin, fait changer radicalement la perspective qui redevient ethnocentrique identifiée à un point de vue particulier d'une partie du conflit confrontée à la différence qu'il s'agit de maîtriser.

Pour nous resituer au niveau de l'intégration ethnorelativiste, une autre approche s'impose. Dans notre univers global et multiculturel c'est le coaching lui-même qui se fera interpeller quant à l'adéquation et la légitimité de ses outils et procédures. Michel Moral en reste conscient : « Si ces outils [que nous utilisons] […] fonctionnent bien dans les pays d'Europe, ils sont par contre peu opérants dans les contextes […] comme l'Afrique, le Moyen-Orient ou l'Asie »[6].

---

3 M. Moral, http ://www.michel-moral.com/Coaching_interculturel-francais.

4 C. Thomas, http ://www.oxygen-coaching.fr/oxygen/fr/coaching-interculturel.html.

5 M. Moral, *op. cit.*

6 S. Lievin, http://www.maroc-coaching.com/index.php/actualites/12-articles/103-manager-dans-la-diversite-culturelle.

Telle sera la perspective de notre étude d'un cas particulier et pourtant exemplaire qui reflète l'éclatement d'une approche auparavant unique en une diversité de points de repères différents comme les cultures dont ils proviennent.

3. Etude d'un cas : ICF en France et au Maroc

Séverine Lievin écrit dans un article inséré sur le site de l'Association **Maroc Coaching :**

> Pour mettre en cohérence les valeurs, les attitudes et les pratiques de l'organisation, le coaching vise à explorer et enrichir la coopération entre des cultures diverses, à accompagner les collaborateurs à chaque étape de la transition, développer des modes de pensée, des attitudes et des pratiques différentes, construire de nouveaux repères pour l'action et libérer la capacité à réussir différemment. [...] La démarche de coaching interculturel aura alors pour dessein d'opérer deux changements. Le premier, relatif à la décentration culturelle, qui consiste à déplacer notre point de vue et à observer les comportements des autres non pas avec notre propre regard mais avec le leur. Le second est le changement de perspective qui concerne nos propres vérités et cherche à créer en nous une sorte de relativisme culturel c'est-à-dire une distanciation par rapport à soi-même. Il s'agit alors d'entrer dans le prisme de l'autre pour mieux comprendre que notre façon de voir le monde n'est pas universellement partagée[7].

Nous nous sommes proposé d'observer le fonctionnement de ces différentes façons de voir le coaching, d'étudier comment elles s'expriment dans les énoncés des coachs de cultures différentes.

Dans ce but nous avons entrepris une analyse des contenus de deux sites web officiels de deux organisations nationales de coaching : marocaine et française, toutes les deux se référant aux standards de l'ICF (International Coach Federation), la plus grande

---

[7] http ://www.coachfederation.fr/content/blogcategory/18/23/.

organisation mondiale des coachs professionnels. Les deux étant rédigées en français, notre tâche allait être allégée des recherches traductologiques. Par ailleurs, les contacts fréquents et de longue date des milieux professionnels et intellectuels français et marocains autorisent cette comparaison directe. Pourtant, à commencer déjà par le plan du site, une simple juxtaposition se révélait difficile sinon impossible. Le plan du site français est accessible à tout moment en bas de chaque page ; celui du site marocain reste caché, l'internaute ne peut en découvrir les détails qu'en suivant les cheminements qui lui sont proposés via l'un des deux menus qui restent fixes. Pendant que les menus dans le site français se déplient et se déclinent en fonction de l'endroit où nous nous trouvons. Laquelle des deux architectures est-elle plus rigide ? Laquelle donne plus de liberté ? Et de quelle liberté parlons-nous ? Laquelle présente plus de rigueur ? Rigueur dans quel sens et par rapport à quels critères ? Laquelle des deux nous invite à une exploration ? Laquelle nous fournit plus d'outils efficaces et d'informations utiles ? Nous ? Qui sommes-nous ? Les chercheurs européens ? Les coachs marocains ? Les expatriés au Maroc ? Ou ceux du Maroc ? C'est bien à ce type de réponses relevant des partis pris culturels que nous nous heurtons en refusant de prendre un ethnocentrisme déclaré.

Nous avons interrogé ensuite quelques éléments supposés être comparables, en particulier ceux qui sembleraient appartenir au fond commun du coaching comme la définition du coaching et son lexique. Le coaching d'après le site français est « une relation suivie dans une période définie qui permet au client d'obtenir des résultats concrets et mesurables dans sa vie professionnelle et personnelle »[8]. Suivant le site marocain c'est « une pratique qui consiste à accompagner par un processus de construction, des personnes ou des équipes dans une situation professionnelle et organisationnelle, afin d'optimiser leurs potentiels et leurs performances »[9]. La **définition** du site français continue : « A travers le processus de coaching le client

8 http ://www.coachfederation.fr/content/blogcategory/18/23/.

9 http ://www.maroc-coaching.com/index.php/definition.

approfondit ses connaissances et améliore ses performances. Le coaching peut se pratiquer en séances de face-à-face, au téléphone ou en séances collectives, voire dans un lieu spécifique »[10]. Celle du site marocain poursuit autrement : « **Le coaching repose sur trois fondamentaux : 1.** Une posture : l'attitude coach qui favorise l'émergence de l'autonomie du coaché. 2. Des techniques maîtrisées et éprouvées, issues d'écoles et d'approches différentes. 3. Des valeurs (cf. Charte Maroc Coaching) »[11]. Nul besoin d'avoir fait des études interculturelles pour constater les différents angles d'approche. C'est une relation pour les Français tandis que pour les Marocains il s'agit d'une pratique. Cette pratique concerne les situations professionnelles et organisationnelles tandis que les résultats de la relation touchent la vie professionnelle et personnelle du client. Les auteurs du site français mettent en relief le client, ce à quoi il peut s'attendre, ce qu'il peut obtenir, comment et dans quelles conditions. Ceux du site marocain parlent de l'activité des coachs : ce qu'ils font, dans quel but, de quoi ils ont besoin pour le faire. Aussi le choix des termes que chacun des sites fait figurer dans son glossaire témoigne-t-il des divergences d'approche du coaching.

Par ailleurs, le terme « interculturel » n'est aucunement mentionné par le site français.

Conclusions

Les problématiques interculturelles que le coaching affronte sont nombreuses. Celles du coaching interculturel qui cherche des moyens pour faciliter l'expatriation, la communication interpersonnelle et la gestion du capital humain dans les organisations multiculturelles ne laissent émerger que le sommet de l'iceberg. L'objectif étant de favoriser l'épanouissement des individus amenés à opérer dans des situations de changement de leur milieu culturel, le coaching arrive

[10] http ://www.coachfederation.fr/content/blogcategory/18/23/.
[11] http ://www.maroc-coaching.com/index.php/definition.

au moment où il doit se poser des questions sur sa propre définition interculturelle : sa légitimation par les cultures et pour les cultures.

Summary

The paper draws some directions how to explore coaching as an intercultural phenomenon. The approach goes from what is general to more and more particular. Actually the theoretical foundations of coaching : syncretistic roots, merge of east and west values, combination of various explanation methods, lead to promote multicultural attitude and enlarge the area of forms or idioms. The formulations of intercultural professional coaching offer different ways : a specific discipline's practice or a special communicative perspective. Finally a brief case study based on a comparison of the Moroccan vs. French websites outlines the problematic situation.

Ahmed Ouederni
Université de Sousse-Tunisie

LA PENSÉE OCCIDENTALE ET LA CRITIQUE LITTÉRAIRE CHEZ LES ARABES : L'EXEMPLE D'AL JĀHIZ, ANCIEN SÉMIOTICIEN ARABE (MORT EN 255 H)

L'idée de « la fondation théorique » est souvent liée, dans l'histoire critique des Arabes, à Al Jāhiz : « Se dotant d'une capacité d'intelligence exclusive et d'une personnalité aussi distinguée, Al Jāhiz était considéré parmi ceux qui maîtrisent la fondation de la critique littéraire sur des principes aussi bien théoriques que pratiques »[1]. Al Jāhiz était également considéré, par certains critiques, comme « créateur en rhétorique arabe dont il avait instauré, en tant que premier fondateur, les règles de base »[2]. Mais, il faut souligner, à cet égard, qu'on n'a jamais l'intention d'aborder scrupuleusement l'essai rhétorique d'Al Jāhiz. Notre objectif consiste plutôt à mettre l'accent, dans le présent travail, sur un concept primordial qui est celui de **lafz/ma'nā**, tout en prenant en considération sa forte relation avec les fondements théoriques de la poétique arabe. Il nous paraît fort utile, dès lors, de découvrir, chez Al Jāhiz, la conception générale de la Clarté : al Bayān afin de mettre en relief la méthode dont il use lors

[1] I. 'Abbās, *Histoire de la critique littéraire chez les Arabes*, Arles 1992, p. 95.

[2] H. Sammūd, *La pensée rhétorique des Arabes : fondements et développement jusqu'au VIe siècle (projet de lecture)*, Tunis 1981, p. 135.

de ses analyses axées sur le concept envisagé. Cela pourrait nous guider, avons-nous pensé, à mettre l'accent sur **l'image typique générale** du concept lafz/ma'nā.

I. La conception générale de Bayān

Nous nous étions déjà arrêtés, dans notre thèse de doctorat[3], à la notion de Bayān dans la culture arabo-musulmane notamment à travers l'essai d'un célèbre jurisprudent qui est Mohammed Ibn 'Idrīs Al šāfi'ī (m. en 204 h). Celui-ci entend par Bayān le terme qui englobe certains sens aux origines associées et aux incidents compliqués. Mais, le connaisseur de langue arabe arrive certainement à saisir la convergence virtuelle qui réside au-delà des sens aussi bien associés que compliqués[4]. Il s'avère alors qu'al Bayān dont Al šāfi'ī se sert pour établir son système de pensée jurisprudentiel dans le cadre de ce qu'on a déjà qualifié par « théorie de la compréhension des Arabes »[5], n'est en fait qu'un type, parmi d'autres, de Bayān. Il s'agit donc de diversité au niveau des types concernant l'acte de Bayān sur lesquels Al Jāhiz va mettre l'accent dans le contexte d'une conception plus exhaustive que celle d' Al šāfi'i : « [...] il ne se borne plus, déclare Al Jāhiz à propos d'al Bayān, à un seul type. Il réunit plutôt divers types sans les désunir, les fait sortir sans les éclipser et les accroît sans les amoindrir »[6]. Il s'avère, dès lors, que le sens représente une source commune. Pour que celle-ci franchisse toute zone d'ambiguïté afin d'embrasser celle de la clarté et de l'éclaircissement (al Bayān wa al Tabyīn) il faut qu'il y ait plusieurs canaux pour le transfert du sens, outre le canal linguistique. Ainsi, l'essai d'Al Jāhiz s'inscrit-il, en clair, dans le cadre d'une problématique purement sémiologique

---

3 A. Wederni, *Le problème forme/sens et la théorie poétique des Arabes des origines jusqu'au 7ème/13ème siècle*, t. 1, Beyrouth 2004, pp. 215-301.

4 Al šāfi'ī, *Al Risāla*, éd. A.M. Šākir, Ed. Dār Alfikr, p. 21.

5 A. Wederni, *Le problème forme/sens et la théorie poétique des Arabes des origines jusqu'au 7ème/13ème siècle*, t. 2, Beyrouth 2004, p. 711.

6 Al Jāhiz, *Al Hayawān*, éd. A. Haroune, t. 1, Beyrouth 1969, p. 45.

à la lumière de laquelle il cite, avec un esprit analytique, les canaux qui assurent l'acte de transférer le sens. Ils sont au nombre de cinq : le mot, le tracé, l'allusion, le contrat et al niṣba. Ceux-ci pourraient être classifiés, selon Al Jāhiz, suivant deux types de relation avec le sens : indirecte et directe.

A. Relation indirecte avec le sens

Elle se manifeste à travers des signes de communication tels que le mot, le tracé, l'allusion et le contrat. Il s'agit alors des supports de sens qui pourraient être classifiés à leur tour, comme il l'avait déjà signalé Al Jāhiz, selon le type du signe : signe linguistique comme le mot et signes non linguistiques tels que le tracé, l'allusion et le contrat. Et dans cela réside l'aspect sémiologique de la problématique de Bayān qui n'est pas forcément un Bayān linguistique.

B. Relation directe avec le sens

Afin d'appréhender le sens, à travers le mécanisme d'al niṣba, il n'est pas indispensable de recourir aux intermédiaires comme les signes dont on doit se passer au profit d'une méditation que le « je contemplatif » exerce sur l'univers afin d'en dégager le sens profond qui témoigne de la sagesse de Dieu :

> [...] les corps complètement muets, précise Al Jāhiz, sont doués, sémantiquement, d'une certaine « parole ». Ils sont en fait signifiants par rapport aux sens profonds qui y résident : comme la maigreur et la couleur pâle pourraient révéler l'état détérioré de quelqu'un, le charnu et sa belle allure pourraient symboliser l'aisance[7].

Ainsi, le corps muet, révélant divers sens, peut remplir la fonction du signe : « De cette façon, l'inanimé muet et sourd peut donc partager al Bayān avec le vivant-parlant qui est l'Homme »[8]. Il apparaît,

---

7 *Ibidem*, p. 34.

8 *Ibidem*.

dès lors, que le problème du sens est étroitement lié, chez Al Jāhiz, à celui de la signification dans le cadre d'une vision qui puise dans la religion, à la lumière des principes mu'tazilites, mais dans un cheminement purement symbolique fondé sur une idée maîtresse qui consiste à considérer toute créature « un signifiant renvoyant, par la voie du raisonnement et d'interprétation des symboles, à un signifié suprême et éternel qui est le sens profond du monde et de l'univers »[9]. Certes, Al Jāhiz a retardé al nişba au cinquième rang lors de son analyse approfondie des types de Bayān, mais ce dernier type, qui est al nişba, nous paraît plus important que les précédents puisqu'il révèle les principaux traits de la pensée philosophique qui régisse la thèse d'Al Jāhiz autour d'Al Bayān :

> Quant à al nişba, elle incarne l'état de parler sans paroles et l'état de signifier sans signe. Et cela se manifeste clairement à travers la création de ciel, de la terre, et de tout l'univers : muet/parlant, inanimé/vivant, sédentaire/nomade, excédant/manquant. La signification que révèle l'inanimé est celle exprimée par celui qui parle[10].

En effet, la signification n'est pas forcément linguistique ; il s'agit plutôt d'une signification intuitive à travers un processus de contemplation qui vise à retenir, des diverses créatures du monde, les leçons témoignant de la grandeur divine. Il est permis d'en déduire donc que toutes les créatures, et notamment les merveilleuses, représentent, en fait, des paroles de Dieu puisées, selon la référence coranique[11], dans une source de signification intarissable. A vrai dire, les paroles de Dieu dépassent les mots au sens linguistique du terme vers un autre stade où elles incarnent, en tant

---

9 H. Sammūd, *op. cit.*, p. 158.

10 Al Jāhiz, *Al Bayān wa Al Tabyīn*, éd. A.M. Haroune, t. 1, Beyrouth, pp. 81-82.

11 Voir notamment les versets suivants :

يقول تعالى:"ولو أنّما في الأرض من شجرةٍ أقلامٌ والبحرُ يمُدُّهُ
مِن بعدِه سبعةُ أبْحُرٍ مّا نفِدتْ كلماتُ اللّهِ" (لقمان/27) ويقول تعالى: "قُلْ
لو كانَ البَحْرُ مِدادًا لِكلماتِ ربّي لنفِدَ البَحْرُ قبْلَ أنْ
تنفَدَ كلماتُ ربّي ولوْ جئْنا بمِثْلِهِ مَدَدًا" (الكهف/109)

que signifiants d'un nouvel ordre, les grâces et les merveilles qui prouvent la puissance de Dieu. Les paroles, au sens linguistique, ne reflètent alors qu'une image réduite de paroles divines incarnant le monde merveilleux. Le sens, suivant une vision universelle et symbolique pareille, devient plus ample que le mot dont l'essence est intégralement phonétique.

Al Jāhiz passe donc du Bayān linguistique au Bayān général où rayonnent les sens indépendamment de la matière phonique des mots : « [...] les sens, dit Al Jāhiz, sont énormément larges et infiniment étendus, tandis que les phonèmes qui constituent les mots représentent un nombre bien défini »[12]. La fonction principale donc du signe linguistique est de faire sortir de l'ombre une ou quelques particules de sens étendus afin d'assurer une certaine communication. Ce qui compte alors, selon une philosophie du langage pareille, c'est al Bayān : éclaircir le sens pour le comprendre et le faire comprendre, fonction déjà assumée par le Prophète et affirmée dans divers versets coraniques[13].

Ayant établi son ouvrage sur une idée fondamentale qui est celle d'al Bayān wa al Tabyīn, Al Jāhiz s'occupe énormément de la notion **d'al'ibāna** au sens d'éclaircissement. Celle-ci paraît en relation solide avec deux principes fondamentaux : l'utilité et l'efficacité : « Au fur et à mesure que la signification devient plus claire et plus manifeste et que l'allusion paraît nette et transparente, le sens devient de plus en plus utile et efficace »[14]. Ainsi, la parole fait-elle, dans les cœurs, ce que fait promptement la pluie dans la terre fertile[15]. Il est manifeste qu'Al Jāhiz met l'accent sur l'aspect pragmatique et illocutoire du langage en s'appuyant sur un genre du discours aussi ancré dans le patrimoine arabo-musulman qui est al khaṭāba : l'art

---

[12] Al Jāhiz, Al Bayān wa Al Tabyīn, *op. cit.*, t. 1, p. 76

[13] Voir, à titre d'exemple :

- "قدْ جاءكُمْ رسولُنا يبيّنُ لكم كثيرًا ممّا كنتُمْ تُخْفون من الكتاب" -المائدة/15 –
- "وأنزلْنا إليك الذّكرَ لتبيّن للنّاس ما نُزّلَ إليهم"-النّحل/44 –
- "وما أنزلْنا عليك الكتابَ إلاّ لتبيّنَ لهم الّذي اختلفوا فيه"-النَّحل/64 –
- "قد جاءكُمْ رسولُنا يبيّنُ لكم على فترة مِنَ الرُّسُل"-المائدة/19 –

[14] Al Jāhiz, Al Bayān wa Al Tabyīn, *op. cit.*, t. 1, p. 76.

[15] Cf. *ibidem*, p. 83.

oratoire. Il s'agit, dès lors, d'un genre discursif dont l'orateur se sert pour convaincre l'auditeur par un discours utile et efficace dans le cadre d'un faire persuasif selon le terme de Greimas[16].

Ayant connu que la persuasion est complètement fondée sur le principe de faire comprendre (vu que comprendre aboutirait à se persuader), Al Jāhiz nous semble conscient d'un autre facteur d'ordre esthétique. Celui-ci est étroitement lié à la « poétique » du discours qui régit les deux autres fonctions : le faire comprendre et la persuasion.

II. L'image typique générale du concept lafz/maʿnā : forme/sens

Nul doute que la question de rhétorique fut, pour Al Jāhiz, un cadre référentiel aussi important notamment dans son ouvrage *Al Bayān wa Al Tabyīn*. D'ailleurs, il ne se bornait pas, dans l'intention d'explorer les caractéristiques du discours éloquent, à un genre de Bayān bien déterminé ; il s'occupe, au contraire, de divers genres tels que les épîtres, les discours oratoires et les poèmes. Il s'agit donc d'une rhétorique générale quel que soit le genre du discours envisagé. La poésie, à vrai dire, n'est qu'un appui, parmi d'autres, dont Al Jāhiz se sert pour délimiter les traits distinctifs du discours éloquent dans le cadre de sa tendance idéologique générale. Ainsi, notre objectif nous paraît-t-il axé, exclusivement, sur la rhétorique du texte poétique y compris les concepts critiques et esthétiques qui en découlent, et ceci à travers une conception exhaustive s'attachant, comme le révèle l'essai d'Al Jāhiz, aux multiples configurations du discours rhétorique. Il ne tarde pas, en effet, à nous présenter, selon un modèle rhétorique typique, le type de lafz/maʿnā en poésie.

Le discours modèle :

- Paroles de Dieu.
- Paroles du Prophète.
- Parole des bédouins : Al ʽAʿrāb.

---

[16] A.J. Greimas, *Du sens II. Essais sémiotiques*, Paris 1983, p. 214.

Il résulte de ce qui précède que l'image d'Al aʿrābī, analphabète mais éloquent, découle de celle du Prophète qui puise dans une source divine sa capacité merveilleuse de parler en maximum de sens et en minimum de mots sans recourir aux styles recherchés à l'instar de ce que font les amateurs de ṣanʿa. Ce qui compte, en rhétorique typique chez les Arabes, ce sont l'inspiration et l'improvisation que résume le terme ṭabʿ. Quant à l'acquis, souvent désigné sous le terme ṣanʿa, il n'est que secondaire. Il est permis, au terme de cette analyse axée sur la découverte des principaux traits de la rhétorique typique chez les Arabes à travers la pensée d'Al Jāhiz, de signaler :

- la prééminence des paroles brèves et allusives par rapport au discours fondé sur les détails et les divers aspects de redondance ;
- la majeure importance accordée à la brièveté : al ʿījāz ; d'ailleurs le discours modèle n'est que maximum de sens en minimum de mots ;
- la précision au niveau du choix lexical. S'appuyant sur des exemples coraniques, Al Jāhiz a déjà insisté sur l'importance de l'adéquation (al mulā'ama) entre le mot et son micro-contexte ;
- les multiples leçons qu'on peut tirer du discours prophétique ; ce qui prouve l'importance accordée à la notion de « pertinence » qui doit être complètement liée au facteur esthétique selon le principe de **l'utilité**. Il faut donc que le discours soit **pertinent** et **beau** pour être **utile** (nājiʿ). Il s'agit, en fait, d'une pertinence dans un sens purement pragmatique ;
- le principe de « centrisme » (al wasaṭiyya) ; ce qui illustre l'idée de **pondération**, qualité souvent appréciée par la religion tout en dénonçant, en contre partie, l'hyperbole désignée, maintes fois, par le terme (ġulū) dans le sens de « l'exagération outrée » qui pourrait porter atteinte aux exigences de la « raison » ;
- le discours qui incarne l'éloquence est celui qui ressemble fort au style coranique et aux paroles du Prophète ; cela se révèle clairement, comme le signale Al Jāhiz, dans les paroles d'al ʿaʿrāb qui incarnent l'usage idéal de l'arabe loin des

incorrections et des constructions erronées souvent liées, par les anciens philologues, aux poètes muwallads et aux non arabes. Il y a lieu de souligner, à cet égard, que les principaux traits de la rhétorique typique, chez les Arabes, émanent d'une vision universelle, symbolique et religieuse. Dans le cadre de cette vision, la parole bien choisie et bien énoncée se considère comme étant un don offert par Dieu à une minorité de gens qui méritent d'être bien veillés et doués d'une langue correcte et limpide sans recourir forcément à l'apprentissage. Il s'agit donc d'une source d'inspiration linguistique qui n'est pas à la portée de tous. Comment peut-on saisir les caractéristiques générales du couple lafz/maʿnā ou forme/sens, chez Al Jāhiz, en poésie, à la lumière d'une vision allégorique et religieuse pareille ?

Conclusion

Il est permis d'en conclure, au terme de cette étude, que la théorie de Bayān dont les principaux axes se reflètent à travers l'essai d'Al Jāhiz, découvre une certaine philosophie du langage qui porte essentiellement sur le phénomène du sens. Cette philosophie a conduit Al Jāhiz à jeter la lumière sur deux images concernant la dichotomie lafz/maʿnā dans le discours poétique : une image passive et une autre active. La première renvoie à une certaine attitude vis-à--vis du sens que dénonçaient Abū Othmān et ses prédécesseurs ; ils contestaient, par ailleurs, pour des raisons quasiment doctrinales, les sens hyperboliques vêtus de formes poétiques compliquées, ce qui aboutit, à leur égard, à ébranler la base logique du sens et à tomber dans **le faux** (al bāṭil) et **l'abus** (al ġulu), défauts déjà dénoncés par la religion. Quant à l'image active, elle incarne le modèle du couple lafz/maʿnā que privilégient les anciens poéticiens. Cela a guidé Al Jāhiz à mettre l'accent sur la nécessité de renforcer, autant que possible, la ressemblance, voire la conformité entre le discours modèle (Coran, dires prophétiques et paroles d'al 'aʿrāb) et le discours en général, à savoir en poésie tout en recourant à la notion du **Quanta** (al miqdār) pour valoriser la forme et le sens en tant que deux composants indissociables du signe linguistique. A cet égard, Al Jāhiz exige un modèle de **lafz** qui transcende le lexique de la tourbe des gens et qui s'abaisse également à un niveau plus bas que celui du lexique de l'élite. Cette idée de **centrisme** s'applique même au sens qui doit être « simple sans bassesse et noble sans affectation » selon le terme de d'Aguesseau. De surcroît, la relation (forme-sens) doit être également régie par la concomitance, l'éclaircissement, la brièveté et par la convenance afin d'assurer enfin un message poétique qui joint « l'utile » à « l'agréable ».

Summary

Regarding this study, the theory of Bayan the main axes of which are reflected through the essay of Al Jahiz discovers a certain philosophy of the language which concerns essentially the phenomenon of the meaning. This philosophy led Al Jahiz, as we have already noticed, to cast light on two images concerning the dichotomy "lafz / ma'na" (word/meaning) in the poetic speech : a passive image and another active one. The first, sends back to a certain attitude towards the meaning which denounced Abu Othman and his predecessors. Besides they disputed, for almost doctrinal reasons, hyperbolic meanings dressed in complicated poetic forms, which, according to them, leads to shaking the logical base of the meaning and to falling in the forgery (al bāṭil) and the abuse (al ġulu), defects already denounced by religion. As for the active image, it embodies the model of the couple lafz / ma'na (word/meaning) that the ancient poetic critics privilege.

Maja Pawłowska
Université de Wrocław

L'ORIENT DANS *HATTIGÉ OU LES AMOURS DU ROY DE TAMARAN* DE SÉBASTIEN DE BREMOND

Les interférences entre peuples, cultures et religions représentent des phénomènes complexes ; appréhender leur étendue est souvent difficile. Malgré les différences fondamentales entre l'Occident chrétien et l'Orient musulman, des contacts ont toujours existé entre ces deux civilisations. A la période des affrontements guerriers, qui ont tant marqué le Moyen Age, a succédé, à partir du XVIe siècle, l'époque des relations diplomatiques et commerciales. L'Orient, progressivement, cesse d'être un univers inconnu et lointain. L'Empire Ottoman, aux XVe et XVIe siècles, a conquis presque toute la région de la Méditerranée orientale et méridionale, s'approchant ainsi des frontières françaises. Au XVIIe siècle, des connexions entre l'Orient et la France sont déjà bien établies. Des ambassades sont régulièrement envoyées par Louis XIV à Constantinople. En 1669 s'ouvre l'ambassade de Turquie à Paris[1]. Pendant tout le XVIIe siècle on peut observer l'intensification des échanges diplomatiques et commerciaux entre l'Occident et l'Orient.

L'intervention française dans la guerre austro-turque a attiré, aux alentours de 1660, l'attention du grand public vers l'Orient. Puisque

[1] Cf. G. Dotoli, *Littérature et société en France au XVIIe siècle*, vol. 4, Fasano–Paris 2004, p. 72.

la possibilité de le visiter n'était réservée qu'à un tout petit nombre d'individus, les relations de ceux qui en revenaient étaient lues avec beaucoup d'intérêt. Des voyageurs européens avaient, le plus souvent, une mission diplomatique à accomplir. Il y avait aussi ceux qui partaient à la recherche de gain ou d'aventure. Diplomates, missionnaires, marchands ou aventuriers parcouraient le monde musulman et, à leur retour, présentaient leurs souvenirs à un public européen, fasciné par l'exotisme.

Les lecteurs du Grand Siècle se passionnaient des relations de voyage. Les plus renommées étaient celles qui offraient une narration intéressante mais aussi objective et utile[2] comme, par exemple, *Le Voyage du Levant* de Jean Thevenot, publié en 1665, *Le couronnement de Soleïmaan troisième, roy de Perse* de Jean Chardin, sorti en 1670, *Les Mémoires du sieur Bernier sur l'empire du grand Mogol*, de François Bernier, publiés en 1670 et en 1671 ou, enfin, *Les Six Voyages de Jean Baptiste Tavernier, écuyer baron d'Aubonne, qu'il a fait en Turquie, en Perse, et aux Indes*, publiés en 1676. On sait que Colbert lui-même aimait se distraire à ses heures de loisir des relations de séjour faites par les ambassadeurs revenus de l'Orient[3].

S'il est vrai que la grande vogue de la littérature française fictionnelle, inspirée par l'Orient, n'a commencé qu'en 1704, après la première traduction des *Mille et une nuits* par Antoine Galland, il serait cependant inexact de croire qu'il n'y avait pas de fictions, exploitant les sujets orientaux, au siècle précédent. Il suffit de ne citer que les ouvrages les plus connus, comme *Les Advantures de la cour de Perse* et *L'histoire nègrepontique* de Jean Baudoin, publiées respectivement en 1629 et en 1631, *Ibrahim ou L'illustre Bassa* de Georges et Madeleine de Scudéry, le roman écrit entre 1641 et 1644, ou les *Mémoires du Sérail* de Mme de Villedieu, publiées en 1670, pour se rendre compte que l'engouement du public français du XVIIe siècle pour des histoires orientales était accompagné d'une production littéraire abondante.

---

2 Cf. J. Boissel, *Le voyage en Perse de Jean Thevenot (1633-1667)*, « Cahiers de l'Association Internationale des Études Françaises », vol. 27, n° 27, 1975, p. 115.

3 Cf. E. Storer, *La mode des contes de fées : 1685-1700*, Paris 1928, p. 250.

Hattigé ou les amours du roy de Tamaran, une nouvelle orientale française, a été publiée en 1676 à Cologne. La même année ce petit ouvrage a paru aussi à Paris sous le titre, légèrement modifié, de *Hattigé, ou la belle Turque*. Cette modification du titre servait évidemment à mettre en relief l'exotisme du sujet et à captiver ainsi le public, avide d'histoires orientales. Le frontispice d'*Hattigé…* est anonyme, mais la dédicace qui précède le texte, signée S. Bremont, dévoile partiellement l'identité de l'auteur. Pendant longtemps on a attribué la paternité de l'œuvre à Gabriel Bremond, connu de sa relation de voyage en Egypte, publié en 1674. Toutefois, dans les années cinquante du XXe siècle, Edwin P. Grobe a prouvé dans sa monographie que le texte a été rédigé par Sébastien Bremond[4].

Contrairement aux voyageurs, publiant des relations authentiques de leurs séjours à l'étranger, les faiseurs de romans orientaux n'avaient jamais quitté la France et présentaient, en général, le monde musulman imaginaire. Sébastien Bremond est un de rares romanciers ayant visité personnellement les contrées lointaines où se déroule l'action de ses livres. Pourtant, comme nous allons le démontrer, il n'a pas voulu profiter des possibilités créatrices offertes par cette expérience.

Aujourd'hui, Bremond est un auteur oublié[5] quoique, entre 1673 et 1680, il ait écrit dix nouvelles galantes[6]. Cependant la plupart

---

[4] E.P. Grobe est l'auteur d'une dissertation universitaire sur Bremond : *Sébastien Brémond : His Life and Works* (Bloomongton 1954). Il a résumé les lignées générales de cette dissertation dans son article : *Gabriel et Sébastien Brémond*, « Romance Notes », IV, n° 2, 1963, pp. 132-135.

[5] Des ouvrages de la seconde moitié du XXe siècle, traitant de Sébastien Brémond, sont peu nombreuses ; nous n'avons repéré que les articles d'Edwin P. Grobe (*Gabriel et Sébastien Brémond* ; *The Anonymus tunisian novels of Sébastien Brémond*, « Romance Notes », VI, n° 2, 1965, pp. 148-152 ; *The Sources of Madame Villedieu's « Nouvelles africaines »*, « Romance Notes », VIII, n° 1, 1966, pp. 120-125) et une courte préface de R. Godenne à *Hattigé ou les amours du roy de Tamaran*. Les nouvelles orientales de Brémond ont été aussi brièvement mentionnées par M.-Ch. Pioffet, dans son article *L'imagerie du sérail dans les histoires galantes du XVIIe siècle*, « Tagence », n° 65, 2001, pp. 8-22.

[6] R. Godenne mentionne leurs titres : *Le Cercle, ou les conversations galantes* (1673) ; *Le Galant Escroc* (1676) ; *Hattigé, ou les amours du roy de Tamaran*

de ses ouvrages a été édité et diffusé à l'étranger : aux Pays-Bas et en Angleterre. *Hattigé*... a été destiné aux publics anglais et français.

Il faut aussi souligner que l'écriture des fictions ne constituait qu'une partie marginale des activités de Bremond. Il était avant tout un aventurier. Sa vie était mouvementée mais, ce qui est rare, réussie. Tout jeune, il a entamé une carrière militaire et a servi dans les troupes du comte de Martin[7]. Forcé de quitter la France en 1669, après un duel, il s'est refugié en Afrique. Pendant ses voyages, il a eu l'occasion de bien connaître la civilisation orientale. En 1670 Bremond a passé plusieurs mois à Tunis. Il a été l'un des rares Européens à être admis à la cour des beys de Tunis, Mourad II et son frère Mohammed el Hafsi. Finalement, il a dû fuir la ville, en raison des liens d'amitié qu'il a noué avec le rebelle Sidi Acmet Benoc, engagé dans les tractations avec Marseille. Ainsi, après avoir vécu presqu'une année à Tunis, Bremond s'est rendu en Italie. Ensuite, il a effectué un séjour de plusieurs mois aux Pays-Bas pour, finalement, venir vivre en Angleterre. Les dix années suivantes, il les a passées à Londres, où il a réussi, tout comme à Tunis, à s'introduire à la cour et à devenir familier du roi Charles II en personne et de son frère, le duc d'York.

C'est justement pendant son séjour à Londres qu'il a écrit *Hattigé*..., une courte nouvelle galante orientale. L'intrigue du roman n'est pas originale. L'écrivain, en y racontant les amours entre un chevalier chrétien et une belle prisonnière musulmane, ne fait qu'imiter le schéma narratif et la topique traditionnelle des nouvelles orientales de l'époque. La combinaison des circonstances et des événements qui forment le nœud même de l'action d'*Hattigé* est toute simple. Deux corsaires français capturent au cours d'un combat naval un navire musulman sur lequel se trouve une belle dame turque avec sa servante. L'un des corsaires tombe amoureux d'elle et la séquestre sur son navire. Son compagnon, le chevalier de Malte, invite à son

---

(1676) ; *La Princesse de Montferrat* (1676) ; *L'Heureux Esclave* (1677) ; *Le Triomfe de l'amour sur le destin* (1677) ; *Apologie, ou les véritables mémoires de Madame Marie Mancini* (1678) ; *Le Double Cocu* (1678) ; *Le Pèlerin* (1678 ?) ; *Mémoires galans, ou les avantures amoureuses d'une personne de qualité* (1680).

7 Cf. E.P. Grobe, *Gabriel et Sébastien Brémond*, p. 133.

vaisseau la servante de la dame et l'incite à parler de sa maîtresse. Il s'avère que les corsaires ont réussi à s'emparer d'Hattigé, la favorite du roi de Tamaran, un royaume imaginaire oriental. La suite du roman est essentiellement remplie de l'histoire des amours d'Hattigé et de Tamaran. Le chevalier, ému par l'infortune de la belle, la libère à l'insu du corsaire qui voulait la garder pour lui-même.

Logiquement, l'écrivain, qui a passé plusieurs mois à Tunis et a eu l'occasion de bien connaître le monde et les mœurs de l'islam, devait composer une fiction en basant sur ses observations personnelles. Cependant, contre toute attente, il n'a pas transmis ses propres expériences dans son roman.

En fait, les références à la civilisation orientale sont, dans *Hattigé*, étonnamment rares. Des lecteurs, qui espéraient y trouver des témoignages véridiques du voyageur sur le monde turc, devaient être déçus : l'univers présenté est extrêmement vague. Les détails géographiques et les noms historiques n'apparaissent dans le texte, qui compte 90 pages, qu'une seule fois, vers la fin du récit. On apprend que le roi de Tamaran, informé par sa maîtresse qu'elle désirait se rendre à la Mecque, « [...] l'envoya a Tunis, le recommanda à Mahomet Bassa Bey son ami intime, & le pria de vouloir donner un Vaisseau à cette belle Pelerine, pour la porter jusqu'à Alexandrie »[8]. La religion musulmane, elle aussi, est mentionnée très brièvement, seulement à deux reprises. C'est le pèlerinage à la Mecque qui a poussé Hattigé à prendre la mer : « Hattigé [...] dit que Dieu demandait d'elle qu'elle fit un voyage a la Mecque, ou bien ses pechez ne lui seroient jamais pardonnez »[9] et, en attendant que le chevalier de Malte ne vienne la libérer, « elle n'avoit jamais prié de si bon cœur Mahomet »[10]. Il n'y a pas d'autres références à la religion islamique dans le roman.

S'il s'agit des éléments de la civilisation musulmane, ils sont eux aussi très minces. Les protagonistes portent des noms orientaux

---

8 S. Bremond, *Hattigé ou les amours du roy de Tamaran*, Genève 1980, p. 81.

9 *Ibidem.*

10 *Ibidem*, p. 89.

imaginaires : Hattigé, Tamaran, Rajep, Moharen, Zara, Osman, mais ni leur aspect physique ni leurs costumes ne sont pas révélés. La maîtresse du roi vit dans un sérail qui se trouve dans un palais royal. C'est tout ce qu'on apprend à propos du sérail. En quittant cet espace clos, on se trouve dans un vaste jardin clôturé, évoqué laconiquement : « Il y avait la dedans plusieurs lits de gazon les plus propremens faits du monde, & tout autour des pots de fleurs de jasmin, et tuberose, et d'autres encore de bonne odeur »[11]. Le passage le plus riche en informations concerne l'identité et la présentation des costumes des femmes mauresques. A un certain moment Tamaran met des habits de Bédouine pour entrer secrètement dans le sérail :

> Le roi estant sorti de chez Hattigé alla s'habiller en Bedouine, c'est ainsi qu'on appelle les Moresses de la Montagne, dont le serrail est ordinairement remply. Il prit un voile noir, dont il se couvrit le visage, il s'entoura le corps d'une couverture de laine blanche, il se mit des caleçons de toile, et des baboches noires, qui est tout l'equipage de ces Moresses quand elles sont a la Ville ; car a la campagne, elles vont comme Dieu les a faites[12].

En général, la manière de s'habiller des personnages est passée sous silence. Dans tout le roman on peut trouver une seule phrase se rapportant aux vêtements du Tamaran : « le roi se fit mettre son caffetan pour se lever, et sans un plus grand appareil, ayant pris son turban et son sabre, il alla droit au serrail avec Osman »[13].

Ainsi, les éléments orientaux sont dans le roman de Bremond extrêmement réduits. Cette carence allait certainement à l'encontre des images de la civilisation musulmane dont abondaient les fictions galantes. Les auteurs tels que Baudoin, Scudéry ou Villedieu offraient aux lecteurs de véritables expansions descriptives trahissant leur fascination de la culture barbaresque. Même s'ils se montraient évasifs sur la topographie des lieux, ces écrivains n'ont de cesse de louer la

---

[11] *Ibidem*, p. 70.
[12] *Ibidem*, pp. 53-54.
[13] *Ibidem*, p. 42.

splendeur du décor : des parures féminines aux ornements picturaux, en passant par l'ameublement. Aussi les descriptions élaborées des jardins occupent une place de choix dans l'univers romanesque de l'époque[14].

Chez Bremond l'absence du détail, si étonnante qu'elle soit, est un stratagème visant à détourner discrètement la focalisation des lecteurs de la civilisation orientale vers celle européenne. Tout ce qui n'est pas présenté explicitement peut être facilement imaginé, rapporté dans un décor européen. La manière de s'exprimer des protagonistes, leurs réactions psychologiques et, avant tout, les relations galantes entre les deux sexes, l'art de séduire, sont occidentaux. Par exemple le prince Rajep, en courtisant Hattigé, prononce les paroles suivantes : « Rien n'est difficile pour moi quand il s'agit du service des Dames : c'est du devoir d'un honnête homme de chercher à les obliger »[15]. La notion de l'honnête homme renvoie à un modèle d'humanité occidental par excellence, emblématique pour la société française du XVIIe siècle.

Le récit des amours galants du roi de Tamaran, c'est avant tout l'histoire d'un homme obsédé par l'amour pour une femme infidèle. Le monarque est incapable de maîtriser son affection. La passion, à l'instar d'une maladie, détruit progressivement son jugement. Le roi de Tamaran est un souverain qui ne pense qu'à son amante et celle-ci le trompe sans vergogne.

On peut se demander pourquoi le portrait du roi dressé par Bremond est si dérisoire. Incontestablement, bien que l'altérité du monde de l'islam soit attirante, c'était toujours une civilisation des adversaires des chrétiens. Malgré les relations diplomatiques satisfaisantes entre la France et la Turquie, dans l'imaginaire collectif de l'époque, l'idée que l'Orient constitue une menace politique et religieuse potentielle était constamment présente. Alors, dans les nouvelles galantes orientales, on exorcisait cette peur par le rire. Le roi implorant pardon à sa maîtresse adultère dirige la nouvelle vers

---

14 Cf. M.-Ch. Pioffet, *op. cit.*, pp. 8-22.

15 S. Bremond, *Hattigé ou les amours du roy de Tamaran*, p. 31.

un registre carrément comique. Tamaran est ainsi transformé en personnage de farce et il rappelle plus un George Dandin de Molière[16] qu'un monarque redoutable.

Il semble pourtant que les raisons qui ont poussé Bremond à se servir de l'Orient comme d'un simple décor ont été avant tout politiques. L'écrivain a d'abord utilisé la fiction orientale pour tourner la censure. En fait, dès sa parution, la nouvelle a été reconnue comme un roman à clé. Pour les lecteurs anglais et français, il a été évident que le déguisement oriental ne servait qu'à voiler, d'une manière transparente, les amours de Charles II d'Angleterre et de la duchesse de Cleveland. Le roi s'amourachait facilement. Son goût pour les galanteries était notoire. A l'époque de la parution de la nouvelle, Charles II avait déjà quatorze enfants naturels reconnus. Des allusions au roi dominé par sa maîtresse ont été transparentes pour les lecteurs anglais. L'allocution du secrétaire d'Etat Williamson, qui a accusé Bremond publiquement d'avoir composé un pamphlet contre la cour anglaise, en est la meilleure preuve[17].

Edwin P. Grobe, en examinant la biographie de Sébastien Bremond à découvert qu'il a servi à l'étranger les intérêts de sa patrie. Ses activités d'espionnage pour le compte de la France ont été à la fois discrètes et efficaces. Si l'on prend donc en compte que les raisons poussant Bremond à composer les fictions n'étaient pas uniquement littéraires, les motifs de la négligence des détails exotiques dans *Hattigé…* deviennent évidents. L'importance de la description réaliste et véridique de l'Orient était secondaire par rapport à l'objectif principal du récit qui consistait à calomnier la réputation du rival politique de Louis XIV. En montrant Charles II comme un roi cocu, déshonoré et facile à manipuler, Bremond mettait en question sa qualité morale et sa capacité de régner. Montrer Charles II avili, discréditer son intelligence, en se servant d'un déguisement oriental – telle était la visée du romancier. Il était donc primordial pour

---

16 *George Dandin ou le Mari confondu* est une comédie-ballet en trois actes, créée et jouée au public en 1668.

17 Cf. La préface de R. Godenne à : S. Bremond, *Hattigé ou les amours du roy de Tamaran*, p. XI.

Bremond d'évoquer l'Orient par un réseau d'images superficielles, peu précises, ayant un faible rapport au monde musulman, permettant aux lecteurs de décoder d'emblée le camouflage et la portée réelle du texte.

Summary

Interest in the Orient in France had been growing throughout the seventeenth century in connection with the political and commercial expansion. Sébastien de Bremond travelled in North Africa and had significal personal and political dealings with Beys of Tunis. His literary activity was concentrated in the decade 1670-1680, a period spent in London, in close communication with the activities at the Court. *Hattigé or the Amours of the King of Tamaran* (1676) was supposed to be Bremond's oriental novel, a fictional depiction of Orient, based on his personal experiences. However the Orient was used only as a disguise for English Court occurrences. Bremond wrote a political pamphlet, a fierce satire on the conduct of Charles II of England (Tamaran) and his faithless mistress (Hattigé).

Francisca del Mar Plaza Picón
Université de La Laguna (Espagne)

RETRATO DE LA MUJER EN EL *LIBER PHILOSOPHORUM MORALIUM ANTIQUORUM*

Introducción

El *Liber philosophorum moralium antiquorum* es la versión latina de *Bocados de oro*, una famosa colección de sentencias de la primera mitad del siglo XIII, que, a su vez, es traducción del *Mujtār al-ḥikam wa-maḥāsin al-kilam* (1048-1049) de Abū al-Wafā' al-Mubaššir ibn Fātik[1]. Esta obra constituye un conjunto de máximas con el apoyo teórico de la filosofía, entre cuyas fuentes muchos estudiosos han señalado los *Nawādir al-falāsifah* de Ḥunayn ibn Isḥāq[2] con quien Mubaššir había estudiado filosofía, sin embargo no existe acuerdo al respecto[3]. Asimismo se encuentran algunas máximas idénticas

---

1 Abū al-Wafā' al-Mubaššir ibn Fātik, *Mujtār al-ḥikam wa-maḥāsin al--kilam*, ed. A. Badawi, Madrid 1958.

2 Ḥunayn ibn Isḥāq (809-873), escritor, traductor y médico árabe que dirigió la *Bayt al-ḥikma* (*La casa de la sabiduría*) de Bagdad. Conocido también con el nombre latinizado de Johannitius.

3 Rosenthal señala que sería necesario probar que Mubaššir usa este texto directamente. Halkin pone en tela de juicio la relación de dependencia de la obra de Mubaššir con la de Ḥunayn ibn Isḥāq y cuestiona el que ambas beban de la misma fuente. Menor problema plantea para Rosenthal la relación con el *Ṣiwān al-ḥikma* de Abū Sulaymān al-Siyistānī (ca. 932-ca. 1000), ya que la coincidencia de gran parte del material permite suponer que, aunque Mubaššir aún no conociese el *Ṣiwān*, ambos manejan las mismas fuentes. Cf. F. Rosenthal,

a las de las obras de Mubaššir o Ḥunayn en el tratado *Ṭibb al-nufūs al-salīma* del judío Ibn Aknin[4], pero las diferencias existentes entre los textos no permiten concluir a Halkin[5] que Ibn Aknin las tomase de dichos autores.

Por otra parte, aunque gran cantidad de estudiosos inciden en el carácter griego de las fuentes, el origen de muchas de las sentencias de la obra de Mubaššir se nos muestra aún oscuro. Lo que no deja lugar a dudas es que la mayor parte del material es de origen griego y que estas máximas se aceptaron como parte del legado griego, dejando su adaptación o traducción al árabe profundas huellas en esta cultura que se mostró altamente receptiva a la aceptación de dicho pensamiento, pues, como indica Guerrero[6], "la sabiduría que éste representa [...] señalaba la conducta ideal a seguir, que coincidía con la manifestada por la revelación".

En este sentido hemos de entender que la herencia griega en la civilización árabe comprende, como apunta Badawi[7], tanto los textos originales como los apócrifos, los cuales tuvieron una influencia profunda por el hecho de ser considerados como griegos. Circunstancia que influyó notablemente en la recepción del pensamiento griego en Europa[8] y de la que son muestra las diferentes traducciones que

---

Al-Mubashshir ibn Fatik ; Prolegomena an Abortive Edition, "Oriens", nº 13-14, 1961, pp. 132-158 ; A.S. Halkin, *Classical and Arabic Material in Ibn 'Aknin's "Hygiene of the Soul"*, "Proceedings of the American Academy of Jewish Research" nº 14, 1944, pp. 31-32.

4 Nacido en Barcelona ca. 1150, pero desplazado a Fez (Marruecos) donde vivió hasta su muerte, acaecida ca.1220.

5 A.S. Halkin, *op. cit.*, pp. 32-35.

6 R. Ramón Guerrero, *De la Razón en el Islam clásico*, "Anales del Seminario de Historia de la Filosofía", nº 3, 1982-1983, p. 44.

7 Cf. A. Badawi, *La transmission de la philosophie grecque au monde arabe*, Paris 1968, p. 7-8.

8 En este sentido subraya Bizzarri "que sus fuentes, lejos de presentar una filosofía extraña al hombre europeo, estaban impregnadas del pensamiento cristiano, pues provenían del círculo de los filósofos nestorianos, a quienes tocó en Oriente ser los receptores y transmisores de la cultura griega". Cf. H.O. Bizarri, *"Non omnis moriar". Sobre la fama del sabio en la Edad Media castellana*, "Thesaurus", vol. 45, nº 1, 1990, pp. 175-176.

de esta obra se hicieron al castellano, latín, provenzal, francés antiguo, inglés, etc.

Y es que, aunque la proyección de la obra de Mubaššir en el mundo musulmán fue escasa[9], distinta suerte corrieron las versiones que de ella se hicieron. Esta obra conoció en el siglo XIII una versión castellana anónima[10] titulada *Bocados de oro* que ejerció una notable influencia en la España medieval del saber clásico y oriental.

La versión latina, *Liber philosophorum moralium antiquorum*[11], parece que se realizó directamente de la traducción castellana, y aunque se atribuyó a Giovanni da Procida, su autoría no está probada. Por otra parte la relación entre la versión latina[12] y la versión castellana sigue planteando problemas[13]. Pero dejando a un lado la espinosa cuestión de si la versión latina es traducción de la hispánica o del original árabe, un hecho indudable lo constituye el que el *LPMA* se estableció como puente para la difusión de la tradición recogida en el *Mujtār al-ḥikam* favoreciendo la difusión de la obra de Mubaššir por Europa. Tanto las traducciones como la cantidad de manuscritos que circularon de todas ellas constituyen una

---

9 Cf. F. Rosenthal, *Al-Mubashshir ibn Fatik...*, pp. 145-150.

10 La traducción anónima es anterior a 1257. Cf. *ibidem*, p. 133 ; H. Knust, *Mittheilungen aus dem Euskurial*, Tubinga 1879, pp. 538-601 ; *Bocados de oro : Kritische Ausgabe des altspanischen Textes*, hrsg. M. Crombach, Bonn 1971, pp. XXI-XXII.

11 En adelante *LPMA*.

12 Fue editada por primera vez por S. De Renzi (*Collectio Salernitana*, III, Nápoli 1854, pp. 66-150) y luego por E. Franceschini, *Il "Liber Philosophorum Moralium Antiquorum"*, "Atti del Reale Istituto Veneto di Scienze, lettere ed arti", XCI, Venezia 1931-1932, pp. 398-588. Además estudia las fuentes e influencias de la obra en "Atti della Reale Accademia Nazionale dei Lincei", CCCXXVII, Serie VI, Classe di Scienze Morali, Storiche, e Filologiche, III, 1930, pp. 355-399, reimpreso en *Scritti di filologia latina medievale*, vol. I, Padova 1976, pp. 109-165.

13 Un buen resumen de las diferentes posiciones de los estudiosos ofrecen P. Saquero Suárez-Somonte, T. González Rolán, *El castellano como puente entre Oriente y Occidente : la leyenda de Alejandro Magno*, "Cuadernos de Filología Clásica", nº 18, 1983- 84, pp. 12, nota 6.

prueba irrefutable de la popularidad que alcanzaron en la Europa medieval estableciéndose como vehículo de la sabiduría oriental a occidente[14].

Así el *LPMA* serviría en el siglo XIV a Guillaume de Tignoville para su obra *Les dits moraulx des philosophes*, obra que gozó de una enorme difusión, circunstancia que se constata no únicamente por la traducción provenzal que en el siglo XV se realizó de ella, sino además por la considerable influencia de la versión de Tignoville[15]. La transmisión de esta obra se comprueba igualmente por las traducciones que se realizan al inglés[16], obras que, por su parte, también tendrán un gran influjo en la literatura medieval en dicha lengua. Todo ello muestra el enorme interés que suscitó en Europa este compendio de sabiduría y no sólo, como ha estudiado Haro Cortés[17], por razones de orden socio-cultural, sino también debido a la sencillez de la forma literaria. Al mismo tiempo, el hecho de que estas sentencias proviniesen de sabios, muchos de ellos, identificados con sus nombres e introducidos por una pequeña biografía[18] en la que, como

---

14 Cf. C. Leone, *La réception occidentale du Mukhtâr al-hikam à travers ses traductions*, [in :] *Aliento. Corpus, genres, théories et méthodes : construction d'une base de données*, ed. M.Chr. Bornes-Varol, M.S. Ortola, Nancy 2010, pp. 81-100.

15 Así en las glosas de la *Epître Othéa* de Pisan y en la obra de Antoine de la Salle, *La Salade* (1440-1444). Cf. F. Duval, *Lectures françaises de la fin du Moyen Age. Petite anthologie commentée de succès littéraires*, Genève 2007, p. 159. Asimismo, Bülher señaló la deuda que *Le rosier des guerres* mantiene con la obra de Tignoville. Cf. C.F. Bülher, *The "Rosier des Guerres" and the "Dits Moraulx des Philosophes"*, "Speculum", vol. 34, nº 4, 1959, pp. 625-628.

16 Una a cargo de S. Scrope en 1450, otra efectuada por el conde de Rivers y publicada por Caxton en 1477, así como una traducción anónima. Cf. *The Dicts and Sayings of the Philosophers*, ed. C.F. Bülher, London 1941 ; C.F. Bülher, *New Manuscripts of the "Dicts and Sayings of the Philosophers"*, "Modern Language Notes", vol. 63, nº 1, 1948, pp. 26-30.

17 M. Haro Cortés, *Un nuevo testimonio fragmentario de los "Bocados de oro"*, "Revista de Literatura Medieval", nº 8, 1996, p. 9.

18 Cf. idem, *Los esquemas biográficos en la prosa gnómica del XIII : el caso de los "Bocados de oro"*, [in :] *Homenatge a Amelia García-Valdecasas Jiménez*, t. 1, ed. F. Carbó et al., Valencia 1995, pp. 415-431.

ha puesto de manifiesto Bizzarri[19], se presentaban como un ejemplo de virtudes paradigmáticas, garantizaba la veracidad de sus contenidos. Como afirma Bizzarri[20] : "las palabras salidas de los labios del sabio establecerán normas de conducta para que el hombre medieval guíe sus actos".

Concepción de la mujer. Sócrates

La relación entre sabiduría y la conducta a seguir por el hombre nos conduce al tema central de nuestra exposición, esto es, a la relación de éste con las mujeres, uno de los aspectos presentes en la obra de Mubaššir y que se mantiene en las versiones realizadas en diferentes lenguas, en las que hallamos un conjunto de sentencias de naturaleza misógina proferidas por distintos sabios, la mayoría de ellas atribuidas a Sócrates[21].

Ha de subrayarse que, si bien es Sócrates, el sabio que mayor número de máximas misóginas presenta, no es el único. Aunque nuestro trabajo se centra en el *LPMA*[22], hemos comprobado además que tanto en *Bocados de oro* como en las versiones que en otras lenguas se realizaron, se encuentran otras muchas de semejante naturaleza

---

19 H.O. Bizzarri, *Le passage du proverbe à l'*exemplum *et de l'*exemplum *au proverbe*, [in :] *Tradition des proverbes et des exempla dans l'Occident médiéval / Die Tradition der Sprichwörter und exempla im Mittelalter*, ed. H.O. Bizzarri, M. Rohde, Berlin - New York 2009, p. 14.

20 H.O. Bizzarri, *"Non omnis moriar". Sobre la fama...*, p. 177.

21 Resulta, no obstante, curioso que en la primera traducción de 1477 realizada por Anthony Wodville, conde de Rivers, del francés al inglés las sentencias de carácter misógino de Sócrates fuesen suprimidas. Caxton imprime el texto en 1477 y declara en el epílogo que no encuentra nada discordante con el original francés salvo la omisión de las sentencias de Sócrates que decide añadir en un apéndice final para que el lector considere si desea leerlas.

22 Para las citas utilizamos la edición de E. Franceschini, *Il "Liber Philosophorum Moralium Antiquorum"*, "Atti del Reale Istituto Veneto di Scienze, lettere ed arti", XCI, Venezia 1931-1932, pp. 398-588.

puestas en boca de otros sabios[23]. De entre todos ellos, como hemos apuntado, es Sócrates quien sobresale en este aspecto, circunstancia que no resulta extraña, pues es incuestionable su importancia en el pensamiento filosófico medieval islámico. De hecho, en esta adaptación de la moral filosófica griega al islamismo, Sócrates aparece calificado, como apunta Rosenthal[24], con epítetos árabes como si se quisiera atribuir una identidad musulmana al filósofo griego. En palabras de Alon, Sócrates "fue abrazado por la cultura árabe en la Edad Media como el paradigma del sabio moral más que como filósofo en el sentido estricto del término"[25]. El Sócrates árabe presta gran atención a los aspectos sociales y por ello, según Alon[26], expresa sus opiniones sobre el hombre y la mujer, tanto como filósofo como las que se derivan de su experiencia personal. La mujer para Sócrates constituye una amenaza para el que desee llegar a sabio, por lo que debe evitarla tanto como le sea posible y desobedecer sus consejos. Su reivindicación de la sabiduría y su rechazo de la cólera y la mentira parecen estar en la base de su percepción de la mujer, a la que considera ignorante, airada y engañosa. Oscuro queda, no obstante, el origen de la concepción medieval de Sócrates[27], pero lo que sí resulta claro es que tanto las máximas atribuidas a Sócrates como al resto de los sabios son de enorme valor a la hora de examinar a los sabios que los musulmanes medievales contemplaron[28] y, en consecuencia, a la hora de establecer la visión que de la mujer ofrecen.

---

23 El cotejo de los textos revela una práctica total coincidencia de las sentencias, en general, atribuidas a los mismos sabios, de cuyo análisis no nos ocupamos aquí por razones de espacio.

24 Cf. F. Rosenthal, *On the knowledge of Plato's Philosophy in the Islamic World*, "Islamic Culture", nº 14, 1940, p. 389.

25 I. Alon, *Socrates in Mediaeval Arabic Literature*, Leiden 1991, p. 317.

26 Cf. *ibidem*, p. 329.

27 Concepción que Halkin enmarca en la moral religiosa y el legado clásico que el Islam hereda a través de la literatura siriaca, además de la existencia de ciertos rasgos de Sócrates cercanos a Diógenes y al cinismo. Cf. A.S. Halkin, *op. cit.*, pp. 38-48.

28 Cf. F. Rosenthal, *Socrates in Medieval Arabic Literature*, "Journal of the American Oriental Society", vol. 112, nº 3, 1992, pp. 539-540.

Retrato de la mujer

Con objeto de dibujar el perfil de la mujer que resulta de la lectura de estas sentencias[29], hemos agrupado el conjunto de las mismas en tres grandes bloques. El primero aúna aquellas en las que la mujer aparece como causa de engaño y sufrimiento. El engaño se encuentra, a su vez, íntimamente ligado a la belleza cual máscara falaz que esconde su naturaleza maligna. Asimismo el sufrimiento se presenta aparejado a las relaciones familiares y al matrimonio más aún cuando éste tiene lugar con una mujer bella.

En relación con el matrimonio se señala que no conviene que el sabio se case con mujer bella porque muchos se enamoraran de ellas y despreciará a su marido : "*Dixit Rabion* : [...] : *non convenit sapienti contrahere cum pulchra, quia languebunt multi amore ipsius et propter hoc despiciet ipsa maritum*"[30]. El casamiento en manera alguna es aconsejable, pues trae poca tranquilidad y mucho sufrimiento : "*Et Dyogenes dixit* [...] : *Et vidit cum quadam quendam contrahere et dixit : modica quies multum laboris inducit*"[31]. Además la mujer se vislumbra como un ser capaz de amar por interés : "*Et vidit quosdam conantes mulierum obtinere amorem ex largitione bonorum vestium et multorum clenodiorum. Qui dixit eis : vos mulieres instruitis divites amare, non maritos*"[32].

Sócrates[33], por su parte, nos ofrece algunas pinceladas acerca de la visión que tenía de su esposa, una mujer cruel y necia a la que eligió

---

29 Aunque en el presente trabajo únicamente nos basamos en el *LPMA*, hemos de señalar que algunas de estas máximas sobre la mujer se encuentran también en el tratado *Ṭibb al-nufūs al-salīma* de Ibn Aknin (Cf. A.S. Halkin, *op. cit.* p. 129, 131, 133) y en otras obras de la literatura hispánica medieval como *El Libro de los buenos proverbios*, traducción castellana anónima del siglo XIII de la obra de Ḥunayn ibn Isḥāq, o el *Libro de las bienandanças y fortunas* (1471-1476) de Lope García de Salazar, obra que incorpora en su capítulo V gran parte del contenido de *Bocados de oro*.

30 *Il "Liber Philosophorum Moralium Antiquorum"*, p. 422.

31 *Ibidem*, p. 434.

32 *Ibidem*, p. 437.

33 *Ibidem*, p. 439.

para que a fuerza de soportar su necedad y sus malos modos le resultase más fácil soportar la simpleza en general o la ignorancia de los hombres :

> *et quia fecerunt eum contrahere contra consuetudinem suam, facientes scilicet bonos cum bonis contrahere ut genus durabile fieret inter eos, contraxit cum crudeliore muliere que in terra sua erat, ut ex tollerancia nescietatis eius et suorum malorum morum, esset sibi facilius tollerare simplicitates communiter seu hominum ignorancias*[34].

El matrimonio es siempre contemplado de un modo negativo, pues una de las partes es por naturaleza perversa : "*Et predicans* (Loginon)[35] *filio suo dixit* [...] : *Fili, Deum ora ut pravam non habeas uxorem, et nichilominus habeas vitam bonam ; nam mulieres, raro declinantes ad bonum, facile accedunt ad malum*"[36].

Y no sólo el matrimonio, también la familia se contempla con recelo. A través del matrimonio se establecen lazos familiares peores que los de la amistad ya que los miembros de la familia desearán tu muerte para heredarte : "*Et dixit* (Sedechias) : *purum amicum diligentem te, scito meliorem esse fratre [e] patre ac matre obtante mortem tuam ut hereditet bona tua*"[37].

---

34 Una sentencia del mismo tipo se encuentra en el *Libro de los proverbios glosados* (1570-1580) de Sebastián Horozco donde se dice de la esposa : "Yo la sufro por me avezar a sufrir más ligero las injurias de fuera", *ibidem*, ed. J. Weyner, Kassel 1994, p. 182. Asimismo en los *Proverbios y sentencias* de L. A. Séneca de Pedro Díaz de Toledo, humanista del siglo XV, podemos leer : "En casa aprendo como me he de aver en plaça", *Proverbios y sentencias de Lucio Anneo Séneca, y de don Iñigo López de Mendoza, Marqués de Santíllana*, Amberes 1552, p. 68.

35 En las citas el texto entre paréntesis es nuestro.

36 *Il "Liber Philosophorum Moralium Antiquorum"*, p. 545. Posiblemente se trate de Luqmān, el gran Sabio de la tradición islámica, introducido ya por Ḥunayn ibn Isḥāq en su *Nawādir al-falāsifah* (*Anécdotas filosóficas*). Cf. D. Gutas, *Luqmān : a Legendary Hero*, [in :] *Encyclopaedia of the Holy Qur'an*, t. 3, ed. N.K. Singh, A.R. Agwan, Delhi 2000, pp. 724-727.

37 *Il "Liber Philosophorum Moralium Antiquorum"*, p. 400.

La belleza femenina siempre encubre maldad como se desprende del siguiente apólogo : "*Et Dyogenes dixit* [...] : *Et vidit quandam pulcram mulierem et dixit : modicum boni et plurimum mali*"[38]. Es más, la mujer es incapaz de ver más allá de la apariencia física : "*Et dixit ei quedam mulier : attende, senex, quo modo facies tua turpis est. Qui respondit : nisi esses speculum turbidum, videretur in te melius mea pulcritudo*"[39]. Se incide en el carácter engañoso de la belleza exterior de la mujer, pues encierra en su ser el más ponzoñoso de los venenos : "*quid dicis de mulieribus ? Respondit* (Socrates) : *ipse sunt sicut arbor adefla* ; *adefla est arbor venenosa, habens bonum et pulchrum aspectum, et eum qui, deceptus, de ea comedit, occidit*"[40].

Del conjunto de sentencias referidas a la mujer agrupamos en un segundo bloque aquellas que ponen de manifiesto la inferioridad de ésta con respecto al varón. En ellas se ofrece como causas de tal circunstancia la ignorancia y la malicia connaturales al género femenino de las que no escapan ni las madres. Tal situación conlleva el que los sabios, sobre todo Sócrates, aconsejen al hombre que jamás obedezca a la mujer y que no caiga en sus trampas. Una de esas trampas la constituye la belleza, artificio del que se vale la mujer para intentar vencer al hombre, como se desprende de la sentencia atribuida a Alejandro, quien, cuando fueron capturadas las hijas de Darío y le refirieron cuán hermosas eran, no quiso ni siquiera mirarlas, cuanto menos cometer actos indecentes, considerando que ello supondría dejarse vencer por ellas :

> *Et quando capte fuerunt filie Darii, ipsarum pulcritudinem retulerunt eidem ; ipse autem nec intueri easdem voluit, nec indecencia operari, dicens : turpe est vincere homines contendentes nobiscum, et mulieres eorum nostro deputatas carceri nos vincam*[41].

---

[38] *Ibidem*, p. 435.

[39] *Ibidem*, p. 453. Esta sentencia atribuida a Sócrates aparece sin variaciones asimismo en el *Ṭibb al-nufūs al-salīma* de Ibn Aknin. Cf. sentencia 263 de la traducción de A.S. Halkin, *op. cit.*, p. 135.

[40] *Il "Liber Philosophorum Moralium Antiquorum"*, p. 456.

[41] *Ibidem*, p. 528.

Y es que las mujeres son trampas bien preparadas : "*Et dixit* (Socrates) : *mulieres sunt laquei parati, in quos non incidet nisi aut volens, aut incautus*"[42], por lo que han de tenerse en cuenta las consecuencias que acarrea caer en sus engaños tales como la perdida de la sabiduría y el malestar físico : "*Et dixit* (Socrates) [...] : *vitans laqueum quem mulieres parent viris quia est impeditor et disturbatur (sic) sapiencie, et facit assequi malum statum*"[43]. Los ardides de que son capaces las mujeres llevan a identificarlas con instrumentos del mismo diablo : "*Et dixit* (Socrates) : *qui vult evadere a fraudibus dyabuli non obediat mulieribus, quia mulieres sunt scala parata ad quam dyabolus posse non habet nisi scandentibus in illam*"[44]. Esta visión del género femenino conlleva el que se insista en que no hay que obedecer a la mujer, pues el que así procede es un ignorante[45] :

> *Et dixit* (Socrates) : *ignorantia hominis tribus de causis cognoscitur :* [...] *et in gubernando se consilio sue consortis in eo quod scit et quod nescit. Et dixit discipulis : vultis quod ostendam vobis cum quo evadatis ab omni malo ? Illis respondentibus : etiam, dixit : ob aliquam causam uon (sic) obediatis mulieribus*[46].

La mujer es concebida como un ser necio que sólo admite progreso en su inclinación a la maldad por lo que es más adecuado mantenerlas alejadas del conocimiento :

> *Et dixit* (Socrates) : *nullum est maius impedimentum ignorancia, nec malum molestius muliere*[47]. *Et vidit mulierem ferentem ignem ; cui dixit :*

[42] *Ibidem*, p. 455. Cf. sentencia 243 del *Ṭibb al-nufūs al-salīma* de Ibn Aknin. Cf. A.S. Halkin, *op. cit.*, p. 129.

[43] *Il "Liber Philosophorum Moralium Antiquorum"*, p. 449. La misma idea se recoge en la sentencia 152 del *Ṭibb al-nufūs al-salīma* de Ibn Aknin. Cf. A.S. Halkin, *op. cit.*, p. 105.

[44] *Il "Liber Philosophorum Moralium Antiquorum"*, p. 456. Cf. sentencia 249 del *Ṭibb al-nufūs al-salīma* de Ibn Aknin. Cf. A.S. Halkin, *op. cit.*, p. 131.

[45] Idea que se recoge también en la sentencia 244 del *Ṭibb al-nufūs al-salīma* de Ibn Aknin. Cf. A. S. Halkin, *op. cit.*, p. 131.

[46] *Il "Liber Philosophorum Moralium Antiquorum"*, p. 456.

[47] *Ibidem*, p. 455. Cf. sentencia 244 del *Ṭibb al-nufūs al-salīma* de Ibn Aknin. Cf. A.S. Halkin. *op. cit.*, p. 131.

delato molestior est delatrix. Et vidit quandam mulierem infirmam et egrotam, cui dixit : malum cum malo quiescit. Et vidit quandam mulierem traditam ad tumulandum, et mulieres alias plorantes post eam ; et dixit : quia perditur malum, malum tristatur. Et vidit quandam puellam discentem scribere, cui dixit : non multiplices malum cum malo[48].

En la concepción adversa hacia la mujer no hay excepciones hasta las más cercanas son objeto de la misma consideración :

Cui (Socrati) *dixerunt : quid de matre forte bona, vel sorore ? Respondit : sufficit vobis quod dixi ; omnes enim in malo sunt similes. Et dixit : qui vult scienciam querere non exibeat potenciam mulieribus supra se. Et vidit quandam mulierem se polientem, cui dixit : mulier est velut ignis, cuius incenditur calefactio per oppositionem lignorum*[49].

La mujer ni siquiera merece una valoración positiva en su papel de madre, ya que son buenos sus frutos, pero no ella : "*Et dixerunt : quomodo mulieres vituperas, quibus non existentibus tu non esses ? Respondit* (Socrates) : *mulier est sicut palma in qua sunt spine que, si corpus intrant hominis, vulnerant eum, et nihilominus dactilos producunt*"[50]. Además se hace hincapié en su natural inclinación al mal, hecho por el que debe evitárselas ya que si te atrapan no podrás librarte de ellas aun cuando no las desees : "*Cui* (Socrati) *dixerunt : quare fugis a mulieribus ? Respondit : quia video eas fugere bona et mala sequi*[51]. *Et dixit : miser a mulieribus nunquam absolvitur*[52]. *Et dixit : quem tenent mulieres in posse suo est mortuus, vivus existens*"[53].

---

48 Il "Liber Philosophorum Moralium Antiquorum", pp. 455-456.

49 *Ibidem*, p. 456. Ésta última sentencia también aparece en Ibn Aknin. Cf. sentencia 252 del *Ṭibb al-nufūs al-salīma* de Ibn Aknin. Cf. A.S. Halkin, *op. cit.*, p. 131.

50 *Il "Liber Philosophorum Moralium Antiquorum"*, p. 456. Cf. sentencia 254 del *Ṭibb al-nufūs al-salīma* de Ibn Aknin. Cf. A.S. Halkin, *op. cit.*, p. 133.

51 *Il "Liber Philosophorum Moralium Antiquorum"*, p. 456. Cf. sentencia 255 del *Ṭibb al-nufūs al-salīma* de Ibn Aknin. Cf. A.S. Halkin, *op. cit.*, p. 133.

52 *Il "Liber Philosophorum Moralium Antiquorum"*, p. 456. Cf. sentencia 257 del *Ṭibb al-nufūs al-salīma* de Ibn Aknin. Cf. A.S. Halkin, *op. cit.*, p. 133.

53 *Il "Liber Philosophorum Moralium Antiquorum"*, p. 456. Cf. sentencia 258 del *Ṭibb al-nufūs al-salīma* de Ibn Aknin. Cf. A.S. Halkin, *op. cit.*, p. 133.

Y es que la mujer no conoce límites : "*Et dixit* (Socrates) : [...] *Et vidit quendam plorantem : ignis, ignis ! Cui dixit : quid habes tu ? Et dixit ei quedam mulier : vis tu aliam quam me ? Et respondit : non verecundaris tu, offerre te non petenti ?*"[54].

Otro de los vicios que se atribuyen a las mujeres es el de la ira porque ésta es connatural a la flaqueza del alma propia del sexo débil : "*Et dixit* (Pictagoras) : [...] *invenimus mulieres citius quam viros irasci, et infirmos quam sanos, senesque quam iuvenes ; propter que perpendere valemus iram ex debilitate anime pervenire*"[55]. Las perversas cualidades de la mujer llevan a compararlas con una víbora sorda : "*Et dixit alter : cum aspide surda melius est conversari quam cum muliere maligna*"[56].

En un tercer bloque agrupamos una serie de máximas concernientes a las relaciones sexuales que muestran la capacidad de la mujer para debilitar e incluso matar al varón : "*Et dixit* (Socrates) : *si non poteris carere mulieribus, utere eis sicut carnibus morticinis que non comeduntur nisi necessitatis causa et, si plusquam sufficit comedatur de eis, interimunt*"[57]. La mujer es un peligro[58] : "*Assaron dixit : quinque de causis rex damnificatur :* [...] *tercia est mulierum, vini, venationis et laxamenti multiplex usus* [...][59]". La mujer es perjudicial : "*Et dixit Amonius : tria sunt que obsunt regibus :* [...] *amor insolens mulierum*"[60],

---

54 *Il "Liber Philosophorum Moralium Antiquorum"*, pp. 456-457.

55 *Ibidem*, p. 568.

56 *Ibidem*, p. 573.

57 *Ibidem*, pp. 446-447.

58 En este sentido son interesantes las palabras de Canet : "Los educadores de la nobleza participan la mayoría de las veces de la doble condición de maestros y clérigos, con lo que sus enseñanzas están relacionadas con la idea de la formación del príncipe cristiano. Bajo esta óptica participan de la opinión generalizada sobre el peligro de la mujer, sobre todo en ciertas épocas y etapas de su vida", J.L. Canet, *La mujer venenosa en la época Medieval*, "Lemir : Revista de Literatura Española Medieval y del Renacimiento", nº 1, 1996-1997, p. 14.

59 *Il "Liber Philosophorum Moralium Antiquorum"*, p. 534-535.

60 *Ibidem*, p. 560. Esta sentencia se encuentra en el *Gnomologium vaticanum* (*Ammonius*) Cf. F. Rosenthal, *The Classical Heritage in Islam*, London 1992, p. 127.

pues debilita el cuerpo[61] : "*Et interrogaverunt Arasten, quando est bonum coire. Respondit : cum volueris tuum debilitare corpus*"[62]. Es bien sabido que los riesgos que el sexo podía conllevar se achacaban a razones de índole médica : "*Et dixit* (Pitagoras) : *attende salutem tui corporis ut sis moderatus in comedendo, bibendo, iacendo cum mulieribus atque laborando*"[63]. En este contexto no extraña el que se diga de Aristóteles : "*moderatus erat in se vestiendo, in comedendo, bibendo, et mulieribus adherendo*"[64].

Pero no sólo para el cuerpo sino también para el alma son nocivos los excesos con las mujeres : "*Et dixit* (Hermes) : [...] *excludentur anime vestre a servitute ignorancie, nec obesse poterit etiam lascivia iuventutis*"[65]. Por ello indica Hermes a Amón los castigos que debe ordenar ante los excesos : "*sodomite comburantur, fornicatores fustigentur quinquaginta percussionibus, et fornicatrices lapidentur si vere probentur*"[66].

Tal y como hemos podido comprobar, los sabios ofrecen el retrato de una mujer traidora, avariciosa, fuente de pesares, necia e ignorante. Nuestros tres bloques dibujan un perfil femenino único cuyo rasgo más sobresaliente lo constituye la maldad. Ella es la malignidad personificada, semejante a la enfermedad, a la adelfa, a la palma llena de espinas y al fuego. Como instrumento del diablo es sabedora de artimañas y trampas en las que el que cae no consigue escapar,

---

61 Esta sentencia se repite en la literatura sapiencial de la Edad Media. La encontramos en la obra del filósofo andalusí Šem-Tov ibn Falaquera (ca. 1223-1290), *'Iggeret ha-musar*, traducción hebrea de la obra *Kitāb adab al-falāsifa* atribuida a Ḥunayn ibn Isḥāq, cuya traducción castellana se conoce como el *Libro de los buenos proverbios*. Cf. A. Salvatierra, *Un hindú en la sinagoga : un personaje paradójico en la "'Iggeret ha-musar" de Ibn Falaquera*, "Sefarad", 66, nº 2, 2006, p. 273, nota 39. Asimismo se halla en *Poridat de las poridades*, traducción castellana del Pseudo-Aristóteles *Secretum secretorum*, entre las enseñanzas que dio Aristóteles a Alejandro Magno. Cf. J.L. Canet, *op. cit.*, p. 14.

62 *Il "Liber Philosophorum Moralium Antiquorum"*, p. 557.

63 *Ibidem*, p. 429.

64 *Ibidem*, pp. 491-492.

65 *Ibidem*, p. 405.

66 *Ibidem*, p. 414.

pero además desde un punto de vista fisiológico es dañina para el varón.

Conclusiones

De estas máximas se desprende un binomio claro, sabiduría frente a mujer de forma y manera que la misoginia parece una consecuencia natural de la sabiduría, el sabio ha de ser misógino, pues la mujer constituye un obstáculo y un peligro en el camino hacia la perfección. La ficción del diálogo además encaja perfectamente con el hecho de que la mayor parte de las sentencias misóginas se atribuyan a Sócrates, un sabio que consideraba la expresión oral la mejor forma para la formación espiritual de sus discípulos, pues la palabra oral penetra con mayor fuerza en el hombre y se aloja mejor en la memoria, y al mismo tiempo favorece la identificación del lector con el destinatario de las enseñanzas de los sabios, enseñanzas que se reciben como sumas de sabiduría y guías de conducta. De esta forma, el diálogo se erige en un instrumento narrativo de gran eficacia para la enseñanza de determinados principios de naturaleza moral, no ajenos a una finalidad ideológica acerca de la conducta correcta que el hombre ha de mantener con la mujer. Recurso que, a su vez, se ve reforzado por la utilización de metáforas y símiles, garantizando así la asimilación de las sentencias que profieren los sabios filósofos quienes actúan desde la autoridad como instrumento persuasivo, pues la fortaleza de estos consejos se refuerza aún más cuando se la hace provenir de la experiencia personal de un ser dotado de sabiduría.

En este contexto el código de conducta que el hombre sabio ha de emplear con la mujer viaja se desplaza sin fisuras de oriente a occidente y no constituye por tanto, como se ha querido ver, un elemento de contraposición de culturas[67], pues, como afirma

---

[67] Cf. H. Goldberg, *Sexual Humor in Misogynist Medieval Exempla*, [in :] *Women in Hispanic Literature : Icons and Fallen Idols*, ed. B. Miller, Berkeley–Los Angeles–London 1983, p. 69, nota 6.

Philonenko[68] "la misogynie est un fait anthropologique qui déborde le cadre historique"[69]. De hecho, estas sentencias transitan espacios temporales y culturales diversos, ofreciendo una única concepción de la mujer entendida, en palabras de Diógenes de Sínope, como un mal inevitable : "*Et dixit* (Dyogenes) : *mulier est inevitabile damnum*"[70]. Y en dicho periplo el *Liber philosophorum moralium antiquorum* se erige como eslabón primordial en el influjo y en la convivencia entre distintas culturas.

Summary

Within the framework of sapiential literature we deal with the study of the ideal of woman that derives from a series of maxims given to some philosophers, mostly Greek, in *Liber philosophorum moralium antiquorum* (13th c.), a didactic work that plays a crucial role in the transmission of Arabic wisdom to the Western world.

68 M. Philonenko, *Essénisme et misogynie*, [in :] *Comptes-rendus des séances de l'Académie des Inscriptions et Belles-Lettres*, Paris 1982, p. 340.

69 Y es más, rebasa también el marco cultural y religioso. Tampoco el judaísmo escapó a la misoginia y en la literatura sapiencial ésta es patente en el Judaísmo helenístico Cf. N. Fernández Marcos, *Exégesis e ideología en el Judaísmo del S. I. Héroes, heroínas y mujeres*, "Sefarad", 53, nº 2, 1993, p. 276.

70 *Il "Liber Philosophorum Moralium Antiquorum"*, p. 437.

Piotr Sadkowski
Université Nicolas Copernic de Toruń

UN MONDE OÙ RABELAIS DIALOGUE AVEC AVICENNE : L'UTOPIE D'UNE RENAISSANCE ARABO-EUROPÉENNE DANS LA *DISPARITION DE LA LANGUE FRANÇAISE* D'ASSIA DJEBAR

Lors de son discours de réception à l'Académie Française, prononcé le 22 juin 2006, Assia Djebar, écrivain francophone originaire d'une famille algérienne arabo-berbère, soulignait le caractère transculturel du patrimoine qu'elle reconnaît comme la source éthique, esthétique et linguistique de son univers littéraire. En concluant sa conférence devant les académiciens, elle dresse un tel tableau allégorique de la rencontre de l'Orient et de l'Occident : « [...] j'imagine qu'en ce moment, au dessus de nos têtes, François Rabelais dialogue dans l'Empyrée avec Avicenne [...] »[1]. Elle évoque le savant musulman du XIe siècle comme un précurseur de la pensée humaniste européenne et Rabelais, médecin et écrivain, en tant que son héritier. « Rabelais – dit-elle – pour ses études de médecine, dut se plonger dans [le] *Livre de la guérison* [d'Avicenne]»[2]. Et elle ajoute :

---

[1] A. Djebar, *Discours de réception*, www.academie-francaise.fr/immortels/discours_reception/djebar.html.

[2] *Ibidem*.

Dans sa lettre de Gargantua à Pantagruel, en 1532, c'est-à-dire un siècle avant la création de l'Académie par le cardinal de Richelieu, était déjà donné le conseil d'apprendre « premièrement le grec, deuxièmement le latin, puis l'hébreu pour les lettres saintes, et l'arabe pareillement » [3].

Pourtant, Djebar est loin d'une édulcoration complaisante des relations entre ses deux pays – l'Algérie et la France – et, plus largement, entre l'Orient et l'Occident. Aussi bien dans le discours du 22 juin 2006 que dans ses œuvres littéraires, l'écrivain ne cesse de soulever de diverses formes de colonialisme et, par conséquent, des conflits et rapports de force qui secouent sa patrie dans le passé et dans le présent.

La thématique de l'oppression et de la violence dans les réalités coloniale et postcoloniale est souvent corrélée, chez Djebar, aux problèmes sociolinguistiques. Son œuvre semble issue de la tension entre l'utopie d'un territoire multiculturel où les idiomes coexistent en s'enrichissant réciproquement et l'histoire du pays marquée par ce qu'elle appelle les *guerres des langues*. Tout en pratiquant une écriture à « la croisée des langues »[4], rêvant une Algérie plurilingue, l'écrivain traite dans ses livres les situations où le pouvoir sur place opprime l'autre en cherchant à éliminer son idiome. Il s'agit donc aussi bien de la politique discriminatoire de la France contre l'arabe à l'époque coloniale, que de la menace qui pèse sur le berbère et le français suite à des tentatives de l'arabisation radicale et sur-idéologisée de la société algérienne. En commentant son roman *Vaste est la prison* (1995), lors d'un entretien accordé à Lise Gauvin, Djebar dit à propos de l'histoire linguistique de l'Algérie :

Chaque envahisseur qui arrivait avait une langue. Les Maghrébins, en tout cas les Algériens ont parlé latin avec Rome et auparavant ils ont parlé punique avec Carthage. [...] Après la chute de Carthage,

---

3 *Ibidem.*

4 Cf. L. Gauvin, *L'écrivain francophone à la croisée des langues. Entretiens*, Paris 1997.

> on a la preuve que les Berbères d'Algérie et de Tunisie ont continué à être bilingues, c'est-à-dire à parler leur propre langue [le berbère] et le punique encore pendant cinq siècles. M'interroger à travers un roman sur ces durées de langue après des catastrophes, c'est réfléchir à ma manière au présent de l'Algérie : pendant que se passent des drames, une sorte de haine s'installe contre les langues. [...]
>
> Ces rapports de rivalité – de fausse rivalité – entre les langues sont en réalité manipulés par des intérêts politiques. Cela apparaît comme une constante dans notre histoire [...][5].

Dans son avant-dernier roman, *La disparition de la langue française*, publié en 2003, Djebar inscrit le problème de l'hostilité linguistique dans le contexte de la guerre civile, de la terreur et de la montée du Front islamique du salut au début des années 1990, événements qui causent l'exil et la disparition de nombreux artistes, intellectuels et écrivains algériens. Comme le démontre Hafid Gafaïti, à la même époque le lectorat francophone s'y réduit rapidement à cause de la politique de l'arabisation dirigée contre toute présence du français[6]. C'est paradoxalement dans ces circonstances extrêmement difficiles, à la veille des élections législatives dont l'annulation déclenchera la guerre civile, que Berkane, le protagoniste de *La disparition de la langue française*, revient, en automne 1991, au pays natal après vingt ans passés en France. Il s'y décide après la séparation d'avec son amante, une actrice française, Marise. Tout au long des deux premières parties du roman (« *Le retour.* Automne 1991 » et « *L'amour, l'écriture.* Un mois plus tard ») le récit principal assumé par un narrateur hétérodiégétique alternant avec les textes de Berkane écrits à la première personne (lettres destinées à Marise, fragments de son journal, stances, esquisses d'un ouvrage autobiographique intitulé *L'adolescent*) permet de suivre les réactions de l'exilé essayant de se réinsérer dans le présent de la patrie retrouvée. Il emménage dans une maison familiale à Douaouda-sur-Mer, rend des visites à Alger, vit une brève mais

[5] *Ibidem*, p. 20.

[6] Cf. H. Gafaïti, *La diasporisation de la littérature postcoloniale. Assia Djebar et Rachid Mimouni*, Paris 2005, pp. 52-53.

intense relation amoureuse avec Nadjia, revenue comme lui au pays, et d'où elle repartira aussitôt au début de la guerre civile. Des analepses retracent l'enfance et l'adolescence de Berkane à l'époque du déclin du colonialisme français. Dès le début de la partie suivante du livre, le récit à la troisième personne relate la disparition de Berkane, probablement enlevé par des terroristes islamistes (la partie porte le titre « *La disparition*. Septembre 1993 ») pendant un voyage en Kabylie entrepris avec l'intention de revoir les lieux où il était retenu vers la fin de la guerre d'indépendance. Alarmée par Driss, le frère de Berkane, Marise arrive en Algérie dans l'espoir de trouver des traces du disparu. Driss lui confie les cahiers contenant les textes que Berkane écrivait pendant son séjour à Douaouda afin d'interpréter par ses actes autonarratifs les tribulations de son identité marquée par l'expérience migrante et ses difficiles rapports tant à la France qu'à l'Algérie et les langues des deux pays. Une distance critique avec laquelle il reconstruit narrativement de diverses époques de l'histoire du pays lui permet de saisir une analogie frappante entre le système colonial et la situation de l'Algérie au début des années 1990. À ses yeux l'intégrisme arabe et le nationalisme ressemblent paradoxalement au régime français du fait que tous ces systèmes consistent dans la tentative d'imposer aux individus un seul modèle idéologique, culturel et linguistique qui nécessite l'élimination de tout élément *autre* vu comme perturbateur et impur. Le regard porté sur les deux types de ghettoïsation – français-colonial et algérien-postcolonial – fait éprouver à Berkane son propre statut d'un individu hybride qui n'arrive pas à réconcilier sa culture métissée avec la réalité du pays où les deux composantes de son identité linguistique sont considérées comme adversaires. L'essai entrepris par le héros de réintégrer l'espace d'origines en explorant dans son écriture des imaginaires linguistiques et culturels variés s'opposerait donc à l'accaparement de son pays par les idéologies essentialistes et monoculturelles. Gardant le français comme le moyen de son écriture, en vue de vivre le plus profondément son retour, ce qui signifie explorer les apories de son identité arabe, identité qui implique aussi le lien affectif à la langue maternelle, Berkane essaie d'échapper à l'aliénation provoquée par le monolinguisme des *siens*, imposé par le système idéologique et politique en place. Le héros semble troublé par une variante particulière du « monologuisme de l'autre », phénomène examiné par Derrida[7]. Pour le personnage rapatrié l'*autre* se confondant avec *le sien*, le natal, l'algérien, il paraît fondé de faire appel, dans ce cas, à l'interprétation de la notion derridienne proposée par Ginette Michaud :

> Le monolinguisme de l'autre désigne donc cette situation aporétique, cette impasse dans laquelle se trouve tout sujet devant sa « langue maternelle » lorsqu'elle est posée à la fois comme règle et norme, d'une part et comme objet de désir, expérience d'altérité et langue de l'Autre, d'autre part[8].

Mais en même temps son recours au français n'éradique nullement de son *oikos*[9] la ou plutôt *les* langues maternelles, le plurilinguisme le protégeant contre les facteurs externes qui visent la réduction essentialiste des identités à un bloc monolithique[10]. L'activité

---

[7] Cf. J. Derrida, *Le Monolinguisme de l'autre ou la prothèse d'origine*, Paris 1996.

[8] G. Michaud, *« À voix basse et tremblante » : phonographies de l'accent, de Derrida à Joyce*, [dans :] *Les Langues du roman. Du plurilinguisme comme stratégie textuelle*, dir. L. Gauvin, Montréal 1999, p. 20. Voir aussi P. Sadkowski, *Récits odysséens. Le thème du retour d'exil dans l'écriture migrante au Québec et en France*, Toruń 2011, pp. 212-232.

[9] Simon Harel, dans son étude *Les Passages obligés de l'écriture migrante* (Montréal 2005), en parlant du « lieu habité », qu'il appelle aussi par le terme grec d'*oikos*, pense au phénomène d'un lieu intérieur, (re)construit narrativement au cours de l'expérience migratoire ou, autrement, de « l'habitabilité psychique [...] qui permet de transformer l'espace cartographié en lieux-dits » (p. 49). Le mot grec connotant parallèlement le lieu protecteur, hospitalier et l'acte d'habiter n'implique pas, selon Harel, une immobilité rassurante, mais tout au contraire, cette notion « fait place à la turbulence émotionnelle qui accompagne, chez tout sujet migrant, l'expérience du déplacement vu comme déracinement existentiel » et sert « à interroger le lieu non dans sa fixité, mais à partir des tourments, des appels, des quêtes et des rejets qui lui sont liés » (p. 117).

[10] Maria Gubińska conclut ainsi son étude du rôle du français dans l'univers de Berkane : « L'arabe oublié, refoulé, réapparaît et avec lui le français qui malgré sa disparition en Algérie, symbolisée par Berkane, fonctionne comme la langue

scriptuaire de Berkane bien que réalisée en français se montre effectivement travaillée par des langues diverses[11] qui créent son identité narrative[12].

L'utopie multilingue que Berkane pense créer par des moyens narratifs sera confrontée à la voix du personnage féminin, Nadjia, qui décide de rompre définitivement avec le pays natal. Elle constate que la langue arabe, sur-idéologisée et instrumentalisée par les islamistes afin d'en faire une arme dirigée contre l'autre, lui est devenue étrangère comme toute la nouvelle réalité sociale du pays :

> [...] les fanatiques, as-tu senti leur fureur verbale, la haine dans leurs vociférations ? Leur langue arabe, moi qui ai étudié l'arabe littéraire [...], moi qui parle plusieurs dialectes des pays du Moyen-Orient où j'ai séjourné, je ne reconnais pas cet arabe d'ici. C'est une langue convulsive, dérangée, et qui me semble déviée ! Ce

littéraire des textes rédigés par lui et transportés par Marise à Paris. De cette façon, grâce au français et malgré le passé difficile du héros, la disparition de Berkane n'est pas absolue. Le cri du protagoniste est audible grâce à la langue française » (M. Gubińska, *Assia Djebar et la question de la francophonie*, [dans :] *Francophonie et interculturalité*, dir. J. Lis, T. Tomaszkiewicz, Łask 2008, p. 212).

11 Mireille Calle-Gruber commente ainsi les relations entre les langues dans l'écriture de Djebar : « Cette notion de „francophonie", Assia Djebar s'efforce de la re-penser en termes de *„francographie"* : elle se déclare écrivain en langue française mais de voix non francophones, traçant son texte dans l'alphabet de l'autre mais avec, dans l'oreille, les sons de l'arabe dialectal, de l'arabe andalou, du berbère » (M. Calle-Gruber, *Assia Djebar*, Paris 2006, p. 26) La même chercheuse a observé, en 2001, l'évolution de l'attitude de la romancière à l'égard de la langue : « Après les œuvres marranes où l'écriture d'Assia Djebar se creuse des déchirures de la transfuge dans la langue adverse, viennent aujourd'hui les œuvres de l'altérité : où il s'agit moins d'écrire dans la langue de l'autre que d'écrire les langues *avec* l'autre, *avec les autres* » (M. Calle-Gruber, *Assia Djebar ou la résistance de l'écriture. Regards d'un écrivain d'Algérie*, Paris 2001, p. 255, en italique dans le texte).

12 Assia Djebar parlant de sa propre écriture francophone souligne : « L'espace en français de ma langue d'écrivain n'exclut pas les autres langues maternelles que je porte en moi, sans les écrire » (A. Djebar, *Ces voix qui m'assiègent*, Paris 1999, p. 39)

parler n'a rien à voir avec la langue de ma grand-mère, avec ses mots tendres [...][13].

L'attitude de Nadjia qui par son exil volontaire échappe à la guerre des langues semble, de prime abord, diamétralement opposée à l'utopie berkanienne. Ayant fuit l'Algérie, elle séjourne d'abord à Alexandrie, où elle s'adonne à la traduction de l'œuvre de Giuseppe Ungaretti, originaire de cette cité antique. Le poète cosmopolite, dont la vie et l'écriture emblématisent la déconstruction des appartenences monolithiques à un territoire, à une langue, à une culture, à une tradition, initie l'héroïne à l'idée de la recherche individuelle d'une patrie spirituelle. L'acte même de traduction étant une activité par excellence dialogique, polyphonique semble constituer pour Nadjia un remède contre l'horreur du monolinguisme idéologique qui l'avait poussée à l'exil. Ensuite la jeune femme s'installe en Italie, à Padoue, où elle plonge dans l'étude du XVIe siècle, plus particulièrement des écrits d'Érasme. Elle projette alors, d'une manière absolument autonome, l'auto-création d'un nouvel univers identitaire. Une vision subjective de la Renaissance qu'elle construit – aussi sur le mode narratif – devient sa patrie spirituelle. La spiritualité, dans ce contexte, va à l'encontre des systèmes religieux qui dans la réalité dépeinte par le roman connotent un fanatisme oppresseur. Érasme de Rotterdam, avec son pacifisme corrélé à son nomadisme intellectuel et linguistique, incarne aux yeux de Nadjia cet espace idéal et protecteur qu'est *sa* Renaissace à elle, vue comme une époque de la fin de la position monopoliste d'une langue et d'une religion. Le XVIe siècle de Nadjia, dont elle semble éliminer tous les aspects sombres et violents, c'est avant tout le monde de la circulation dialogique des langues et des idées. Padoue – qui se situe à peu près à mi-chemin entre l'Algérie et la France – lui apparaît aussi comme un lieu de prédilection du fait qu'elle y voit une culture issue de la rencontre de l'Europe avec le monde arabe, culture opposée au traitement dualiste, antagonique de l'Orient et de l'Occident. Elle dit à propos de l'Université de Padoue : « C'est une des plus vieilles d'Europe et, ce qui me rend

[13] A. Djebar, *La dispartion de la langue française*, Paris 2003, p. 157.

fière, l'une de celles qui ont fait fructifier l'héritage de l'Andalousie »[14]. Il est vrai qu'au XVIe siècle, quand l'averroïsme est interdit dans les universités italiennes, Padoue demeure le seul lieu où l'enseignement de la philosophie inspirée par le penseur de Cordoue, partisan de l'idée de l'intelligence universelle, est toujours autorisé. Une autre figure symbolique autour de laquelle se construit la patrie imaginaire de l'héroïne, est Nicolas Copernic. Nadjia trouve la trace du plus célèbre torunien dans un des textes français d'Érasme, dans sa *Lettre sur les songes* de 1508. Il y évoque sa rencontre avec Copernic à Padoue, où ce dernier a étudié de 1501 à 1503. Nadjia cite un fragment de la lettre : « À Padoue, vint un Polacque, trois ou quatre hivers plus tôt : on m'en parle comme d'un savant homme, amateur du ciel »[15] et elle fait ce commentaire :

> « La terre n'est pas le noyau du monde ; c'est cette vérité que Nicolas Copernic, le Polonais, transmet à Érasme de Rotterdam qui demande, dès lors, à ceux qui „cherchent et qui trouvent" de se garder des sots ! » « Vivez secrètement ! » conseille Érasme à ses élèves. Si la terre n'est pas, en effet, « le noyau du monde », notre pays n'est, lui, qu'un couloir, qu'un tout petit passage entre l'Andalousie perdue et mythique et tout l'ailleurs possible ![16]

La mythologisation de l'histoire conduit ainsi l'héroïne à se construire un refuge contre les hostilités et contre les « identités meurtières », comme l'aurait dit Amin Maalouf[17]. Ainsi par la voie de la fiction romanesque Assia Djebar nous met face à une utopique Renaissance arabo-européenne[18]. L'utopie djebarienne n'est pourtant

14 *Ibidem*, p. 285.

15 *Ibidem*, p. 290.

16 *Ibidem*.

17 Cf. A. Maalouf, *Les identités meurtrières*, Paris 1998.

18 Selon Agnese Fidecaro, « ce retour à l'humanisme n'est pas à comprendre comme affiliation aux valeurs progressistes de l'Occident contre un supposé obscurantisme islamique, mais plutôt comme ressourcement dans une tradition commune de résistance à l'intolérance » (A. Fidecaro, « *Cesse de battre la campagne et reviens à mes songes* ». *Le retour comme pensée de l'irréductible dans*

pas l'expression d'une naïve et complaisante idée de la coexistence facile des langues dans le monde contemporain mais plutôt une invitation à la réflexion sur le pouvoir transgressif du mythe et de l'utopie face au retour des modèles culturels essentialistes[19]. Citons, dans ce contexte, la réflexion de Zilá Bernd. Bien qu'elle se concentre sur les Amériques, son observation sur le pouvoir régénérateur de la pensée utopique dans le monde contemporain a la valeur universelle et peut s'appliquer à la situation exemplifiée par les personnages djebariens :

> Les utopies ont comme nous autres leur cycle vital : elles naissent, se consolident (et parfois s'institutionnalisent) et – quand elles perdent leur efficacité – elles disparaissent. Pourtant, l'homme qui peut tout perdre sauf l'espoir, les remplace par d'autres, en projetant vers l'avenir ses désirs. Les récits qui se nourrissent de cet espoir de réenchanter le monde, on les nommes utopies. Malgré leur échec, elles continueront d'être réinventées.

Les deux utopies mises en scène dans le roman – celle de Berkane et celle de Nadjia – sont des contrées plurilingues, le plurilinguisme étant – comme l'a démontré Bakhtine – un principe dialogique dirigé contre la dictature d'une idéologie et d'une langue imposées comme obligatoires et uniques[20].

Summary

In her speech delivered on June 22nd 2006, in which she accepted the honour of being elected to the French Academy, Assia Djebar underscored the

---

« *La disparition de la langue française* » *d'Assia Djebar*, « Variations », n° 14, 2006, p. 144.

19 Z. Bernd, *Les Amériques : naissance et mort des utopies*, « TransCanadiana. Polish Journal of Canadian Studies/Revue Polonais d'Études Canadiennes », n° 2, 2009, p. 24.

20 Cf. S. Simon, *Le Trafic des langues. Traduction et culture dans la littérature québécoise*, Québec 1994, pp. 27-28.

importance of the centuries-long links between the Arab world and Europe, which the Algeria-born francophone writer claims as her identitarian heritage. Nevertheless, in her novels Djebar depicts the cruelty of the (post)colonial world, in which relations between the dominating and the dominated consist to a large extent in the annihilation of the language of the other. In the present article the author discusses the juxtaposition of the vision of a kind of an Arab-European renaissance as a utopian space of dialogue and multilingualism, and the brutal reality of Algeria torn by the civil war of the 1990s as depicted in the novel *La disparition de la langue française* (2003).

Mohammed Salhi
Université Mohammed V-Agdal de Rabat

LA DIVERSIDAD CULTURAL Y LINGÜÍSTICA EN MARRUECOS

Sin lugar a dudas, la cultura y el arte se relacionan íntimamente con la identidad de una sociedad y reflejan su personalidad. La cultura marroquí no se sustrae a este principio. Las características que distinguen la cultura marroquí son las mismas que marcan su personalidad y la sociedad marroquíes : fecundidad y diversidad en una unidad, continuidad y apertura permanentes.

La cultura marroquí que tiene, en el marco de su pertenencia al mundo árabe, musulmán y africano, sus características propias, siempre se ha renovado y abierto a las demás culturas sin, por ello, perder sus rasgos distintivos.

El patrimonio de Marruecos y su dinamismo cultural y artístico constituyen un potencial importante y una contribución original y preciosa a la civilización y a la cultura mundiales. Es este patrimonio que sigue hoy a proporcionar a Marruecos la imagen de una nación arraigada en la historia y lo dota con múltiples activos turísticos y culturales.

Las ilustraciones son numerosas. Se refieren, entre otras cosas, a la arquitectura, a los oficios tradicionales bajo todas sus formas. A eso se añaden la música, la danza, los ritmos, las artes gráficas, las tradiciones literarias orales y escritas a través de su rica diversidad Amazigh, arabo-musulmana, o su pluralidad lingüística, y también : el teatro, la parodia, los cuentos, los espectáculos populares, la gastronomía, y las expresiones cinematográfica y televisiva.

A partir del principio de los años 90, y con la apertura política y el desarrollo de los medios de comunicación, las primicias de un nuevo dinamismo cultural y artístico se anuncian en distintos ámbitos, como eso puede ilustrarse en cuanto a producción literaria, así como en los ámbitos de la arquitectura, las artes contemporáneas, el cine y el teatro. Muestra de ello es el pleno renacimiento que está conociendo la cultura marroquí de expresión amazigh y la cultura hassani de las regiones del sur de Marruecos.

Marruecos es uno de los países del Maghreb cuya realidad cultural y lingüística se caracteriza por la riqueza y la complejidad a la vez ; en todas sus regiones de norte a sur y de este a oeste conviven lenguas nacionales y otras extranjeras, con sus variedades, dando forma de esta manera a una sociedad una y múltiple cultural y lingüísticamente.

En Marruecos es casi imposible encontrar espacios en los que se habla una sola lengua ; lo más corriente es encontrar dos, tres o a veces más lenguas en presencia, que „pugnan por la conquista y definición de espacios propios en el mercado lingüístico marroquí"[1].

Las lenguas que se utilizan con más frecuencia son el árabe clásico, el árabe dialectal marroquí, el beréber y el francés. Sin embargo, cada una de estas lenguas se usa en un contexto concreto (familiar, callejero, escolar, administrativo etc.). Y es que en el mercado lingüístico plurilingüe, cada comunidad se las arregla para ganar el máximo valor material y simbólico.

En Marruecos existen dos lenguas socialmente prestigiadas : el árabe clásico (al fusha) introducido a partir del siglo VII, es la lengua escrita, la lengua de la enseñanza, de la investigación y creación, es la lengua oficial y el francés, con un estatus de segunda lengua, relegando así al inglés y al español respectivamente al rango de tercera y cuarta lengua extranjera. Además del árabe clásico moderno, existen otras lenguas autóctonas que son el árabe dialectal que es la daría, la coiné marroquí, es la lengua oral que se utiliza para la comunicación usual y cotidiana en ámbitos privados y familiares, en la calle, y en

---

[1] P. Bourdieu, *Ce que parler veut dire*, Paris 1982, p. 80.

general en situaciones no oficiales, tanto por la clase culta comopor la popular ; se utiliza en situación de diglosia con el árabe clásico, y el beréber o el amazigh, con sus tres variedades : el rifeño o Tarifit en la zona del Rif al Norte de Marruecos, el Tamazight en el norte del Atlas en el centro del país y el Tachelhit en el suroeste del país. El tamazigh es la segunda lengua más hablada en Marruecos, lengua materna de casi un 40% de la población en sus tres variedades[2].

En lo que concierne las lenguas extranjeras : francés, español, inglés, italiano, portugués...etc. se puede decir que el francés, presente en el país desde la época del Protectorado, ha conservado un importante papel de verdadera segunda lengua, que actualmente se está incluso viendo relanzando y ganando terreno en las antiguas zonas donde se hablaba español (norte y sur de Marruecos). El español, en relación con el francés, es una lengua minoritaria, pero hay datos que demuestran un cierto avance en el conocimiento y uso de esta lengua ya que se trata de una lengua con gran difusión internacional, cuyo conocimiento puede permitir el acceso a servicios diversos y proporcionar oportunidades de promoción social y laboral.

En lo que se refiere al inglés, el gran avance experimentado en los últimos tiempos estaría directamente relacionado con la globalización y con factores políticos. En la actualidad el inglés está fuertemente implantado en el sistema educativo y su uso es cada vez mayor en el ámbito económico, comercial y tecnológico.

En lo que concierne el español, tema que nos interesa más en este contexto, es una de las lenguas extranjeras que forman parte del paisaje lingüístico marroquí, compartiendo con el francés su condición de lengua colonial aunque con una presencia y una relación muy anterior a la del francés debido a la proximidad geográfica y la historia común entre España y Marruecos.

Se considera, de manera aproximada, que entre cuatro y siete millones de marroquíes conocen y utilizan, de una u otra forma, el

---

[2] Cf. F. Sadiqi, *Aperçu socio-linguistique sur l'amazighe au Maroc : une identité plurimilinère*, „Le Matin", 29 juin 2003, p. 6 y A. Boukous, *Société, langues et cultures au Maroc. Enjeux symboliques*, Rabat 1995, p. 75.

español. Por otro lado, en los últimos años, España se ha convertido, al igual que ya lo fueran antes otros países de la Comunidad Europea, „en un Estado receptor de inmigración marroquí, comunidad que es la más numerosa en la actualidad, y ese fenómeno también está produciendo un mayor interés por la lengua y la cultura españolas, a través de los contactos con las familias que viven en Marruecos"[3].

La lengua y cultura hispánicas se dan actualmente en el sistema educativo marroquí desde la enseñanza secundaria, luego vienen las otras lenguas extranjeras impartidas actualmente y que son el alemán y el italiano.

El español se estudia igualmente en el nivel universitario, ya sea como lengua de especialidad o como lengua complementaria, tanto en universidades como en grandes escuelas superiores. También está presente en la enseñanza superior privada. En este contexto, voy a insistir más sobre la enseñanza del español en las universidades foco en el que se formaron muchos hispanistas marroquíes para abordar el hispanismo marroquí, sus particularidades y sus campos de realización.

Para Marruecos y para los hispanistas marroquíes, en concreto, la importancia de la lengua y la cultura hispánicas no dimana únicamente de su carácter universal, ya que los vínculos con los mismos cobran aspectos y dimensiones específicos. Marruecos y España participaron de una convivencia secular ; luego el destino hizo que se compartieran en un pasado cercano otras páginas difíciles de su historia. Todo ello dejó huellas profundas en la cultura y el imaginario de ambos países.

Este pasado común y los contactos culturales con España y con los países hispanoamericanos confirieron particularidades al hispanismo marroquí. Desde la segunda mitad del siglo veinte, y gracias a la creación de varios centros y Departamentos de lengua y literatura hispánicas en varias universidades marroquíes (Rabat en 1959,

---

[3] B. López, M. Berriane, *Atlas 2004 de la inmigración marroquí en España*, Madrid 2004, p. 146.

Fez en 1973, Tetuán en 1982, Casablanca en 1988, Agadir en 1991, y Centros en las Facultades de Nador y de Taza últimamente), el hispanismo marroquí se ha ido abriendo a las aportaciones culturales del mundo hispánico. Asumió y asume un doble carácter : uno que tiene que ver con la divulgación de la lengua y cultura hispánicas en sus distintas facetas ; y otro, que compete al área de la investigación y traducción. En la actualidad los distintos departamentos donde se imparte la especialidad y literatura hispánicas cuentan con un alumnado que gira en torno a 4000 estudiantes. La investigación hispanista marroquí es, pues, el resultado de una germinación que se viene incubando desde la creación de dichos departamentos de español.

Los campos de realización de este hispanismo marroquí son los siguientes :

- El Hispanismo de propagación,
- El hispanismo de investigación,
- La traducción,
- El hispanismo de creación.

El primero consiste en el trabajo de los distintos organismos que asumen la enseñanza y la difusión de la lengua española y de la cultura hispánica. En este contexto, cabe subrayar el papel protagonista desempeñado por las instituciones dependientes de la embajada de España y de otros países latinoamericanos : El Instituto Cervantes (con seis centros), la Consejería de Educación (de la que dependen once centros escolares) y las consejerías de cultura que llevan adelante programas de becas y actividades culturales.

El segundo es el trabajo, individual o colectivo, de reflexión sobre diversos aspectos de la vida social y cultural de España y del mundo hispánico, realizado en español o en árabe. El panorama de la investigación hispanista llevada a cabo por los profesores marroquíes, puede parcelarse en los siguientes marcos teóricos de realización :

- Al-Ándalus,
- Relaciones hispanomarroquíes,
- España en general,
- América Latina.

Con respecto a la investigación sobre al-Ándalus, la consulta del fichero de tesis de las distintas universidades marroquíes, nos permite afirmar que el 80% de las investigaciones fueron realizadas por profesores de departamentos de árabe y de historia.

En cuanto a la investigación sobre las relaciones hispano-marroquíes, es obra de profesores de las Facultades de Derecho y de Letras en torno a temas como problemas de la pesca, del Sáhara y de Ceuta y Melilla, sin olvidar las investigaciones sobre el protectorado español en el norte de Marruecos y en Sidi Ifni y todo el sur de Marruecos.

Hay indicios que permiten señalar que la atención al tercer ámbito, es decir la investigación sobre España en general, y también el cuarto, o sea la investigación sobre América Latina, han gozado y gozan de dedicación muy preferente, especialmente el hispanoamericanismo. Para explicar esta inclinación, hay que identificar a los nuevos hispanistas marroquíes con los licenciados de los departamentos de español (estamos hablando de finales de los años setenta) que cubrieron, a partir de la política de la marroquinización, los puestos de profesores de español en liceos y Facultades, ocupados anteriormente por españoles y, en mayor medida, por franceses. Por esto mismo los, los licenciados marroquíes han vislumbrado lo hispánico a través de los cooperantes franceses que se dedicaban a temas latinoamericanos más que a temas españoles y que fueron a finales de los años setenta los verdaderos intermediarios en Marruecos de la enseñanza del español. Resultado de ello más del 50% de las investigaciones fueron realizadas sobre Latinoamérica.

Este hispanismo mediatizado ha cobrado, durante los años ochenta, proporciones preocupantes con el desplazamiento de los licenciados a Francia, en vez de España o a los países hispanoamericanos, para efectuar sus investigaciones o sus tesis doctorales. Pero estos últimos años la situación empieza a cambiar sobre todo con la concesión de becas para estudiantes marroquíes para llevar a cabo sus estudios de doctorado en España, México y Perú.

El interés de los árabes por lo ibérico e iberoamericano

Ahora bien, para poner a su servicio y explotar ávidamente el campo hispánico en beneficio suyo y para alimentar su apetito cultural, el hispanista marroquí se valió también de la traducción o de la „transcultivación" según el término del arabista Jesús Riosalido.

En el mundo de la traducción del español al árabe se dio un salto cuando, a finales de la década del cincuenta y durante los años sesenta, se tradujeron al árabe una serie de obras españolas : *El Buscón* (1953) y *Fuenteovejuna* (1955) por el libanés (residente en Marruecos) Mussa Abud ; *Don Quijote de la Mancha* (1965) por el egipcio Abderrahman Badawi ; *La casa de Bernarda Alba* (1962) y *La barca sin pes*cador (1965) y de *Doña Bárbara* por el egipcio Mahmud Ali Makki ; y una serie de textos de Unamuno, Ortega y Gasset, Azorín, Ramiro de Maeztu (1968) por el palestino Mahmud Sobh.

Desde la aparición de la traducción de *La casa de Bernanda Alba* y de *Don Quijote de la Mancha*, se puede afirmar que sus autores respectivamente, García Lorca y Miguel de Cervantes, son los dos escritores españoles que más interés han suscitado. A partir de la fecha de su publicación, se multiplican las traducciones de sus obras, hasta tal punto que muchos escritores y poetas árabes se han inspirado en la poesía del primero y en la prosa del segundo tal como dice el profesor Pedro Martínez Montávez, Federico García Lorca „no constituye solamente un motivo de traducción y estudio, sino que se erige también como tema propio de poesía, como inquieto móvil desencadenante en efusión lírica"[4].

García Lorca se convierte en la poesía de estos poetas en un símbolo de libertad y fecundidad. García Lorca es, en la poesía marroquí, símbolo de una „redención, de una salvación"[5], en la poesía palestina es símbolo del sacrificio y en la poesía iraquí es [...] „Tammuz, el dios sumerio y acadio [...]. Es el dios de la primavera que muerto por el

4 P. Martínez Montávez, *Poesía árabe contemporánea*, Madrid 1958, p. 79.

5 *Ibidem*, p. 37.

ataque de un jabalí mientras cazaba, regó y fecundó la tierra con su sangre. Renace a cada primavera y de nuevo fecunda la tierra"[6].

La figura del Quijote también ha tenido resonancia en la literatura árabe. El caballero andante, el aventurero que lucha a favor de la justicia y del bien en un mundo viciado, injusto y eminentemente materialista, resurge como el Ave Fénix en la obra de muchos poetas y escritores árabes : Mohamad al-Fayturi, el poeta sudanés con su poema : *Don kisut al-tani* (*El nuevo Don Quijote*) y los egipcios Mohamad Ibrahim Abu Sinna en su poema : *Don kisut ala firasi al-mawt* (*Don Quijote en su lecho de muerte*) y Ahmed Suwaylin en su poema : *Amama timtal don kisut* (*Ante la estatua de Don Quijote*)[7].

Durante las décadas setenta y ochenta, se da un salto cualitativo y cuantitativo en comparación con las décadas anteriores. Se tradujeron más de sesenta obras españolas, en su mayoría obras de poesía y de teatro. De los dramaturgos españoles traducidos al árabe se pueden mencionar : García Lorca, Buero Vallejo, Alejandro Casona, Alfonso Sastre y Fernando Arrabal, cuyas obras fueron llevadas a la escena por grupos de teatro egipcios y marroquíes.

En poesía se tradujeron otras obras de García Lorca y obras de Rafael Alberti, Antonio Machado, Vicente Aleixandre, Dámaso Alonso, Jorge Guillén, Miguel Hernández. Gracias a ello, la presencia de la poesía española entre los lectores árabes se escapa del ámbito académico para introducirse en un territorio social más amplio.

Sin embargo, para servir más y mejor al lector árabe, la traducción de obras españolas tiene que realizarse con claro criterio, tiene que presentar las líneas de evolución de la literatura española así como los distintos géneros en que se inscribe esta literatura.

Si la traducción de obras poéticas y teatrales españolas conoce un interés creciente entre los árabes, la de novelas no ha sido una tendencia fuerte. La traducción de la novela española al árabe está

---

6 L. Garcia Castanon, *La Presencia de Garcia Lorca en dos poemas iraquíes contemporáneos*, [in :] F. de Agreda (ed.), *La Traduccion y la critica literaria*, Madrid 1990, pp. 343-358.

7 *Ibidem*.

todavía en su „grado cero". Muy pocas novelas fueron arabizadas. De los novelistas españoles contemporáneos, el lector árabe sólo conoce el nombre gracias a algunos artículos publicados en periódicos y revistas. La novela española, con excepción de algunas contadísimas novelas clásicas del siglo de oro, *Don Quijote de la Mancha, Lazarillo de Tormes*, que han tenido un sólido prestigio, sigue siendo una gran desconocida.

No escasean figuras señeras de la novela española que, en distintos momentos, han dado obras de renombre internacional : Luis Martín Santos, Rafael Sánchez Ferlosio, Ana María Matute, Luis Romero, Carmen Martin Gaite, Miguel Delibes, Juan Goytisolo, Julio Llamazares, Luis Landero, Luis Mateo Díaz, Antonio Muñoz Molina y podemos alargar la lista. Ninguna obra de estos novelistas es traducida al árabe. He aquí una laguna, un hueco que los hispanistas árabes tienen que colmar en un futuro inmediato, mediante el establecimiento de un programa urgente de traducción que permitiría un equilibrio equitativo entre los géneros literarios y que invitaría al lector árabe a descubrir una de las escrituras barrocas, desbocadas, desenfrenadas, delirantes y liberadas que es la escritura novelesca española.

El panorama de la traducción de obras latinoamericanas al árabe es completamente inverso a lo que acabamos de ver. Mientras abundan traducciones de poesía y teatro españoles, se nota la ausencia de traducciones de poetas y dramaturgos latinoamericanos. El único poeta de este continente que hace salvedad es el chileno que amó al hombre y amó la poesía, Pablo Neruda, el poeta de la rosa y de los sufrimientos de todo un continente. Este poeta adquirió entre los árabes la máxima fama con la mínima obra traducida. Fueron publicadas sólo dos antologías que reúnen poemas escogidos de sus obras : *Residencia en la tierra, Veinte poemas de amor y una canción desesperada* y *Canto general.* No es el lugar oportuno para discutir las causas de esta extraordinaria popularidad del poeta en el mundo árabe y si fue debida a razones extra-literarias o no ; pero nos consta que es casi el único poeta latinoamericano más traducido en los periódicos y revistas árabes.

Frente a esta escasez de obras poéticas traducidas, la novela latinoamericana, brasileña inclusive y representada, en este contexto, por Jorge Amado, ha seducido más a los traductores árabes (hispanistas y otros). A partir de los años ochenta, un amplio elenco de novelistas latinoamericanos ha sido traducido al árabe : Carlos Fuentes, Gabriel García Márquez, Miguel Ángel Asturias, Alejo Carpentier, Juan Rulfo, Mario Vargas Llosa, Ernesto Sábato, Jorge Amado, Antonio Skármeta, José Donoso. Esta extraordinaria difusión de la novela latinoamericana en los países árabes y la importancia que le han otorgado los traductores no se explica sólo en virtud de los valores literarios reconocidos indiscutiblemente de esta novelística, sino por otros factores extra-literarios. Entre estos factores cabe señalar la promoción publicitaria de la industria editorial española. A partir de los años sesenta, muchas editoriales, principalmente las catalanas, lanzaron y publicaron lo mejor de la producción novelística latinoamericana. Contribuyeron también a su gran difusión las numerosas traducciones al francés y al inglés (lenguas habladas en los países árabes) que desde entonces se hacen de esta novelística.

Si todos estos factores estuvieron en el origen del prestigio de la novela latinoamericana tanto en Europa como en el Mundo Árabe, no tenemos que omitir el papel desempeñado por los periódicos y revistas árabes en la divulgación, vulgarización y presentación de los novelistas latinoamericanos.

Gracias a la presencia y difusión de la novelística latinoamericana en el Mundo Árabe, los escritores árabes incorporaron a su novelística una serie de innovaciones temáticas y técnicas que habían venido evolucionando en la narrativa del continente latinoamericano, y cuyos eslabones más importantes fueron las obras de García Márquez, Vargas Llosa, Jorge Luis Borges, Julio Cortázar y Jorge Amado.

No es éste el momento de extenderse sobre las influencias de las literaturas española y latinoamericana en los escritores árabes, pero sí quiero señalar, para concluir este apartado, que en el campo de la traducción de obras españolas y latinoamericanas al árabe el horizonte se ha ensanchado estos últimos diez años, se ha recorrido un trayecto bastante importante ; sin embargo, una ruta larga y difícil a Ítaca espera al moderno Ulises que navega en las aguas de la traducción.

Para el hispanismo de creación en Marruecos está representado por obras literarias escritas en español por algunos esforzados hispanistas marroquíes, tales como Mohamed Bouissef Rekab, Mohamed Chakor, Abderrahman el Fathi, Larbi el Harti, Ahmed Ararou, Mohamed Sibari, Mohamed Laachiri, Mamoun Taha y otros más.

Cabe señalar aquí que los marroquíes aprendieron y asimilaron idiomas de los colonizadores (franceses y españoles), pero en el caso de la lengua española no lograron producir todavía obras de talla (si los comparamos con los excelentes escritores marroquíes de expresión francesa y de fama internacional como Driss Chraibi, Tahar Benjelloun, Khatibi, Oukira, Kair Eddine, Edmond Amran Al Maleh).

Es prematuro hablar, por ahora, de una literatura marroquí de expresión española. Las tentativas realizadas, hasta el momento, son dignas de encomio y estímulo, pero queda mucho camino por recorrer. No cabe duda de que el hispanismo de creación es un fenómeno incipiente que ha de reforzarse y prestigiarse antes de adquirir definitiva carta de naturaleza.

En Marruecos tenemos hispanistas profesores, investigadores, traductores, creadores y periodistas ; todos están llevando a cabo un labor de suma importancia en la consolidación de los lazos de amistad entre Marruecos y todos los países de habla hispana. Su primordial objetivo es el fomento de los intercambios culturales entre las distintas instituciones universitarias a nivel internacional para tender un puente de enlace apuntando el enriquecimiento cultual y la amistad entre los pueblos.

Summary

In this presentation, I shall deal with the following aspects :

- A brief introduction of the linguistic diversity in Morocco, pointing out to the different languages spoken in the country together with their situation ;

- The situation of the Spanish language both within secondary and university education.
- Research undertaken by Moroccan Hispanics versus other Hispanics in the Arab world.
- Translations made from Spanish to Arabic and vice-versa and literary creations by Spanish speaking Moroccan writers.

Serafina Santoliquido
Université Jagellonne de Cracovie

UNA BREVE RIFLESSIONE SULLA VISIONE DEL MONDO DI ISABELLA E LINDORO A CONFRONTO CON QUELLA DI ELVIRA E MUSTAFÀ NE *L'ITALIANA IN ALGERI* DI GIOACHINO ROSSINI

All'origine del libretto che Angelo Anelli scrisse per *L'Italiana in Algeri* di Luigi Mosca (Teatro alla Scala, 1808) vi fu forse un fatto di cronaca, il rapimento di una nobildonna milanese, Antonietta Frapolli, portata alla corte del bey di Algeri, Mustafà-ibn-Ibrahim. Cinque anni dopo Rossini riutilizzò lo stesso libretto, quando gli fu commissionata un'opera buffa per il Teatro San Benedetto di Venezia. Non è certo, tuttavia, se Anelli si sia ispirato ad una vicenda realmente accaduta o ad una leggenda araba, mentre documentabile è il tema del ratto dal serraglio, di antichissime origini.

Nel 1683, il re di Polonia Giovanni Sobieski, sconfiggendo gli eserciti del Gran Vizir, aveva liberato l'Europa dall'incubo delle incursioni delle orde giannizzere. I turchi, pertanto, non rappresentavano più una minaccia reale per l'Europa, tuttavia la loro presenza rimase come immagine folkloristica in letteratura, nelle arti figurative e nella musica, dove la *turquerie*, dal punto di vista narrativo, viene esplicitata nella costruzione di situazioni divertenti dovute alla diversità di aspetto, usi e costumi e dove il comico risulta dall'impossibile confronto tra due mondi lontanissimi.

Costanti narrative del soggetto turchesco erano l'harem, la donna o l'uomo europei fatti prigionieri, i tentativi di fuga e, a conclusione, l'atto di magnanimità del sultano che concedeva agli schiavi la libertà (a volte anche per liberarsene, non potendo più sopportarli).

Il soggetto turchesco del libretto di Anelli appassionò Rossini a tal punto da accendere in lui le più straordinarie facoltà creatrici, tanto che compose in poco più di tre settimane il primo dei suoi capolavori nel genere buffo, un'opera che diede fama europea al compositore.

Un'opera che rimase a lungo nei repertori, almeno fino alla fine del secolo, quando un po' tutte le opere di Rossini scomparvero dalle scene, fatta eccezione per il *Barbiere di Siviglia*. Bisognerà aspettare la rappresentazione del 26 novembre 1925 al teatro di Torino perché *L'Italiana in Algeri* venga riscoperta e sottratta ad un immeritato oblio.

Nel dramma giocoso di Rossini osserviamo che il mondo musulmano e quello occidentale vengono contrapposti sulla base di stereotipi : viene presentato in modo dichiaratamente comico lo scontro, anche ideologico, tra i rappresentanti dei due mondi, il bey di Algeri Mustafà e Isabella, l'italiana naufragata sulle coste africane. Quello di Rossini è, comunque, un Oriente del tutto immaginario, perché nel 1813, quando venne rappresentata *L'Italiana in Algeri*, l'Europa aveva una conoscenza piuttosto sommaria dell'Africa, non si parlava ancora di missioni coloniali e se scambi commerciali c'erano, non erano rilevanti.

Mustafà, bey di Algeri, è stanco della propria moglie, Elvira, poco vivace, tranquilla e sottomessa, come, del resto, si conviene ad una musulmana, e per questo vuole trovare un'italiana, perché ha "una gran voglia / d'aver una di quelle signorine/che dan martello a tanti cicisbei"[1]. Mustafà è stanco anche delle altre schiave, nel momento in

---

[1] A. Anelli, *L'italiana in Algeri*, libretto dell'opera di Gioachino Rossini, a cura di A. Corghi, Milano 2010, ed. critica della Fondazione Rossini di Pesaro in collaborazione con Universal Music Publishing Ricordi srl, [on-line], http://www.teatroallascala.org/includes/doc/2010-2011/libretto/italiana_in_algeri_libretto.pdf. atto I, scena II.

cui afferma : "io non ritrovo / una fra le mie schiave / che mi possa piacer. Tante carezze, / tante smorfie non son di gusto mio"[2].

Progetta, quindi, di dare in sposa Elvira al suo schiavo italiano Lindoro, per il quale, come confessa ad Haly, capitano dei corsari, una moglie "dabben, docil, modesta"[3] dovrebbe esser cosa assai rara.

Mustafà, inoltre, non fa segreto della presunta superiorità degli uomini sulle donne e tutti trovano normale che le donne siano sottomesse, come sostengono gli eunuchi "qua le femmine son nate / solamente per soffrir"[4].

La naufraga Isabella, che era partita alla ricerca del suo amato Lindoro, viene catturata dai corsari, che la definiscono "un boccon per Mustafà"[5]. La disperazione di Isabella dura, tuttavia, ben poco, perché, resasi conto della grave situazione in cui è venuta a trovarsi, destinata a diventar "la stella e lo splendor"[6] del serraglio di Mustafà, decide di usare tutta la disinvoltura, il coraggio e la seducente astuzia femminile che le sono propri per uscirne vittoriosa.

Elvira, dall'altra parte, è disperata, sconsolata, si lamenta in continuazione perché suo marito non l'ama più, ma non osa neppure pensare di ribellarsi. Mentre Lindoro, da parte sua, la consola, assicurandole che essendo ricca, giovane e bella, in Italia potrà trovare senza problemi mariti e amanti, Isabella, l'italiana "franca e scaltra"[7], le farà capire che "va in bocca al lupo / chi pecora si fa. Sono le mogli / fra noi quelle che formano i mariti"[8] : insomma, se Elvira non comincerà ad affermare la sua dignità, Mustafà continuerà a sentirsi in diritto di trattarla come un oggetto.

E proprio in Isabella, la "bella Italiana / venuta in Algeri"[9], Mustafà troverà chi saprà tenergli testa. Quando si incontrano per la

---

2 *Ibidem.*
3 *Ibidem.*
4 *Ibidem*, atto I, scena I.
5 *Ibidem*, atto I, scena IV.
6 *Ibidem.*
7 *Ibidem*, atto II, scena I.
8 *Ibidem*, atto II, scena V.
9 *Ibidem*, atto II, scena XV.

prima volta, Isabella penserà tra sé "Oh che muso, che figura !", mentre Mustafà "Oh che pezzo da Sultano". Isabella accusa addirittura Mustafà di non saper amare, deridendolo pubblicamente, scena che farà commentare ad Elvira e Lindoro "Ah, di leone in asino / Lo fe' costei cangiar"[10].

Per prepararsi all'incontro con Mustafà, in uno splendido appartamento, Isabella si mette davanti allo specchio, sapendo bene che Mustafà, Taddeo e Lindoro la stanno guardando di sottecchi, e, mentre si veste alla turca, finge amore per il sultano, cantando "per lui che adoro"[11], e facendo impazzire d'amore Mustafà.

Per quel che riguarda il carattere delle donne, nell'opera buffa ottocentesca, le figure femminili vengono create piuttosto volitive.

Isabella è consapevole del proprio fascino, si comporta in maniera crudele, simula e usa il proprio ascendente per riuscire a gabbare Mustafà. Le donne sono, in un certo senso, costrette a comportarsi in tal modo, dato che vivono in una società in cui i rapporti tra i sessi non sono equilibrati : le donne sono bugiarde e volubili per ripagare gli uomini delle loro bugie e della loro insensibilità, ma gli uomini, nonostante se ne rendano conto, non possono far altro che cedere al loro fascino.

Naturalmente all'idea della donna come oggetto è legata una particolare concezione dell'amore e del matrimonio. Mustafà è stanco della moglie e si è invaghito di Isabella, alla quale vorrebbe dedicare tutte le sue attenzioni. Essendo musulmano, potrebbe liberarsi della moglie, ripudiandola, ma sa che "scacciarla è male"[12], pertanto propone un accordo al suo schiavo Lindoro : in cambio della libertà e della possibilità di tornare in Italia, egli dovrà sposare Elvira e portarla con sé. Ma per Lindoro non è cosa facile scegliere una moglie e cerca di spiegarlo a Mustafà, dicendo : "se inclinassi a prender moglie / ci vorrebber tante cose. / Una appena in cento spose / le può tutte combinar"[13]. Il duetto ci rivela le diverse concezioni dell'amore,

---

[10] *Ibidem*, atto I, scena XI.

[11] *Ibidem*, atto II, scena VI.

[12] *Ibidem*, atto I, scena II.

[13] *Ibidem*, atto I, scena III.

se Mustafà, con i propri criteri di valutazione pensa subito a richieste di tipo materiale : "Vuoi bellezza ? Vuoi ricchezza ? / Grazie ?… Amore ?" ; Lindoro ha in mente dapprima qualità morali ("per esempio la vorrei / schietta… e buona"), e solo in seguito delinea le caratteristiche fisiche che predilige ("due begli occhi […], chiome…", […], "guance, volto" [14]).

Lindoro è confuso ("D'ogni parte io mi confondo, / Che ho da dire ? che ho da far ? / Ah mi perdo : mi confondo"), ma alla fine, tentato dall'idea di poter tornare in Italia, accetta l'accordo. Ma tutto questo avviene senza chiedere il parere di Elvira, "oggetto" dell'accordo !

Alla vicenda amorosa si accompagna una presa in giro del cerimoniale, con l'investitura di Taddeo, attempato spasimante di Isabella, a "grande Kaimakan", e di Mustafà a "Pappataci". Taddeo trova d'impiccio il vestito alla turca, la sciabola e il turbante ("ho un gran peso sulla testa / in quest'abito m'imbroglio"[15]), mentre Mustafà è lusingato dalla prospettiva di essere nominato Pappataci, pur non sapendo cosa significhi. La parola Pappataci è un puro *nonsense*, così come il titolo che definisce. Per ottenerlo, come spiega Lindoro a Mustafà, bisogna mangiare molto, bere ancora di più e rispettare il più totale silenzio. È un titolo che in Italia viene concesso "a color che mai non sanno / disgustarsi col bel sesso"[16], il che non può che gratificare la vanità di Mustafà. Un titolo che Mustafà accetta con entusiasmo "Bella vita !… oh, che piacere ! / Io di più non so bramar", visto che il Pappataci "fra gli amori e le bellezze, / fra gli scherzi e le carezze, / ei dee dormire, mangiare e bere, / dee dormire e poi mangiar"[17].

Mustafà inizialmente non ascolta Elvira e Haly che cercano di fargli capire di essere stato gabbato della bella Italiana, ma alla fine, scornato, tornerà tra le braccia di Elvira, la buona "amorosa, docil"[18] moglie che perdonerà il marito, mostrando di non aver compreso molto della lezione di Isabella.

---

14 *Ibidem*, atto I, scena III.

15 *Ibidem*, atto II, scena IV.

16 *Ibidem*, atto II, scena IX.

17 *Ibidem*, atto II, scena IX.

18 *Ibidem*, atto II, scena XV.

La fuga della bella Italiana con il suo Lindoro e un titolo inesistente conferito al sultano che non dovrà far altro che bere, mangiare e dormire, per soddisfare i bisogni primordiali, decreteranno la sconfitta del musulmano rispetto all'Italiana e ai suoi compatrioti, in quest'opera buffa, burlesca, con uno specifico umorismo, in cui Rossini ci ha voluto presentare la sua visione di scontro/incontro/confronto di civiltà.

Summary

It's been a common view that Rossini's *L'Italiana in Algeri* (*The Italian Girl in Algiers*) is the first manifestation of the composer's genius in the comic opera genre, defined by Rossini himself as a playful drama. Rossini strives to distance himself from the popular way of thinking about the determinants of the society, which makes his dramaturgy incomparable to any other form of theatre.

In *Italiana in Algeri*, Rossini juxtaposes the western and musulman worlds on the basis of stereotypes – needless to say, at that age the knowledge of the Orient in Europe was quite basic. The libretto can be classified into the so-called „Turkic current", praising the old tradition, which has enjoyed a great success. The plot is based on comic situations resulting from the meeting / of two very distant worlds, from the differences of customs, habits and appearances to irreconcilable differences in mentality. The recurring themes include the European slaves of a sultan, the harem, the escape attempts, including very daring ones, the magnanimity of the sultan.

Barbara Sosień
Université Jagellonne de Cracovie

LORSQU'UN ARTISTE ROMANTIQUE DEVIENT TOURISTE : HORACE VERNET EN ORIENT

Celui qui se connaît lui-même et les autres
Reconnaîtra aussi ceci :
L'Orient et l'Occident
Ne peuvent plus être séparés.
Heureusement entre ces deux mondes
Se bercer, je le veux bien ;
Donc aussi entre l'Est et l'Ouest
Se mouvoir, puisse cela profiter !

(Johann Wolfgang von Goethe, *West-östlicher Diwan*, 1819,
Divan occidental-oriental, trad. Henri Lichtenberger)

« Au siècle de Louis XIV on était helléniste, maintenant on est orientaliste. […] Le *statu-quo* européen, déjà vermoulu et lézardé, craque du côté de Constantinople […] », écrit Victor Hugo en 1829, dans la première préface de ses *Orientales*. La phrase hugolienne est devenue célèbre. Depuis Silvestre de Sacy (1758-1838), père fondateur des études orientales en France, être orientaliste voulait dire avant tout être philologue, linguiste et grammairien, travaillant sur la langue et capable d'en établir une chrestomathie autant utile que réductrice[1]. Mais Hugo ne semble pas faire directement allusion

[1] Cf. Antoine-Isaac Silvestre de Sacy (1758-1838) ; voici le titre complet de son

à cet orientalisme savant, ni à Volney, l'orientaliste du terrain[2]. Ce dernier s'*orientalise* d'une manière tout aussi savante, mais pour les romantiques beaucoup plus spectaculaire et séduisante, puisque son expérience orientale est éminement viatique : il a séjourné quatre ans en Égypte, maîtrisé l'arabe, etc. Or, parmi les grands écrivains français du XIXe s., ayant tous (ou presque) fait le tour de la Méditerranée, suivant l'illustre exemple de François-René de Châteaubriand, dont l'*Itinéraire de Paris à Jérusalem*, paru en 1811, a donné le branle[3], Hugo fait figure d'exception. Il n'est jamais allé en Orient, bien qu'il ait voyagé et qu'il soit loin d'être sédentaire. Mais Hugo est de ceux qui n'ont pas besoin d'yeux de corps pour voir juste, prévoir et savoir. Aussi savait-il que l'une des grandes préoccupations de son siècle serait *la question d'Orient,* dans toutes les acceptions du terme, et que le *moi* occidental, pour s'affirmer, aurait besoin d'être confronté avec l'*autre* oriental. En réalité, même si, pour *homo romanticus*, « [...] tous les ailleurs sont bons à prendre ; plus un terrain est vague, plus il offre de ressources au vagabondage de l'esprit »[4], l'ailleurs oriental semble indubitablement le plus séduisant. La lecture des textes de l'époque permet de constater – n'en déplaise à Edward Saïd – que l'orientalisme romantique n'est pas qu'expansion, que confrontation, bienveillance et classification – quadruple processus européocentriste au cours duquel, selon Saïd, l'orientaliste occidental se poserait en savant qui examine les « choses de l'Orient » avec une distance impassible et hautaine[5]. Cette distance et cette

plus célèbre ouvrage : *Chrestomathie arabe, ou extraits de divers écrivains arabes : tant en prose et en vers, à l'usage des élèves de l'École spéciale des Langues Orientales vivantes* ; vol. 1-3, Paris 1806.

2 Constantin-François Chassebœuf de La Giraudais, comte Volney (1717-1820), *Voyage en Égypte et en Syrie*, 1785, 1787.

3 François-René de Chateubriand (1768-1848), *Itinéraire de Paris à Jérusalem et de Jérusalem à Paris, en allant par la Grèce et revenant par l'Égypte, la Barbarie et l'Espagne*, Le Normant, Paris 1811 ; voyage : 1806-1807.

4 G. Gusdorf, *Du néant à Dieu dans le savoir romantique*, Paris, Payot, 1983, p. 52.

5 On tiendra compte de ce que le deuxième segment du titre de la fameuse étude d'Edward Saïd s'offre telle la constatation assertive : *L'Orientalisme. L'Orient créé*

indifférence auraient résulté, toujours selon Saïd, de l'irracible sentiment de supériorité et de l'instinct de domination, propre à l'attitude de l'Occident colonisateur.

Certes, l'intérêt pour l'Orient n'est pas l'invention du XIXe siècle romantique ; il serait fastidieux d'en rappeler l'historique. Pourtant, c'est bien au sein du romantisme que naît et se manifeste avec netteté frappante le rêve d'une certaine hybridation, voire d'une allogreffe d'organe de vue, rêve né du désir de regarder l'altérité orientale avec des yeux autres que ceux occidentaux. Les *Orientales*, recueil de poésie hugolien, tissé d'images, idées et/ou expressions transplantées de l'univers *autre* car oriental et greffé dans celui occidental, semble en témoigner avec force. Telle quelle, cette poésie a un ancêtre encore plus illustre : le *Divan oriental-occidental* (1819) de Goethe, cycle de poèmes inspiré par la poésie persane, et notamment celle de Hafiz (Hafez de Chiraz). A ce propos, Heinrich Heine écrit : « Ce *Diwan* atteste que l'Occident, dégoûté de sa faible et froide spiritualité, cherche la chaleur du sein de l'Orient ». Faut-il dire et le redire que Goethe, pareil en cela à Hugo, n'a jamais traversé la Méditerrané... ?

L'Europe romantique privilégie le voyage en Orient, plus exactement en Proche Orient et Afrique du Nord, en tant qu'expérience humaine, artistique et littéraire toute particulière et lui donne le statut d'épreuve spirituelle de la plus haute importance. Une double visée détermine ces récits de voyage, à la fois but et produit final du déplacement. L'une est objective (voir, vérifier, se documenter pour savoir, etc...) et l'autre – subjective (capter le reflet du *moi* dans l'*autre*, saisir le jeu de l'identité et l'altérité, etc...). Parmi les voyageurs-écrivains français il y en a qui disposent d'une certaine faculté de dessiner ou de peindre (dont Théophile Gautier), d'autres sont à la fois écrivains et peintres de talent (dont Eugène Fromentin) alors que d'autres encore, nonobstant lesdites facultés, partent en voyage munis des dispositifs techniques avancés : le daguerréotype

---

par l'Occident, trad. C. Malamoud, préface T. Todorov, Paris, Le Seuil, 1980 (rééd. 2003).

d'abord (Gérard de Nerval, Théophile Gautier), le calotype, *versus* talbotype ensuite (Maxime du Camp[6]).

C'est bien à cette romantique génération viatique, « levantotrope » (ou encore : « anatolotrope ») et moderne qu'appartient Horace Vernet (1789-1863), le célèbre peintre historique et orientaliste. Vernet est le héros éponyme du récit de voyage dont nous nous proposons de signaler la teneur et les particularités : *Le Voyage d'Horace Vernet en Orient. Rédigé par M.Goupil-Fesquet. Orné de seize dessins*[7]. Le narrateur et le porte-parole du grand peintre est donc Frédéric Auguste Antoine Goupil-Fesquet (1817-1881), dessinateur, compagnon du voyage de Vernet et son assistant technique ; le troisième touriste est Charles Burton, le neveu de Vernet. Ainsi, le voyage du peintre est raconté par son assistant, Goupil-Fesquet dont l'œil et la plume se chargent de la noble tâche qui est celle de servir le grand maître. Le « grand tour » dure six mois, entre 1839 et 40 ; la presse parisienne en suit les étapes et les commente régulièrement[8]. Le trajet est classique : Italie, Malte, îles grecques, Égypte, Syrie, Asie Mineure, Turquie. Le récit de Fesquet en dresse un cadre spatio-temporel censé garantir l'autenthicité de l'expérience viatique, partant du témoignage écrit. Ce dernier est médiatisé par la forme diariste adoptée par le voyageur-écrivain, avec maintes précisions chronologiques et topographiques. Or, dès l'incipit, Fesquet parle en homme de son époque, soit en romantique qui ressasse avec nostalgie ses émotions passées. Le texte s'instaure en partie en tant que mémoires, puisant dans les souvenirs d'une expérience

---

6 Maxime du Camp visita l'Europe et l'Orient en 1844-1845 et ensuite, en 1849-1851, en compagnie de Gustave Flaubert.

7 F. Goupil-Fesquet, *Voyage d'Horace Vernet en Orient*, Paris 1843. Toutes les citations renvoient à cette édition ; les chiffres entre parenthèses en indiquent la page. A ce propos, voir entre autres : Ch. Peltre, *L'atelier du voyage des peintres en Orient au XIXe siècle*, Paris 1955 ; S. Moussa, *Les Orients de Théophile Gautier : peintres orientalistes et récits de voyages (Espagne, Turquie, Égypte)*, « La Revue du musée d'Orsay », 48/14, n° 5, 1997, pp. 65-73 ; I. Zannier, *Verso Oriente*, Firenze, Alinari, 1986 ; I. Zannier, *Grand Tour dans les photographies des voyageurs du XIXe siècle*, Paris, Canal, 1997.

8 Surtout : « Le Moniteur Universel » et « L'Illustration ».

lointaine, celle qui dicte les vocables, nostalgiques entres toutes : les nevermore, plus jamais, nunca jamás, jamai – mais tient aussi du carnet de voyage :

> Puisque je n'ai plus aujourd'hui le loisir ni les moyens de retourner en Orient, je veux au moins m'en consoler en retraçant les douces émotions du plus beau des voyages [...]. Le désir que j'ai d'être sincère et vrai [...] humble artiste [...] armé de ses crayons et d'un daguerréotype, avec le désir de meubler sa mémoire et d'enrichir son imagination [...] (1).

Goupil-Fesquet, l'artiste peintre devenu voyageur-écrivain ne dissimule pas son plaisir à rédiger le récit, plaisir dont le caractère unique semble le surprendre : « Je prends plaisir à retracer ici ces notes qui ont pour moi tout l'attrait du souvenir [...] ; m'abandonner [...] à ce charme qui m'est tout personnel [...] » (p. 50). Émotions, mémoire, imagination, souvenir, charme personnel : autant de témoignages de l'esthétique et de la conception du moi et du monde, éminnemment romantiques. De même, le caractère pictural de cette relation du voyage des deux peintres occidentaux ne peut qu'aller de soi. L'oeil de Fesquet, à plusieurs reprises qualifié d'*oeil d'artiste*, est constamment aux aguets pour enregistrer les moindres manifestations de l'altérité, capter les plans proches et lointains, et surtout les poses et gestes des êtres vivants, hommes, femmes, chevaux et chameaux. Y puise la narration qui, en se voulant documentaire et impartiale, se fait énumérative à l'excès et génère les descriptions parfois non seulement redondantes (Goupil-Fesquet n'est pas Balzac...), mais aussi frappant par le manque de dynamisme. Le fâcheux effet statique de certaines représentations est compensé par l'omniprésence de la richissime gamme chromatique – ce qui ne surprend guère, puisque l'auteur du récit de voyage est peintre. Qui plus est, dans le déploiement du récit fesquetien, il arrive que la sensibilité picturale à l'œuvre stimule une sorte de méditation sur la signification du regard, médiatisée, en l'occurence, par l'inévitable reflexion sur la beauté de la femme orientale, autant physique que morale, et forcément – mystérieuse.

Toutefois, Goupil-Fesquet évite – de justesse, il est vrai – le piège du poncif, lorsqu'il formule des idées peu éthnocentriques. Elles sont conformes à la romantique conception du peuple naturellement artiste inspiré, essentiellement libre quoique pauvre, et, en tant que telles, participent du romantique postulat de l'art favorisant l'expression spontannée, etc. Puissent les larges fragments lesquels, dans le texte, encadrent les litographies ou dessins en couleurs, nous servir d'exemple :

> Voici [...] de jeunes paysannes qui portent des fardeaux en chantant : les unes tiennent des amphores [...] les autres [...] ont leur enfant à cheval sur la hanche [...]. La longue chemise bleue [...] leurs bras de bronze [...] long voile blanc [...] leur sert à se cacher le bas du visage (36). [...]. L'éloquence des yeux [...] est un langage mystérieux et universel qu'il [sic !] n'appartient pas à tout le monde de lire et de comprendre, un reflet de très-haut [...]. Le regard, c'est la vie de la beauté [...] l'amour, la haine, la folie, la raison s'y peignent [...]. Les Orientaux le savent si bien, que c'est peut-être le motif pour lequel la mode du henné [...] a été inventée [...] (37) ; La femme du peuple [...] ce type de femme est un des plus intéressants à étudier, sous le rapport du caractère physique, ainsi que de ses dispositions morales [...] elle travaille sans relâche, mais elle jouit de la plus grande liberté [...] sa beauté [...] non pas telle que les recteurs académiques ou les grammairiens comprennent [...] elle est douée de l'inspiration poétique, improvise avec facilité des vers et des récits [...] libre et toujours pauvre, mais plus heureuse que les femmes des hautes classes [...] (39) ; [...] l'expression qui est un des éléments les plus essentiels à la poésie, à la musique, à la peinture, existe au suprême degré sur le visage des Orientales, dont chaque trait possède une mobilité caractéristique [...]. (74)

Mais si ce récit du voyage, délibérément qualifié d'*artistique* décline avec l'aplomb les idées chères à la génération du narrateur, il n'est libre ni de simplifications et contradictions, ni d'erreurs de toutes sortes. A savoir, d'un côté, le voyageur-scripteur considère l'Égypte comme la synecdoque de tout l'Orient, le perçoit en tant que « berceau des arts et source d'inspirations utiles » (93), « berceau des arts et des sciences » (97) où les Français devraient puiser pour réformer leur « éducation des yeux » (95) et affiner leur goût artistique. Inspirée par les Orientaux, la France, pays emblématique de la civilisation occidentale, aurait ainsi remédié à la laideur de l'existence ambiante. De l'autre, Goupil-Fesquet constate sans broncher que les Égyptiens modernes, en tant qu'habitants d'un pays non civilisé, ne peuvent être que victimes du « fanatisme religieux qui [...] rend l'accès difficile aux améliorations du progrès » (21), tout comme il ne doute pas de l'efficacité des bienfaits des « lumières d'une civilisation et d'une religion nouvelles » (20). Toutefois, dans le déploiement du récit, le lecteur attentif sera frappé par des propos inattendus et dont la hardiesse, sous la monarchie de Juillet, aurait de quoi suffoquer le lecteur français. Voici un exemple :

> En Alexandrie [...] les juifs [...] ont leur synagogue ; les Grecs [...] possèdent une église et un couvent [...]. Pourquoi donc en France, où nous avons proclamé la liberté des opinions et des cultes, n'avons-nous, dans aucune de nos villes, aucune mosquée où le musulman puisse exercer sa religion ? (46)

On s'en doute : le récit pose d'autres questions importantes, dont certaines resteront longtemps entières, et propose une riche matière à réflexion. Dès le début, une note ironique s'y fait jour et un certain sens d'humour en agrémente la lecture, surtout lorsqu'il surgit dans un contexte surprenant, où se rencontrent les chameaux égyptiens et dandys parisiens :

> [...] au Caire [...] des chameaux calleux [...] dominent la foule [...]. Quelle excellente physionomie que celle de ces bons et si utiles animaux ! Leurs gros yeux en coquilles de noix, ombragés de longs cils et presque toujours baissés d'un air protecteur, ont l'élégante fierté de certains dandys de nos boulevarts [sic !] [...]. Les chameaux se dandinent sans affectation, parce que telle est leur démarche naturelle, et les dandys se chamellent, parce qu'ils ont la bosse du ridicule. (84)

Le double effet de cette greffe rhétorique, à la fois comique et ironique, doit sa saveur surtout au néologisme du verbe : les dictionnaires notent bien *se dandiner*, mais ignorent *se chameller…* Heureuse trouvaille lexicale du peintre-écrivain !

De son voyage, Horace Vernet a rapporté une vingtaine de vues diverses, prises au moyen du daguerréotype, dont Fesquet assurait le bon fonctionnement. Le récit de Fesquet en tient scrupuleusement compte ; de même, dans sa correspondance, Vernet y fait plusieurs fois allusion. Or, à chaque fois, il emploie un verbe différent, de son invention, et l'accompagne d'une comparaison surprenante. L'effet obtenu rapproche le maître et son secrétaire ; ils manient avec égale aisance leurs pinceaux et plumes : « Nous daguerréotypisons comme des lions ; Nous daguerréotipillons comme des lions … ; Nous daguerréotipifions comme des lions … » – lisons-nous dans les lettres des deux voyageurs.

Les chameaux se dandinent ; Horace Vernent se pose en Arabe du désert ; les artistes romantiques « daguerréotipifient comme des lions », c'est-à-dire longuement et patiemment à l'affût de leur proie qu'ils ne lâcheront plus. Certes, on ignore pas que le poncif guettait la romantique fascination orientale. À un point tel que Flaubert, bientôt, dans son persifleur *Dictionnaire des idées reçues*, en raillera les excès. Pourtant, nous partageons l'idée de Guy Barthélemy sur la littérature de voyage, partant, sur tout récit véhiculant ou réflétant une « dimension orientale », selon lequel : « Loin de ne véhiculer que des stéréotypes négatifs, elle [la littérature de voyage] livre aujourd'hui encore à l'historien, pourvu qu'il exerce à bon escient ses facultés critiques, des gisements d'informations considérables »[9].

Summary

In 1839 Horace Vernet (1789-1862), a famous painter of historical and Oriental scenes, made a great journey to the Orient. The account of this

[9] G. Barthélemy, *Sur l'Orient dans la littérature*, texte introductif au : *Dictionnaire des orientalistes de la langue française* ; [on-line], www.dictionnairedesorientalistes/ehess.fr/document.ph.

journey, *Le Voyage d'Horace Vernet en Orient. Rédigé par M. Goupil-Fesquet. Orné de seize dessins*, appeared in 1843. It was written by Frédéric Auguste Antoine Goupil-Fesquet, Vernet's companion, secretary, documentalist and assistant, who was also a painter. As well as being the author of the coloured illustrations mentioned in the title, he also provided technical support for the expedition, particularly the operation of the daguerreotype, the great predecessor to photography.

The article discusses specific romantic and painterly features of this travel discourse (*récit de voyage*) with regard to its form and content. While the presence of unavoidable Western stereotypes is easily demonstrable on various textual levels, the originality of Fesquet's narrative is also underlined. The value of the text lies in evident attention to the proportions between subjective recollections, artistic impressions and literary descriptions, on the one hand, and documentary precision, on the other.

Roman Sosnowski
Université Jagellonne de Cracovie

LE ISPIRAZIONI E LE FONTI ORIENTALI NEI TESTI MEDICI IN VOLGARE ITALOROMANZO
INDAGINE SUI MANOSCRITTI CONSERVATI NEL FONDO BERLINESE DELLA BIBLIOTECA JAGELLONICA

1. Introduzione

La medicina medievale in Italia ha due principali fonti, da una parte, come dimostrano le ricerche recenti[1], c'era un filone di continuità della medicina antica, ma dall'altra l'impulso decisivo per la fioritura della medicina a partire dal XI-XII secolo arriva dagli influssi arabi. La rinascita delle scienze mediche in Europa è legata alle scuole mediche (inclusa la famosa scuola salernitana) create grazie all'impulso diretto dato dalle traduzioni delle opere arabe in latino. Sia questa prima traduzione sia la successiva rielaborazione in chiave divulgativa, attraverso la traduzione in volgare, non è affatto neutra dal punto di vista di contenuti culturali – il mondo orientale ora emerge con forza in varie configurazioni ora viene messo da parte e sostituito da elementi 'domestici'. E soprattutto con il tempo

[1] P.es. gli studi contenuti nel Y. Zohara, U. Bachrach, *Handbook of medicinal plants*, New York 2005 e nel J. Givens, K. Reeds, A. Touwaide, *Visualizing medieval medicine and natural history, 1200-1550*, Aldershot–Burlington 2006.

e, dipendentemente dalla dimensione geografica, l'intensità dell'influsso sta cambiando.

Nella presente ricerca verranno presentati i risultati parziali di un'indagine condotta sui manoscritti medievali italiani relativa alla medicina conservati nella Biblioteca Jagellonica e provenienti dal fondo berlinese. Si cercherà di dare conto dell'intensità degli influssi arabi nei testi medici volgarizzati prevalentemente nel XIV e nel XV secolo.

2. Manoscritti

I manoscritti presi in considerazione sono in totale sei. Essi contengono una vasta varietà di testi medici di diversi tipi. Solo alcuni (circa un quarto) dei testi presenti nei manoscritti possono essere direttamente ricondotti alle fonti arabe.

	Segnatura	**Titolo della raccolta o del testo principale**	**Data**	**Luogo**
1	ital. fol. 158	*Tesoro dei poveri / Frammenti di trattati medici*	1460	Venezia
2	ital. qu. 52	*Tesoro dei poveri*	fine XV sec.	(Veneto ?)
3	ital. qu. 62	*Liber medicinarum – raccolta di trattati medici*	XIV sec. (1332 ?)	Veneto
4	ital. qu. 64	*Libro di ricette*	secondo quarto del XV sec.	Veneto
5	ital. qu. 67	*Pratica di medicina / Chirurgia parva di Lanfranco*	metà del XV sec.	Nord Italia (Veneto ?)
6	ital. oct. 6	*Ricettario*	primo quarto del XVI sec.	Nord Italia (Veneto ?)

3. Testi e influssi

L'influsso della medicina araba su quella italiana si diffonde a partire da tre principali focolai di trasmissione, Salerno (scuola salernitana: Costantino Africano)[2], Sicilia (corte di Federico II : Michele Scoto, Maestro Teodoro), Napoli (corte angioina: Mosè da Palermo, Farai da Agrigento, Niccolò di Reggio)[3]. Nei secoli successivi (XIV e XV), da cui provengono i nostri manoscritti, l'influsso della scienza araba diminuisce e si nota maggiore presenza di autori che scrivono trattati originali in latino (si sviluppa tutto il filone chirurgico con Bruno da Longobucco, Guglielmo da Saliceto e Lanfranco da Milano). I testi presenti nei manoscritti conservati a Cracovia riflettono questa situazione. Infatti, vi troviamo tra l'altro :

a) Pietro Spano : *Tesoro dei poveri* (ital. fol. 158)
b) *Miscellanea di flebotomia e di dieta* (ital. fol. 158)
c) *El sermon de Aristotiles dela criacion delomo e dela femena* (ital. fol. 158)
d) *Deli quattro elementi e de lor complexion segondo che dixe Aristotiles* (ital. fol. 158)
e) Michele Scoto : *De urinis* (volgarizzamento) (ital. fol. 158)
f) *Prolego de Constantino del morbo lo quale chiamado pestilencia* (ital. fol. 158)

---

2 Per dare l'idea dell'influsso che aveva la Scuola Salernitana sulla medicina, basti citare il numero di manoscritti censiti nell'ambito del progetto della sovrintendenza salernitama dei beni culturali. I manoscritti collegabili alla Scuola salernitana sono 1281. La scuola di Salerno in gran parte si si basava sull'apporto della medicina araba (le opere di Costantino Africano, traduttore dall'arabo, sono presenti in 60 manoscritti). Bisogna tenere presente che i dati non sono definitivi; mancano per esempio i manoscritti di Cracovia ma anche numerosi manoscritti delle biblioteche italiane.

3 Per il profilo generale dei contatti arabo-italoromanzi si veda M. Mancini, *Contatti linguistici: Arabo e Italoromania*, [in:] *Romanische Sprachgeschichte/ Histoire linguistique de la Romania des langues romanes*, vol. 2, ed. G. Ernst, M.-D. Glessgen, Ch. Schmitt, W. Schweickard, Berlin–New York 2006, pp. 1639-1648.

g) Bruno da Longobucco : diversi frammenti elaborati da Maestro Francesco (ital. quart. 62)
h) *Secretum secretorum* (versione breve di Giovanni di Siviglia) (ital. quart. 62)
i) Odo Magdunensis, *De viribus herbarum* (in volgare) (ital. quart. 64)
l) Johannes de Parma (in latino) (ital. quart. 64)
m) Lanfranco da Milano, volgarizzamento-rifacimento di *Chirurgia minor* (ital. quart. 67)
n) *Pratica di medicina* (ital. quart. 67)
o) Diverse raccolte di ricette (ital. fol. 158; ital. quart. 62; ital. quart. 64).

Per i fini della presente ricerca gli influssi che ritroviamo nelle opere mediche in volgare sono state classificate in tre tipi :

a) testuali (testi) – trasmissione di interi testi mutuati dalla tradizione scientifica araba tradotti prima in latino e successivamente in volgare
b) concettuali (concetti) – presenza in testi latini e volgari composti da autori occidentali di concetti medici, di tecniche chirurgiche, di metodi terapeutici che risalgono alla scienza araba o che sono stati comunque veicolati dalla scienza araba anche se magari avevano origine greca
c) lessicali (parole) – presenza di arabismi penetrati in lingue volgari di solito attraverso il latino e qualche volta direttamente. Ma siccome per lo più si tratta di arabsimi dotti si può supporre come tramite il latino scritto.

È il gruppo intermedio cioè influssi che chiamiamo concettuali a creare maggiori difficoltà di interpretazione. I motivi sono duplici: è il gruppo più lontano e più difficilmente rilevabile attraverso gli strumenti filologici e linguistici che abbiamo a disposizione (questi influssi appartengono alla storia della scienza e non alla filologia) e, inoltre, si tratta di elementi dove la ritrasmissione è stata una costante. Pertanto è difficile stabilire sia la loro origine vera (bisogna ricordarsi che per la maggior parte della scienza medica il mondo arabo fungeva da tramite grazie all'acquisizione delle conoscenze dell'antichità greca, ma ci sono anche notevoli apporti originali della scienza araba non sempre distinguibili dalle concezioni precedenti), sia le vie attraverso le quali i concetti sono penetrati nell'occidente. Molto più semplice risulta essere l'influsso testuale e lessicale. Dalla nostra indagine risulta che tutti e tre tipi di influssi sono documentabili nel corpus dei testi di medicina in volgare presenti nella Biblioteca Jagellonica anche se non in misura uguale.

3.1. Influssi testuali

Solo tre dei sopracitati testi sono riconducibili direttamente[4] alle fonti arabe; si tratta di *Prolego de Constantino del morbo lo quale chiamado pestilencia* (ital. fol. 158), volgarizzamento di *De urinis* di Michele Scoto (tradotto da quest'ultimo dall'arabo in latino; ital. fol. 158), *Secretum secretorum* (ital. quart. 62). Analizziamo più da vicino i testi in questione.

a) *Prolego de Constantino* (ital. fol. 158, cc. 97ra-101rb) è un volgarizzamento di *De elephancia*, trattato staccatosi da *Liber Pantegni*. Si tratta quindi di un frammento derivato dal libro *al Malaki* scritto da ʿAlī ibn al-ʿAbbās conosciuto come Ibn al-Maǧūsī e tradotto a Salerno probabilmente da Costantino Africano. Il testo latino completo del trattato era noto come *Liber Pantegni*, mentre il frammento sulla lebbra circolava in latino con il titolo *De elephancia*. L'attribuzione della traduzione è incerta[5]; si potrebbe trattare anche dell'opera di

---

4 Per „riconducibili direttamente" intendiamo i testi dove nella tradizione è specificata la provenienza araba oppure quelli che sono trasmessi con il nome del traduttore dall'arabo (Costantino Africano, Michele Scoto). Altri testi contengono riferimenti a fonti arabe, ma si tratta di riferimenti parziali, interni al testo e riguardanti solo una porzione del testo (tali testi sono considerati indiretti). Non si può escludere che le ulteriori ricerche sui testi (e soprattutto sui frammenti) dei manoscritti rivelino qualche altro elemento riconducibile direttamente all'arabo.

5 Cf. E. Montero Cartelle, A.I. Martin Ferreira, *Le De elephancia de Constantin l'Africain*, [in:] *Constantine the African and ʿAlī Ibn Al-ʿAbbās Al-Magūsī: The Pantegni and Related Texts*, ed. Ch.S.F. Burnett, D. Jacquart, Leiden 1995, p. 245.

Johannes Afflacius, discepolo di Costantino, ma è indubbia la provenienza araba. Il testo latino di *De elephancia* è stato pubblicato[6], mentre il volgarizzamento, come del resto succede anche per altri testi medici italoromanzi, è inedito[7].

b) *Secretum secretorum* (ital. quart. 62, cc. 18r-19r). Il testo è un volgarizzamento di una versione parziale latina del *Secretum secretorum*, opera falsamente attribuita nel Medioevo a Aristotele. *Secretum* (*Sirr al-Asrar*) è „in realtà nato intorno agli anni 950-975 sulla base di uno 'speculum principis' islamico"[8]. La versione contenuta nell'ital. quart. 62 è quella di Johannes Hispalensis, scritta negli anni 1100-1130, che porta spesso i titoli tradizionali di: *Epistola ad Alexandrum de dieta servanda, Epistola Aristotelis ad Alexandrum*[9]. La tradizione del *Secretum*, sia quella latina che nei vari volgari, è molto complessa perché si trattava di un testo largamente presente nelle varie raccolte mediche. Milani, che studia soprattutto la versione lunga di Filippo da Tripoli, nel suo articolo *La tradizione italiana del «Secretum Secretorum»*[10] pubblica un frammento delle versione breve dal codice A.IX.28 della Biblioteca Universitaria di Genova e assegna i quattro manoscritti da lui individuati ai filoni della tradizione latina individuati da Wurms[11]. Il volgarizzamento contenuto nell'ital. quart. 62 risulta indipendente dalle versioni studiate da Milani sebbene sia indubbia la provenienza dal testo latino del *Secretum* (nella versione

---

6 *Constantini Liber de elephancia. Tratado médico de Constantino el Africano*, edición crítica, traducción anotada, estudio prelim y glosarios de A.I. Martín Ferreira, Valladolid 1996.

7 Sul testo si veda anche R. Sosnowski, *Manoscritti italiani della collezione berlinese conservati nella Biblioteca Jagiellonica di Cracovia (sec. XIII-XVI)*, Kraków 2012.

8 M. Milani, *Un nuovo tassello per l'edizione del Segreto dei Segreti*, „La parola del testo", X, 2006, p. 292.

9 C.B. Schmitt, D. Knox, *Pseudo-Aristoteles Latinus: A Guide to Latin Works Falsely Attributed to Aristotle before 1500*, London 1985, p. 54.

10 M. Milani, *La tradizione italiana del „Secretum Secretorum"*, „La parola del testo", V, 2001, p. 217.

11 F. Wurms, *Studien zu den deutschen und den lateinischen Prosafassungen des pseudo-aristotelischen „Secretum Secretorum"*, Hamburg 1970.

di Giovanni da Siviglia – Johannes Hispalensis) e, indirettamente, dal testo arabo *Sirr al-Asrar*.

c) Trattato *De urinis* attribuito a Michele Scoto (ital. fol. 158, cc. 86ra--96ra) che probabilmente costituisce la traduzione latina di un testo arabo staccatosi da qualche trattato più ampio. Formula principalmente la teoria umorale e dà consigli pratici circa l'esame delle urine. La traduzione veneta del trattato è anche presente (oltre al ns. manoscritto) in un manoscritto della Biblioteca Nazionale di Napoli (ms. XV. F. 91). Il trattato sulle urine è citato in *History of Magic and Experimental Science*[12]. L'assegnazione del testo alla tradizione araba diretta deriva dalle attività di Michele Scoto che era soprattutto traduttore delle opere arabe di medicina e astrologia alla corte palermitana di Federico II nonché dai contenuti in cui vengono veicolati concetti noti alla scienza araba.

Mentre nei tre testi presentati la medicina araba è presente come fonte a cui si può risalire direttamente, in vari altri trattati, frammenti e ricette sopravvive l'eredità del mondo orientale in una rielaborazione più profonda, che non permette di tracciare la linea diretta di discendenza da testi di medicina araba. In tal caso è più agevole parlare di influssi orientali di carattere concettuale.

3.2. Influssi concettuali

Per quanto riguarda i concetti, l'influsso del mondo orientale era ben saldo perché nel frattempo non era avvenuto nessun cambiamento del paradigma scientifico della medicina. Forse solo la chirurgia era diventata più indipendente dalla scienza araba sviluppando una serie di concetti originali, tuttavia alla base di tutto il sapere medico medievale erano i testi come il *Canone* di Avicenna. Tra i maggiori concetti presenti nei testi presi in esame si possono enumerare :

a) dieta presentata in relazione al temperamento, raccomandazione del bilanciamento degli alimenti (p.es. alimenti freddi a chi era collerico)

[12] L. Thorndike, *History of Magic and Experimental Science*, vol. 2, New York 1923, p. 331.

b) teoria umorale e quattro qualità fondamentali (eredità greca, ma presente in tutta la medicina araba)
c) quattro gradi cioè livelli di intensità delle qualità (novità introdotta da Al-Kindi e diffusa dalle traduzioni di Costantino Africano)[13]
d) importanza della dieta (poi assimilata e tramandata dalla Scuola Salernitana)
e) importanza dell'igiene
f) esami delle urine
g) contributi farmacologici.

Tutti i sopraelencati concetti sono presenti nei testi dei manoscritti cracoviensi. La teoria umorale è esposta in numerosi testi e chiaramente costituisce la base su cui si inseriscono altre considerazioni perciò si trova esposta in tutte le raccolte di testi medici. Qualche volte, addirittura, è ripetuta perché i testi che la espongono sono più di uno. Anche l'esame delle urine con indicazioni precise di analisi e interpretazione dei risultati è esposto in più luoghi; una trattazione estesa si trova nel *De urinis* di Michele Scoto (ital. fol. 158) e tra i testi del *Libro di medicina di Maestro Francesco* (ital. quart. 62). Le conquiste della medicina araba nel campo farmacologico sono ampiamente sfruttate nelle ricette del *Tesoro dei poveri* (ital. fol. 158 e ital. quart. 52) nonché nelle ricette contenute nell'ital. quart. 64.

3.3. Influssi lessicali

Le indagini parziali svolte sui testi (in tutti i casi si tratta di testi inediti) mostrano che il numero dei prestiti dall'arabo è esiguo confermando ciò che scriveva Ineichen a proposito della traduzione in volgare del libro di Serapion[14] e sui rapporti arabo-romanzi in

[13] Cf. P. Prioreschi, *A history of medicine*, vol. IV: *Byzantine and Islamic medicine*, Omaha 2004, p. 229 e L. Garcia-Ballester, *Introduction: Practical Medicine from Salerno to the Black Death*, [in:] *Practical medicine from Salerno to the Black Death*, ed. L. Garcia-Ballester, R. French, J. Arrizabalaga, A. Cunnigham, Cambridge 1994, p. 28.

[14] G. Ineichen, *El libro agrega de Serapiom. Volgarizzamento di Jacobus Philippus de Padua*, Roma 1962.

generale[15]. Sarebbe diverso se si prendessero in considerazione calchi semantici (anche se nel testo in volgare si tratta di traduzioni letterali dal latino e non di calchi semantici se vogliamo applicare con rigore l'approccio linguistico). A quel punto la situazione cambia radicalmente – il numero di arabismi, se consideriamo tali termini prestiti, diventerebbe significativo. In *Moamin*, trattato di falconeria tradotto dall'arabo, per cui sono stati condotti sistematici studi lessicali da Glessgen[16], su circa 1100 termini specialistici circa 143 sono termini modellati sull'arabo. È un numero ben più consistente rispetto ai 29 prestiti dall'arabo che nella falconeria erano stabilmente utilizzati nei testi in volgare nel XV secolo[17].

È quindi ben più ampio il ricorso a calco semantico o calco strutturale rispetto a un prestito di un vocabolo. Questa tendenza è già salda nelle traduzioni in latino. Per quanto riguarda le traduzioni norditaliane la tendenza si rafforza maggiormente per cui non deve meravigliare in alcuni testi di derivazione araba la completa assenza di arabismi; così succede per la traduzione di *De elephancia*. Nel testo intitolato in volgare *Prologo de pestilencia* gli arabismi sono completamente assenti nonostante l'accertata provenienza da una fonte araba – ormai, dopo la seconda traduzione, è completamente sparita qualsiasi traccia di appartenenza a cultura diversa da quella della medicina occidentale.

Troveremo invece arabismi (anche se non numerosissimi) nei testi che sono compilazioni indipendenti, ma che hanno carattere farmacologico (ricettari) dove la presenza di arabismi è più diffusa. E così troviamo alcuni arabismi nel *Tesoro dei poveri*, ricettario di Pietro Spano[18] compilato con gli intenti divulgativi per le esigenze

---

15 G. Ineichen, *Rapporti arabo-romanzi*, [in:] *Scritti linguistici in onore di Giovan Battista Pellegrini*, vol. 2, a cura di P. Benincà, M. Cortelazzo, Pisa 1983, pp. 1227-1238.

16 M-D. Glessgen, *Die mittelalterliche Übersetzungsliteratur und ihre sprachlichen Auswirkungen: Forschunglinien in der Italia Arabica*, [in:] *Romania Arabica: Festschrift für Reinhold Kontzi zum 70. Geburtstag*, hrsg. J. Lüdtke, Tübingen 1996, pp. 191-200.

17 *Ibidem*, p. 197.

18 Spoglio condotto sull'edizione latina a cura di M. H. Da Rocha Pereira,

degli ambienti professionali ma non universitari (come potevano essere medici-barbieri, operatori delle infermerie conventuali ecc.). Nei primi 25 capitoli del *Tesoro dei poveri* (fol. 158 e qu. 52) la presenza si limita a davvero pochi prestiti :

antimonio, LAT. VII, 9-11 (3), VIII, 48-49 (2); fol. 158, f. 9v; qu. 52, f.19r (e altre occorrenze)

bedegar LAT. VII, 19; assente nelle versioni in volgare dei codici cracoviensi

canfora (camphora), LAT. VIII, 71; fol. 158, f. 15r; qu. 52, f. 26v (e altre occorrenze)

borace (boraço, boraxe), LAT. X, 1; fol. 158, f. 17v, qu. 52, f. 31r (e altre occorrenze)

tamarindo, LAT. VI, 53; assente nelle versioni in volgare dei codici cracoviensi.

4. Conclusioni

Da questa brevissima rassegna si può dedurre che l'influsso della medicina araba sta scemando con la lontananza temporale e geografica. Nel nostro caso, visto che si tratta di manoscritti provenienti dal XIV e XV secolo e, per di più dal Nord Italia, l'influsso c'è, ma minore di quanto potesse essere un secolo prima o in una dimensione geografica diversa come quella meridionale dove più numerosi sono gli arabismi penetrati direttamente e non solo grazie all'intermediazione del latino. Mentre a livello testuale e concettuale questo influsso è chiaramente percepibile (e ci sono testi facilmente identificabili come traduzioni dall'arabo), già il livello lessicale nei nostri testi è quasi sorprendentemente povero. Sorprendetemente, perché la medicina medievale in generale ha molti termini di derivazione araba alcuni dei quali ancora oggi vivi e altri che sono sopravvissuti fino al XVII secolo, quando furono eliminati e sostituiti da Francesco

---

Obras médicas de Pedro Hispano, Coimbra 1973, successivamente confrontato con i manoscritti presi in esame nel presente contributo.

Redi[19], medico e scrittore. Per spiegare tale situazione forse bisogna appellarsi alla già citata distanza temporale e geografica dai maggiori centri di diffusione della scienza araba, ma anche al tipo di lingua e di testo con cui abbiamo a che fare nei manoscritti in questione. Si tratta di testi scritti con intenti divulgativi, destinati a un pubblico di barbieri, frati che lavoravano in infermerie, di persone di cultura medio-bassa. L'intento divulgativo, se preso seriamente, richiedeva anche l'avvicinamento della lingua alla quotidianità degli utenti – in quel caso la quotidianità dei medici-barbieri settentrionali era molto meno influenzata dal mondo arabo rispetto alla quotidianità per esempio siciliana o, più in generale, meridionale.

Summary

The paper examines the Arabic influences in the Italian medical manuscripts of the 14th and 15th century held in the Jagiellonian Library. The influences are divided into three groups: textual, conceptual and lexical. Some of the texts found in the manuscripts are of Arabic origin (based on Latin translations by Constantine the African, Michael Scot, John of Seville), there are some specific concepts of the Arabic medicine and some lexical borrowings (even if their number is rather small). It is argued that the relatively poor presence of Arabic sources in the manuscripts of the collection is due to the fact that manuscripts come from Northern Italy (in the South the influences were stronger) and that they are relatively late, coming from the 14th and 15th century. It is also due the specific, practical and popular, character of the vernacular texts.

[19] Cf. M.L. Altieri Biagi, *Lingua e cultura di Francesco Redi, medico*, Firenze 1968, pp. 99-101.

Ewa Stala
Université Jagellonne de Cracovie

LOS ARABISMOS CROMÁTICOS (1500-1700)

El objeto, el objetivo, el corpus

Con el término *arabismos cromáticos* nos referimos a los nombres de los colores que provienen directamente del árabe o hispanoárabe, siendo éste la variedad del árabe usada en la España musulmana.

El objetivo de este breve esbozo es mostrar la riqueza léxica del vocabulario cromático documentada en los diccionarios mono-, bi- y multilingües con la parte española, editados entre los años 1500-1700.

Como bien se sabe, el árabe durante sus ocho siglos de la presencia en la Península dejó una heulla impresionante e imborrable, mencionada en las historias de la lengua[1] o diccionarios y monografías[2] por citar tan solo un par de obras-cumbre al respeto.

---

[1] R. Lapesa, *Historia de la lengua española*, Madrid 1981; *Historia de la lengua española*, coord. R. Cano, Barcelona 2008.

[2] L. Eguílaz Yanguas, *Glosario de las palabras españolas (castellanas, catalanas, gallegas, mallorquinas, portuguesas, valencianas y bascongadas), de origen oriental (árabe, hebreo, malayo, persa y turco)*, Granada 1886; A. Steiger, *Contribución a la fonética del hispano-árabe y de los arabismos en el íbero-románico y el siciliano*, Madrid 1931; K. Neuvonen, *Los arabismos del español en el siglo XIII*, Helsinki 1941; F. Corriente, *Diccionario de arabismos y voces afines en iberromance*, Madrid 1999.

Lista de diccionarios, siglas y abreviaciones

AL = Alonso, M. (1986), *Diccionario medieval español (s. X-XV)*, Salamanca: Universidad Pontificia de Salamanca.

DCECEH = Corominas, J. Pascual, J. A. (1954, 1981), *El diccionario etimológico castellano e hispánico*, volúmenes I – IV (MR--RE): 1981, Madrid, Gredos; volumen IV (RI-Z), 1954, Berne: Franche.

DUE = Moliner, M. (1991), *Diccionario de Uso de Español*, Madrid: Gredos.

NTL = Lidio Nieto, J., Alvar Ezquerra, M. (2007), *Nuevo Tesoro lexicográfico del español (s. XIV-1726)*, Madrid, Arco/ Libros.

ALCALÁ, P. de (1505), *Arte para ligeramente saber la lengua aráviga y Vocabulista arávigo*, Granada.

BRAVO, B. (1628), *Thesaurus verborum ac phrasium ad orationem ex hispana latinam efficiendam et locupletandam*, Zaragoza.

CASAS, B. de las (1582), *Vocabulario de las dos lenguas toscana y castellana*, Venecia.

COLLADO, D. (1632), *Dictionarium, sive thesauri* [sic] *linguae iaponicae*, Romae.

Colloquia et dictionariolum septem linguarum, (1600), Liege.

COMENIUS, J. A. (1661), *Janua linguarum reserata quinque linguis, sive compendiosae methodus latinam, gallicam, italicam, hispanicam et germanicam linguam...*, Amstelodami.

COVARRUBIAS Y HOROZCO, S. de (1611), *Tesoro de la lengua castellana, e española*, Madrid.

DUNCAN R.M. (1968), *Adjetivos de color en el español medieval,* „Anuario de Estudios Medievales" 1968, Vol. 5, p. 463-472.

FLORENTIN FRANCIOSINI, L. (1638), *Vocabulario español e italiano,* Roma.

GARON, F. (1541), *Sex linguarum, latinae, gallicae, italicae, hispanicae, anglicae, et teutonicae utilissimus vocabulista...* Venetiis.

Grammatica (1565), *Grammatica con reglas muy prouechosas y necessarias para leer y escrivir la lengua francesa*, Alcalá de Henares.

HENRIQUEZ, B. (1679), *Thesaurus utriusque linguae hispanae, et latinae, omnium correctissimus,* Matriti.

HORNKENS, H. (1599), *Recueil de dictionnaires françoys, espagnolz et latins*, Brussellas.

JIMÉNEZ, L. N., ALVAR EZQUERRA, M. (2007) *Nuevo Tesoro lexicográfico del español (s. XIV-1726)*, Madrid: Arco/ Libros.

JUNIUS, A. (1583), *Nomenclator omnium rerum propria nomina variis linguis explicata indicans,* Antverpiae.

Lexicon tetraglotton. Dictionnaire français, italien, espagnol, anglais, (1660), London.

LIAÑO, J. de (1565), *Vocabulario de los vocablos que más comúnmente se suelen usar*, Alcalá.

LUNA, J. de (1625), *Diálogos familiares con los quales se contienen los discursos, modo de hablar, proverbios y palabras españolas mas comunes... con otros diálogos y con nomenclator español y francés*, Bruxelles.

MARTÍNEZ CALA de, (1570), *Dictionarium latino hispanicum*, Antverpiae.

MEGISERUS, H. (1603), *Thesaurus polyglottus: vel dictionarium multilingue...*, Francfurti ad Moenum.

MINSHEU, J. (1599), *A Dictionarie in Spanish and English*, London.

MOLINA, Fray Alonso de (1555), *Vocabulario de la lengua castellana y mexicana*, Mexico.

MOLINER, M. (1991), *Diccionario de Uso del Español*, Madrid: Gredos.

Nouvelle Grammaire Espagnole, (1695), Lyon.

OUDIN, C. (1607), *Le trésor des deux langues espagnolls et française. Augmentée sur les memoires de son autheur. Outre un bon nombre de dictions & de phrases, avec une seconde partie toute nouvelle, beaucoup plus ample que au paravant. Le dictionnaire de xerigonça ou jargon, qui était a part, est expliqué en français, & mis en son rang dans le corps de livre*, Paris.

PALET, J. (1604), *Diccionario muy copioso de la lengua española y francesa. Dictionnaire tres ample de la langue françoise et espagnole*, Paris.

PERCYVAL, R. (1591), *Bibliotheca Hispanica. Containing a grammar, with Spanish, English and Latine gathered out of divers Authors*, London.
ROSAL, F. del (1601-1611), *Origen y etymología de todos los vocablos originales de la Lengua Castellana [...].*
SÁNCHEZ DE LA BALLESTA, A. (1587), *Diccionario de los vocablos castellanos, aplicados a la propriedad latina*, Salamanca.
STEPNEY, W. (1591), *The Spanish Schoole- master*, London.
THORIUS (1590), *The Spanish Grammar*, London.
Thresor des trois langues, (1617), Cologne.
Tesoro de tres lenguas española, francesa e italiana. Dictionnaire en trois langues, divisé en III parties. I: Espagnol-français-italien. II: Français-italien-espagnol. III: Italien-français-espagnol, (1644), Geneve.
Tesoro de las tres lenguas española, francesa y italiana, (1671), Cologne (reed.)
TROGNESIUS, C. J. (1639), *El grande dictionario y thesoro de las tres lenguas española, francesa y flamenca*, Anvers.
Vocabulario de cuatro lingue, francesa, latina, italiana & spagnola, (1558), Louvain.

Formas documentadas

1. ***alazan***[3]

alazán[4]; ***alazano***; ***alecán***; ***alezán*** – utilizado exclusivamente para describir el color de caballo: para Covarrubias 'color de cavallo que tira a dorado', según Minsheu 'dark browne bay colour', Henriquez lo explica como 'equus medio colore inter rusum & album, helvus equus'; en el español medieval 'del color muy parecido al de la canela, con variaciones de pálido, claro, dorado, vinoso, tostado, etc.' (AL I: 202); hoy: 'de color de canela' (DUE I: 112).

[3] Encabezamos cada párrafo con la variante contemporánea, aunque la documentación abarca también las numerosas, a veces, variantes históricas de la misma.

[4] Por limitaciones de espacio, omitimos el significado del vocablo cuando éste no difiere del actual. La documentación exacta se halla al final del artículo.

Según Corominas[5] (DCECEH I: 111) proviene del hispanoár. *'az-ᶜár* (ár. *'azᶜar*) 'rubio, rojizo', 1ª doc. fin de s. XIII, el cambio de **alazar* en *alazano* o *alazán* se debe a influjo de la voz preexistente *ruano* o *ruán*.

2. ***alheñado***

alheñado – 'tinto rosso con ligustro' según Florentin, sin embargo, Duncan (1968: 465) solo alude a 'el color de alheña, teñido de alheña'.

Según DCECEH (I: 166 s.v. *alheña*) proviene del hisp. *ḥínna* (ár. *ḥinnâ*), 1ª doc. 1252-1279, *alheñar* h. 1300. Stevens en su diccionario del a. 1706 (en: NTL I: 574) lo define como 'dy'd black'.

Hoy en día: 'planta; flor de alheña, polvo de sus hojas, azúmbar (planta), roya (plaga)' (DUE I: 133, s.v. *alheña*) también 'cierto arbusto, el polvo a que se reducen las hojas de la alheña, empleado para teñir' (DCECEH I: 166).

3. ***añil***

añil; ***añir*** 'azavachado' (Comenius, Trognesius), 'color azul o pastel' en las demás fuentes.

Es un préstamo directo del ár. *nîl* íd. (DCECEH I: 288, s.v. *añil*).

Hoy sinónimo de *azul*, Corominas (DCECEH I: 288, s.v. *añil*) subraya el matiz oscuro de este color: 'cierto arbusto, pasta de color azul oscuro que se saca de esta planta, color azul oscuro'.

4. ***azabachado***

azabache es 'variedad de lignito muy duro [...] que se emplea como adorno [...] y se emplea laudatoriamente como calificación o como término de comparación para cosas muy negras' (DUE I:

[5] Recurrimos al diccionario de J. Corominas como la fuente principal de los datos etimológicos, concientes de las críticas actuales: „La lingüística actual pone en duda en la obra de Corominas dos aspectos concretos: el primero es la existencia y con ello la explicación de muchos étimos a través de un substrato mozárabe, la creencia en la realidad de una lengua o lenguas mozárabes que se habrían conservado vivas hasta la reconquista cristiana. Corominas usará de algunas fuentes, por ejemplo las de Simonet, hoy desestimadas por la ciencia." (L. Agusti, *El Diccionario Etimológico castellano e hispánico de Corominas/Pascual veinte años después*, „Métodos de información", vol. 7, nº 35-36, 2000, pp. 30-39).

319); Molina documenta la forma ***azauache***, Comenius ***azavachado*** y Trognesius ***azauachado negro***; ***azauachado***.

Se origina del hispanoár. *zabáǧ* (ár. *sábaǧ*) íd. (DCECEH I: 428, s.v. *azabache*).

Hoy 'se emplea laudatoriamente como calificación o como término de comparación para cosas muy negras' (DUE I: 319, s.v. *azabache*) cf. *ojos de azabache*, *pelo color azabache*.

5. ***azafranado***

azafranado; ***açafranado*** – aunque explicado por Minsheu como 'done or dressed with saffran', pudo actuar como término cromático, además se encuentra en la lista de Comenius: *açafranado* 'v. amarillo'.

Un arabismo que no deja lugar a dudas: del ár. *zacfarân* (DCECEH I: 430, s.v. *azafrán*) íd.

Hoy: *azafranado* mantiene la acepción cromática ('significado deducible', DUE I: 320).

6. ***azarcón***

azarcón – Covarrubias: 'azarcón es cierta ceniça o tierra de color açul que se haze del plomo quemado', para Minsheu 'red led'; en el español medieval significaba 'color de fuego' (AL I: 473).

Según DCECEH (I: 432) quiere decir 'minio', 'color anaranjado subido', donde *minio* se refiere a 'óxido de plomo, de color rojo' y viene del ár. *zarqûn* íd.

El español moderno posee la misma acepción de este vocablo, pero también denomina 'color anaranjado muy vivo' (DUE I: 321).

7. ***aceituní***

azeytuni – Molina: 'couleur d'olive'.

Este vocablo, documentado en tan solo un diccionario, dada su definición, es un derivado de la voz *aceituna*, fácilmente deducible por el color de ésta. Sin embargo, Corominas (DCECEH I: 32) la explica como proveniente del ár. *zaįtūnî* íd. derivado del nombre de la ciudad china *Tseu-thung*, en ár. *Zaįtûn* donde se fabricaba el aceituní – de lo que se desprende la acepción única 'tipo de tela'. La misma se halla en otras fuentes: 'cierta tela muy usada en la Edad Media, que se traía de Oriente; cierta decoración usada en los edificios árabes'

(DUE I: 28) o en el diccionario de la RAE. Ni el corpus histórico CORDE, ni NTL mencionan la acepción citada arriba. Los ejemplos del CORDE:

llevaua vnas sobrevistas de **vn aceituní blanco** villotado con lauores de oro (*Crónica de Juan II de Castilla*, 1406-1411);

un falso peto de **aceituní vellud bellotado** (Mariano José Larra, *El doncel de don Enrique el Doliente*, 1834);

parecen indicar la acepción conocida, aunque:

gorra aceituní con sendas plumas blancas e negras (Estébanez Calderón, Serafín, *Escenas andaluzas, bizarrías de la tierra* [...], 1847)

puede ser el ejemplo del uso cromático de este vocablo.

8. ***azul***

azul; ***açul*** – esta vez el árabe ha sido tan solo un vehículo: prob. de un ár. vg. **lāzûrd*, variante del ár. *lāzawārd* 'lapislázuli' 'azul', voz de origen persa en árabe (DCECEH I: 439).

9. ***caparrosa***

copparosa; ***caparosa*** – Covarrubias: 'piedra congelada de vn agua verde que se distila de los mineros del cobre y trae consigo la calidad, la fuerça y la flor del dicho metal'), 'Spanish green' en las fuentes inglesas.

No hay unanimidad en cuanto a la etimología de este lexema: prob. del ár. (*zâğ*) *qurbusî* 'vitriolo de Chipre' deriv. de *Qúrbus*, nombre árabe de la isla de Chipre (DCECEH I: 831).

Hoy la palabra misma significa 'sulfato de cinc, cobre o hierro' (DUE I: 504) y según el metal adquiere nombres: *caparrosa blanca, azul* o *verde*.

10. ***carmesí***

carmesí; ***carmosí*** – aunque para Covarrubias es sólo 'seda de color roja', para otros lexicógrafos expresa el color rojo, igual que en español moderno.

Del hispanoárabe *qarmazî* íd. der. de *qármez* (ár. *qírmiz*) 'cochinilla' que a su vez procede del persa *kim* 'gusano'; la forma del castellano debió tomarse por conducto de otro romance y no del árabe directamente (DCECEH I: 876).

Hoy: 'se aplica al color carmín dado por el quermes animal; polvos de ese color; tela de seda roja' (DUE I: 528).

11. ***escarlata***

escarlata; ***escarlatin*** – en todas las fuentes: 'es la color subida y fina de carmesí, o grana fina y desta seda o paño' (Cov.); hoy se define como 'color rojo vivo intermedio entre el carmín y el bermellón y a las cosas que lo tienen; tela de ese color; escarlatina' (DUE I: 1176).

Tanto *grana* como *escarlata* eran nombres de telas muy ricas usadas en la Edad Media, interesante que en textos españoles no se habla sino de *escarlatas bermejas*, aunque en Francia las hubo de otros colores (AL I: 726). La palabra proviene del hispanoár. *'iškirlâṭ* 'tejido de seda brocado de oro' tomado del griego bizantino *σιγιλλάτος* 'tejido de lana o lino adornado con marcas en forma de anillos o círculos' y éste del lat. *textum sigillatum* 'paño sellado o marcado' (DCECEH I: 683).

12. ***nacarado***

nacarado – Covarrubias lo explica por 'color de nacar', lo que supone un matiz claro aunque traducido al fr. por 'nacarat', es decir color rojo claro y, según Florentin, *nácar* es 'color incarnato' – tal vez por confusión o proximidad fónica.

Nacarado es un derivado, de *nácar* que a su vez viene prob. del ár. *náqûr* (vulgar *náqor*) 'caracola, cuerno de caza' o quizá del ár. vg. *náq(a)r* 'tambor, pandero' que pudo pasar a aplicarse a aquel otro instrumento de música militar' de 'caracola' pasó en romance a designar los mariscos de forma semejante de donde se saca el nácar y luego esta sustancia (DCECEH IV: 200-201, s.v. *nácar*). La definición de la voz en cuestión se halla por primera vez en el diccionario de Stevens en 1706 (en: NTL VII: 6949) 'of the colour of mother of pearl'.

Hoy: 'de aspecto de nácar, v. perlado' (DUE I: 485).

13. ***naranjado***

naranjado – 'tawny' para Stepny, 'orangé' en *Nouvelle*.

Otra voz de origen persa: del ár. *nārānğa* y éste del persa *nârang* íd. (DCECEH IV: 212 s.v. *naranja*).

Actualmente se usa junto con la forma *anaranjado*.

14. ***taheño***

taheño – Minsheu: 'auburne browne colour', Molina lo aplica solamente al color de barba y cabello.

Del ár. *taḥánnu*' 'acción de teñirse el cabello con alheña' (DCECEH IV: 341-341). La alheña la empleaban los árabes para teñirse la barba, esa costumbre pasó a España (de ahí: *alheñarse el pelo*).

Hoy 'se aplica al pelo de color rojizo, barbitaheño' (DUE II: 1251).

15. ***zarco***

zarco, ***çarco***; ***garço***; ***çarca*** – es una de las palabras cuyo uso, según parece, causaba mucha confusión entre los lexicógrafos y, a lo mejor, entre los usuarios. En *Tesoro*: *zarca de ojos* 'une femme qui a les yeux verdes', *zarco* 'un qui a les yeux verdes', en *Thresor*: *zarco* 'di occhi verdi', igual que Trognesius según el cual: *zarca de ojos* 'une femme qui a les yeux verdes', pero allá mismo encontramos dos definiciones más: *garço de ojos* 'les yeux vers ou bleus', *garço* 'bleu, de coulueur d'eau'. Thorius lo traduce por 'squint eyez' dejando de lado todo lo que se pueda asociar con el posible color de los ojos. Para Covarrubias, *çarca* es la 'mujer que tiene ojos azules', mientras que Minsheu lo define por 'one that is gray eied', para Percyval *zarco* es 'grey', para Hor. equivalente del lat. *glaucus*. En *Lexicon* (1660): 'verde color de mar o garço'.

La palabra viene de ár. *zarka* 'mujer de ojos azules', femenino del *azrak* 'azul' (DCECEH IV: 849), según Corominas (DCECEH III: 118) "queda en cuestión de si hay parentesco entre *garza* y el adj. *garzo* 'azulado', tampoco es cierto que *garzo* sea variante fonética de *zarco*".

Hoy el significado de este término está reducido a un sólo uso contextual y un color: 'de color azul claro se aplica, particularmente, a los ojos' (DUE II: 1577) y este matiz se aplicaba también para la Edad Media (AL II: 1191).

Observaciones

En total hemos extraído 15 nombres con sus variantes (enumeramos solo la forma actual): *alazán, alheñado, añil, azabachado, azafranado, azarcón, aceituní, azul, caparrosa, carmesí, escarlata, nacarado, naranjado, taheño, zarco.*

La mayoría proviene del árabe: *añir, azafranado, azarcón, azeytuní, azul, nacarado, naranjado, taheño, zarco.*

Del hispanoárabe vienen: *alazán, alheñado, azabachado, carmesí, escarlata.*

En algunos casos el árabe sirve de vehículo, siendo el étimon la palabra de origen oriental (cf. persa: *azul, carmesí, naranjado*) aunque en caso de *carmesí* se supone el conducto de otra lengua romance y en caso de *escarlata*, es la palabra latina la que pasó al griego bizantino para luego, vía hispanoárabe, arribar al español.

Es incierto el origen de: *caparrosa* (vacila entre arabismo y latinismo **cupri rosa* o galicismo: fr. *couperose* según el DRAE).

Los colores cuyos matices denominan los lexemas comprenden: rojo, azul, verde, amarillo, negro, blanco, marrón y naranjado o sea cubren prácticamente todo el espectro.

Vacilan los matices en caso de: *azarcón* (más bien rojo aunque se menciona la tierra o ceniza azul como objeto de referencia) y *nacarado* (prevalece la teoría según la cual es un matiz de blanco aunque algunos lexicográfos mencionan el color rojo).

En cuanto a la adaptación a nivel fónico, como suele pasar con los arabismos, se observa plena adaptación al sistema receptor.

A nivel morfológico, destacan formaciones sufijadas: sobre todo mediante el sufijo español *-ado* (*alheñado, azabachado, azafranado, nacarado, naranjado*) pero también mediante el muy productivo sufijo árabe *-í* (*carmesí, azeytuní*).

Llaman la atención los cambios a nivel de significado. Hay casos donde el significado se mantiene intacto: el término que designa cierto color en la lengua originaria, lo arrastra al pasar al español y permanece intacto hasta hoy en día: *alazán, añir, azabachado* (o *azabache*), *azafranado, azarcón, azeytuní, azul, carmesí, naranjado.* Lo que sí puede variar es la forma: *azabache* en vez de *azabachado*, *anaranjado* en vez *naranjado*, *añir* en vez de *añil*, aunque a veces amplía su uso: *añir* por nombre de planta o pasta de color azul; *escarlata* de 'cierto tipo a paño' amplía su significado a 'color de este paño'.

Pero hay cambios más espectaculares: *alheñado* pasa a significar 'teñido de alheña', sin precisar el matiz adquirido, *caparrosa* deja de ser un término cromático y hoy en día funciona como nombre de metal, de ahí precisiones tipo *coparrosa blanca*, *azul* o *verde*. Al revés: *nacarado*, derivado de *nácar* pasa de 'caracol' a 'color', igual como *naranjado* en realidad proviene del nombre de fruta. *Taheño*, originado de nombre de planta en el Siglo de Oro funciona como nombre de color en general o aplicado a cabello y barba en específico para quedarse actualmente con este significado reducido.

Indudablemente es la naturaleza misma y la necesidad de nombrar sus elementos la que sugiere los objetos de referencia y, a nivel lingüístico, los étimos de los términos cromáticos. Lo pueden ser piedras semipreciosas (*azarcón*, *azul*), minerales (*azabache*, *azufre*, *caparrosa* (?)), plantas o frutos (*alheñado*, *azeytuní*, *naranjado*, *taheño*), fauna (*carmesí*, *nacarado*) u objetos de uso cotidiano como tejidos (*escarlata*).

Conclusiones

Es notable la riqueza léxica del español áureo: varios de los términos documentados aun si no quedan en desuso, son de empleo raro o específico.

El ejemplo de *azeytuní*, no mencionado en las fuentes consultadas y con la antedatación de su acepción cromática (1847 à 1505), una vez más comprueba la validez de los trabajos basados en un corpus de textos.

Los objetos de referencia de los que se originan los térmios analizados, entre los que prevalecen plantas, minerales, animales o piedras una vez más corroboran la interrelación entre lo lingüístico y lo extralingüístico.

Documentación de voces citadas

alazán (Minsheu 1599, Covarrubias 1611, Luna 1625, Florentin 1638, Trognesius 1639, Henriquez 1679); ***alazano*** (Palet 1604); ***alecán*** (*Tesoro* 1671); ***alezán*** (*Thresor* 1617);

alheñado (Oudin 1607, Florentin 1638, Trognesius 1639, *Thresor* 1617);

añir (Alcalá 1505, Martínez 1570, Palet 1604, Covarrubias 1611, *Thresor* 1617, Florentin 1638, Oudin 1607, Trognesius 1639, *Lexicon* 1660, *Tesoro* 1671); ***añil*** (Percyval 1591, Oudin 1607, *Thresor* 1617, Florentin 1638, Trognesius 1639, *Tesoro* 1671);

azavachado (Comenius 1661); ***de azabache*** (Henriquez 1679); ***azauache*** (Molina 1555); ***azauachado negro*** (Trognesius 1639);

azafranado (Minsheu 1599, Florentin 1638); ***açafranado*** (Percyval 1591, Comenius 1661);

azarcón (Minsheu 1599, Covarrubias 1611);

azeytuni (Molina 1555);

azul (Alcalá 1505, Garon 1541, Molina 1555, Grammatica 1565, Liaño 1565, Casas 1582, Percyval 1591, Stepny 1591, Hornkens 1599, Minsheu 1599, Megiserus 1603, Palet 1604, Oudin 1607, Thresor 1617, Luna 1625, Florentin 1638, Trognesius 1639, Lexicon 1660, Nouvelle 1695); ***açul*** (Henriquez 1679);

copparosa (Hornkens 1599), ***caparosa*** (*Lexicon* 1660);

carmesí (Alcalá 1505, Molina 1555, Sánchez 1587, Junius 1583, Minsheu 1599, Palet 1604, Oudin 1607, Covarrubias 1611, *Thresor* 1617, Florentin 1638, Trognesius 1639, *Lexicon* 1660, Comenius 1661, *Tesoro* 1671, Henriquez 1679); ***carmosí*** (Hornkens 1599);

escarlata (*Quinque* 1529, Covarrubias 1611, Florentin 1638, Comenius1661); ***escarlatin*** (Percyval 1591, Minsheu 1599, Palet 1604, Florentin 1638, Trognesius 1639);

nacarado (Covarrubias 1611, Florentin 1638, Henriquez 1679, *Nouvelle* 1695);

naranjado (Stepny 1591, *Colloquia* 1600, *Thresor* 1617, Trognesius 1639, *Lexicon* 1660, *Tesoro* 1671, Henriquez 1679, *Nouvelle* 1695);

taheño (Molina 1555, Minsheu 1599, Trognesius 1639);

zarco, ***çarco*** (Percyval 1591, Minsheu 1599, Florentin 1638, Trognesius 1639, *Tesoro* 1671); ***garço*** (Hornkens 1599, Molina 1599, Trognesius 1639, *Lexicon* 1660); ***çarca*** (Covarrubias 1611).

Summary

This article presents the chromatic vocabulary of Arabic/ Mozarabic origin, founded in the lexicographic materials of 16th and 17th century which contains Spanish language. The analysis includes some etymological observations as well as semantic changes, number and type of denominated shadows, the adaptations at the phonological and morphological level, finally, the relationship with the world of nature.

Joanna Szymanowska
Université de Varsovie

REMINISCENZE ARABE NELLE *NOVELLE SARACENE* DI GIUSEPPE BONAVIRI

> Questa storia comincia da Mineo, il mio paese, che si trova in Sicilia, nella provincia di Catania. Sorge su un monte che gli antichi greci chiamarono Menàinon per indicare un luogo alto e solitario, e gli arabi Qalàt-Minàw, ossia altura di Mineo[1].

Giuseppe Bonaviri, autore del volume che sarà oggetto di queste riflessioni, come molti scrittori italiani di origine siciliana ha esplorato nei suoi testi la dimensione della *sicilitudine*, intesa come una condizione esistenziale, cercando di capire e far capire le ragioni della specificità della *forma mentis* isolana. Gli scrittori siciliani da sempre hanno manifestato un particolare e molto forte legame con la storia, le tradizioni e il patrimonio naturale e culturale dell'isola. Come ebbe a osservare Vincenzo Lo Cascio, talvolta la loro prosa si fa oralità, acquistando ritmo, tono e cadenza da *chansons de geste*[2]. Sulla stessa scia si muove Natale Tedesco quando indica nella

---

1 G. Bonaviri, *Il treno blu*, Firenze 1978, p. V.

2 V. Lo Cascio, *Aspetti retorico-argomentativi nella narrativa contemporanea: dall'evento alla parola e dalla parola all'evento*, [in:] *Gli spazi della diversità*, a cura di S. Vanvolsem, F. Musarra, B. Van den Bossche, Roma–Leuven 1995, p. 225.

letteratura sicilana una linea epico-lirica, vedendone i maggiori esponenti in Verga, Vittorini e Bonaviri[3]. Da questo punto di vista la raccolta di ventisei *Novelle saracene* (1980) sembra di particolare interesse. Come scrisse lo stesso autore nella sua postfazione alla prima edizione, esse „fanno parte d'un patrimonio etnografico euro--asiatico, per non dire universale, ma indubbiamente hanno subito varianti notevoli, cadenze, recitativi tipicamente siciliani"[4]. Infatti, in questo volume-omaggio alla madre affabulatrice Bonaviri trascrive e rielabora letterariamente le fiabe popolari della Sicilia sudorientale, portando in scena personaggi stravaganti emersi dalla storia, dalla religione e dalla mitologia siciliana.

Già il titolo è significativo. Alla raccolta delle sue *fole*[5], derivate dalla memoria collettiva, tessute con i pezzi di storie tramandate dalla cultura orale (a somiglianza di quelle „pezzare" che le donne siciliane pazientemente intrecciavano al telaio, unendo strisce e ritagli di stoffe colorate di diversa provenienza), Bonaviri dà un titolo nel quale, accanto al sostantivo *novelle* che indica il genere letterario, pone l'aggettivo *saracene*, che, apparentemente, potrebbe sembrare inappropriato e sviante. L'epiteto rimanda alla denominazione degli arabi, e in genere dei musulmani, nel medioevo cristiano[6]; secondo la maggioranza dei vocabolari *saraceno* deriverebbe dalla voce araba *šarqī* che significa *orientale*. Perché chiamare novelle *saracene*, ossia arabe, musulmane, orientali, questi tesori della favolistica siciliana, e più precisamente mineola, riproposti dallo scrittore in nuova veste letteraria ? E perché la Sicilia che emerge dal volume bonaviriano, terra arcana e favolosa di gente povera e umile, ha la faccia scura di saracena ?

Se per Fernand Braudel tutta la Sicilia era un „continente in miniatura", un „microcosmo" che accoglie, in forme miniaturizza-

---

3 Cf. N. Tedesco, *Il contributo dei siciliani al rinnovamento del codice narrativo tra il 1945 e il 1992*, [in:] *Gli spazi della diversità*, *op. cit.*, p. 356.

4 G. Bonaviri, *Novelle saracene*, Milano 1980, p. 148.

5 *Ibidem*, p. 147.

6 *Vocabolario Treccani*, [on-line], www.treccani.it/vocabolario/tag/saraceno/.

te, l'eredità di una storia lunghissima e complessa[7], per Bonaviri „il luogo ombelico del mondo"[8] nel quale si concentrano tutte le energie del microcosmo siciliano è Mineo, il suo paese natale, di cui egli diventa cantore incantato. A Mineo si focalizzano, si concretizzano per un attimo per essere subito metamorfizzati e proiettati nella sfera del mito frammenti di storia isolana, schegge dell'immaginario collettivo formatosi con elementi provenienti da culture e fedi diverse. Nella memoria collettiva dei mineoli coesistono, stranamente fusi, elementi di derivazione cristiana e musulmana, europea e araba.

Secondo Franco Musarra, „Mineo sottostà in Bonaviri ad un costante processo di mitizzazione, divenendo uno dei nuclei semantici più significativi"[9]. Tra le strategie discorsive a cui Bonaviri ricorre con più frequenza un posto di spicco spetta senz'altro a una serie di operazioni linguistiche, tutte tese a recuperare, attraverso la parola, il passato e ad annullare la distinzione tra passato e presente[10]. Tali operazioni assumono un'importanza del tutto particolare in *Novelle saracene*, nelle quali lo scrittore riporta in superficie, in modo indiretto, fatti remoti della storia siciliana che condizionano fino a oggi la mentalità degli abitanti dell'isola. Questi avvenimenti storici, spesso dolorosi, da tempo dimenticati o rimossi, riaffiorano nelle storie raccolte nel volume a livello emotivo più che a quello memoriale; l'esperienza storica, tramandata da decine di generazioni, non si configura come un processo, una successione di eventi suscettibili di essere analizzati e compresi, ma come un magma indistinto di emozioni, paure, desideri e credenze. La voce narrante viene affidata a una figura indefinita, è insieme quella dell'autore, quella di sua madre, semianalfabeta ma ottima affabulatrice, e quella di tante generazioni di donne mineole, custodi e garanti della memoria collettiva. Cer-

---

7 Cf. F. Braudel, *La Méditerranée et le monde méditerranéen à l'époque de Philippe II*, Paris 1949, p. 116.

8 G. Savarese, *Introduzione*, [in:] G. Bonaviri, *La divina foresta*, Milano 1991, p. 8.

9 F. Musarra, *Scrittura della memoria memoria della scrittura. L'opera narrativa di Giuseppe Bonaviri*, Leuven–Firenze 1999, p. 14.

10 *Ibidem.*

cando la verità sulla Sicilia, Bonaviri rifiuta l'ormai tipica prospettiva letteraria, alla Sciascia, e risale a una sicilianità preletteraria, greca, e – soprattutto – araba, cristallizzata nella cultura orale. Lo spazio narrativo che fa da sfondo alle vicende narrate è quello privilegiato da Bonaviri, Mineo, luogo sacro nel quale la memoria individuale confluisce in quella collettiva e in essa si dissolve. Dalla storia remota che si perde nel mito emerge l'araba Qalàt-Minàw, terra dei padri, „sorge tra levante e mezzodì in direzione del vento di ponente"[11] e carica di nuovi significati anche la storia individuale. In molti testi bonaviriani appare la figura di suo padre, sarto mineolo, che si trasforma in erede della sapienza di tante generazioni passate, il sarto al-Aggiàg il quale, dopo la morte, diventa incarnazione della saggezza cosmica che pervade l'universo: „al-Aggiàg in cinquecentotrentadue anni lunisolari diventava il principio del Solstizio del Cosmo"[12].

In *Novelle saracene* il punto di vista della voce narrante, similmente a quanto avviene nella narrazione di tipo verista, coincide con quello della comunità locale, si esprime attraverso dialoghi, proverbi, modi di dire, ballate e frammenti di canti e recitativi popolari della regione. Le ventisei storie che si snodano in una Mineo mitizzata, sospesa tra un passato indeterminato e pura leggendarietà, hanno un sapore da letteratura cavalleresca medievale. Alla maniera degli autori delle *chansons de geste*, Bonaviri predilige lo stile paratattico, alternandolo con frammenti dialogici frantumati in battute brevissime. Sulle terre di Mineo, trasformato in Qalàt-Minàw, regna il Re Federico, i cristiani si scontrano con i saraceni, Ruggero e Orlando galoppano a cavallo, Gesù passeggia accanto a San Francesco. Agli echi di fatti storici e racconti cavallereschi si aggiungono episodi religiosi; tutto viene mescolato insieme, come nelle scene raffigurate sui carretti siciliani.

Con le sue *Novelle saracene* Bonaviri si unisce al coro di quegli scrittori siciliani i quali, da Verga a Tomasi di Lampedusa a Sciascia, indagano sulla storia della Sicilia e il tragico destino dei siciliani, da

[11] G. Bonaviri, *Il dire celeste*, [in:] idem, *Martedina*, Roma 1976, p. 93.

[12] *Ibidem*, p. 128.

sempre vinti, condannati a subire con muta impassibilità guerre, prepotenze e ogni sorta di calamità. Ma lo scrittore mineolo lo fa in modo insolito e originale. Nelle pagine bonaviriane il popolo, impotente contro l'autorità politica, religiosa, economica o culturale, si identifica con i saraceni, perseguitati e oppressi. L'occhio di chi narra (e quindi anche di chi legge) è in basso, filtra il racconto attraverso il linguaggio, gli sguardi e i discorsi dei personaggi. Tale prospettiva narrativa permette di focalizzare l'attenzione sui più umili e sul loro modo di vedere e interpretare il mondo senza capirne i complicati meccanismi storico-politici ma, in compenso, con una saggezza derivata da secolare esperienza di sofferenza, fede e solidarietà.

Per far rivivere una Sicilia remota, ancestrale e avvolta di magia, Bonaviri ricorre a una serie di espedienti linguistici e compositivi molto efficaci. Ciò che colpisce di più dal punto di vista linguistico è il costante uso di toponimi e nomi propri di persone in forma arabizzata. Spesso l'arabizzazione è fantastica, ma resta sempre perfettamente sufficiente per conferire a molti passi del testo un fascino da fiaba orientale. Così, tra i nomi della moltitudine di personaggi, compresenti in una dimensione astorica e mitica, accanto a quelli di figure di ispirazione storica, letteraria o religiosa, come Federico, Orlando, Rinaldo, Maria, Maddalena, Giuseppe o Michele Gabriele, spiccano quelli con cui vengono designati i semplici abitanti di Mineo, „villani saraceni"[13], quasi sempre usati in forma dialettale o arabizzata: accanto a Turi, Peppi o Cicciu, troviamo Abdullah, Imru e Zebaide. Ancora più interessante risulta l'operazione di capovolgere i ruoli abitualmente attribuiti a diverse categorie di personaggi. I saraceni, da figure malvage e nemici di Cristo dei poemi cavallereschi, diventano difensori della fede e depositari dei più alti valori della cristianità.

In una Mineo senza tempo, dall'aspetto vagamente medievale, governata dal „gran Re Federico, Signore nostro"[14], vivono o si fermano di passaggio i santi apostoli, Maria, Gesù e Giuseppe, Giufà

---

13 Idem, *Novelle saracene*, p. 24.

14 *Ibidem*, p. 50.

e Maddalena, i paladini di Carlomagno e gran numero di altri personaggi che da sempre popolano l'immaginario collettivo dei siciliani. Maria la saracena, madre di Gesù, è figlia di „Milùd, arabo, figlio di Zacri, e Zacri di Malcom, e Malcom di Omar, e Omar di Muahlil che fu figlio di Mahmùd"[15]; è saraceno anche Gesù „dalla faccia negra"[16] e tutta la sua famiglia di artigiani mineoli, della quale fa parte anche Giufà, figlio di Maddalena e cugino di Gesù. Giufà, personaggio balordo, protagonista di innumerevoli avventure, che vive alla giornata e si caccia spesso nei guai, è una delle figure più tipiche della novellistica popolare siciliana. Il suo nome deriva dall'arabo *Giuḥā*[17], e la prima testimonianza scritta su questo personaggio risale al VII secolo ed è di fonte araba. Eugenio Mazza vede in esso uno dei più interessanti esempi di „gemellaggio narrativo" tra l'Italia e il mondo islamico[18], sottolineando che „il Giufà arabo, che si chiama Guhà [...], appartiene ad un filone di letteratura umoristica che occupa nel mondo arabo un posto di grande rilievo"[19]. Evidentemente l'apparizione di Giufà coincide con il periodo delle incursioni arabe in Sicilia, cominciate nel 652 d.C. e ripetutesi fino alla conquista dell'isola nel 827[20]. Il personaggio, figura emblematica di „falso sciocco" che riesce sempre a cavarsela, svolge sicuramente una funzione terapeutica di sconfiggere la paura storica e neutralizzare gli aspetti negativi della vita.

In *Novelle saracene* Giufà si schiera dalla parte dei più deboli, quelli che da sempre sono oggetto, e non soggetto, della storia. In uno straordinario sovvertimento cronotopico e logico, nell'ultima storia della sezione *Gesù e Giufà*, „Nostra Trinità Gesù Giufà Orlando"[21], ossia il saraceno Gesù, „il Nazareno Nostro Signore

---

15 *Ibidem*, p. 9.

16 *Ibidem*, p. 10.

17 Vocabolario Treccani [on-line], www.treccani.it/vocabolario/giucco/.

18 Cf. E. Mazza, *Scrittori, registi e cantastorie dall'Africa e Medio Oriente nell'Italia contemporanea*, Wisconsin-Madison 2008, p. 159.

19 *Ibidem*.

20 Cf. J. Huré, *Histoire de la Sicile*, Paris 1975, pp. 62-62.

21 G. Bonaviri, *Novelle saracene*, p. 50.

figlio di Dio Macone"[22] e i suoi due amici – Giufà, al quale „non piace il vino, ma l'acqua dei ruscelli"[23] e Orlando, „il paladino di Francia"[24] – vengono messi in croce dai soldati in servizio del Papa e di „sua maestà Re Federico [...], scudo della Cristianità"[25]. Il sovvertimento di prospettive è radicale e profondo, riguarda tutti gli aspetti della realtà ricreata dalla memoria collettiva e ricostruita in forma di fiaba, ma di maggior interesse sembra la deformazione della visuale religiosa. Nelle storie trascritte e reinterpretate da Bonaviri, come in tutte le fiabe del mondo, l'universo rappresentato, nonostante che in esso si confondino elementi che derivano da varie fonti, è intrinsecamente coerente e fondato sulla primordiale distinzione tra il bene e il male. Buoni sono i poveri, il popolo; cattivi – tutti i grandi e i ricchi della terra, tutti i feudatari laici ed ecclesiastici. Così, „la gente cristiana"[26] perseguita e manda a morte Gesù, „quel piccolo saraceno" dalla „negra fronte", mentre il popolo dei mineoli si rivolge nelle sue preghiere a „Dio Macone [...], nostro Dio Allah"[27]. Anche lo stesso Gesù, inseguito dai funzionari dello stato e della chiesa, si mette a pregare: „O padre mio Dio Macone d'Allah figlio"[28].

Nelle *Novelle saracene*, paradossali, irriverenti e sacrileghe, anche se ispirate dallo spirito profondamente cristiano di solidarietà e compassione, Bonaviri è riuscito a portare in superficie, in modo delizioso e divertente, il secolare bagaglio di traumatiche esperienze dei siciliani. La materia dei suoi racconti, accumulatasi nel tempo come una sorta di terapia collettiva, ci permette di penetrare nell'anima remota di un popolo e nel suo eterno sogno di uguaglianza, giustizia e felicità. Nella prospettiva indicataci da Bonaviri, la Sicilia si rivela in tutta la sua ricchezza di tradizioni e di vita culturale sot-

22 *Ibidem*, p. 44.
23 *Ibidem*, p. 43.
24 *Ibidem*, p. 42.
25 *Ibidem*, p. 45.
26 *Ibidem*, p. 14.
27 *Ibidem*.
28 *Ibidem*, p. 68.

terranea, nelle quali si fondono l'eredità europea e araba, cristiana e musulmana. Ne troviamo l'espressione più autentica e sintetica nei canti popolari, largamente citati dallo scrittore, dai quali la Sicilia ci sorride mostrandoci la sua nera faccia di saracena:

> e la Madonna è saracina,
> è un diamante nero e fino;
> [...]
> la Madonna è saracina,
> è dolce e negra e fina[29].

Summary

The aim of presented research is to analyse Giuseppe Bonaviri's volume of short stories *Novelle saracene* (1980). Those tales are rich in use of dialect, in soothing rhythmic verses, in mythical, religious and historical references. The paper focuses on the analysis of themes and linguistic forms derivated from Arab culture and Islamic religion.

---

[29] *Ibidem*, p. 137.

Monika Świda
Université Jagellonne de Cracovie

O MITO 'EX ORIENTE LUX' NA LITERATURA PORTUGUESA

O orientalismo, como uma manifestação por excelência do exotismo, constitui tanto um tema, como um dos princípios estéticos e filológicos fundamentais nas tentativas da definição do Romantismo europeu. A descoberta do Oriente, da sua cultura, religião e arte, mesmo que encarada sobretudo sob a forma da aventura interior, é um dos elementos que informam a mundividência romântica. Na Europa do século XVIII nasce o interesse pelo Oriente no âmbito científico, nas universidades aparecem as cátedras das línguas orientais, fazendo com que essa área começasse a ser explorada de maneira sistemática e competente. Além disso, o Oriente torna-se o sinónimo da viagem que visa o conhecimento não apenas de uma cultura diferente, mas de cultura considerada alternativa em relação ao património greco-romano, a base da cultura europeia. O orientalismo romântico está ligado aos diversos aspectos da vida cultural da época, originando manifestações de teor filosófico, historiosófico, estético, psicológico e político, o que o torna um elemento fortemente programático. O fascínio pelo Oriente com frequência associa-se às questões relacionadas com a independência nacional de várias comunidades, o que de maneira evidente impossibilita a sua definição no âmbito do simples exotismo, concentrado na cor local, na atracção pelo diferente. O que também distingue o interesse romântico pelo Oriente do mero exotismo é a atitude virada à profundidade espiritual da cultura oriental e às oportunidades do desenvolvimento e até iniciação que esta pode oferecer ao homem ocidental. O facto de os românticos europeus situarem lá o homem primitivo no sentido rousseauniano, assim como o papel do irracionalismo e instintivismo atribuído por eles a esta cultura são também responsáveis pela interpretação do Oriente nos termos de alternativa para a cultura clássica, fazendo com que, deste modo, o orientalismo romântico ganhasse uma importância ideológica e programática. O interesse dos românticos pelo Oriente igualmente está na base do orientalismo de todo o século XIX, com especial relevo na poesia finissecular, em várias das suas manifestações, principalmente na forma do mito „Ex Oriente lux".

Obviamente todo o orientalismo oitocentista não passava de uma construção mental do outro exótico por parte do homem europeu, o que foi evidenciado por Edward Said. O Oriente que nos interessa aqui foi por este investigador definido como „um sistema de representações enquadrado por todo um conjunto de forças que introduziram o Oriente na cultura ocidental, na consciência ocidental e, mais tarde, no império ocidental"[1]. O Orientalismo oitocentista abrange várias manifestações literárias, tanto no que se refere ao tratamento do Oriente como tema literário, como na área dos significados filosóficos e ideológicos, tais como (segundo a tipologia de Marta Piwińska[2]) o Oriente como o lugar da misteriosa, irracional sabedoria das antinomias reconciliadas ; o Oriente como o destino da viagem iniciática que faz parte da educação cultural ; o Oriente como o sinónimo da aventura interior, no sentido esotérico ; o Oriente como um cenário pitoresco da guerra ; afinal, o Oriente como o símbolo do mundo decadente. Todas estas acepções do Oriente abundam nas letras românticas, desde Goethe, Byron e Chateaubriand, por Schlegel, Schopenhauer e Novalis até Hugo, Hoffmann, Lamartine e Nerval. Neste quadro a literatura portuguesa destaca-se como o exemplo da ausência não só do fascínio pela sabedoria oriental, mas de qualquer referência mais aprofundada ao Oriente mítico ou

[1] E. Said, *Orientalismo. O Oriente como invenção do Ocidente*, São Paulo 2001, p. 209.

[2] Cf. M. Piwińska, *Orientalizm*, [in :] *Słownik literatury polskiej XIX wieku*, red. J. Bachórz, A. Kowalczykowa, Wrocław–Warszawa 2002, pp. 655-660.

real que tanto atraia os escritores europeus da época. Este aspecto excepcional da literatura portuguesa tem várias razões que tentarei neste lugar analisar.

Portugal, o país que iniciou a epopeia das viagens ultramarinas e o primeiro que se instalou no Oriente, tem uma relação peculiar com esta parte do mundo. São os viajantes, escritores, cronistas e soldados portugueses responsáveis pelo conhecimento primário de muitos destes territórios, visto que são eles os autores dos relatos das viagens e descrições da realidade oriental que indubitavelmente influenciaram a percepção europeia destas regiões. Seis anos após a chegada de Vasco da Gama à Índia, Portugal criou lá um organismo político chamado Estado da Índia que perdurou, embora com o território cada vez mais reduzido, até ao século XX, se bem que o seu período glorioso se limitasse à época da sua criação e início da existência, a seguir das conquistas de Afonso de Albuquerque. O Estado da Índia, apesar de manifestar, desde a inauguração, a incompatibilidade da efectividade do poder sobre o território espalhado e do aparato institucional e simbólico[3], depressa se tornou o mito da exuberância e o sinónimo do sonho imperial português, o que fez com que a grande parte da produção da chamada literatura das viagens, e também a epopeia renascentista de Camões, se referisse a este tema de maneira singular, manifestando a atitude mitocriadora, mesmo que desde o início ambígua. Os historiadores – tanto João de Barros, o autor das *Décadas da Asia*, como o seu continuador Diogo de Couto, sendo os humanistas enraizados na cultura greco-latina, procedem uma mitificação do Oriente e da gesta portuguesa, não se debruçando muito sobre a sua realidade ou a sua cultura. Ambos os autores enquadram a Índia portuguesa na visão mítica das viagens, concebendo o Estado da Índia como o paraíso perdido dos Descobrimentos portugueses[4] e apresentando uma imagem do declínio causado pela incapacidade portuguesa de governação justa

---

3 Cf. R. Ramos, B. Vasconcelos e Sousa, N.G. Monteiro, *História de Portugal*, Lisboa 2010, p. 220.

4 Cf. Á.M. Machado, *O mito do Oriente na Literatura Portuguesa*, Lisboa 1983, p. 31.

e digna deste território. O pico deste processo da transfiguração simbólica do Oriente e da própria gesta dos Descobrimentos ultramarinos é atingido na obra de Luís de Camões, tanto *Os Lusíadas*, como os poemas líricos que se referem às suas experiências pessoais do soldado e empregado do estado[5]. Como afirma Eduardo Lourenço, no texto camoniano a Descoberta-Mito converteu-se no Mito das Descobertas, sendo o texto d'*Os Lusíadas* „mais inesgotável do que as Descobertas reais"[6], as próprias Descobertas tornando-se „elas mesmas um continente revisitado"[7], constantemente reescrito. Depois de Camões o tema oriental ausenta-se da literatura portuguesa, para reaparecer nos inícios da modernidade no contexto bem diferente.

Este regresso opera-se, embora de maneira bastante específica, através da evocação da biografia já mítica de Camões, no Pré-Romantismo português, na poesia de Manuel Maria Barbosa du Bocage. A base da presença do Oriente na poesia de Bocage é criada através da identificação do poeta com Camões no plano do exílio e da metáfora da decadência do império. O próprio Bocage fez uma viagem à Índia e à China, concebendo-a como o desterro comparável ao camoniano, e que o levou à exaltação nacionalista, que se reflecte no famoso poema ****Camões, grande Camões*. Tanto a evocação da Índia, como a da China, é em Bocage altamente convencional, reduzindo-se às referências e descrições superficiais cuja função única é a apresentação do estado do espírito do eu lírico do ente lançado no mundo do outro. A falta do interesse pelo Oriente no pré-romântico Bocage é nítida e será ainda mais evidente no primeiro Romantismo português.

Nem Almeida Garrett, nem Alexandre Herculano, os primeiros românticos portugueses, se sentiam atraídos pela riqueza do orientalismo. Na obra inicial do Romantismo português, *Camões*, publicada em 1825, onde se realiza a identificação da figura mítica do vate

---

5 Cf. *ibidem*, p. 51.

6 E. Lourenço, *As descobertas como mito e o mito das descobertas*, [in:] idem, *A morte do Colombo. Metamorfose e Fim do Ocidente como Mito*, Lisboa 2005, p. 39.

7 *Ibidem*, p. 40.

nacional com a Pátria, o tempo passado pelo poeta quinhentista no Oriente é silenciado. Garrett não só não aproveita a oportunidade da descrição das paisagens exóticas que constituíam o cenário da escrita da epopeia dos descobrimentos portugueses, mas até, no plano simbólico, desvaloriza a ideia da conquista da Índia. A imagem do Oriente limita-se à menção dos „ermos ecos de estrangeiras grutas"[8] na apóstrofe ao amigo que abre o poema, visto que a paráfrase emulativa do texto da epopeia camoniana não pode ser tomada em consideração. O período da vida passado por Camões no Oriente não tem para Garrett nenhum valor pitoresco nem ideológico. O seu Camões é um herói altamente trágico, que volta do degredo para simbolicamente morrer com a pátria. Segundo Eduardo Lourenço, com o *Camões* garrettiano começa o processo da autognose de Portugal[9], o que pode traduzir nesta obra a ausência do Oriente mitificado que reenvia à derrota imperial[10].

O Oriente como o espaço da expansão por excelência reaparece na obra garrettiana em ligação com o sebastianismo no maior drama romântico português, *Frei Luís de Sousa*. No *Frei Luís de Sousa* a tragédia é desencadeada pelo João de Portugal, guerreiro desaparecido após a batalha de Alcácer-Quibir, que após vários anos passados em cativeiro em Jerusalém regressa a Portugal como „ninguém" para destruir a vida da sua mulher, casada em segundas bodas com Manuel de Sousa, fazendo com que a filha deles morresse de vergonha. O regresso do D. João de Portugal destrói a vida familiar da Madalena e Miguel e directamente leva à morte da filha deles, o que, através da figura do Telmo, sebastianista convencido, mostra os resultados catastróficos da intervenção dos retornados mortos-vivos

[8] A. Garrett, *Camões*, Lisboa 1946, p. 5.

[9] Cf. E. Lourenço, *O labirinto da Saudade. Psicanálise mítica do destino português*, Lisboa 2004, p. 85.

[10] Também o inacabado drama juvenil dedicado à personagem de Afonso de Albuquerque é apenas a ocasião para o exame crítico da expansão colonial portuguesa do ponto de vista da ideologia liberal, cf. E. Łukaszyk, *Terytorium a świat. Wyobrażeniowe konfiguracje przestrzeni w literaturze portugalskiej od schyłku średniowiecza do współczesności*, Kraków 2003, p. 144.

no presente. A figura fantasmática de D. João de Portugal, desaparecido após a derrota de Alcácer-Quibir e durante vários anos tornado escravo no Próximo Oriente, relaciona-se com a ideia do império e do Oriente indicando as desgraças que vêm do simbólico retorno do passado. Estes tópicos levam-nos à outra circunstância que deve ser mencionada neste âmbito, quer dizer o lugar do sebastianismo no quadro do orientalismo português. O sebastianismo e o mito do Quinto Império fazem com que os elementos tão valorizados na mundividência romântica e procurados na cultura oriental como o irracionalismo e imaterialismo, assim como a nova mitologia que segundo Schlegel devia ser encontrada no Oriente, estivessem bem presentes na portuguesa cultura moderna e que o Romantismo português se pretendesse libertar deste fardo irracional a favor da gradual e racional eliminação do atraso mental em relação à Europa[11].

De mesmo modo, o Oriente está absolutamente ausente na obra do segundo grande romântico português, Alexandre Herculano, não apenas como poeta, mas também na qualidade do autor dos romances históricos que situam os princípios fundadores da nação na época do domino visigótico. Quanto à literatura posterior, podemos sem hesitação admitir, que nem na poesia do Romantismo tardio de Antero de Quental, nem no Simbolismo de Camilo Pessanha o orientalismo atinge o nível que podia ser comparado com a importância que este conjunto de ideias estéticas e filosóficas desempenhava na poesia oitocentista europeia. Nos sonetos de Antero de Quental é possível detectar a atracção pelo budismo, que se dava bem com o seu niilismo, todavia parece que o que é responsável por este interesse

[11] É também esta a razão da forte identificação da noção do Oriente com o Extremo Oriente, visto que o Oriente mais próximo, o árabe, constitui na acepção portuguesa do orientalismo um caso excepcional : dado que a herança árabe faz parte da cultura portuguesa, tanto do ponto de vista linguístico, como imaginário, o que foi de maior ou menor maneira aproveitado na construção das teorias de cariz nacionalista (tais como, por exemplo, o saudosismo pascoaesiano que se baseia no exame da união dos elementos árias e semíticos na alma portuguesa). Por esta razão o conceito do Oriente reenvia na cultura portuguesa aos territórios do Extremo Oriente, sobretudo à Índia.

é mais a influência baudelairiana e schopenhaueriana do que a própria cultura oriental. Também no caso de António Feijó ou Eugénio de Castro podemos arriscar a hipótese de que o interesse superficial e o uso decorativo dos elementos orientais vêm antes da estética do parnasianismo e simbolismo importados da França do que do verdadeiro interesse pelo Oriente. De mesmo modo, o argumento de o primeiro Romantismo português não ser plenamente romântico, além de ser justo[12], não tem neste caso uma grande importância, visto que neste tardio Romantismo original, situado por vários investigadores na segunda metade do século XIX e encontrado na obra de Antero de Quental ou Teixeira de Pascoaes, a situação não muda : as referências ao Oriente que aparecem na obra do primeiro não passam de evocações superficiais e esquematizadas, ao passo que nos textos de Pascoaes, tanto poéticos, como ideológicos, estão completamente inexistentes. Portanto, podemos assumir que esta ausência do mito oriental é uma marca mais profunda da cultura portuguesa e é preciso buscar as suas raízes no nível mais elementar do que o simples atraso da adopção das inspirações românticas europeias.

Parece que as causas responsáveis pela ausência do Oriente na literatura do Romantismo português podem ser elucidadas por dois conjuntos de explicações : o primeiro, mais banal, é o facto de o Oriente não ser para os portugueses tão exótico como para os outros românticos europeus. Os contactos e a existência da abundante literatura de viagens ultramarinas, com as descrições mais ou menos verídicas dos territórios orientais, faziam com que a atracção por esta parte do mundo devesse ser um pouco mais reduzida no caso dos portugueses. Outro motivo é mais complexo e refere-se à ideia da decadência do império português no Oriente, quase inseparável da visão do Estado da Índia desde o início da sua existência. Já nas obras de Damião de Góis ou João de Barros, o Império Oriental encontra-se apresentado como decadente, degenerado,

---

12 Cf. J.C. Seabra Pereira, *História crítica da literatura portuguesa. Do Fim-de-Século ao Modernismo*, Lisboa 1995, p. 419 e F. Guimarães, *Poética do Simbolismo em Portugal*, Lisboa 1990, p. 9.

como uma derrota imperial de Portugal causada não tanto pela incapacidade estatal de uma plena colonização, mas antes pela corrupção e fraqueza moral e cultural dos portugueses que não conseguem elevar-se à altura desta grande obra. A decadência do Estado da Índia é tanto mais significativa que traduz o insucesso do projecto imperial português, inicialmente movido pelo ideário cristão da missão apostólica. A forte mitificação do Oriente desde o início da sua presença no imaginário português fez com que fosse mais fácil a posterior incorporação deste elemento mitológico noutro contexto, mais vasto, ou seja o da decadência, constituindo o elo da ligação entro o mito da cruzada e o mito da decadência – parece que temos neste lugar a ver com a manifestação de um par antinómico dos mitos que na teoria de António José Saraiva interpretam, numa relação dialéctica, a realidade portuguesa, ou mais precisamente com a substituição do mito primordial da cruzada pelo contramito da decadência[13]. O facto de este sonho imperial se ter decomposto, transformando-se muito depressa numa política de máxima exploração ou até rapina dos territórios descobertos ou subjugados, contribuiu para a introdução definitiva do conceito no imaginário da decadência na cultura portuguesa e para a sua ligação com o Oriente, que paradoxalmente conservará a sua vertente mítica, inscrita na epopeia camoniana. A associação da cultura oriental com o campo semântico da decadência está presente também nas manifestações europeias do orientalismo oitocentista, todavia, não provoca nelas esta falta de interesse, antes pelo contrário : encontramos lá um prazer mórbido e o fascínio pelo mundo decadente, uma cultura em declínio. A ausência do orientalismo no Romantismo luso torna-se neste caso a prova da falha do imperialismo português, o comprovativo da desistência da ideia imperial. Em Portugal esta atitude relaciona-se também com a ideia romântica exacerbadamente desenvolvida na literatura portuguesa, que é segundo Ewa Łukaszyk a ideia da sacralização da território nacional que é responsável pela

[13] Cf. A.J. Saraiva, *A Cultura em Portugal. Teoria e História.* livro I : *Introdução Geral à Cultura Portuguesa*, Lisboa 2007, p. 116.

concentração na exaltação da pátria[14] e, ao mesmo tempo e especialmente no caso de Garrett, nas tentativas do combate do atraso cultural e social provocado pelos séculos do isolamento da evolução cultural da Europa[15]. O desinteresse pelo Oriente seria então não tanto a falta de interesse pelo exotismo, mas antes a rejeição do modelo imperial que levou Portugal à decadência muito bem visível em todas as áreas de vida já no início do século XIX. As viagens ultramarinas são depois, em 1871, na celebérrima conferência de Antero de Quental, explicitamente indicadas como uma das três causas da decadência dos povos peninsulares, o que, dada a identificação da ideia da expansão colonial com o Estado da Índia, traduz de algum modo a ausência do orientalismo na cultura portuguesa. Esta teoria foi pouco depois desenvolvida sobretudo na *História da Civilização Ibérica* e *História de Portugal* por outro membro da Geração de 70, Oliveira Martins. Contudo, parece que esta ideia já está bem presente na atitude dos românticos portugueses nas primeiras décadas do século e que a associação do Oriente à ideia da decadência no primeiro Romantismo português antecipa o nascimento pleno desta consciência no meio intelectual dos membros da Geração de 70. Corroborando a nossa hipótese, Miguel Real aponta

---

14 Cf. E. Łukaszyk, *op. cit.* O século XIX é nesta óptica um momento muito peculiar no imaginário português por causa da concentração total no território nacional, na terra pátria, que antecedeu o despertar do interesse colonial pela África, tão notável na segunda metade dos oitocentos, tanto na intensificação da actividade económicas e política nas colónias africanas, como na literatura, no projecto do investimento das forças e ambições imperiais renascidas na área que até aquele momento quase não existia no mapa e imaginário imperial. Tudo isto fez com que o sonho imperial português, após várias décadas da suspensão das ambições coloniais, ressurgisse no imaginário português, embora em forma até então inexistente.

15 Foi também este escritor que abertamente refutou alguma parte das inspirações surgidas durante a evolução da corrente romântica originária, considerando-as inadequadas para o contexto português, cf. Á.M. Machado, *Almeida Garrett e o paradigma romântico europeu : modelos e modas* [in :] *Almeida Garrett. Um romântico, um moderno. Actas do Congresso Internacional Comemorativo do Bicentanário do Nascimento do Escritor*, org. O. Paiva Monteiro, M.H. Santana, vol. 1, Lisboa 2003, p. 46.

para a decadência como uma das dominantes da cultura portuguesa já no século XVII, denominando-a „húmus das teses sebastianistas e joanistas”[16]. Esta deslocação particular, provindo do facto de todo o processo da orientalização do oriente, da sua mitificação ter tido lugar na cultura portuguesa, devido a condições históricas, uns séculos antes, fez com que a crise oriental, identificada com a crise imperial, também precedeu a europeia, cabendo já no Romantismo português.

Resumindo : na luz destas asserções a ideia romântica da regeneração da cultura europeia pelo Oriente não pode estar presente na cultura portuguesa, visto que o Oriente se encontra associado primeiro, à ideia da derrota da ambição imperial, e segundo e por conseguinte, à própria ideia da decadência, a ideia-mestra de todo o século XIX em Portugal. Na cultura portuguesa o Oriente não só não se relaciona à ideia de qualquer renascimento, mas em todos os relatos, até nos da época das viagens ultramarinas, evoca a ideia oposta, ou seja a da degeneração e primitivismo que são valorizados pejorativamente. É então a identificação da Índia, o Oriente por excelência, com a ideia da decadência, que faz com que os românticos portugueses não sintam atracção nenhuma por esta cultura, visto que estavam debatidos pela decadência visível em todas as áreas da cultura nacional. Parece então que na literatura do Romantismo português a ideia da decadência, provinda do infeliz passado imperial português, também patente na imagem do Oriente criada e nutrida pela literatura europeia, parece de tal modo dominar toda a reflexão sobre o Oriente que até leva à sua total rejeição. O Oriente não encontra a sua expressão estética na literatura dos oitocentos em Portugal. O caso da relação de Portugal para com o Oriente parece-se com dois tipos de relação distinguidos por Edward Said : de um lado, embora decadente e em plena decomposição, a Índia continua a ser o domínio português, como no caso da relação britânica, e de outro, o Oriente é já, como no caso da França, o lugar da perda, da

[16] M. Real, *Introdução à Cultura Portuguesa. Séculos XIII a XIX*, Lisboa 2011, p. 157.

memória do insucesso dos planos imperiais[17]. A circunstância portuguesa situa-se no ponto de encontro destas duas atitudes o que talvez seja de algum modo responsável pela sua originalidade.

Summary

The purpose of this article is a reflection on the absence of the idea 'Ex Oriente Lux' in Portuguese literature and culture, especially the nineteenth century, in the context of European Romanticism. The Romantic idea of the Oriental regeneration of the European culture cannot be present in the Portuguese culture, since the East is associated with the idea of the defeat of imperial ambition and, in consequence, with the idea of decadence, the keyword of the nineteenth century Portuguese imagery. Therefore the identification of India, considered the Orient *par excellence*, with the idea of decadence, is responsible for the Portuguese Romantic poet's lack of interest in Oriental culture.

[17] Cf. E. Said, *op. cit.*, p. 177.

Joanna Ugniewska
Université de Varsovie

INCONTRO TRA L'OCCIDENTE E L'ISLAM VS SCONTRO DI CIVILTÀ NEGLI SCRITTI DI PIETRO CITATI

Pietro Citati, raffinato critico letterario, saggista, scrittore perfettamente laico che conosce a fondo le grandi religioni del Libro, è anche un instancabile viaggiatore attraverso le culture alla ricerca della possibilità di capire tradizioni e miti, differenze e parallelismi, incontri e malintesi. Nei suoi libri, soprattutto in *La luce della notte* e *Israele e Islam*, aveva tracciato questa sinusoide che nel corso della storia avvicinava e allontanava cristiani, musulmani ed ebrei creando a volte atroci conflitti, a volte una grande civiltà armoniosa.

Il suo modo di viaggiare privilegiato è quello attraverso i libri, descritto così bene in uno dei suoi saggi: il vero viaggiatore è per lui un sedentario, "l'uomo nascosto in una stanza come in una bara o nel grembo materno: il maniaco della quiete", se ne sta chiuso con un libro in mano e "in quel riflesso di carta, scorge città e paesaggi mai immaginati, pensieri mai concepiti, fantasie e rapporti che nessun altro prima di lui vi aveva scorto"[1].

Ma Citati sa essere anche un polemista intransigente, quando i fatti vengono a distruggere la quiete di questa mitica stanza in cui ci si può muovere liberamente tra le grandi tradizioni del passato. L'11 settembre che ha segnato così profondamente la coscienza

[1] P. Citati, *Il viaggio*, [in:] *Ogni viaggio è un romanzo*, a cura di P. Di Paolo, Bari 2007, p. V.

occidentale, lo spinge – quasi all'indomani dell'attentato – a fondare una collana Mondadori dedicata alla cultura islamica, collana ideata come contrappeso all'odio propagato con tanta veemenza da Oriana Fallaci. Con Fallaci hanno polemizzato pure – bisogna ricordarlo – Tiziano Terzani e Umberto Eco; quest'ultimo nella raccolta di saggi *A passo di gambero* smascherava l'idea della nuova crociata dimostrando quali conseguenze essa potesse avere per l'Occidente. Ma più importante della dimostrazione che "nell'era della globalizzazione della guerra globale" essa avrebbe portato alla sconfitta di tutti, è stato mettere in ridicolo l'idea stessa della nuova crociata, metafora dello scontro di civiltà, del rinnovato conflitto di Lepanto tra cristiani e infedeli:

> Se si è in fondo vinta militarmente la piccola guerra afghana, perchè non sarebbe possibile vincere la neoguerra globale facendola diventare una Paleoguerra mondiale, noi bianchi contro i Mori ? In questi termini sembra una cosa da fumetto, ma il successo dei libri di Oriana Fallaci ci dice che, se fumetto è, viene letto da molti adulti[2].

Tiziano Terzani invece, rispondeva a Fallaci l'8 ottobre del 2001 ribadendo il privilegio e la responsabilità degli intelletuali di ricercare la verità e il dialogo e non una azione politica immediata. Citando Edward Said, sosteneva che il loro compito sarebbe di "creare campi di comprensione invece che campi di battaglia". Definendo le idee della giornalista "un semplicismo intollerante" postulava – proprio come Citati – una conoscenza maggiore della cultura islamica da parte dell'Occidente – già dai tempi della scuola – e soprattutto dei santi e dei profeti infinitamente più importanti di tutti gli altri:

> Non sarebbe invece meglio che imparassero [italiani di domani – j.u.], a lezione di religione, anche che cosa è l'Islam ? Che a lezione di letteratura leggessero anche Rumi e il da te disprezzato Omar Kayan ? Non sarebbe meglio che ci fossero quelli che studiano l'arabo oltre

---

2 U. Eco, *Alcune riflessioni sulla guerra e sulla pace*, [in:] idem, *A passo di gambero*, Milano 2006, p. 23.

a tanti che già studiano l'inglese e magari il giapponese ? Lo sai che al ministero degli Esteri di questo nostro paese affacciato sul Mediterraneo e sul mondo musulmano, ci sono solo due funzionari che parlano arabo ?[3]

Nell'articolo pubblicato su „La Repubblica" in occasione della visita di Oriana Fallaci al Vaticano, Citati non ha risparmiato la famosa giornalista definendola ironicamente la „nuova Giovanna d'Arco dell'Occidente", accusandola di una totale ignoranza dell'Islam e refutando la sua convinzione secondo la quale tutte le conquiste della civiltà appartengono unicamente al mondo cristiano-occidentale. Fallaci ignora – scriveva Citati – che gli ebrei e i cristiani hanno ereditato la cultura greca non da Agostino, ma dalle traduzioni arabe dei testi antichi. Ignora che il califfato di Córdoba era, „nel periodo del suo fulgore, il luogo più civile della terra: decine di migliaia di libri, strade illuminate, piscine, primo ministro ebreo, ambasciatore cristiano, mentre nello stesso periodo i monasteri possedevano poche centinaie di codici"[4].

Dell'11 settembre tratta l'articolo del 2001 ristampato nell'ultimo libro di Citati *Elogio del pomodoro*; l'autore vi traccia una affinità elettiva che doveva stupire molti dei suoi lettori: contrariamente a tante teorie che vedevano nell'Islam i germi possibili del terrorismo, Citati riallaccia quest'ultimo al nichilismo occidentale e all'eredità dei dittatori novecenteschi:

> Non illudiamoci: anche questo genio politico [Osama bin Laden – j.u.] è figlio dell'Occidente moderno e della sua perversa arte della politica. Lenin, Hitler, Stalin possedevano la lucidità della ragione, la ferrea volontà, la capacità di costruire eventi e affascinare le folle [...]. Egli è stato un eccellente scolaro e forse ha superato i maestri[5].

---

3 T. Terzani, *Il Sultano e San Francesco*, „Corriere della Sera", 8 ottobre 2001, p. 6.

4 P. Citati, *Troppi errori della nuova Giovanna d'Arco*, „La Repubblica", 2 settembre 2005, p. 9.

5 Idem, *L'11 settembre 2001*, [in:] idem, *Elogio del pomodoro*, Milano 2011, p. 77.

Se le cose stanno così, l'unica via di salvezza per il mondo di oggi rimane una conoscenza reciproca. Non è vero, sostiene Citati, che viviamo in un mondo globale, anzi, il nostro mondo si è frantumato, disgregato irrevocabilmente: il cristianesimo non conosce né se stesso né l'Islam né l'ebraismo, l'Islam non si ricorda del suo grande passato e vede nella civiltà occidentale solo il suo aspetto tecnologico di cui servirsi, l'ebraismo ignora l'Islam che lo circonda da tutte le parti[6].

Bisogna dunque ripensare il passato, i tempi in cui

> [...] gli scrittori e gli uomini di religione islamica conoscevano la Bibbia, Gesù e Maria: i mistici cristiani la mistica islamica: l'arte occidentale amava gli animali e gli arabeschi venuti dall'Oriente: i filosofi, gli alchimisti, gli scienziati del nostro medioevo leggevano gli arabi; mentre sistemi teologici in parte affini sorgevano ai margini della Bibbia, nelle tre religioni monoteiste. C'era dunque una profonda comprensione delle differenze. Ora questa comprensione è stata sostituita da un' ignoranza reciproca[7].

Visto che è ingiustificato parlare nel caso dei terroristi del fondamentalismo religioso, perchè – sostiene Citati – i terroristi hanno spezzato ogni legame con il Corano e la loro lotta contraddice profondamente la tradizione islamica, la civiltà occidentale dovrebbe fare quello che ha sempre fatto nei suoi risvolti migliori: capire e accogliere le tradizioni altrui per modellare una civiltà nuova che è tanto orientale quanto occidentale. A questo sforzo sono dedicati molti libri e articoli di Citati; questi ultimi, dai titoli significativi: *Quando l'Islam amava Gesù il Profeta*; *I detti islamici di Gesù*, ecc. Essi riflettono sul caso unico: quello di una religione che trasforma la figura centrale di un'altra religione fino a farla diventare una parte di sè.

Il compito principale diventa in quest'ottica quello di ripensare la lezione del passato per far conoscere l'Islam del periodo classico

---

6 Vedi tra l'altro idem, *Passeggiando per Roma*, [in:] idem, *Elogio del pomodoro*, p. 232.

7 Idem, *L'11 settembre 2001*, p. 79.

– il rinascimento dell'Islam di cui ha scritto Adam Mez, allievo di Jacob Burckhardt – una delle più grandi civiltà che il mondo abbia conosciuto. Un interesse particolare viene rivolto alla mistica islamica, il sufismo, la parabola di Husajn ibn Mansur, nella convinzione che è di fondamentale importanza il potenziamento della spiritualità islamica e non invece un Islam moderato – o modernizzato – come vuole la gran parte dell'Occidente.

Nel capitolo de *La luce della notte* dedicato a *Mille e una notte* viene ribadita la sua importanza per il Settecento e il romanticismo: per *Il flauto magico*, la seconda parte di *Faust*, per Coleridge, Hoffmann, Nerval, Stevenson fino al novecentesco Calvino. Il regno del meraviglioso e del demoniaco, protetto dall'Islam, si contrappone alla visione cristiana del diabolico e dello stregonesco. Siamo nella sfera della lievità – ali, tappeti volanti – e della metamorfosi, ma anche del sapore del terreno e del materiale – fiori, frutti, muschio, ambra, stoffe, giardini, acqua – nel mondo pervaso dalla passione per il viaggio, pieno di navi, carovane, porti, mercanti, paesi lontani o fantastici.

Ma l'aspetto forse più importante di *Mille e una notte* è la commistione tra l'eros e la narrazione femminile. La cornice, secondo Citati, costituisce il più bell'apologo sull'arte di raccontare: Shahrazād racconta ogni notte alla sorella una storia che il sovrano ascolta e in questo modo rinvia la morte. Far nascere il racconto dalla notte, ma vincere le tenebre, ascrivere al fatto stesso di raccontare l'unica salvezza di cui disponiamo, crea una situazione emblematica e universale che la cultura europea avrebbe assimilato profondamente, un modello narrativo e umano che coinvolge tutti noi che parliamo e ascoltiamo.

Israele e Islam rimane un libro fondamentale per il dialogo e la conoscenza interculturale di cui Citati è un instancabile propagatore. In un'intervista ha detto di aver voluto rappresetare una „storia bellissima", una „grandissima religione", ma anche „cultura, tolleranza, viaggi, rapporti con l'aldilà, storie dei mistici islamici". Infatti, l'Islam mistico e tollerante si oppone nel libro all'eresia wahhabita del diciottesimo secolo. I Wahhabiti, scrive Citati, non erano seguaci della tradizione islamica, ma rivoluzionari iconoclasti. Sono stati loro a distruggere a Medina le tombe di Maometto, della sua famiglia e dei suoi primi compagni. Per un capriccio della storia però, questa setta pericolosa è stata confusa dall'Occidente con tutto l'Islam. Citati consiglia ai politici, con una buona dose di provocazione, di tornare agli studi di teologia, apprezzati nel passato da grandi statisti:

> Oggi la teologia è disprezzata, o praticata dalle persone di quart'ordine. Per il bene dell'universo, sarebbe giusto che rifiorisse al più presto: o che Bush e Blair e Chirac e Schröder e Sharon [i nomi dei politici sono ovviamente sostituibili con quelli attuali – j.u.] leggessero i grandi teologi arabi, Avicenna, Ibn Arabi e al-Ghazāli, prima di stringere alleanze, scavare pozzi di petrolio, appoggiare o abbattere dinastie, dichiarare guerre e paci[8].

Ancora una volta Citati ribadisce la sua tesi secondo la quale la vera causa dei guai è l'indebolimento dell'Islam, impoverimento delle religioni e non, come si pensa comunemente, il loro rafforzamento minaccioso.

I capitoli particolarmente significativi: *I viaggiatori ebraici nel Medioevo, Ebrei e islamici a Cairo, Viaggio alla Mecca*, presentano il Medio Oriente come un mondo in movimento, in un un viaggio continuo, a differenza dell'Europa medievale chiusa nei suoi castelli e nelle mura dei suoi borghi. Nell' VIII secolo le navi arabe costeggiavano l'India arrivando in Malesia e poi a Canton, altri viaggiatori giungevano in Africa Nera, Asia Minore, Costantinopoli, Afghanistan, le isole dell'Oceano Pacifico. I personaggi che Citati sembra amare di più – come nota nella sua recensione Juliusz Kurkiewicz[9] – sono quelli dei viaggiatori medievali, non dei nomadi, ma dei mercanti e dei pellegrini, perspicaci, curiosi del mondo, aperti al nuovo. Quando gli ebrei vanno a Gerusalemme e gli arabi alla Mecca, i loro percorsi s'incrociano e si sovrappongono. Infatti, dopo la conquista araba della Palestina, i viaggi dei mercanti ebrei e dei rabbini verso Gerusalemme riprendono, poichè i loro luoghi sacri stavano in

---

8 Idem, *Israele e Islam*, Milano 2003, p. 119.

9 J. Kurkiewicz, *Rzeka światła*, „Zeszyty Literackie", 95, 2006, p. 156.

Oriente: le tombe di Abramo e di Sara, dei profeti, adorati e protetti da tutti:

> Quando vedevano i sepolcri di Ezechiele o di Daniele, si accorgevano che i loro luoghi erano venerati anche dai cristiani e dai musulmani [...]. Spesso i musulmani occupavano i luoghi sacri giudaici. Qualcuno costruiva una moschea sulla tomba di Abramo e di Sara, ma lasciava una piccola finestra nei muri, in modo che gli ebrei potessero vedere i sarcofagi, pregare a lungo in silenzio, offrendo monete e profumi[10].

Ed è in Medio Oriente dei secoli d'oro, tra il X e il XIII secolo, che si era sviluppata, sotto dominio arabo, una „grande civiltà monoteistica che proclamava di discendere da Abramo" è lì che aveva pulsato il cuore dell'ebraismo medievale „tra i datteri, le palme, i bazar, le moschee e i minareti, non nella freddolosa e fanatica Europa"[11]. L'esempio di questa straordinaria apertura multietnica e multireligiosa rimane per Citati l'Egitto sotto il dominio dei califfi Fatmidi e di Saladino, con la loro politica di tolleranza verso le altre religioni. Le comunità ebraiche di Cairo e di Alessandria non vivevano nei ghetti circondati dall'odio, ma avevano buoni rapporti di vicinato con musulmani e cristiani, alcune società commerciali e negozi erano amministrati da persone delle tre religioni.

La lettura dei testi di Citati, così ostinatamente rivolti verso la coesistenza, il dialogo e la comprensione, così decisamente „antihuntingtoniani" nella loro ricerca di ciò che unisce le culture, dei modi in cui esse si incontrano e si arricchiscono a vicenda, trova un complemento emblematico nei libri di Amin Maalouf, autore libanesee francofono, e soprattutto nel *Dérèglement du monde* del 2009. Anche Maalouf si rifiuta di parlare del conflitto di civiltà puntando sull'esaurimento del loro potenziale il che fa pensare all'idea citatiana delle „religioni impoverite". Anche per Maalouf le civiltà non sono mai state uniformi né separate, chiuse in se stesse ed è questa

---

10 P. Citati, *Israele e Islam*, pp. 105-106.

11 *Ibidem*, p. 111.

apertura e incompletezza che dovrebbe permettere di costruire una civiltà comune basata su due principi inderogabili: il carattere universale dei valori di base e la loro variegata espressione culturale. Ma già nel libro *Identités meurtrières* del 1998 questo autore, definito „nomade, cosmopolita e poliglotta" si chiedeva perchè era così difficile assumere liberamente le proprie diverse appartenenze e perchè all'affermazione di sè doveva accompagnarsi la negazione altrui.

I libri non hanno mai cambiato il mondo – recita un luogo comune, ma non si finisce mai di sperare che possano migliorarlo. Citati, come Maalouf, fa sì che questa speranza ci sembri irrinunciabile.

Summary

Pietro Citati is an Italian essayist and literary critic whose many texts discuss the possibility of understanding cultural traditions and myths that divide and unite civilizations. After September 11, in order not to allow Oriana Fallaci's voice of vengeance to become an only established reaction, he founded a Mondadori series committed to publishing books on Islamic culture. Citati, strongly convinced that divisions are the mere result of ignorance of another culture, described in his books a happy moment in history when there had once been a civilization on a coastline of the Mediterranean Sea in which Jews, Christians and Muslims could live together in peace and harmony believing that they all come from Abraham. Thus reconsidering afresh this lesson of the past may save the future against the conflicts started by fanatics who are the followers of the twentieth century totalitarianism and not a religious tradition.

Youssef Wahboun
Université Mohammed V-Agdal de Rabat

LE DON DE LA MÉMOIRE
DRISSI ET LA PEINTURE OCCIDENTALE

Introduction

La situation de Mohamed Drissi (1946-2003) est unique dans l'histoire de la peinture au Maroc. Les débuts de l'artiste datent de la fin des années 60, période qui connaît l'éclosion d'une véritable scène artistique marocaine, notamment avec la constitution du groupe de Casablanca, postérieure à celle de l'école du nord, profondément imprégnée d'un enseignement académique où la peinture traditionnelle espagnole sert de premier modèle. La mode est au déni de la figuration au profit de l'art abstrait. La figuration n'est même que l'affaire de la peinture naïve, souvent considérée comme l'art des analphabètes ou des simples d'esprit, sinon de la peinture folklorique, décriée comme le prolongement éhonté et mercantile de l'art orientaliste. Cette tyrannie de l'abstraction, qui ne manque pas d'entrainer la conversion des peintres figuratifs de l'école du nord, va régner jusqu'aux années 90, où la peinture marocaine marque un franc retour à la figuration et à la représentation du corps, notamment avec des artistes comme Kacimi, El Hayani, Binebine, André Elbaz, etc. L'exemple de Mohamed Drissi est une exception. Jusqu'à sa mort survenue alors qu'il est dans le plein épanouissement de son art, l'artiste n'a jamais été tenté par quelque autre mode d'expérimentation que la représentation du corps et du visage. Ces deux motifs sont la préoccupation primordiale de sa peinture, obsédée par une quête insatiable de l'expression.

Même quand son art approche d'autres pratiques que la peinture de chevalet, notamment la sculpture et l'intervention sur des *ready--made*, c'est toujours pour privilégier l'expressionnisme du corps et du visage, à travers ces thèmes dominants dans son art que sont la misère de la condition humaine, l'érotisme, la prostitution, les rapports conflictuels de la foule, la relation de l'artiste à son œuvre, etc.

Alors que des artistes travaillent en groupe et, en collaboration avec les écrivains et les poètes, prennent position vis-à-vis des évènements sociopolitiques qui secouent le Maroc notamment pendant les années 70, Drissi travaille dans une « solitude esthétique »[1] extrême. Le peintre voyage beaucoup. Il fait de longs séjours en Espagne, en Italie, en France, en Belgique, en Hollande, en Suède, aux Etats-Unis et surtout en Allemagne où il expose souvent. Mais ces voyages, loin de dévier son parcours vers les multiples voies qu'emprunte l'art contemporain en Occident, ne font que richement nourrir l'obsession figurative dont témoigne sa peinture et élargir son répertoire de thèmes picturaux traditionnels : le portrait, l'autoportrait, le nu, le paysage, la scène de genre, l'allégorie, etc. Faisant preuve d'une mémoire artistique féconde, son œuvre se ressent profondément de sa fréquentation assidue des musées et des galeries européens et américains. Non seulement ses tableaux tentent d'exploiter des sujets picturaux traditionnels et se font souvent l'écho de motifs repérables dans l'iconographie de ses prédécesseurs européens, mais constituent aussi des transpositions volontaires de chefs-d'œuvre occidentaux que l'artiste essaie d'adapter à sa propre vision de l'homme en les transformant en d'autres possibilités de sens et d'émotion.

1. Influences indirectes

Drissi est l'auteur d'une peinture endiablée à imposer au regard toute la misère de la condition humaine. Comme celui d'Edward Munch,

[1] L'expression est empruntée à Milan Kundera qui l'utilise au sujet de Kafka et de Janaceck dans les *Testaments trahis*, Paris 1993, p. 303.

son art est hanté par les images de la maladie et de la mort, par la représentation de ces corps stigmatisés à travers lesquels on devine la blessure d'une âme écorchée à l'acier de l'anxiété et de la solitude. Ce sentiment d'angoisse qui émane de ses toiles s'exprime souvent à travers le motif du cri. Parmi les artistes marocains, Drissi est considéré comme le peintre du cri. C'est un leitmotiv dans sa peinture. Une étude centrée dégagerait les différentes significations esthétiques et existentielles de ce motif par la confrontation de l'œuvre de Drissi à celle de nombreux artistes occidentaux ayant fait du cri l'une des forces d'expression majeures de leur travail. Mais d'un point de vue intrinsèquement iconique, c'est souvent la célèbre toile de Munch, *Le Cri*, que rappellent les bouches béantes représentées par l'artiste marocain. D'abord par l'élongation verticale que le geste pictural fait subir aussi bien à la bouche qu'au visage, réduisant les yeux en deux cavités à la fois ternes et vides où point une pupille minuscule accentuant l'intensité auditive de la toile. Ensuite, comme dans le tableau de Munch, le cri paraît se dégager de tout le corps, qui semble se convulser de douleur et dont la torsion est soulignée par les bras levés pour permettre aux mains d'entourer le visage en désarroi (figure 1). Si le personnage de Munch est montré sur un pont que dominent les rougeurs serpentines du ciel, plusieurs « cris » de Drissi sont peints dans des intérieurs fermés, donnant au personnage claustrophobe, à la posture tourmentée, l'apparence d'un insecte se contorsionnant au fond d'un flacon noir.

Le cri est aussi l'un des motifs les plus fréquents de l'iconographie de Francesco de Goya, artiste à qui Drissi voue peut-être l'admiration la plus constante et la plus féconde. L'impact de l'univers goyesque sur la sensibilité de Drissi mériterait une étude précise. Les créatures hideuses dont fourmillent les toiles du marocain doivent certainement beaucoup aux monstres et aux êtres fantasmagoriques des *Caprices* et des *Disparates* du maître espagnol. L'un des thèmes communs aux deux artistes est celui de la foule. En quête d'un expressionnisme exacerbé des gestes et des visages, les deux peintres affectionnent les représentations fourmillant de visages hagards et monstrueux et de corps à la gestualité tendue et énergique. Ce motif de la foule en transe fait l'objet des deux fameuses toiles de Goya intitulées *Incantation* et *Scène de sorcellerie*. Dans les deux tableaux, des femmes, pour payer le prix de leurs péchés, livrent leurs bébés aux émissaires de Satan, sinon à Satan lui-même incarné dans le deuxième tableau par un bouc qui désigne de sa patte gauche la prochaine victime de ce rite monstrueux. Ces œuvres sont souvent paraphrasées dans la peinture de Drissi, également fasciné par ces êtres de cauchemar, symbole de l'irrationnel et des désordres mentaux. Mais, à l'encontre de Goya, Drissi, tout en conservant la tension dramatique de la scène, débarrasse la foule de son contexte anthropologique pour privilégier les rapports d'hostilité et de force entre des personnages anonymes. Tandis que, chez Goya, la mère est cet être lamentablement cruel qui se résigne à offrir son enfant à la torture et à la mort, elle est, dans les peintures du marocain, cette femme déshéritée, criant de douleur, désarmée devant cette vieille impitoyable qui lui a subtilisé son enfant. Une aquarelle montre même l'une de ces femmes sataniques tirant la mère vers l'arrière alors que l'enfant est déjà mis hors de sa portée, dorloté par un être mystérieux aux proportions mesquines qui serait un lointain écho des farfadets peuplant les scènes de magie noire de Goya (figure 2).

Figure 1

Figure 2

Si les images de Goya sont profondément imprimées dans l'imaginaire du peintre marocain, leur impact n'en demeure pas moins très diffus et impossible à repérer dans sa totalité. Il est également difficile d'établir une mise en parallèle de tableau à tableau, tellement l'œuvre de Goya est éparpillée dans celle de son successeur. Par contre, d'autres tableaux de Drissi sont de franches transpositions de chefs-d'œuvre occidentaux. Des œuvres où l'artiste marocain cherche à la fois modèle et émulation.

2. Transpositions de chefs-d'œuvre

Dans l'histoire de l'art en Occident, nombreux sont les artistes qui, cherchant à mettre au point une technique ou soucieux de rendre hommage à leurs prédécesseurs, transposent des chefs-d'œuvre antérieurs, mettant en œuvre un ensemble de procédés témoignant de la liberté qu'ils se permettent devant le modèle : changements de formats, choix de cadrage, isolement d'un fragment, etc. Allant de la fidélité la plus dévote aux déformations les plus transgressives, la copie d'artiste est un dialogue fécond entre le peintre et l'artiste dont il s'inspire, elle fait ressortir un aspect de l'œuvre modèle, celui auquel le peintre est le plus sensible :

> Une belle copie, écrit Jean-Pierre Cuzin, n'est jamais une exacte copie, elle reflète un choix, qu'elle soit un rapide croquis ou un tableau longuement élaboré. Il peut arriver que l'artiste s'éloigne définitivement du prototype dont ne subsiste qu'une évocation : parfois le titre seul, d'autres fois un souvenir lointain, peut-être inavoué[2].

Drissi ne donne jamais de titre à ses tableaux. Mais un regard attentif à son œuvre révèle un profond impact des chefs-d'œuvre occidentaux sur le choix de ses sujets. Plusieurs de ses toiles sont des transpositions où l'œuvre modèle, devenue simple prétexte visuel, apparaît comme une citation subtilement ou agressivement dépaysée.

Le peintre a longtemps gardé accrochée dans son atelier une reproduction de *La Toilette de Vénus* exécutée par Rubens en 1615. Elle représente la déesse accompagnée d'une servante noire et d'un putto tenant le miroir où elle se regarde. Vénus est représentée de dos. De son visage, le spectateur ne voit que le reflet délimité par le cadre du miroir. Dans le tableau que la toile de Rubens lui inspire vers la fin des années 80, dite *Femme au miroir avec bouquet de fleurs* (figure 3), Drissi retient la position du corps, avec cette différence que le miroir ne montre pas uniquement le visage, mais une grande partie du corps, découpé au niveau des cuisses. Dans les deux tableaux, la femme est assise sur un tabouret rouge, couleur qui symbolise le pouvoir de l'éternel féminin. Si la position du personnage de Drissi confronte au regard du spectateur l'éclat du dos et des fesses, le miroir encadre une poitrine ardente aux seins pleins et fermes. La femme semble d'ailleurs savourer l'image de ses attraits, détail qui distingue le tableau du marocain de celui de Rubens. Alors que la Vénus du peintre flamand fixe le spectateur à travers le miroir, le nu de Drissi

2 « Le Louvre, musée modèle », *Connaissance des arts*, n° 496, 1993, p. 76.

se regarde lui-même. La femme qui vient de passer du bleu autour des yeux se regarde avec admiration. La toile saisit le personnage au moment d'une contemplation narcissique. Satisfaite d'elle-même, la femme incline la tête dans un mouvement de coquetterie. Elle est convaincue de sa beauté dont elle s'enquiert avant d'aller à la rencontre d'hommes à séduire. Au lieu de la servante et du putto, la femme peinte par Drissi n'a d'autre compagnon qu'un bouquet de fleurs qui, comme dans *Olympia* d'Edouard Manet, serait le don d'un client. En fait, l'allusion à Manet serait loin d'être fortuite. Drissi voue une grande admiration au peintre français comme, à l'instar de celui--ci, il représente souvent le bouquet de fleurs comme l'attribut de la prostituée. Il ne serait pas mal avenu non plus de penser que *Femme au miroir avec bouquet de fleurs* révèle une émulation par rapport à l'intention intellectuelle du peintre d'*Olympia*. On sait que, dans la fameuse toile de 1863, Manet remplace une Vénus de Titien par une catin parisienne dans le but de désacraliser l'idéal de la peinture traditionnelle. C'est plutôt un chef-d'œuvre de Rubens que Drissi choisit pour transformer une déesse mythologique en une prostituée qui, dans quelque appartement tangérois, met une dernière touche à sa beauté avant de rejoindre un client.

Figure 3

A l'instar de Rubens, Drissi peint un corps à la santé radieuse qui se détache nettement des nombreux nus féminins, chétifs et difformes, qui peuplent sa peinture, comme en témoigne l'un des tableaux de la même période (figure 4) inspiré à l'artiste par un dessin de Van Gogh. Van Gogh compte aussi parmi les peintres de prédilection de l'artiste marocain. Les deux partagent le même regard désabusé et compatissant aux délaissés de la société. Plusieurs personnages de Drissi peuvent être regardés comme des frères en déréliction des *Mangeurs de pommes de terre* de Van Gogh. Les deux peintres partagent aussi la conviction que la beauté peut rayonner de la laideur, de l'abject, du spectacle de la déchéance physique. D'où l'intérêt de Drissi pour ce célèbre dessin de Van Gogh intitulé *Sorrow*, donnant à voir une jeune femme nue assise sur une pierre dans un espace désert. Recroquevillée, la tête enfouie derrière son bras replié, la femme semble secouée par une douleur lancinante. Son corps montré dans une position ramassée paraît tordu sous l'effet d'un profond chagrin. Sa nudité traduit le dénuement et la honte, ses seins tombants suggèrent la lassitude. Une allégorie de la tristesse et de l'angoisse. La torsion du corps, la nudité esseulée dans un paysage désert et le climat d'échec et de fatigue où la femme est figée marquent aussi la toile de Drissi. Le tableau met en scène un corps disproportionné, la main aux doigts écartés étant peinte dans des dimensions démesurées. La femme est saisie dans un moment d'attente, l'attente de quelque chose qui surgirait pour briser le silence. Mais, à la différence du personnage de Van Gogh, situé dans un lieu ouvert, la femme mise en image par Drissi est assise devant un mur qui accentue la sensation de silence glacial qui domine le tableau. En effet, ce qui séduit l'artiste marocain dans l'œuvre de son prédécesseur, c'est non seulement le sentiment de désespoir profond qui s'en dégage, mais aussi, d'un point de vue esthétique, la représentation de la nudité féminine dans un espace qui lui est hostile. Ce thème est très fréquent dans l'iconographie du marocain. Une femme nue est souvent représentée allongée dans un désert ou dans un paysage aride comme un cadavre oublié. Dans cette toile, Drissi débarrasse la femme de sa posture pathétique. Mais il en aiguise le sentiment de solitude et d'exclusion en érigeant derrière elle une sorte de muret qui semble l'isoler du monde et l'enfermer dans son drame. C'est peut-être à dessein que le peintre peint un muret et non un mur, pour suggérer la proximité d'une sorte de roc qui s'apprête à écraser une femme fragile et sans défense. Le nu de Drissi se distingue aussi par la position du corps. Alors que, dans *Sorrow*, la femme cache son visage pour dire son refus d'un monde impitoyable, la femme de Drissi a le torse bien dressé, la tête haute, et paraît porter sur le monde un regard déterminé. Le corps pétrifié, épousant la solidité rugueuse de la pierre, la femme semble regarder au loin les jours à venir. Elle contemple le vide comme pour y puiser l'énergie nécessaire à la reconquête de sa dignité perdue.

Figure 4

Comme Van Gogh, Drissi a peint un nombre considérable d'autoportraits. Si le maître hollandais fait souvent de son visage l'objet de son travail faute de quoi payer des modèles, dans la peinture du marocain, l'autoportrait, non seulement exprime la fascination que l'artiste a pour son propre visage, mais permet aussi l'exploration d'un thème qui lui est cher, celui de l'artiste au travail. Plusieurs toiles, autoportraits ou non, représentent l'artiste dans son atelier, accompagné des attributs du métier, du modèle ou du tableau en cours de réalisation. D'où l'admiration du peintre pour ce tableau de René Magritte intitulé *La Clairvoyance*. L'œuvre représente un artiste – Magritte lui-même – assis sur une chaise, une main tenant la palette, l'autre un pinceau pour mettre les dernières touches à une toile dressée sur un chevalet. Cette toile montre un oiseau aux ailes déployées, alors que c'est un œuf, posé sur une table à côté et que le peintre fixe de son regard, qui semble en être le modèle. Selon sa poétique surréaliste de la « pensée visible », Magritte réinterprète le travail du peintre par ce rapport de dissemblance et d'anticipation entre le monde extérieur et le sujet de représentation. A ce tableau, l'une des toiles réalisées par Drissi dans les années 80 fait subir une déconstruction spectaculaire (figure 5). Elle reprend d'abord l'essentiel du contenu visuel : l'artiste, la palette, le pinceau, l'oiseau. La toile mise en abyme par Magritte n'est pas montrée dans le tableau de Drissi, elle est réduite à un morceau qu'on ne voit que de dos et dont l'inclinaison évoque le support d'une partition musicale. Il est donc impossible de voir ce qui y est peint. Mais l'oiseau qui devrait en constituer le sujet n'est pas absent. Il fait partie de la scène, on dirait qu'il a quitté le support mis en abyme pour voler dans l'atelier. Au lieu de sa présence artificielle comme sujet peint dans la toile de Magritte, Drissi lui donne une présence réelle. Quant à la palette, aux proportions naturelles et asservie à la cohérence du décor dans la scène de Magritte, elle se dédouble dans la toile de Drissi où elle devient l'objet le plus saillant : montrées dans une position faciale de façon à ce que le trou dont elles sont percées figure parfaitement l'œuf peint par Magritte, deux palettes occupent l'angle bas droit et l'angle haut gauche de la surface plastique et semblent servir de paravent et de plafond à l'atelier de l'artiste qu'elles isolent du monde où nous sommes. Cette impression d'obstacle qui se dégage de la position des deux palettes met en valeur le mouvement de l'oiseau qui paraît ainsi s'agiter au devant, au premier plan, plus proche du spectateur. Son corps paraît se diriger tout droit comme dans une tentative de s'enfuir par le trou de la palette qui constitue le plafond, condamnant à l'échec le geste de l'artiste qui, de son pinceau dressé, tente de l'éventrer, d'en stopper le vol. D'où ce cri de défaite que semble esquisser le peintre de sa bouche ouverte et ses yeux fermés. On devine ainsi l'interprétation que Drissi donne de l'aventure prométhéenne de l'artiste en partant de la toile de Magritte. Dans le tableau du maître belge, l'oiseau est l'œuvre du génie visionnaire du peintre, l'image transcendante que l'artiste capte sous l'apparence banale des choses. Pour Drissi, l'oiseau figure un idéal esthétique inaccessible, la beauté rêvée, qui demeure inatteignable malgré tous les efforts de l'artiste pour la capturer.

Figure 5

Vers les dernières années de sa vie, Drissi est fasciné par ce nu féminin peint par Lucian Freud dans *Atelier (le soir)* et dans le célèbre *Woman sleeping*, « une montagne de chair, de peau, de muscles, de membres, de sein et de sexe »[3], selon la description de Jean Clair. De cette femme démesurément obèse, à la fois séduisante et

[3] *Eloge du visible*, Paris 1996, p. 188.

effrayante, Freud ose faire valoir l'« humanité triomphante »[4]. Cet être hors norme réapparait dans un dessin intitulé aussi *Woman sleeping*, qui sert de point de départ à une toile de Drissi (figure 6). Le dessin montre une femme en plein sommeil, la tête reposant sur une main, l'autre main posée sur la cuisse droite. Le nu semble flotter dans le vide, en l'absence de quelque support sur lequel il serait assis et accoudé. Drissi met à profit ce dépouillement de l'espace pour introduire un discours anecdotique qui n'est pas du tout de mise dans le dessin. Pour donner une impression de profondeur à la pièce, il divise le fond en deux parties évoquant le mur et le sol. Derrière la pose erratique de la femme dont il conserve l'obésité et les vagues de chair, il place un fauteuil, suggérant ainsi son métier de prostituée. Derrière la jambe en avant du nu, il peint un chat aux oreilles dressées, frère en fidélité de celui d'Olympia. Mais le geste transpositif de Drissi consiste surtout dans la bicéphalie de la femme qui transforme le nu statique de Freud en une scène narrative. Arborant deux visages, l'un figé par le sommeil et l'autre au regard oblique et alerte, le nu de Drissi fait coexister deux moments séparés dans le temps : une sieste tranquille puis l'instant où la femme – comme le chat – est réveillée par quelque bruit annonçant l'arrivée de quelqu'un, un nouveau client. Le nu de Freud sort de son statisme et de son anonymat et devient l'acteur d'une scène dont le passé et l'avenir sont parfaitement lisibles. Aussi, dans cet « être prodigieux » érigée par Freud comme « une sorte de surhumanité sublime »[5], Drissi voit une Messaouda[6] du nord du Maroc, un corps à la fois hideux et généreux qui s'offre dans quelque bordel de Tanger. Une « pasionaria du sexe bon marché »[7].

---

4 *Ibidem*, p. 187.

5 *Ibidem*.

6 Le nu de Drissi serait le contrepoint visuel du personnage mis en scène par le romancier marocain Abdelhak Serhane dans son roman éponyme, *Messaouda*, Paris 1983.

7 L'expression est empruntée au peintre et romancier marocain Mahi Binebine, *Les Etoiles de Sidi Moumen*, Paris 2010, p. 17.

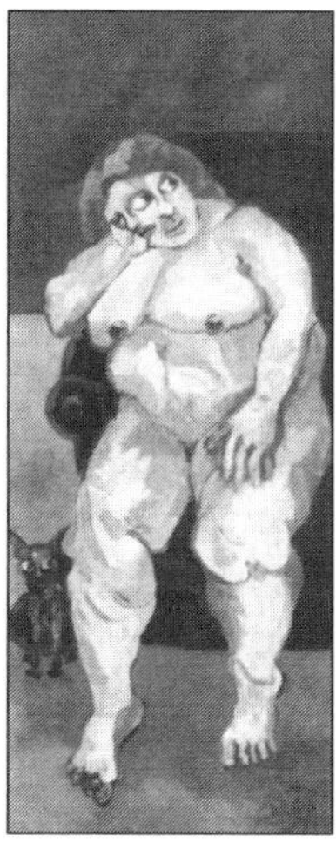

Figure 6

Conclusion

L'impact de l'art occidental sur la peinture de Mohamed Drissi est beaucoup plus profond que cette étude prétend le montrer. L'artiste cherche dans l'œuvre de ces prédécesseurs européens des images que son art peut adapter à sa vision du monde. Certaines de ses toiles révèlent les affinités spirituelles que sa peinture entretient avec celles de maîtres européens. Concevant le cri comme l'expression du malaise existentiel de l'homme, la peinture de Drissi serait le prolongement de l'univers mélancolique et morbide de Munch. Peuplée d'êtres monstrueux s'adonnant à des pratiques occultes, elle se fait aussi l'écho de l'imaginaire goyesque. D'autres toiles sont de franches transpositions de chefs-d'œuvre admirés par le peintre dans des musées européens. Une Vénus de Rubens se mue en prostituée recevant un bouquet de fleurs de la part d'un client. Un nu miséreux de Van Gogh donne le départ à la représentation d'une femme meurtrie par la solitude mais prête à défier le temps inexorable. Une scène de Magritte montrant l'artiste au travail se retrouve complètement éclatée dans une toile où Drissi revisite le thème de l'idéal esthétique inaccessible. Enfin, un nu en plein sommeil de Lucian Freud inspire à Drissi un tableau narratif où, bicéphale et le corps énorme, une femme accompagnée d'un chat laisse deviner l'avant et l'après de la scène peinte.

L'examen de ce dialogue permanent que l'art de Drissi entretient avec la peinture occidentale constituerait un préambule à une vaste étude sur la copie d'artiste dans l'histoire de la peinture au Maroc. De nombreux peintres marocains se sont emparés de chefs-d'œuvre du passé pour les intégrer à leurs recherches plastiques et les soumettre à de nouvelles possibilités d'interprétation. André Elbaz réalise des peintures à partir des *Ménines* de Vélasquez, appréhendées comme un symbole de l'innocence martyrisée. Fouad Bellamine tire de l'*Origine du monde* de Courbet des photomontages dont le caractère subversif se veut plus spectaculaire. Norreddine Fathy fait de l'*Homme de Vitruve* de Léonard de Vinci le protagoniste de son univers mystique. Zakaria Ramhani s'acharne à reproduire fidèlement l'*Autoportrait à l'oreille coupée* de Van Gogh pour restituer au modèle son organe tranché. La liste de ces transpositions marocaines serait interminable. Toutefois, Drissi reste peut-être le seul artiste marocain à faire de ses emprunts à la peinture occidentale un constant vecteur de création, à enrichir continument sa peinture de variations, de paraphrases et de citations de chefs-d'œuvre de ses prédécesseurs. Mais il serait aussi intéressant de découvrir comment sa peinture est transposée dans l'œuvre de ses successeurs. En 2006, à la Galerie Marsam II de Casablanca, l'artiste Mohamed Nabili expose une série de tableaux qui rendent hommage à Drissi en faisant évoluer les personnages de sa peinture dans un nouveau décor.

Summary

Constantly in search of expression but marked by a permanent concern of subject, Mohamed Drissi's painting is often inspired by Western painting masterpieces that the artist discovers in the European museums, from Grünewald to Lucian Freud, via Titien, Rubens, Courbet, Van Gogh, Picasso, Dix and Magritte. If the filiation is obvious, the Drissi's works are not servile reproductions. The painter reinvents the works of his European predecessors by adapting them to his own vision of Man's abyss.

Andrzej Zając
Institut d'Études Franciscaines, Cracovie

ISPIRAZIONE MUSULMANA NELLA PREGHIERA DI TRADIZIONE FRANCESCANA L'*ANGELUS*

L'*Angelus* è la preghiera tradizionale cristiana con cui i fedeli tre volte al giorno – all'alba, a mezzogiorno e al tramonto – richiamando l'annuncio dell'Angelo a Maria, onorano il mistero dell'incarnazione, per il quale Dio divenne uomo. Riguardo alla genesi della preghiera, occorre parlare del processo le cui radici risalgono alla Bibbia, nella quale troviamo la descrizione dell'evento commemorato dell'annunciazione, compreso il testo dell'*Ave Maria*. Considerando il fatto che la preghiera fu coltivata nell'ambiente francescano, appaiono interessanti alcuni particolari che ci inducono a scoprire nella pratica dell'*Angelus* l'ispirazione musulmana.

Di quale tipo di ispirazione si tratta ? Dove si trova nella suddetta pia pratica il punto d'incontro tra le due culture: cristiana e musulmana ? Infine, quale significato può avere questo fatto per la sensibilità religiosa ed esistenziale dei fedeli che praticano o almeno conoscono questa preghiera ? A queste domande vogliamo rispondere nella presente esposizione. Prima però, per delineare un quadro contestuale, facciamo una fugace presentazione della preghiera cristiana dell'*Angelus* e di quella musulmana rituale *Ṣalāt*.

La caratteristica della preghiera l'*Angelus*

Parlando della preghiera dell'*Angelus* non è possibile indicare un momento preciso in cui questa nacque. In realtà si tratta di un'evoluzione della pia pratica mariana, cioè dedicata alla Madre di Dio, nella quale possiamo richiamare alcuni momenti particolari che influenzarono, arricchirono e riordinarono la forma primitiva fino a ottenere quella conosciuta e praticata oggi. Considerando ogni tipo di preghiera è importante distinguere e caratterizzare il suo aspetto formale e il contenuto. La caratteristica formale riguarda non solo la struttura interna del testo di preghiera, ma anche la temporalità, cioè il legame imprescindibile della preghiera ad un determinato momento della giornata, o anche la gestualità, cioè il legame imprescindibile della preghiera ai gesti o ai comportamenti determinati.

Avendo detto ciò, possiamo constatare che la forma primitiva della preghiera analizzata consisteva nella recita serale di tre *Ave Maria* legata al rintocco della campana. Bisogna notare che non è casuale quella triplice ripetizione, poiché, secondo la sensibilità cristiana, essa intende rendere gloria a Dio Trino ed Uno. Nella nostra analisi tralasciamo la riflessione sulle parole stesse del saluto dell'angelo rivolto a Maria nell'uso cultuale antecedente, non legato però con nessun momento particolare della giornata né con il suono delle campane[1].

Non è il nostro intento presentare la storia di sviluppo dell'*Angelus*[2], vogliamo solo ribadire che l'ambiente vitale della preghiera era

---

1 Al riguardo si veda S. Maggiani, *Angelus*, [in:] *Nuovo dizionario di mariologia*, a cura di S. De Fiores, S. Meo, Milano 1985, pp. 27-99.

2 Esistono diversi testi sulla storia di questa devozione, più ampi e più concisi di carattere enciclopedico, tra cui possiamo individuare i seguenti: J. Fournée, *Histoire de l'Angélus: le message de l'ange à Marie*, Paris 1991; S. Maggiani, *op. cit.*, pp. 25-39; M.M. Pedico, *La Vergine Maria nella pietà popolare*, Roma 1993, pp. 85-90; C. Maggioni, *Culto e pietà mariana nel medioevo (secoli XI-XVI)*, [in:] *La Madre del Signore dal Medioevo al Rinascimento*, a cura di E.M. Toniolo, Roma 1998, pp. 114-115; U. Berlière, *Angelus*, [in:] *Dictionnaire de Thèologie Catholique*, vol. 1, a cura di A. Vacant, E. Mangenot,

quello francescano, anche se la sua diffusione si svolse intorno a diversi centri spirituali, specialmente quelli monastici. È importante ricordare che san Bonaventura da Bagnoregio, generale dell'Ordine francescano, durante il Capitolo, sia quello del 1263 a Pisa che quello del 1269 ad Assisi, incitava i frati a insegnare ai fedeli la pratica della triplice recita serale dell'*Ave Maria*[3].

Col tempo la tradizione si diffuse in tutta Europa e in più si introdusse l'uso non solo alla sera, ma anche al mattino e infine a mezzogiorno. Per la diffusione della preghiera fu importante la pubblicazione del rinnovato *Officium Parvum Beatae Virginis Mariae*, edito nel 1571 durante il pontificato del papa Pio V[4], nel quale apparve la forma odierna del *corpus* dell'*Angelus*, cioè tre versetti biblici intrecciati con tre *Ave Maria*. La forma definitiva con il versetto *Ora pro nobis* [...] e la *oratio* conclusiva è stata stabilita nel *Breve* del papa Benedetto XIV nel 1742. In ultima analisi la preghiera nella sua integrità, così come viene presieduta pubblicamente anche dai papi, pure dall'attuale Benedetto XVI, si presenta nel seguente modo:

> – L'Angelo del Signore portò l'annuncio a Maria.
> – Ed ella concepì per opera dello Spirito Santo.
> Ave, Maria, piena di grazia, il Signore è con te. Tu sei benedetta fra le donne e benedetto è il frutto del tuo seno, Gesù. Santa Maria, Madre di Dio, prega per noi peccatori, adesso e nell'ora della nostra morte. Amen.
> – Ecco sono la serva del Signore.

E. Amann, Paris 1923, col. 1278-1282; è da notare che quell'ultimo autore nega l'attribuzione della pratica dell'*Angelus* al papa Urbano II nel XI secolo.

3 *Chronica XXIV Generalium Ordinis Minorum*, [in:] *Analecta Franciscana*, vol. 3, Quaracchi 1897, p. 329; L. Wadding, *Annales Minorum*, vol. 4: *1256-1257*, Quaracchi 1931, p. 331. Nel Medioevo era largamente diffusa la credenza che fu proprio di sera che l'Angelo del Signore annunciò a Maria il volere di Dio riguardo al concepimento del suo Figlio Gesù.

4 Bisogna accennare però che per la prima volta la preghiera in questa forma fu pubblicata in un catechismo a Venezia nel 1560. Cf. M. Kunzler, *La liturgia della Chiesa*, trad. L. Asciutto, Milano 1996, p. 503; C. Maggioni, *op. cit.*, p. 115.

– Avvenga in me secondo la tua parola.
Ave Maria [...]
– E il verbo si fece carne.
– E venne ad abitare in mezzo a noi.
Ave Maria [...]
– Prega per noi santa madre di Dio.
– Perché siamo fatti degni delle promesse di Cristo.

Preghiamo: Infondi nel nostro spirito la tua grazia, o Padre, tu che, all'annuncio dell'Angelo, ci hai rivelato l'incarnazione del tuo Figlio, per la sua passione e la sua croce guidaci alla gloria della risurrezione. Per Cristo nostro Signore. Amen.

Al termine dell'*Angelus* si recita tre volte: „Gloria al Padre e al Figlio e allo Spirito Santo, come era nel principio e ora e sempre, nei secoli dei secoli. Amen" aggiungendo anche la preghiera per i morti: „L'eterno riposo dona loro, Signore, e splenda ad essi la luce perpetua, riposino in pace. Amen"[5].

Il senso e il valore della preghiera dell'*Angelus* è stato esposto in modo conciso e limpido dal papa Paolo VI nel documento dedicato al culto della Vergine Maria, Madre di Dio: „la struttura semplice, il carattere biblico, l'origine storica, che la collega alla invocazione dell'incolumità nella pace"[6]. Ha sottolineato pure il significato della temporalità della preghiera, che ha „il ritmo quasi liturgico, che santifica momenti diversi della giornata"[7] e nel senso spirituale apre al „mistero pasquale, per cui, mentre commemoriamo l'Incarnazione del Figlio di Dio, chiediamo di essere condotti per la sua passione e la sua croce alla gloria della risurrezione"[8].

---

5 Nel 1742 per il periodo pasquale al posto dell'*Angelus* fu raccomandata la recita di un'altra preghiera mariana, che esplicitamente ricorda la resurrezione di Gesù Cristo, la *Regina Coeli*. Cf. S. Maggiani, *op. cit.*, p. 31.

6 *Esortazione apostolica „Marialis cultus"* (2 febbraio 1974), 41, [in:] *Insegnamenti di Paolo VI*, vol. XII, Città del Vaticano 1975, p. 133.

7 *Ibidem.*

8 *Ibidem.*

Il rito musulmano della *Ṣalāt* e dell'*Adhān*

Il secondo dei cinque pilastri della fede nell'Islam (*arkān al-Islām*)[9] è la preghiera canonica, legale, obbligatoria, chiamata *ṣalāt*. Questa deve essere adempiuta in modo precisamente definito e in determinati momenti della giornata, a differenza della preghiera volontaria, individuale e facoltativa, chiamata *du'ā'*, che può essere fatta da un fedele in qualsiasi momento ritenuto da lui opportuno. Per la preghiera canonica è indispensabile la purezza legale *ṭahāra*, come anche per ogni atto legale. L'abluzione va effettuata normalmente con l'acqua, però nel caso di difficoltà nel rito può essere usata anche la sabbia[10]. Importante nella preghiera è anche l'orientamento *qibla*[11] dei fedeli verso il santuario della Ka'ba nella città della Mecca[12], indicata nella moschea dal *miḥrāb*, una specie di abside o nicchia[13].

La preghiera *ṣalāt* deve essere adempiuta cinque volte al giorno, in determinati momenti della giornata: all'alba *ṣalāt aṣ-ṣubh* o *al-fajr*, a mezzogiorno *ṣalāt aẓ-ẓuhr*, al pomeriggio *ṣalāt al-'aṣr*, al tramonto *ṣalāt al-maghrib*, di notte *ṣalāt al-'išā'*. I tempi di ogni preghiera sono precisamente delimitati, però non è difficile rispettarli, perché sono pubblicamente annunciati dal muezzin (*muğadhdhin*) con il rito dell'*adhān*, che consiste nel chiamare dal minareto il popolo alla preghiera con la formula prescritta, che si presenta in modo seguente:

Allāhu Akbar (Allah è Sommo) – 4 volte

Ašhadu an lā ilāha illā Allāh (Attesto che non c'è dio tranne Allah) – 2 volte

---

9 Essi sono: professione di fede (*šahāda*), preghiera rituale (*ṣalāt*), elemosina (*zakāt*), digiuno (*ṣawm*), pellegrinaggio (*ḥajj*); cf. B. Naaman, E. Scognamiglio, *Islâm – Îmân. Verso una comprensione*, Padova 2009, pp. 376-434; P. Branca, *Introduzione all'Islam*, Milano 1995, pp. 205-231.

10 *Ibidem*, p. 366.

11 Cf. C.M. Guzzetti, *Islam*, Milano 2003, p. 213.

12 Fino al 624 il punto dell'orientamento non fu Mecca, ma Gerusalemme.

13 Cf. C.M. Guzzetti, *op. cit.*, p. 176.

Ašhadu anna Muḥammadan rasūl Allāh (Attesto che Maometto è l'inviato di Dio) – 2 volte

Hayya ʿalā aṣ-ṣalāt (Affrettatevi alla preghiera) – 2 volte

Hayya ʿalā al-falāḥ (Affrettatevi alla salvezza) – 2 volte

Allāhu Akbar (Iddio è Sommo) – 2 volte

Lā ilāha illā Allāh (Non c'è dio tranne Allah) – 1 volta[14].

Questo vuol dire che sia Francesco che gli altri frati visitando il mondo musulmano ebbero la possibilità di vedere e sentire, in diversi momenti della giornata, la chiamata alla preghiera comune *adhān* e la preghiera stessa *salāt*. Questa, precisamente strutturata, sia nel passato che oggi, si differenzia, a seconda del tempo con un diverso numero di *rakʿāt* (al singolare *rakʿa*), ovvero unità rituali con delle formule da recitare e dei movimenti da compiere precisati con estrema esattezza[15].

La testimonianza di san Francesco d'Assisi

Francesco d'Assisi si recò in Sira nel 1219 sotto il dominio di al-Malik al-Kāmil (1180-1238), sultano ayyubide di discendenza curda[16], che incontrò personalmente, e dal quale ricevette dei doni e il permesso di libero passaggio nel suo territorio[17]. Negli scritti dell'Assisiate troviamo più volte l'eco della sua esperienza in Oriente, e precisamente

---

14 Nell'appello alla preghiera del mattino il muezzin aggiunge, come terzultimo, l'espressione ripetuta due volte: *Aṣ-ṣalātu khayru min al-nawm* (Pregare è meglio che dormire). Cf. B. Naaman, E. Scognamiglio, *op. cit.*, p. 396; P. Branca, *op. cit.*, p. 212.

15 Cf. B. Naaman, E. Scognamiglio, *op. cit.*, 396; P. Branca, *op. cit.*, 393-396; T. Michel, *La preghiera nell'Islam*, [in:] *Enciclopedia della preghiera*, a cura di C. Rossini, P. Sciadini, Città del Vaticano 2007, pp. 1214-1215.

16 Cf. C. Cahen, *Ayyūbids*, [in:] *The Encyclopedia of Islam. New Edition*, vol. 1, ed. H.A.R. Gibb, J.H. Kramers, E. Lévi-Provençal, J. Schacht, Leiden 1986, pp. 796-807.

17 Tra diverse pubblicazioni al riguardo si può vedere: G. Jeusset, *Francesco e il sultano*, Milano 2008.

segni di stupore per la pratica della preghiera pubblica del popolo chiamato cinque volte al giorno dal muezzin. Questa novità rituale lo impressionò talmente da far nascere in lui la convinzione e il desiderio di adattarla anche nel mondo cristiano, nella pratica comune e pubblica della preghiera di lode alla chiamata di „un banditore o qualche altro segno"[18]. Non si possono tralasciare inosservati i passi negli scritti di san Francesco, nei quali riecheggia il rito del richiamo *adhān* rivolto a tutto il popolo e della preghiera stessa obbligatoria *ṣalāt*, osservati da lui personalmente durante il suo viaggio in Oriente. Vale la pena, quindi, di individuare e rievocare i quattro passi che ne danno testimonianza:

> E siete tenuti ad attribuire al Signore tanto onore fra il popolo a voi affidato, che ogni sera si annunci, mediante un banditore o qualche altro segno (*annuntietur per nuntium vel per aliud signum*), che siano rese lodi e grazie all'onnipotente Signore Iddio da tutto il popolo[19].

> E dovete annunciare e predicare la sua gloria a tutte le genti, così che ad ogni ora e quando suonano le campane (*omni hora et quando pulsantur campanae*), sempre da tutto il popolo siano rese lodi e grazie a Dio onnipotente per tutta la terra[20].

> Dell'altra lettera che vi invio perché la trasmettiate ai podestà, ai consoli e ai reggitori dei popoli, nella quale è contenuto l'invito a proclamare in pubblico tra i popoli e sulle piazze le lodi di Dio (*ut publicentur per populos et plateas Dei laudes*), procurate di fare subito molte copie e di consegnarle con diligenza a coloro ai quali sono indirizzate[21].

---

18 *Prima Lettera ai custodi*, 8, [in:] *Fonti Francescane (Editio minor). Scritti e biografie di san Francesco d'Assisi. Cronache e altre testimonianze del primo secolo francescano. Scritti e biografie di santa Chiara d'Assisi*, a cura di E. Caroli, Assisi 1986, p. 123.

19 *Ibidem.*

20 *Lettera ai reggitori dei popoli*, 7, [in:] *Fonti Francescane*..., pp. 111-112.

21 *Seconda Lettera ai custodi*, 6, [in:] *Fonti Francescane*..., p. 124.

Ascoltando il nome di lui, adoratelo con timore e riverenza proni verso terra (*proni in terra*): Signore Gesù Cristo, Figlio dell'Altissimo è il suo nome, che è benedetto nei secoli[22].

Nelle esortazioni succitate non è difficile indicare gli elementi nei quali riecheggiano le precise osservazioni che sono frutto dell'impatto di Francesco con la cultura religiosa musulmana: (1) l'appello del banditore, ossia del muezzin, che al popolo ricorda l'obbligo della preghiera e segna il momento giusto, che adattato nel mondo cristiano può essere sostituito dal suono delle campane o da un altro segno; (2) il carattere comune e universale del rendere pubblicamente la lode a Dio anche nelle piazze delle città; (3) l'adorazione spirituale che si rende visibile pure nella posizione del corpo prostrato a terra. In un altro passo possiamo riscontrare inoltre l'affinità dello scopo della testimonianza cristiana indicato da Francesco e della testimonianza del muezzin: „facciate conoscere a tutti che non c'è nessuno Onnipotente eccetto Lui (*quoniam non est omnipotens praeter eum*)"[23] e „Attesto che non c'è dio tranne Allah" (*Aš̌hadu an lā ilāha illā Allāh*).

La testimonianza del beato Benedetto Sinigardi

Il frate Benedetto Sinigardi, aretino di famiglia nobile, accolto nell'Ordine dei minori personalmente da san Francesco, per venti anni missionario in Oriente, provinciale di Grecia (allora una delle due provincie della Terra Santa), fondatore del convento francescano a Costantinopoli, è considerato l'iniziatore dell'*Angelus* e grande diffusore di questa pia pratica[24]. Questo fatto è stato ricordato dal

---

22 *Lettera a tutto l'Ordine*, 4, [in:] *Fonti Francescane...*, p. 113.

23 *Ibidem*, 8, p. 114.

24 Per la sua vita si vedano: D.M. Sparaco, *Vita del B. Benedetto Sinigardi del convento di S. Francesco di Arezzo dell'Ordine dei minori conventuali*, "Miscellanea Francescana", 27, 1927, pp. 154-170; D. Cresi, *Il beato Benedetto Sinigardi d'Arezzo e l'origine dell'„Angelus Domini"*, Firenze 1958.

papa Giovanni Paolo II che nella chiesa di san Francesco ad Arezzo ha pregato anche presso le sue spoglie.

> È sempre molto suggestiva questa sosta a metà della giornata per un momento di preghiera mariana. Lo è oggi in modo singolare, perché ci troviamo nel luogo dove, secondo la tradizione, è nata l'usanza di recitare l'*Angelus Domini*. Si narra che, proprio qui ad Arezzo, il Beato Sinigardi, uno dei primi discepoli del Poverello di Assisi, introdusse la pia pratica di recitare spesso l'antifona *Angelus locutus est Mariae, L'Angelo parlò a Maria*. Consuetudine che si estese ben presto a tutto l'Ordine francescano, dando così origine a quel mirabile condensato di preghiera e di dottrina cristiana che è, appunto, l'*Angelus Domini*[25].

Infatti, Benedetto tornato in patria nel 1241, rimase fino alla morte nel convento di Arezzo. Lì insegnò ai frati la pratica di salutare la Madonna al suono serale della preghiera detta compieta, con il canto o la recita dell'antifona: „L'Angelo del Signore portò l'annuncio (oppure: parlò) a Maria ed Ella concepì di Spirito Santo" (Lc 1,26-35)[26]. L'esempio aretino fece scuola agli altri conventi francescani fino a coinvolgere tutto l'Ordine e il popolo affidato alla loro cura; lo testimoniano le sollecitazioni del generale dell'Ordine san Bonaventura ricordate prima.

Il dialogo e lo stupore nell'incontro con l'altro

È importante avere un concetto aperto e profondo dell'incontro con l'altro, con la realtà sconosciuta, con una nuova cultura, con le persone delle quali non si ha nessuna idea, o peggio ancora, si è pieni di pregiudizi. „Ogni nostra conoscenza, anche la più semplice, è sempre un piccolo prodigio"[27], come lo fu anche la presenza paci-

---

[25] Giovanni Paolo II, *Regina coeli* (Arezzo, 23 maggio 1993), 1, [in:] *Insegnamenti di Giovanni Paolo II*, vol. XVI/1, Città del Vaticano 1995, p. 1303.

[26] D. Cresi, *op. cit.*, pp. 24-25.

[27] Benedetto XVI, *Lettera enciclica*, 77, [in:] *Insegnamenti di Benedetto XVI*, vol. V/1, Città del Vaticano 2010, p. 1244.

fica di Francesco nel mondo dell'Islam. L'incontro proficuo suppone non solo il dialogo, ma anche lo stupore che apre la mente alla novità, ad essere sorpresi.

„In ogni verità c'è più di quanto noi stessi ci saremmo aspettati, nell'amore che riceviamo c'è sempre qualcosa che ci sorprende"[28]. Possiamo solo immaginare la sorpresa di Francesco in mezzo al mondo di cui sentì parlare tanto male nel suo mondo: ecco i cosiddetti saraceni, con lui pacifici, nell'obbedienza al Sommo Dio chiamati pubblicamente e poi raccolti insieme in preghiera, inginocchiati e prostrati, per rendere culto dovuto ad Allah. Quello che l'Assisiate in Oriente ricevette dai musulmani, oltre ai doni del sultano, fu la pubblica e comune testimonianza della loro fede e religiosità.

Riteniamo interessante, a titolo di conclusione, richiamare le parole, che quasi mille anni fa, più di un secolo prima che nascesse san Francesco, il papa Gregorio VII scrisse nel 1076 all'Emiro Al-Nacir, che regnava a Bijēya nel territorio dell'odierna Algeria:

> Dio Onnipotente, che desidera che tutti gli uomini si salvino e nessuno si perda, apprezza in noi soprattutto il fatto che, dopo avere amato Lui, amiamo nostro fratello, e che quello che non vogliamo sia fatto a noi non lo facciamo agli altri. Voi e noi ci dobbiamo questa carità reciprocamente, soprattutto perché crediamo e confessiamo l'unico Dio, ammesso nei diversi modi, e Lo lodiamo e veneriamo ogni giorno, come Creatore e Governatore di questo mondo[29].

Uno dei modi di lodare e venerare il Creatore è la preghiera dell'*Angelus*, nella cui origine si incontrarono due mondi e due culture, cristiana-occidentale e musulmana-orientale, per far nascere una tradizione che dopo otto secoli non ha perso niente della sua freschezza. È un vivo esempio di come l'incontro delle due culture

---

[28] *Ibidem*.

[29] Di queste parole si è impressionato Giovanni Paolo II, citandole alla fine del suo messaggio rivolto ai musulmani; cf. Giovanni Paolo II, *Messaggio ai fedeli dell'Islam in occasione della fine del ramadan* (3 aprile 1991), [in:] *Insegnamenti di Giovanni Paolo II*, vol. XIV/1, Città del Vaticano 2010, p. 702.

e religioni, nel rispetto dovuto e nel riconoscimento dei valori universali, può far scaturire nuove idee che non minano, anzi arricchiscono la propria cultura.

Summary

The Angelus is a traditional Christian prayer use by the faithful in the Catholic Church. During the prayer is mentioned the mystery of Incarnation, whose centre is the Son of God, coming to earth as a man, born of the Virgin Mary. The beginning of this pious practice cannot be connected to a single specific date, rather we should speak about the process, during which the prayer has been formed, giving as a result a form, that is known and used today – also in public by popes, including the present one. The original form was limited to the declamation of three „Hail Mary" in token of evening bells. Because from the very beginning the prayer has been practiced in Franciscan circles, it is worth to refer to the historical sources, which analysis suggests its Muslim connections.

It turns out that in the writings of St. Francis of Assisi there are places where the echo of his contact with the Muslim world sounds clearly, as well as the impression, that the public prayer in token of muezzin calling to worship the God, has made on him. Also the fact, that the Franciscan brother Benedict Sinigardi of Arezzo, the missionary connected with the lands of Islam of many years, is considered to be the initiator and the propagator of this prayer, is another confirmation of this inspiration. That is why the pious practice becomes an evidence, that open, respectful and peaceful attitude in the face of another culture and religion can bear fruits – new inspirations, which not only don't undermine ones own identity, but enrich it, giving rise to new ideas and solutions.